Incidents of Travel in Central America, Chiapas and Yucatan

John L. Stephens

ジョン・ロイド・スティーブンズ　児嶋桂子＝訳

中米・チアパス・ユカタンの旅

上　マヤ遺跡探索行 1839〜40

人文書院

序——紹介にかえて

エンリケ・カリージョ著『誇り高く優雅な国、日本―垣間見た明治日本の精神―』（二〇〇一年、人文書院）を出版した訳者が、このたびことなる原著にそそいだ思い入れを凝縮したかたちの本書が刊行された。この本を読み進んでいくと、原著を翻訳しようとする熱い執念がいかに訳者の気持ちに伝わったのかを図り知ることができるため、原著者の気概は申し分なく日本語によみがえった。「訳者あとがき」で著者ジョン・ロイド・スティーブンズの経歴と、一八三九年からフレデリック・キャサウッドとニューヨークからベリーズ、中央アメリカ、メキシコのチアパス地方、ユカタン半島への調査旅行に出発し、八ヶ月におよんだ旅の成果が一八四一年に発表されて本書になったと説明されている。

今日、私たちが得られるマヤ文明についての知識は、考古学や文化人類学の研究成果とともに絵文書を主な源としている。絵文書はマヤ遺跡と碑銘とともに、マヤ文明研究に不可欠な資料である。また、フランシスコ会修道士ディエゴ・デ・ランダ（一五二四―七九）の聞き取り調査を一つの報告書にまとめた『ユカタン事物記』は、マヤ文明の研究に多くの人が参考にしている。この文書の存在はしばらく忘却されていたが、欧米人がエジプトをはじめとする、世界の古代文明探求に拍車をかけた十九世紀、マドリードの歴史アカデミーで一八六三年に見つかり翌年出版されたため、マヤ文明の存在が広く世界中に知られるようになったという。天文学に精通し、見事な造形美術を残し、高度の文明を生み出していたことが分かった。じつはランダの文書が見つかる二〇年ほど前に、マヤ遺跡を二人一組になって精力的に踏査したのがアメリカ人のジョン・ロイド・スティーブンズとイギリス人の画家フレデリック・キャサウッドである。
この二人は多くの人がマヤ文明地帯の存在は空想だと言っていた時代に、その実在を証明した。とくに、キャサウッドは遺跡の神聖文字を精密にスケッチして写しとっている。その他にもマヤ文明へ関心を抱いた人としてはキングスボロー卿、エドワード・キング（一七九五―一八三七）がいる。マヤ文明の魅力にとりこになり奇人とまで言われたほどの人物であった。一二巻にもおよぶ大部の記録書を刊行している。また、先祖の宗教とキリスト教を巧みに習合して独特の信仰生活を送っていたキチェー・マヤ人はローマ字を借りてキチェー語で神話を残したが、十八世紀のはじめドミニコ会修道士フランシスコ・ヒメネス神父はその神話を筆写するとともにスペイン語に翻訳した。これが『ポポル・ヴフ』で、これを題材にして『トウモロコシの人間たち』という小説を書いたのが、一九六七年にノーベル文学賞を受賞したグァテマラ人ミゲル・アンヘル・アストゥリアスであることはよく知られている。

メキシコと中央アメリカを含む考古学上の古代文明圏は「メソアメリカ」と言われた。南米大陸のアンデス文明圏とよく対比される。グァテマラはアメリカ大陸における二大文明圏の一つメソアメリカ南端部を占め、アンデス文明圏から見ると中間地域（コロンビア、パナマ、コスタ・リカ、ニカラグア）の北側に位置し、メソアメリカの地域区分ではマヤ地方にあたる。マヤ地方は北部、中部、南部と分かれているが、そのうちの中部と南部にグァテマラは位置している。グァテマラの北側はメキシコ湾岸、オアハカ地方、メキシコ中央高原、メキシコ西部などのメソアメリカ各地方となっている。グァテマラはマヤ地方の中心地であった。しかし、古くはオルメカ文化の影響を強く受けた太平洋側地域と、古典期中期にはテオティワカン文明圏から侵略を受けた地域、さらに古典期後期から後古典期にかけてメキシコ中央高原から文明の伝播を受けた地域がある。さらにこの地方の初期土器文化はその土器作り技術がメキシコ湾岸地域に伝わった形跡もある。このようにして思えば、メソアメリカ地域においてグァテマラは、地域間交流で技術の回廊として重要な役割を果たしていた。

読者は著者が冷徹な記述で文明遺跡を物語る姿に感銘を受けるだろう。本書を読み解いていく人に序文を書く者として、十九世紀のメキシコと中央アメリカの情勢を垣間見る管見を述べることにとどめておきたい。こうすれば著者が訪れた当時のこの国やその他の周辺諸国がどのように形成されたのか、さらにはグァテマラ地域を主に踏査したとき、どんな困苦を克服しながら遺跡群を旅したのか、私たちにそのころを鮮明にしのばせてくれるかもしれない。著者の観察眼をもってその時代を二人と一緒に旅にでかけるような気分になれるかもしれない。

長期にわたるスペイン植民地時代のグァテマラは、グァテマラ総監領（現在のグァテマラ、エル・サルバドル、ホンジュラス、ニカラグア、コスタ・リカの地域）にふくまれていた。スペインは海外植民地を統治していた時代に重要拠点の統治と運営は、国王の代理として派遣した副王が直轄領ともいえる地域を副王領として管轄し、ヌエバ・エスパーニャ副王領（現在のメキシコ）、ペルー副王領、ラプラタ副王領（現在のアルゼンチン・ウルグアイ・パラグアイの地域）、ヌエバ・グラナダ副王領（現在のコロンビア・エクアドールの地域）があった。次いでグァテマラ総監領と軍司令部総督領があって、ベネズエラ総督領、チリー総督領があり植民地はその規模と重要性に応じて統治されていた。

一八二一年にグァテマラ総監領はスペインから独立すると中米連合となる。ところがスペインから同時期に独立したヌエバ・エスパーニャ副王領はメキシコとして独立国となったとき、政情が混沌としていた中米連合を自国に併合してしまった。中米連合のなかには、メキシコやグァテマラと合併を望んでいたホンジュラス地域とニカラグア地域、コロンビア共和国に合併されてよいと考えていたコスタ・リカ地域、アメリカ合衆国に組み入れられてもよいと判断していたエル・サルバドル地域もある反面、グァテマラ地域はあくまでも独立を強く望んでいたように、中米連合はスペインから独立後はさまざまな自立の立場をとっていた。のちにメキシコのアグスティン一世による君主国が崩壊した一八二三年に、中米連合は独立国家群となった。中米連合は共同体を維持して中米連邦共和国を形成したが、各地域の権力者は共同体として結束しようとする意図は乏しく、分離主義の傾向が強まっていた。ついに、一八三八年に中米連邦共和国は解体され、そのときグァテマラ共和国は誕生した。五ヶ国に分離してしまった各国はそれぞれ独立国となるが、これらの国は総監領がスペインの海外植民地から解放された一八二一年九月十五日を独立記念日として現在まで踏襲している。メキシコが独立した一八二一年にそれまでグァテマラ総監領に組み込まれていたチアパス地方はメキシコに併合されたままメキシコの領土になっている。中米連合の五ヶ国と、一九〇三年にコロンビアから独立したパナマ共和国を加えた六カ国が現在の中央アメリカとなる。

グァテマラは一八三八年から一八七一年までの時期は「三〇年政府」の時代と呼ばれたラファエル・カレーラ将軍の独裁政権となった。独裁者カレーラは一八六五年に病没するが、著者はその権力者とも会う機会があったと本書に記録されている。カレーラのあとは保守派のビセンテ・セルナ大統領が継承するが、七一年に自由派と抗争した「自由主義革命」に敗れて政権は幕を閉じた。この様子は一八三三年にサンタ・アナがメキシコの大統領となり、一八五五年に「アユトラ事変」で退陣し、ベニート・ファレスが保守派を制圧したレフォルマ戦争のあと自由主義派がメキシコの指導権を握っていく政治の潮流と似ている。このようにグァテマラ周辺の国々はスペインから独立しても政争が絶えず、苦渋に満ちた時代を経て共和国の礎を築いていった。国の制度は中央集権制か連邦制にするかのその択一を迫る抗争が起こり、政権を掌握するのは保守派か自由派かの権力争いにあけくれて、天然資源に依存する経済構造を抜けきれず、その間に外国から侵略や干渉戦争を引き起こし、内戦も繰り返しながら建国史を刻んでいった。

スペインの海外植民地であったこの地域は、メキシコのように着実に独立国としてその礎を築くことは困難であった。植民地時代から解放されたが、その後は社会構造を改革し、自立経済を確立することは容易ではなかった。グァテマラは権力者間に生じた確執がつづいたので、共和国という概念を確立するには長い独裁政治がおわる一八七〇年ごろまで待たなければならない不安定な国情であった。グァテマラは独立したものの、グァテマラ総監領はヌエバ・エスパーニャ副王領に従属していたのでメキシコがスペインから独立した事態に連動した一つの帰結と考えられる。

メキシコの独立運動はクリオージョ（スペイン人の両親から生まれた人をさすが、出生地が植民地であることから本国人のような特権享受を受けなかった人々）がスペイン本国人に反旗を翻し主導権を握って独立戦争を起こしたが、グァテマラ総監領は間接的にスペインから独立したため、それまでの総監領の支配者階級であったペニンスラール（スペイン本国から派遣された官僚・軍人・教会関係者などの特権階級の人々）は独立寸前まで統治の担い手であったため、ジョン・ロイド・スティーブンズとフレデリック・キャサウッドがこの国を訪れたときには、歴然とした階層社会の構造と統治形態は旧態依然であった。国情不安の現地で不慣れな自然環境に遭遇しながら、遺跡の踏査に二人は便宜供与を受けながらも想像を絶する数々の困難を克服したに違いない。

植民地時代から現在のベリーズにあたる地域はイギリス人が材木伐採の目的で入植していたため、この地域で長い間グァテマラとイギリスとの間で領有問題が生じていたが、ついに一九八一年になってこの地域がグァテマラから独立して解決することになった。この情勢は時期こそ異なるが、テキサス共和国成立の背景と、一八四六年に勃発したメキシコとアメリカ合衆国との米墨戦争にみられるような、強大国が襲いかかったラテンアメリカ地域への不当な侵略と領土拡大の野心を彷彿させる。

スペイン人による征服と植民地統治のなかで消された文明があるとすれば、本書はその文明をよみがえらせるのに一役かっている。私たちは歴史を消された人々がいたことを忘れてならない。スペインの征服で歪められた歴史しか残っていなくとも、歴史は切断されてはいないと考えている。本書をひもといた読者はそのことを容易に納得できるであろう。訳者の児嶋桂子氏はグァテマラに四〇年余の在住になるという。この上下二冊の浩瀚の書が中米の風光に馴れ親しんだうってつけの人を得ていま日本語で初めてわれわれの目前に提示されたことを大いに幸いに思う。

二〇〇九年十月

京都外国語大学教授　京都ラテンアメリカ研究所長
大垣貴志郎

ジョン・ロイド・スティーブンズ（1805-1852）

ジョン・ロイド・スティーブンズの生涯

F・キャサウッド

本書の読者にとって、わが旅行仲間ジョン・ロイド・スティーブンズ氏の略歴を知るのは興味深いことにちがいない。氏はアメリカ合衆国ニュー・ジャージー州シュルーズベリーで、一八〇五年ベンジャミン・スティーブンズの次男として生まれた。十三歳までネルソン氏の学校で教育をうけたが、彼は盲目ながら古典の素晴らしい師であったといわれている。スティーブンズ氏はニューヨークのコロンビア大学で勉学をつづけてから法律学校に入り、若くして弁護士になった。

一八三四年、健康上の理由で転地療養が必要となり、ヨーロッパの多くの国々を旅行し、エジプトやシリアにまで足をのばした。ニューヨークに戻ってから『エジプト、アラビア、ペトラおよび聖地の旅の出来事』を上梓し、それに続いて『ギリシャ、トルコ、ロシアおよびポーランドの旅の出来事』を刊行した。

この二冊は大変な好評を呼び、アメリカ合衆国で広く読まれ、何度も版が重ねられ、その平明な語り口と素晴らしい文章によって彼は紀行文作家としての名声を確立することになる。

一八三九年、スティーブンズ氏と私は中米旅行を計画した。かの地の熱帯の密林に存在するという古代芸術の遺物を調査するためであった。

旅行の準備が整う直前であったが、かの国へ米国公使として出発するばかりになっていたレゲット氏が急死したため、スティーブンズ氏がその後任として任命された。この任命によってわれわれの古代遺物探索の目的が妨げられるのではないかと危惧したが、読者もこの本を読んでお分かりのように、彼は政府探しの任務と遺跡都市探検の両方を見事に成し遂げたのである。旅は一八三九年から一八四〇年にかけてのほぼ七、八ヶ月間にわたった。

旅の成果は一八四一年に発表された。同年の秋、われわれは再びユカタン半島の調査旅行に出発し、その成果は一八四三年に発表された。ユカタンの旅のあと、ペルーでも中米旅行のときのような成果をあげるように強く求められた。ペルー史の碩学であるプレスコット氏も有用な情報が多く得られるだろうと期待していたものである。しかしスティーブンズ氏はこの遠地での探索に乗り気ではなく、私自身も西インド諸島での数年間にわたる仕事が入っており行ける状況ではなかったので、ペルーへの旅は実現しなかった。彼はニューヨークに残り、のちのち大成功をおさめるアメリカン・オーシャン蒸気船会社の創設にかかわった。その後彼は、太平洋と大西洋を遮る、狭く険難な隘路のパナマ地峡に横断鉄道を敷設するためパナマへ赴いた。鉄道会社が設立されると彼はその社長となり、ニューグレナダ（ヌエバ・グラナダ。現コロンビア）政府から鉄道用地を獲得した。必要な調査が行なわれ、一八五〇年に建設が開始された。（原注―パナマ鉄道は一八五五年末に完成するといわれている。完成の暁にはカリフォルニアへはもちろんオーストラリアへのルートとして大いに利用されることになるだろう。）私も西インド諸島での仕事が終わったので、地峡を鉄道で結ぶというこの大事業に参加し、スティーブンズ氏を補佐して、彼がニューグレナダの首都サンタ・フェ・デ・ボゴタへ二度目の旅に出た時にはその留守を預かった。そのときは数ヵ月後に会う予定だったのだが、スティーブンズ氏の健康が熱帯暮らしですでにかなり損なわれており、私自身も世界でもっとも不健康な気候とされる土地に七ヶ月間も暮らしたせいで、身体の具合が悪くなっていた。そこでスティーブンズ氏はニューヨークへ静養にゆき、私もカリフォルニアに行ったので、それからほぼ二年間別れたままだった。その後彼は地峡に戻ったのだが、劣悪な気候の中で鉄道会社の事業を推進するという無理な生活を長期間つづけたために病に倒れ、一八五二年に他界した。

私は旅行仲間として、また親友としてこう証言させていただきたいと思う。スティーブンズ氏の周囲には常に友人や人的交流の大きな環があったが、それは彼が、情にあつい性質と頭脳面でも精神面でも多くの素晴らしい資質をもっていたからであると。

序文

前アメリカ合衆国大統領ヴァン・ブレン氏に対し、本書刊行の機会を与えられたことに感謝の意を表したい。それは、特定の目的を有する外交官としての任務を与えていただいたからであり、首都にはかならずしも居住しなくともよく、使命の成果を問わずに国内を自由に旅行することができたからである。筆者が中央アメリカに到着したとき、かの国は血なまぐさい内戦による混乱状態にあり、そのため連邦政府は私の滞在中ずっと深刻な疲弊状態にあった。私は、外交官に与えられる保護と特権のおかげで、他のいかなる方法によっても不可能だったであろうことをなしえたのである。本書は、中央アメリカ、チアパスおよびユカタンのほぼ四八〇〇キロメートルにおよぶ旅の記録である。この中には、八つの都市遺跡の探訪記録と、キャサウッド氏が現地で描いた全イラストが掲載されている。本書の出版は版画を作成していたせいでいくぶん遅れたが、それは嘆くに値しないと思う。というのはそのおかげで、最近の中米からのニュースが手にはいり、かの美しい国を紹介するときに触れなければならなかった無政府状態が今はなく、天空を覆っていた黒雲も霧散し、内戦は終わり、中米がふたたび共和国の仲間入りをするであろうということを読者にお知らせすることができるからである。

ニューヨーク市、一八四一年五月

目次

序――紹介にかえて（大垣貴志郎）
ジョン・ロイド・スティーブンズの生涯（F・キャサウッド）
序文
第一章……21
出発　航海　ベリーズに到着　肌の色の融合　政庁　マクドナルド大佐
ベリーズの起源　黒人の学校　裁判所風景　弁護士不在の司法　兵舎
カヌーでの遠出　栄誉の始まり　さらなる栄誉　ベリーズを出発　公務の甘美さ
第二章……35
自分のことは自分で　旅人の〝逞しさ〟　プンタ・ゴルダ　カリブ族を訪ねる
カリブ族の老婆　洗礼　ドゥルセ川　美しい景色　イサバル　神父歓迎
徴税吏兼床屋　〝無敵〟の部隊　中央アメリカの諸政党　あるアメリカ人　異境の墓
〝山〟越えの準備　敷石のない街道　道中の危険　良い味付けの昼食　山越え

第三章……57
神父　メンドリの焼き方　即席靴屋　モタグア川　美しい景色　川を渡る
水の気持ちよさ　原始的な衣服　トルティーヤの作り方　高価な木材
グアラン　凄まじい暑さ　地震のショック　町見物　厚かましい馬子
訴訟事件　重要な交渉　今風ボナ・デア（良き女神）　いかに夫を得るか
植物の王国　サカパ　宿の主人に馴れ馴れしくする
第四章……72
馬具を買う　学校と校則　インディオとの対話　小説『スパイ』のスペイン語訳
チキムラ　廃墟の教会　フランス帝国の老兵　サン・セバスティアン村　山国
馬子との喧嘩　人けのない村　突然の襲撃　逮捕　監獄　釈放
第五章……86
インディオの葬列　コパン川　女性の優しさ　サン・アントニオ農園
奇妙な風習　アロエの山　ホンジュラス　コパン村　無礼な宿主
コパンの壁　コパンの歴史　遺跡の第一印象　根拠のない推論　薬の投与
宿を捜して　病んだ婦人　厄介な馬子　不快な状況　雷雨　コパン購入の考え
第六章……111
いかに事を始めるか　調査の開始　この遺跡が引き起こした関心　村長の訪問
腹のたつ疑惑　歓迎すべき訪問者　カスカラ将軍の手紙　遺跡を買う
ドン・グレゴリオ一家の訪問　薬の分配

第七章 …… 123
遺跡の測量　遺跡に関するファロスとガリンド大佐の報告書　遺跡の状況　範囲
測量計画　ピラミッド状建造物　しゃれこうべの列　興味深い肖像　〝偶像〟
彫刻の特徴　テラスの連なり　ある肖像　中庭　奇妙な祭壇
神聖文字のタブレット　巨大な頭　石切り場　薬のさらなる投与
〝偶像〟と祭壇　埋まった像　石像の材料　元は彩色されていた〝偶像〟
円形祭壇　コパンの年代

第八章 …… 167
別れ　ある冒険　コパン川　ドン・クレメンティノ　結婚式　晩餐
結婚式のダンス　ラバを買う　シエラ（山脈）　頂上からの眺め　エスキプラス
司祭　暖かい歓迎　エスキプラス教会　司祭の責任　ケサルテペケ山
危機一髪　サン・ハシント　神父による歓迎　村祭り　待ち伏せ　モタグア川
サンタ・ロサリア村　死者の場面

第九章 …… 186
チマラパ　役所　酔っぱらいどもの場面　グアスタトヤ　泥棒狩り
グァテマラ市に近づく　美しい景色　アグア火山とフエゴ火山　はじめて見る首都
首都に入る　最初の印象　外交官の家　中央アメリカの諸政党
フローレス副大統領の殺害　グァテマラの政治状況　問題の多い状況　憲法議会
軍警察

第十章……204
ナランホ農園　牛に縄をかける　外交文書　形式　コンセプションの祭り
黒いベールをかぶる　あるアメリカ人女性　世を捨てて　花火その他
聖母を奉る行列　別の花火ショー　牛の花火　不遜な兵士ども

第十一章……216
司教総代理　グァテマラでは、どのようにして日々のニュースを知るか
コンセプシオン修道院を訪れる　尼僧の別れ　カレーラ　カレーラの経歴
コレラ　反乱　カレーラが反乱の先頭に立つ　グァテマラにカレーラがあらわれる
市を手中におさめる　勝利者カレーラ　モラサンの到着　抗戦
カレーラの追跡　敗走　再び優位に立つ　カレーラとの会見　その性格

第十二章……241
ミスコへ遊山に出掛ける　爽快な景色　ミスコの守護聖人の行列　花火
砲撃シーン　煙草を吸いながら　夜の喧嘩　痛みと苦しみ　闘鶏　郊外散策
日曜日の楽しみ　首都へ戻る

第十三章……252
アンティグアおよび太平洋岸への遠出　サン・パブロ　山の風景
ペンサティーボ川　アンティグア　崩壊の歴史　ある八十翁　大寺院
サン・フアン・オビスポ　サンタ・マリア　アグア火山　山登り　クレーター
山頂に集う　下山　アンティグアへ戻る　コチニールの飼育　歴史的な土地

シウダッド・ビエッハ　その創建　インディオたちの訪問
シウダッド・ビエッハを出発　初めて太平洋を望む　アロテナンゴ　フエゴ火山
エスクイントラ　日没　マサグア　イスタパ港　太平洋に到達

第十四章 …… 273
帰路　ラバを捜す　オベロ　マサグア　エスクイントラ
サン・ペドロ・マルティィルの滝　ミチャトヤ川　サン・ペドロ村　管理人
サン・クリストバル　アマティトラン　放浪のアメリカ人　グァテマラ市に入る
キャサウッド氏からの手紙　クリスマス・イブ　キャサウッド氏到着　闘牛場
闘牛　劇場　公的な事柄　グァテマラの貴族階級　国の状況　新年
党派の凶暴性

第十五章 …… 291
政府を捜して　外交の難しさ　グァテマラを出発　アマティトラン湖
間欠熱の発作　オベロ　イスタパ　フランス商船　アカフトラ港　病気
ソンソナーテ　〃政府〃を見つける　イサルコ火山に登る　噴火のコース
火山を下る

第十六章 …… 308
病気と騒動　ジャイ船長の痙攣　きわどい状況　荒っぽい看病
問題をおこした同国人　イルカ　火山の連なり　ニコヤ湾　カルデラ港
別の同国人　別の患者　サン・フェリッペ農園　アグアカテ山
〃ジレンタル特許黄金自動合金機〃　金の鉱脈　山の頂上からの景色

第十七章 …… 323
検問所　アラフエラ　親切な人々　エレディア　セグンド川
サン・ホセのコーヒー農園　終油の秘蹟　幸せな出会い　旅での問題
僧院に泊る　元首のカリーヨ氏　運命の明暗　カルタゴを訪れる　三本の川
思いがけない出会い　カルタゴ火山に登る　火口　二つの大洋を望む　下山
カルタゴ見物　ある埋葬　間欠熱の再発　ごろつき　コーヒー栽培

第十八章 …… 343
グァテマラへむけて出発　エスパルサ　コスタ・リカの町　ラ・バランカ
ある同国人の話　未開の景色　アランフエスの農園　ラガルトス川
コジートの丘　鹿の群れ　サンタ・ロサ　ファン・ホセ・ボニーヤ氏　地震
牧場　バガセス村　グアナカステ　暖かい歓迎　グアナカステの美人
快適な宿　山並み　リンコン火山とオロシ火山　サンタ・テレサ農園　日没
再び太平洋

第十九章 …… 362
フローレス川　サン・ファン川　自然の孤独　原始的な調理場　サン・ファン港
太平洋と大西洋を結ぶ大運河ルート　ニカラグア　運河の測量　ニカラグア湖
運河の図面　閘門（運河の上下を扉で仕切った短い区間）　予算
運河建設のために費やされた努力　運河の利点　中央アメリカにおける親切
暑熱の地　内戦の恐怖

中米・チアパス・ユカタンの旅――マヤ遺跡探索行1839～40（上）

コパンの石像〈D〉　高さ3.9メートル（本文128～129頁参照）

第一章

一八三九年十月三日水曜日、大統領から中央アメリカでの特別機密任務を託された私はホンジュラス湾に向けて出発すべく、ハンプトン船長の英国帆船マリー・アン号に乗船した。ノース・リバーに投錨し帆をゆるめていたこのブリグ型帆船は数分後には太平洋へ向う大きな捕鯨船と共に航路についた。午前七時前だった。人影のないバッテリー（マンハッタン島南端の地）は、期間の定かでない旅に出るこの朝、かつて見たことがないほどに美しかった。

見送りのために乗船していた数人の友人たちが検疫場の向かい側で船を下りた。一時間後には水先案内人も下船した。夜になるとネバーシンクの山々の黒いシルエットが霞んで見え、翌朝はもう海の真っ只中にいた。

旅の同行者は、個人的な友人であり旅のベテランでもあるキャサウッド氏一人である。彼は旧大陸の考古学研究に十年以上も熱心に取り組んでおり、古代の偉大なる建築遺跡に詳しい人物なので、私は任命を受けるとすぐに中米の遺跡探検に同行してくれるよう頼んだのである。

船は北東の強風に押されて九日には貿易風圏内に入り、十日には回帰線、十一日には温度計が八〇度（セ氏二七度）を指したが涼しい微風があり、キューバとサント・ドミンゴの両島を一望にしながら、その間を滑るように航行していった。それからの十八日間は荒れ模様が続き、船は熱帯の雨に濡れそぼりつつ、二十九日に灯台のある珊瑚礁の中へ入り、浅瀬をよけながら真夜中にベリーズから三二キロのところにあるセイント・ジョージ湾に到着した。マホガニーを積んだ大きな帆船が水先案内人を乗せ、錨をおろしたまま海へ出るための風待ちをしていた。その案内人が十六歳ほどの息子をつれていた。水の上で育った少年である。ハンプトン船長はこの少年を見知っており、彼を船に乗せることにした。

煌々と照る月光の中を乗船してきた少年は、案内人としてわれわれに歓迎の意を表した。顔かたちは見分けられなかったが白人でないことは分かった。声が女性のように優しかった。少年は外輪に陣取ってキャンバスを積み上げると、海岸を襲った凄まじい強風の話や、われわれの安全をおびやかす危険や、事故や難破、そしてそれはわれわれもよくおぼえているある夜のことだったのだが、ある水先案内人が船を暗礁に乗り上げさせてしまったことなどを話した。

翌朝七時、ベリーズの町が水上に浮かぶかのように見えてきた。それは、比較したら問題かもしれないが、かの歴史と時の流れによって別格視されている由緒あるベニスやアレクサンダーのようだった。一列に並んだ白い家々が海岸に沿って一・六キロほどつづいていた。一方の端に政庁があり、もう一方に兵舎、真ん中はベリーズ川で両断されていた。その川にわたされた橋が絵画的な風物をなしていた。河口の小島の上にある要塞や、政庁の後ろのゴチック風の教会の塔、そして遠くから見ているわれわれの目にはエジプトの椰子の林を思わせるココナッツの小さな林とが、生き生きとした美しい景観を呈していた。港には四隻の大型船と三隻のブリグ型帆船、さまざまなスクーナー型帆船、艀《はしけ》にカヌー、そして汽船が一隻、錨をおろしていた。汽船の舷側にはマホガニーの筏が浮かび、そのずっと向こうの海寄りを、この高価な木の丸太を一本だけ櫂で押してくる黒人の姿が見えた。錨をおろしたわが船を出迎えてくれた政府のドーリー（平底舟）もまたマホガニーの幹で造られていた。

われわれは船の荷受人であるコッフィン氏の倉庫の前で陸に上がった。町にはホテルがないのでコッフィン氏が、部屋を貸してくれそうな婦人の家へと案内してくれた。

海上でうんざりするほど止めどなく降っていた大雨はベリーズにも及んでいた。道は水びたしでところどころ

W. Hughes.

London: A. Hall, Virtue & Co. 25, Paternoster Row.

に大きな水溜まりがあり、渡るのに難渋した。メインストリートの一番端に〝レイディ〟というその婦人の家があった。彼女はムラート（白人と黒人の混血）で、食事しか提供できないと言ったので、元の場所に戻った。そこでコッフィン氏が親切にも、川向こうにある自分の空き家を宿泊用に貸してくれると言った。

その時にはもうメインストリートを端から端まで二度歩いたのだった。町はすっかり黒人たちのもののようにみえた。橋も市場の広場も街路も店舗も黒人たちで一杯だったから、私は自分が黒人共和国の首都にいるのではないかと思ったほどだった。彼らは端正な顔だちをしており、背が高く、姿勢もよく、ひきしまった体つきをし、黒い皮膚がなめらかでビロードのように光っており、身なりがよかった。男たちは白い綿布のシャツとズボンに麦わら帽子、女たちは赤い縁飾りがついた短袖の白いドレスを着て、大きな赤い耳飾りと首飾りをつけていた。ここで是非述べておきたいのは、このドレスが彼女たちの唯一の衣装であり、それを右肩からぐっとずらして着用し、左手でスカートの裾をもち、水溜まりを渡るときにはこれを高く掲げるというのがこれら黒い肌の婦人たちのファッションのようだったことである。

この道の途中で、私はある商人の家に寄った。彼はちょうど二回目の朝食なるものをとっているところで、テーブルの一方の端に座り、夫人がもう一方の端にいた。上座にはイギリスの将官がいて、その向かいに一人のムラート、左側には別の将官がおり、その向かい側にまたムラートがいた。私はたまたま、この色の黒い紳士たちの間に座ることになった。多分私の同国人のなかには、このような席につくのを躊躇する人もいるかもしれないが、私はためらわなかった。二人は身なりが良かったし、教育を受けて礼儀正しかった。テーブルでの話題は、マホガニーの取引や、イギリスのこと、狩猟のこと、馬のこと、婦人たちのこと、そしてワインの話だった。それで私はベリーズに着いてまだ一時間もたたないというのに、はやくも次のことを学んだのである。つまり、われが祖国であれほど激しい論争の因《たね》となっている肌の色の実際的な融合という偉大なる事業がここではいとも平穏に何世代も前から進んでいるということ、そして肌の色は単に好みの問題であると考えられていること、かつ土地でもっとも尊敬されている住民の何人かは黒人の妻をもち混血の子供をもうけ、子供の肌があたかも完全に白いかのように彼らの教育に心を配り熱意と金を注いでいるということが分ったのである。

私は、このような社会状況をショックと受け止めるべきか、あるいは面白いと思うべきなのか分からなくなってしまった。それからまもなくキャサウッド氏と合流してコッフィン氏が提供してくれた家を見に行った。家は川向こうにあり、道はくるぶしまで埋まる泥道だった。入口の前の大きな水溜まりをひと跳びでとび越えた。家は六〇センチほどの杭の上に建っており、下には水が三〇センチも溜まっていた。戸口の敷居まで板が渡されており、それを伝って広々とした部屋に入った。ガランとしたその部屋が一階の全フロアを占めているのだった。上の階には黒人の家族が間借りしており、裏庭の家には黒人がうようよといた。そして辺り一帯、裏庭にも家の前にも黒人の元気な男の子や女の子たちが生まれたときのままの素っ裸で群れていた。われわれは部屋を掃除し荷物を運びこむよう命じて家を出たのだが、そのときにはハンプトン船長が船の上で言っていた言葉を思い出して、彼の意見の核心部分を実感していたのだった。つまり彼は、ベリーズが天地創造の最後の場所であると言ったのである。

戻って、上等なホテルの快適さに熱い想いをはせていると、マクドナルド大佐閣下から合衆国領事のゴッフ氏を通じて政庁への招待状が届いた。それとともに帆船にあるわれわれの荷物をおろすために公用船が送られるという知らせも届いた。私にとって今回の職務は国の政府から初めて任ぜられたものであり、ふたたび公使に任命されることがあるとは考えられなかったので、可能な特権はすべて利用することにきめ、さっそく閣下の招待を受けることにした。

グァテマラのイサバル港へ向かう汽船がベリーズに錨をおろしていたので、政庁へ向かうまえに代理店のコムヤノ氏のところへ寄った。彼は、翌日出航する予定ですがと言い、しかしもしお望みであるならばご都合に合わせてあと数日の間停めておきましょう、ときわめて丁重に付け加えた。この申し出は、アメリカで汽船会社の有無を言わせぬ規則におとなしく従うことに慣らされていた私にとっては、閣下からの招待よりももっと大きな光栄に思えた。しかしあまり高望みはしたくなかったので一日だけ遅らせてくれるように頼むことにした。

政庁は町の一番端の美しい場所にあった。水際までつづく芝生の上にはココナッツの木が植えられていた。マクドナルド大佐――彼は身の丈一メートル八〇センチほどの退役軍人で、私がこれまで会ったうちでも最高に軍人らしい軍人の一人だった――が入口のところで私を迎えてくれた。一時間後にはわれわれの荷物を積んだ舟が到着し、五時には晩餐の席についた。席には、十五年間ベリーズの教区司祭をつとめているニューポート師と政府の秘書官ウォーカー氏――彼は、アメリカでどれほど多くの肩書をもっている人でも取るに足らなく見えてしまうほど沢山の肩書をもっていた――をはじめとするベリーズの諸紳士、官吏、民間人および軍人がおり、この感じのよい人々とともに夜の十一時まで歓談した。

翌日は、内陸への旅の準備をしなければならなかったのだが、ベリーズをわずかながら見物する機会をもつことができた。この植民地の解説書をもって任ずる『ホンジュラス年鑑』によれば、ベリーズの開闢史は、ワラスというスコットランド人の海賊をもって始まりとするという。アメリカ大陸の海岸にイギリスやフランスの冒険家たち――実際はもっとどぎつい名前が似合う者たちだったのだが――の群れが押し寄せたのは、新世界の富の噂と、メキシコやペルーから財宝を積んで戻るスペインのガレオン船に刺激されたからである。なかでももっとも有名で大胆だったのがワラスで、彼はベリーズ港を護っているサンゴ礁や岩礁の背後に安全な避難場所を見つけたのだ。ワラスが丸太小屋や小さな砦を築いた場所は分かっているのだが、今では倉庫が立ち並んでいる。彼がスペイン人の鼻をあかすことができたのは、モスキート海岸のインディオたちとの緊密なる連携と、マホガニーの伐採を目的にホンジュラスの海岸におりたった数多くのイギリス人冒険家たちの協力を得ていたからである。以来ずっとベリーズの領土は抗争と交渉の対象となり、現在でも中米国民はその所有権を主張しているのである。ベリーズはこれまでマホガニーの輸出で発展してきたが、周辺の木々がほぼ伐採し尽くされたうえに、中米はといえば戦争のせいで貧しくなりすぎてイギリス商品のマーケットとしては貧弱である。そのため、ベリーズは衰運をたどりつつあり、商人たちが積極的に他の商売の道を見出すまではこのまま衰退の道を辿りつづけるだろう。

現在の人口は六千人を数え、そのうちの四千人が黒人で、彼らはマホガニー商人の下で隊を組んで伐採の仕事をしている。労働条件は常にプランテーションの奴隷のそれよりは良好であった。彼らは、奴隷の全面廃止法がイギリス支配の全土で施行される以前からすでに事実上自由だったのだが、一八三九年八月三十一日――廃止法に示された期日の一年前――には全国集会により、また所有者たちの同意のもとに、奴隷という名のくびきさえも取り払われていたのである。

『ホンジュラス年鑑』によれば、その日には宗教儀式が行われ、行列と楽隊と様々な旗の祝祭になったという。旗には「ハム（聖書にでてくるノアの次男）の子孫は、ウィルバーフォース（一七五九－一八三三、英国の政治家・奴隷廃止論者）を忘れない」、「女王様に神の祝福あれ」、「マクドナルドよ、永遠なれ」、「全世界に市民と宗教の自由を」などのモットーが記されていた。そしてネルソン・ショウというリーダ格の黒人が、マクドナルド大佐閣下のもとに進み出、次のように述べたという。「不肖、私、わが解放されし兄弟姉妹を代表して閣下にお願い申し上げたいことがございます。それは、この上なく慈悲深いわれらが女王様がわれらのためになされたことすべてに対して、われわれの感謝の気持ちをお伝えいただきたいということであります。われわれは女王様のために祈り、女王様のために戦い、そして必要とあらば女王様のために死ぬ覚悟であります。閣下に対しましては、閣下がわれわれのためになされたすべてのことにお礼を申し上げます。閣下に神の祝福のあらんことを！　マクドナルド令夫人および王家のすべての方々に神の祝福のあらんことを！　来たれ、わが同胞よ、万歳！　わが黒人の輩よ、さぁ踊ろうではないか！　イギリスの国旗はお前たちの頭上に翻り、その襞のそよぎのひとつひとつが哀れな奴隷の手足をくびきから解き放ってくれるのだ。万歳！　ブラボー！　ヤッホー！」

政庁の後方に黒人のための学校があり、男子部には三歳から十五歳までの様々な肌の色の児童が約二百人いて、ほとんど白人といえる子供から、故国で両親につけられた切り傷の跡を頬にのこした二人の小さなアフリカ生まれの子供までいた。彼らはイギリスの巡洋船が捕獲した奴隷船に乗せられていたのだが、ベリーズに連れて来られ、法律の定めるところにより分配のくじ引きが行われて、ある市民の手にゆだねられたのである。この市民は子供たちを、順当なる扱いをするといういくつかの規定の下に、二十一歳になるまで使役する権利をもっている。残念ながら、教師が不在だったので、彼の教育に関する経験談をきくことはできなかった。しかし、聞かされたかぎりでは、この学校で一番優秀でもっとも学業が進んでいる少年たちは、体の中に白人の血をより多く持つ子らであるという。

女子部の女性教師は教育に長い経験をもっていた。彼女がわれわれに語ったところによれば、頭のよい黒人の少女を大勢受け持ってきたが、理解が速くて能力のあるのは常に白人の生徒の方だったという。

われわれは黒人学校を出ると最高裁判所へと向かった。裁判所は三〇分前から開かれていた。奥の頑丈なマホガニーの壁にイギリスの武器がかけられていた。その下の高い演壇の上に大きな丸テーブルが据えられ、周囲には高い背もたせとクッションのついた重そうなマホガニーの椅子が並んでいた。法廷は七人の判事からなり、そのうちの五人がすでに席についていた。その一人であるウォーカー氏が、空いている席に私を招いた。そのような高い位置を占めるにふさわしい服装をしていないからと私は下から辞退したのだが、なおも勧められたので街着のまま、裁判を司るにしては快適すぎる椅子の一つに腰をおろした。

すでに述べたように、五人の判事が席についていたのだが、そのうちの一人はムラートだった。陪審員の誓言をとっているのをみると、メンバーのうちの二人がムラートだった。私のかたわらに座っていた判事が言うには、彼らの一人はサンボ、つまりムラートの女性と黒人男性との混血であった。三番目の人物がどのクラスに属すのか分かりかねたので判事にきいてみると、あれはわたしの兄弟ですといった。つまり彼の母親がムラートだというのだ。この判事は、合衆国における黒人に対する感情を知っており、彼の言うには、ベリーズでは行政面で区別されるのは資格と地位だけであり、社会面では結婚でさえほとんど区別されることはないということだった。判事と陪審員の姿は目に入ったが、イギリスならどこの裁判所でも重要な部分を占めているはずのものが見当たらなかった。一体、弁護士たちはどこにいるのだろうか。ここにはただの一人も弁護士がおらず、かつていたこともない、と私が言えば、読者諸氏の何人かは多分ハンプトン船長と同意見になるだろう、つまりベリーズは天地創造の最後の地であるということだ。しかし、アメリカの熱心なるわが同職の弁護士諸君が早々とこの別天地へ進出するための荷作りを始めないうちに付け加えておくのだが、ここにはそういう弁護士諸君のためのチャンスは全くないと思う。

当地には裁判官を育成する場がないので、当然ながら判事たちは法律家ではない。そこに座っていた五人のうち、二人は商人で、一人はマホガニーの伐採業者、そしてムラートの判事は地位や資格の点で他のいずれにも劣らない医者であった。この裁判所は民事訴訟の最高裁判所であり、十五ポンド以上の金額に対して裁判権をもっていた。ベリーズは大きな商取引が行われる場所である。毎日のように契約がつくられては違反や齟齬が生じているので、契約の解釈やその履行を強要するための適切なる裁判所の介入が必要となるのである。そして訴訟は絶え間なくあり、公判日程はぎっしりとつまっており、裁判所は人々であふれていた。その日、取り上げられた最初の訴訟は、ある決算に関するものだったが、被告人が出頭しなかったので欠席裁判の判決が下された。次のは、原告人が申し立てを行い、宣誓し、被告人が答弁し、証人が呼ばれ、訴訟は陪審員にまわされた。特別に興味をひかれる訴訟はなかった。ある訴訟では当事者たちが興奮し、被告人が度々原告人を遮った。すると原告人が被告人の肩に手をおいて宥めるようにこう言った。「おい、だめだよ、ジョージ。ちょっと待てよ。すぐにお前の番になるんだから邪魔をするな。俺もお前の邪魔をしないから。」すべては気楽な話し言葉でおこなわれ、当事者たちは大なり小なりお互いのことを知っており、判事も陪審員も一般常識に大きく影響されていた。私がみたところ、大方の訴訟は勝敗が歴然としていたから、陪審員に託される時には、判決に関してはまったく疑問がないほどであった。そしてこのシステムはきわめてスムーズに機能しているので、女王の審議会に上告の道が残されているとはいえ、陪審員長のエバンス氏が言ったように、この二十二年間で控訴された訴訟はたった一件しかない。とはいえ、イギリスの司法史における変則的な例であることにはかわりない。というのも、慣習法の原理で統治されている土地ではどこでもそうであるが、真実をあばき出すためには裁判官の知識と弁護士の手腕とが必要とされると思うからである。

翌日の夜明け方、ウォーカー氏に起こされた。兵舎まで馬で散歩をしようというのだ。われわれは町を抜け、すぐに平らな低地にあるいかにも肥沃そうな未耕地へと入っていった。今は使用されなくなって草に覆われた競馬場を通り抜けたが、それが唯一の開かれた道だった。ベリーズには車の乗物はない。この土地と中米の人々が住む土地との間には荒野がひろがり、そこにはインディオの細道一本たりとて通っていないのである。内陸との連絡は、ドゥルセ湾かベリーズ川をのぞいてはない。道がないので、ここに住むということは孤島に閉じ込められているようなものなのである。

三〇分後、小さな入江の反対側にある兵舎に着いた。兵隊は全員が黒人で、ジャマイカの旧連隊の一部をなしている。彼らの多くはイギリス軍のアフリカ徴兵所で入隊したのだった。上背のある引き締まった身体を赤いコートに包み、隊列をなしてサーベルを掲げる様は、その黒檀色の容貌と相まって、一種独特の好戦的な様相を呈していた。彼らは誇りに満ちた身のこなしで、自らを「女王様の騎士」と呼び、〝黒人ども〟を軽蔑の目で見下していた。

そこから戻って朝食をとり、すぐに政府の〝ピットパン〟に乗って遠出をした。ピットパンは、スペイン人のアメリカ大陸発見以前から原住民が川をわたるのに使用していた舟と同形である。この舟よりさらに優れたものを造ることは、ヨーロッパ人の知恵をもってしても——多分外形を美しくはしたかもしれないが——できなかったのである。われわれが乗ったのは長さ十二メートル、中央部の幅が一・八メートルほどの、両端がすぼまった舟で、マホガニーの幹で造られていた。船尾から前方三メートルのところまで木造りの軽い屋根が設えてあり、それを支えている凝った柱には雨や陽射しを避けるためのカーテンがついていた。そこにクッション付きのゆったりとした座席があり、設《しつら》えはベニスのゴンドラと変わらないほどこざっぱりとしていた。乗組み員は黒人兵が八人、長さ一・八メートルほどの櫂を手に各席に二人ずつが座り、残る二人は櫂を手に舵手として後部に立っていた。ピットパンは彼らが数回櫂を漕いだだけで力強く進み、町の端から端まで速やかに通り過ぎた。閣下のピットパンが水上にあること自体めったにないことだったので、住民たちが足を止めてしげしげとわれわれを見つめたり、手持無沙汰な黒人たちはワッとばかりに橋にかけよって喝采を送るのだった。そのせいでわがアフリカの水夫たちの意気はいやまして、ナイルを渡るヌビア人の舟漕ぎ歌もかくやと思われるような勇しい歌をうたいながら橋の下をあっというまにくぐり抜け、雄大な川面が静かに広がる中へと入っていった。われわれは、黒人たちの喝采が消え去る前にもう、人間の住む場所からあたかも何千キロも運ばれてきたかのような完璧なる静寂の中にいたのである。いまだ文明人にほとんど知られていない水源から発するベリーズ川は、満々たる水をたたえていた。両岸には鬱蒼と繁ったジャングルがつづき、水に浸かった岸辺では水中から生え出たような木々が陽光を遮るほどに枝を絡ませあい、鏡のような水面に影を落としていた。上流には原住民が住んでいるが、彼らはコルテスに発見されたときのままの野蛮で自由な暮らしをしている。われわれは是非ともその支流を伝ってかの有名なペテン湖にまで行ってみたいと思った。そこには、スペインの征服者が置いていった馬の骨が、それまで馬を見たことがなかったインディオたちによって神として奉られているのだ。しかし、速い流れに逆らってせっせと舟を漕いでいるわが水夫たちの労苦をみて思いとどまった。ピットパンを戻し、流れに乗ると、水夫たちは櫂をもつ手に力をこめ、先ほどよりさらに騒々しい歌声をあげながら、黒人たちの一段と賑やかな喝采を浴びつつ橋の下をすべり抜けた。そして数分後にはもう政庁の傍らに降り立ったのだった。

マクドナルド大佐は、われわれが定刻に乗船できるようにと、正餐を午後の二時にしてくれていた。その前の二日間と同様に、人々を集めて、小さな歓談の場を、というわけだった。私は間違っているかもしれないが、もしここで大佐の心遣いに対して私の感謝の気持ちを記しておかなかったら気がすまいない思いがするのだ。たしかに政庁への招待は私の公的立場に対するものであったが、彼が私に示した好意の一部は私個人の知識に負うところが大きかったということを述べて自負せずにはいられないのである。マクドナルド大佐は「二十年戦争」の戦士であり、かつイギリス軍の副将軍であったサー・ジョン・マクドナルドの兄弟であり、またフランスのマクドナルド陸軍元帥の従兄弟でもある。親類縁者がみな軍人なのだ。彼は十八歳のときに一万の兵からなる軍隊の旗手としてスペインに進軍したが、六カ月もたたないうちにこの戦いに生き残った兵はわずか四千人になってしまったのである。半島戦争では熾烈な戦いがつづいたがそのすべてで活躍し、ワーテルローでは一連隊を指揮し、その戦場でイギリス王からバス勲等最下級勲章を受け、ロシア皇帝からはセイント・アン騎士勲章を授けられた。長い軍人生活の回想は豊富であり、かの時代のもっとも優れた軍人たちを公私の両面から直接に知っていたので、彼と話をすることは歴史の本を読むに等しかった。彼は、一アメリカ人がめったに出会うことのできない、急速に消滅しつつある種類に属する人物であった。

しかし話を戻そう。ダイニングルームの大きな窓は港の方角に開かれており、政庁の前に錨をおろしている汽船の姿が見えた。船の煙突から黒い煙があがっており、もう乗船の時刻であることを知らせていた。席を立つまえに、女王の臣下であるマクドナルド大佐が、女王陛下の健康を祈って乾杯を提案した。彼はグラスをなみなみとつがせて立ち上がると、暖かく優しい心情をこめ、またイギリスとアメリカ間の永久（とこしえ）の厚い友情に心からの信頼をよせてこう言った。「アメリカ合衆国大統領ヴァン・ブレン氏の健康に乾杯！」と。私はこのとき、〝この絆を断たんとする手があらば、呪われよ〟と念じたものである。そして、自分の肩にアメリカ大統領と国民を担ぐのに慣れてはいなかったが、精一杯できるかぎりの返答をした。つづいて、キャサウッド氏と私自身の旅の成功と健康を祈って乾杯がなされ、食卓を離れた。芝生が途切れた先に公用船が浮かんでいた。マクドナルド大佐は私の腕をとって歩みながらこう言った、あなたが向かうのは騒乱の国である、駐グァテマラのアメリカ領事サベージ氏はかつてイギリス臣民の生命と財産を保護してくれたことがあった、もしなにか危険におびやかされることがあったらヨーロッパ人をみな一か所に集め、国旗を掲げ、自分に知らせて欲しいと。私は、この言葉が単なる儀礼の言葉ではないことを知っていたし、これから向かう国の状態からしてこのような友人を身近にもっていることに心強さを感じた。ひとしお暖かい感謝の気持ちをこめて大佐に別れを告げ、公用船に乗り込んだ。すると、政庁の国旗掲揚塔と要塞と裁判所の建物および公用スクーナー船の上に国旗がするするとあがり、要塞から一発の号砲が鳴り響いた。船が湾を横切っていく間、十三発の礼砲が轟き、要塞の前を通過したときには兵士たちが捧げ銃の姿勢をとり、政府のスクーナー船が船旗を上げ下げするのだった。汽船の甲板に上がると、船長が帽子を手にこう言った。「ご指示に従い、どこでもお望みのところに止まるよう命じられております」と。

読者は、私がいかにしてこのようなありとあらゆる栄誉に対応できたのかと質問されるだろう。私は多くの町をたずねたが、自分の出発が旗や礼砲をもって世に告げられたというのは初めてのことであった。私はまだ見習い外交官であったが、努めてそのための教育をうけてきたかのように振る舞った。しかし本当のことを言えば、私の心臓は高鳴り誇らしさで一杯だったのである。というのもこの栄誉は、私にではなくわが祖国にささげられたものだったからである。

この別離のシーンを盛り上げるために、わが良き友人ハンプトン船長は四ポンド砲二門に弾をつめて、汽船が動きだすや発砲した。一発は鳴ったが、もう一発は火を吹かなかった。船長は船に小銃を一丁もっていたので、それでかの儀礼にあまねく返礼しようとしたが、彼が大いに悔しがって言うには火薬がなかった。

われわれが乗った汽船は、大いなる〝中米農業協会〟――これは町を建設し、土地の値をあげ、移民を住まわせるという総合的な開発を目的につくられた会社だった――の売買資産として最後に残ったものであった。べラ・パス地方（グァテマラ北部）の肥沃な高地にニュー・リバプールなる場所が造られ、町となるのに不足しているのは家々と住民だけだったという。船の外輪の上にかけられた真鍮の円盤に、〈ベラ・パス〉〈ロンドン〉という文字が並んでいるのが珍妙だった。船長は陽に焼けた小柄な細身の老スペイン人で、昔のドンらしく礼儀を十分に心得ていた。機関士はイギリス人、乗組員はスペイン人と混血とムラートからなっていたが、彼らがとくに汽船の操作に熟練しているというわけではなかった。

この船旅の唯一の同行者は、ローマン・カトリックの神父である若いアイルランド人で、彼はベリーズに八カ月いたのだが、グァテマラの教会の長である大司教が追放されたため、司教代理から招かれてかの地へ向かうところであった。船室は大層快適だったが、午後の海があまりにも穏やかだったので甲板に出てお茶を飲んだ。夜の十時に船長が私の指示を仰ぎにやってきた。私もかつては大望をあれこれ抱いたことがあるにはあるが、まさか汽船の船長に命令をくだすことができるなどとは考えたこともなかった。しかし私はまたしても、さもこういう場合の教育を受けてきたかのように平然と訪れたい場所を指示し、船長は引き下がっていったのである。実際のところ、これが公的任務を帯びているおかげであるのなら、この任務につきたいと熱望する人たちがいるのも不思議なことではないと思った。

第二章

われわれは従者を一人雇っていた。アグスティンというフランス系スペイン人の若者で、サント・ドミンゴ生まれだが育ちはオモア、最初の印象ではあまり気のきくタイプではないようだった。その彼が朝早くに、朝食は玉子もチキンもあるが何にいたしましょうかときいてきた。そこでしかるべく注文をしてその時間にテーブルについたのだが、食事をしながらなにか変に感じて調べてみると、テーブルの上のものは、紅茶とコーヒーを除いてすべて神父のものであることが判明した。われわれは食糧に関して何の質問もせず、考えもしないまま、当然船が乗客の必要とする分を用意しているのだろうと思っていたのだが、驚いたことには船は何も用意しておらず、船客がそれぞれ自分の分をまかなうことになっていたのだった。神父もわれわれ同様無知で不用意だったのだが、良きカトリック信者である彼の友人たち――神父に結婚式をやってもらったり、子供に洗礼を授けてもらった人たち――がさまざまな種類の食糧を船に積み込んであったのだ。その中には、旅行者の荷物にしては珍しい、ニワトリで一杯の檻篭もあった。そこでわれわれは神父にむかい、われわれと同行することになった彼の良き運命を祝福し、またわれわれが身にはアグスティンのような宝物を与えられたことを喜んだのだった。余談になるがここで述べておかなければならないのは、マクドナルド大佐の厚遇を受けているなかで、キャサウッド氏と私とは多分かなり擦れっ枯らしの旅人を演じてしまったらしいのである。というのは、最後の日のことだが、食事をしていたときに、荷物をいくつか動かすので見てほしいと呼ばれてキャサウッド氏が食卓から立って行った。しばらくして私も呼ばれて行ってみると、マクドナルド大佐のためにもまたわが国の信用のためにも幸いだったことに、なんとキャサウッド氏が大佐のものである青い大きなマントを私のものだと思って、平然と巻きたたみニューヨークへ送り返そうとしていたのである。私はテーブルにとってかえし、大佐に、貴方はいま危うい状況にいると告げ、かつ自分も部屋にあった厚手の大きなスリーピングバッグについて少々疑問をもっているのだが、それをハンプトン船長が約束してくれてあったものだと考えて、すでに船に乗せてしまったと付け加えた。だがなんと、これもマクドナルド大佐のものであること、しかも彼が長年にわたって戦場を持ち歩いたものであることが判明したのである。最終的には大佐がそれを使うようにすすめてくれたのだが、大佐に返却するときにはもうかなり傷んでいるのではないかと今から心配である。こんな具合であるから、読者は、キャサウッド氏と私とはアグスティンの助けを得て、どんな国であれ平気で旅行できると思われることだろう。

話を元に戻そう。その日はとても天気がよかった。船は真っ直ぐホンジュラス（旧英領ホンジュラス）の海岸にそって南へ向かっていた。コロンブスは最後の航海でアメリカ大陸のこの部分を発見したわけだが、緑におおわれたこの地の美しさも彼を海岸にひきつけるまでには至らなかった。コロンブスは上陸せずにダリエン地峡まで進み、彼が満腔の期待をこめて目ざしていたインドへの道をさがしたが、とうとう発見できずに終わる運命にあったのである。

汽船というものは、私の年来の最高の憧れをいくつも潰してしまった存在である。というのは、ヘレスポントに行ったときも、セストスやアビドスやトロヤの平原に行ったときも、いつも蒸気機関の轟音にせかされていたからである。この動悸をうつ怪物の轟音に包まれてコロンブスの跡を追っている今は、それが彼の冒険にからむロマンを根こそぎ傷つけるのだった。とはいえ、汽船の旅はこの上なく快適だった。われわれは、じりじりと焼けつく陽光をさえぎる天幕の下に坐り、涼しい微風に吹かれていた。海岸は、思い描いていた通りの熱帯の雄大さと美しさを見せていた。鬱蒼としげる木々が水際までせまり、かなたに連なる高い山々は頂上まで万年の緑に覆われ、あるものはひと峰孤立し、あるものは山脈を形づくって、みるまに高みを増して、ついには雲間にかくれていくのだった。

午前十一時、海岸の下方二四〇キロの地点に、カリブ族のコロニーであるプンタ・ゴルダが見えてきた。私はここで初めて船を停めるよう船長に命じた。近づいてゆくと浜辺には開けた土地があり、屋根の低い家々が一列に並んでいるのがみえた。わが祖国の森の中にある空き地のようだった。長くのびた海岸線の中にポッンとみえるこの空き地には、すぐ両側まで原生林が迫っていた。背後に聳え立つ雄大な山は稜線が二こぶラクダの背のようにくっきりと二つに割れていた。船が海岸に向かいはじめると、かつて一度も汽船がやって来たことのないこの土地の住民たちが騒ぎたて、女も子供も海岸に走りより、男が四人、水に入るとカヌーに乗って船へ向かって来た。

わが船旅の仲間である神父は、ベリーズにいたときに多くのカリブ族と顔見知りになっており、一度は首長にまねかれてコロニーを訪れ、住民たちに結婚と洗礼の儀式をさずけたこともあった。神父はこの機会を利用してまたそれをやりたいのだが、どうだろうかと言ったが、われわれに否やはなかった。下船のために甲板に姿を現わした神父は、片手に大きな洗面器と、他方の手には司祭服をギューギューに包み込んだハンカチの包みをもっていた。

海岸のすぐ近くに錨をおろし、小さなボートで陸へ向かった。高さ六メートルほどの岩壁の下でボートを下りて登ってゆくと、もうそこはありとあらゆる種類の熱帯植物が焼けつくような陽光のもとでむせかえるばかりになっていた。綿と米の他に、カフーン、バナナ、ココナッツ、パイナップル、オレンジ、レモン、プラタノ（甘味のない大バナナ）、その他われわれが名前も知らない沢山の果物がたわわに実り、その芳香だけで圧倒されそうだった。そうした木々の影に村のほとんどの住民が集まっていたので、神父は早速、集団結婚と洗礼の儀式を行うためにやって来たと告げた。住民たちが相談しあい、まもなく一軒の家が儀式の場所に選ばれた。キャサウッド氏と私は、カリブ族の男の案内で村の中を歩いてみることにした。この男は、カヌーでベリーズへ行くので少しは英語が分かるのだ。

このコロニーは人口が五百ほどで、もともとはトルヒーヨの下方の海岸にあったのだが、中央アメリカ政府のもとでモラサン党に対抗する勢力として積極的に参加していたせいで、モラサン党の支配がはじまったときに英国領内であるこの地へ避難してきたのだった。彼らはカリブ族として、征服者と混血することなく辺地に生きながら、完全に文明化していた。しかしビーズ玉や装身具に対する嗜好はいまだに保っていた。住居は、太さ二・五センチほどのさおを地面に垂直に立て樹皮の縄で繋ぎ合わせてあり、屋根はカフーンの葉で葺いてあった。内部に同じ材料を使って作った仕切りやベッドを置いている小屋もあった。どこの家にも紐編みのハンモックと聖母像や守護聖人の像があった。スペイン人たちが発見した原住民の中でももっとも獰猛なこれら人喰い人種の末裔たちが、これほどまでに文明化を成しえたことに深い感銘をおぼえた。

住居は海岸沿いに間隔をあけながら並んでいるのだが、あまりにも暑かったので最後の家まで行かずに戻ろうとしたところ、わがガイドがすぐそこだから〝あるオールド・ウーマン〟つまり彼の祖母に会って欲しいと言った。そこであとに従いていき彼女に会った。かなりの年寄りで、誰もその歳を知らなかったが、百歳はこえているように見えた。彼女がわれわれの興味をひいたのは、わがガイドの祖母であるということよりも、彼女がカリブ族の中でもっとも手に負えない種族が住んでいたサン・ビセンテ島の出身で、しかもいまだに洗礼を受けていないということだった。痴呆じみた笑みをうかべてわれわれを迎えた彼女は、干からびた身体をし、抜け目なさそうな皺だらけの顔が萎びていたが、若いときには人肉を喰う饗宴で目を輝かせて踊っていたのではないかと思われた。

われわれが戻ると、友人の神父はハンカチの中身の衣装を身につけて、どこからみても敬すべき司祭になっていた。手に祈禱書をもち、かたわらには聖なる水をたたえたわが船の洗面器を置いていた。アグスティンが獣脂のロウソクをもって立っていた。

カリブ族は、中央アメリカのほとんどの原住民と同じく、キリスト教の教義をスペイン人の司祭や僧たちから教えられたとおりに受け取っていた。したがって決められた形式をあらゆる面で厳格に守る人々である。このコロニーでは神父の訪問はめったにない貴重な出来事である。最初彼らは、神父がスペイン語を話さないので正統派ではないのではないかと疑うようであったが、彼が長着と白い法衣を着て香を焚くのを見ると不信感はすっかり消えた。

結婚の儀式ではあまりすることがなかった。というのは、男たちのほとんどが漁や仕事に出ていてわずかしかいなかったからである。女たちは、それぞれが子供を腕にだいて洗礼を受けるために長い行列をつくっていた。神父は彼女らを部屋の壁に沿って円形に並ばせてから儀式を始めた。彼は最初の女にある質問をしたのだが、それは私が思うには教典に載っていないもので、他の土地でなら洗礼を受けさせるためにわが子を教会に連れてきた母親に対してするには適当でないと思われるに違いない質問だった。つまり神父は、彼女が結婚しているかどうかときいたのである。すると彼女はためらっていたが、微笑んだと思うとついには笑いだし、それからイイエと答えた。神父は、それは良きキリスト教徒の女性にふさわしくない非常に悪いことであると述べ、この機会を利用して子供の父親と結婚するように勧めた。すると彼女が答えて、自分もそうしたいところだが、父親はマホガニーを伐りにいって留守であると言った。神父の質問も彼女の答えも通訳を通じておこなわれたので、話がこんがらかり始めた。実際に大勢の女たちが口をはさみ、全員が同時にしゃべりだしたので、神父はデリケートな問題にふれてしまったことに気づき、急いで次の女性へ移った。

実際のところ神父には、他にもしなければならないことが山ほどあった。彼はスペイン語が少ししか分からなかったし、教典はラテン語で書かれてあり、それを状況が必要としているほど簡単に訳すことができなかったのである。それで彼は、われわれのいない間にプロテスタントのスペイン語の祈禱書から洗礼の儀式の部分を紙に写しとった。ところが、その紙が混乱のなかでなくなってしまい、神父はラテン語に戻って、それを必要に応じてスペイン語に訳さざるをえなくなった。しばらく努力していたが彼はアグスティンの方を向くと、女たちにしなければならない質問を英語で言った。アグスティンは良きカトリック教徒である。彼はまるで神父が教皇ででもあるかのように恭しくその言葉をきいていたが、言われたことは何も理解できなかった。そこで私がアグスティンにフランス語で説明し、アグスティンがそれをスペイン語で男の一人に伝え、男が女たちに通訳した。これはもちろん多くの混乱をまねくことになった。しかし全員がとても信心深く敬虔だったので、困難な状況にもかかわらず、儀式は荘厳に行われた。ラテン語の部分にくると、神父はローマの布教部を出たばかりの新米神父のように、そしてカリブ族がたいして遅れていない人々であるかのようにすごいスピードで読み上げた。

神父からきいたところによると、カリブ族は名前を沢山つけるのが大好きだということだった。ある女性が自分の息子に三つも四つも名前をつけた後、私を指さして私の名前も付け加えて欲しいと言った。私はあまり厳格な方ではないが、代父の義務をいい加減な気持ちで引き受けるつもりはなかったので、神父に儀式をストップしてもらい、できるだけ穏便に断ってほしいと頼んだ。彼はそうすると約束してくれたのだが、その日はあまりにも暑かったし、部屋は人が一杯で、ドアは塞がれていた上に、神父はラテン語と英語とフランス語とスペイン語で大汗をかき少々混乱していた。私は万事解決したものと思っていたのだが、しばらくすると一人の子供が連れてこられて私に抱けというのである。それでも私は、まだある一点で楽観していた。というのは、息子に私の名前をつけたがっていた女性は、結婚せずに母親になった婦人だろうと想定していたからだ。しかしそれは別人であることが判明したので、私はまたしても失礼この上ないことではあるが、子供を抱き取ることは避けた。しかし家を出るとき、彼女は私の道をさえぎると子供を突き出し、私をコンパドレ（代父）と呼んだのである。それで知らぬうちに私はカリブ族の子供の代父になってしまったのだった。幸いなことにその母親は身持ちのよい女性で、父親もその場にいた。私がその子の教育に多くをなすことは多分ほとんどないだろう。私ができるのは、しかるべき時期になって、その子供が名前をふやし、それをカリブ族の間で尊敬されるものにしてくれるのを期待することだけである。

われわれ一行は船に戻り、数分後にはドゥルセ川をめざして航行を再開した。海岸沿いに山々の高い壁が何キロもつづき、それが内陸方面へむかって見えなくなるまでつらなっていた。この威圧的な山並がわずかにとぎれ、そこから静かな川へと入って行ける場所があった。この海岸の右側には、私がかねてから訪れてみたいと思っていた場所があった。それは、ルイジアナのある著名な市民の名を記念して、彼の苗字であるリビングストンという名を冠した土地である。リビングストンがつくった刑法が当時グァテマラに導入されたところだったのだ。土地はきわめて便利な場所にあり、中央アメリカへの入口の港になると思われていたのだが、その期待は実現されなかった。

午後の四時、船をリビングストンへ向けるときになって船長が、もしここで錨をおろすと翌日の朝まで停まることになると言った。汽船を停めるという人生で多分今回しかないであろう機会を失うのは残念ではあったが、ドゥルセ湾は是非とも見たいという熱い、ほとんど燃えるような好奇心をもっていたのと、全員の意見がこのような恵まれた状件下で湾を見るチャンスを逸するのは許しがたいことであるということで一致したので、私は船長に、岸にそってそのまま前進するよう命じた。

岸は水面から九メートルほど高くなっており、プンタ・ゴルダのように植物が豊かに繁茂していた。町の建設予定地には別のカリブ族が住んでいた。先のカリブ族と同様、戦争のために故郷を追われ、海岸を遡って来た者たちだった。彼らは、原住民特有の目で、自然の景色のなかに絵画的な美しさをもつこの土地を見出して住みついたのだ。屋根を葉で葺いた小屋掛けの家が岸辺のプラタノやココナッツの木陰に並んでおり、帆をつけたカヌーが水に浮かんでいた。男や女たちが木の下に坐ってわれわれの方を眺めていた。そののどかに光り輝く光景は、騒々しい世界の混沌から遠く離れた平和と自由を物語っていた。

しかしわれわれは、その美しさもすぐに忘れてしまい、前方へ誘い込むように口をあけている狭い岸壁の間を縫ってドゥルセ川へと入っていった。両岸には九〇から一二〇メートルの緑したたる壁が垂直に切り立っていた。濃い枝葉に覆われた木々が水辺から頂上まで繁茂しており、露出した地面はどこにも見られなかった。両岸ともに、木々の高い梢から水面まで長い蔦が垂れ下がり、水を吸いあげては支柱である木の幹へと命を運ぶかのようにみえた。まさにそれは、リオ・ドゥルセ（甘い川）というその名の示すとおり、絶妙なる美と大いなる豊穣さとが溶け合ったティターン（ギリシャ神）たちの地における魅惑的な景観であった。それでも川はなおも行く手の分からぬまま、数分後には海の姿が消え、船は完全に密林の壁に取り囲まれた。川は進むにつれて湾曲してゆき、われわれを先へ先へと誘っていった。これが本当に、内戦で分裂し騒乱状態にある火山と地震の国へと通じる正面玄関なのだろうか。われわれはしばらくの間、植物の生えていない場所がないかと探したのだが無駄だった。一箇所だけむきだしの壁を見つけたが、その垂直な岩壁の裂け目からも、そして明らかに岩の内部からも木や滝木が伸びていた。船があまりにも鬱蒼とした木々に囲まれているので、時には木々の間を通って行くかのように見えることもあった。カーブの角度によっては、壁が姿を消して焼けるような陽に照りつけられるのだが、すぐにまた深い樹影の中へと入っていくのだった。夢物語のような話を聞かされていた私は、猿が木々の間をとびはね、オウムが頭上を飛ぶのかと思っていたのだが、何もかもが静謐のうちにあり、まるでかつて人間がここにいたことなど一度もないかのようだった。唯一目にした生き物といえば、鳥の中でも一番静かなペリカン鳥だけだった。そして音といえばわが蒸気機関が発する人工的な音だけである。発掘都市ペトラへの深閑とした峠道はこれほど静かでも美しくもない荒涼とした不毛の地であったが、ここでは全てが豊かでロマンチックで美しく、それが奇妙なくらい対照的であった。

こうした美しい景色がずっと十四キロほどつづいたあと、いきなり川幅が広がり大きな湖へと出た。周囲を山々に囲まれた湖は、点々と大小の島々を浮かべ、傾きかけた太陽にキラキラと輝いていた。われわれは遅い時間まで甲板にいた。翌朝目をさますともうイサバル港だった。四〇トンほどのスクーナ船（二本マストの縦帆船）が一隻停泊しているだけで、港の商業活動が寂れているのがわかった。七時前に船をおりたのだが、すでに厳しい暑さになっていた。岸辺には暇そうにしている人影はなく、われわれを迎えたのは税関吏ただ一人だった。

町はドゥルセ湾の岸辺のゆるやかな丘の上にあり、背後に重畳たる山並がつづいていた。道を登って広場に向かった。広場の一方の側にアンプディア氏とプロイ氏の家があった。これが町で一番大きな家であり、両氏がちょうど建設中の別の家をのぞけば、製材を使った唯一の家だった。他はいずれも小屋掛けで、丸太とキビでできており、屋根はカフーンの葉で葺いてあった。ドアの前の広いひさし掛けの下には商品の大きな荷が積まれ、ミコ山を越えて荷を運搬するラバや馬子やインディオたちがいた。

神父の到着は大きなセンセーションをまきおこした。教会の鐘が賑やかに鳴らされ、その一時間後には神父は白い法衣を着てミサをあげていた。教会は広場の正面にあり、他の家々と同じく丸太造りで屋根は葉で葺いてあった。その前の三、四メートル離れたところに大きな木製の十字架が立っていた。教会の床はまったくの土間であったが、きれいに掃ききよめられ松の葉が敷いてあった。両側の壁には枝や花の綱飾りがかけられ、祭壇にも聖母や聖人の像とともに花輪が飾られていた。住民はもう随分前からミサにあずかるという恩恵に浴していなかったので、スペイン人もメスティソ（混血）もインディオも誰もかれもが、この朝の思いがけなくも喜ばしい鐘の音を聞いて集まってきたのだった。土の床は、頭に白いショールをかぶって跪く女たちで一杯になり、後には男たちが粗末な柱にもたれるようにしていた。彼らの真摯で敬虔な様、そして土の床と葉で葺いた屋根とは、ヨーロッパの豪華な大寺院やサン・ペドロ大寺院の円屋根の下で行われる礼拝の盛儀よりもずっと荘厳なものを感じさせた。

朝食のあと、床屋はいないかと尋ねると、港の徴税吏のところへ送られた。徴税吏が町一番の床屋だというのだ。彼の家は近所の家々と同じような大きさだったが、中には軍用の鞍と拳銃用サック、ピストルと大きな剣、つまり徴税吏としての彼が部下たちの先頭にたって密輸業者を震え上がらせに出ていくときの身支度の品々が掛けられてあった。残念ながらこの誠実なる民主党員は留守であったが、彼の部下が自分がやりましょうと言ったので、キャサウッド氏と私はやってもらうことにした。しかし神父は頭頂部を宗派の決まりどおり剃る必要があるので、徴税吏の帰りを待つことにした。

それから私はパスポートを手に軍の司令官を訪ねた。彼の家は広場の反対側にあった。ドアの前に十四歳位の兵隊が斥候のように立っていた。鐘型の麦わら帽子が目の上にまでかぶさっているので、まるでロウソクの上にロウソク消しを載せたように見えた。前方に三〇人ほどの男や少年たちの一団が隊列をつくっており、軍曹がタバコをふかせながら新兵たちの教練をしているところだった。制服と称せるものは、白い麦わら帽子と綿のズボン、上に出して着たシャツ、および火縄銃と弾薬帯であった。全員が例外なく同じなのは裸足であることだった。隊伍を組む際の整列順位をきめる最初の手順がはぶかれていたので、背丈一八〇センチの足の長い男が十二、三歳の少年と並んで立っているという結果になっていた。税関吏が一緒にいて軍曹に助言をあたえていた。一つの演習が終わると軍曹は彼と相談してから、隊列に近づき一人の兵隊の身体の例の箇所を手の平で叩いた。例の箇所とは、私の若かりし頃、学校の教師が、そこを通して知識が子供の頭に入っていくと考えていた箇所である。

この有望なる部隊の指揮官は、ドン・フアン・ペニョールという生まれも育ちもれっきとした人物で、彼はかつてモラサン将軍から追放されて親族らとともにアメリカ合衆国に避難したことがあった。モラサンの将校だった前任者がカレーラ党によって追放されたので、ほんの二〇日前にこの任務についたばかりのところだった。

この時期、中央アメリカでは三つの大きな政党が勢力を争っていた。共和国の前大統領だったモラサンの政党がエル・サルバドルにあり、ホンジュラスにはフェレーラ党が、グァテマラにはカレーラ党があった。フェレーラはムラートであり、カレーラはインディオである。二人は同じ目的のもとで戦っているわけではなかったが、モラサンに対抗するという点では一致していた。モンゴメリー氏がグァテマラを訪ねたころ、かの地はカレーラの蜂起のせいで煮えたぎっていた。当時カレーラは、ならず者の徒党の頭領として、また泥棒や人殺しとしても名を馳せており、彼の手下たちは〝カチュレコス〟(贋金という意味)と呼ばれていた。モンゴメリー氏によれば、私の公用パスポートはカレーラの前ではまったく保護の用をなさないだろうということだった。そのカレーラが現在グァテマラを統治している党の首領なのである。ペニョール氏は国内のこの悲しむべき状況について話してくれた。サン・サルバドルのすぐ近くで、モラサン将軍とフェレーラとの間の戦いが始まったばかりだった。将軍は負傷したが、フェレーラは敗退し、彼の軍隊は壊滅した。ペニョール氏が心配していたのは、モラサンがグァテマラに今にも侵攻してくるのではないかということだった。彼は、グァテマラ市までの通行許可証しか出せないし、それもモラサン将軍の前では役に立たないだろうと言った。

われわれはペニョール氏の境遇に関心をひかれた。彼は年若いというのに顔に悲嘆と不安の色をにじませ、現在の惨めな状況に対する深い心痛と将来への恐ろしいほどの不吉な予感に包まれていた。われわれにとって大いに残念だったのは、われらが友人である神父が、この地で受け取った情報から判断して今のところはグァテマラへ行くのはやめた方がよいのではないかと思うようになったことである。神父は、モラサンによる司祭たちへの迫害と追放にまつわる恐ろしい話をさんざん聞かされていたので、モラサンの手中に落ちるのは危険であると考えたのだ。そして結局彼はこの国を去ったのだが、それがこうした危惧のせいであったことは確かである。

午後、町の中を歩いてみた。住民はインディオや黒人、ムラート、メスティソ、そして様々な度合いで混血した住人たち約一五〇〇人と、他に数人のスペイン人がいた。通りに出るや、私の同国人だという一人の男が話しかけてきた。彼はバルティモアのムラートで名をフィリップといった。彼が言うには、ここには八年間住んでおり、一度はお伴の身分でニュー・オリンズ経由で故郷に帰ろうと考えたこともあったのだが、家を出たのが急だったので〝キリスト教徒の書類〟をもってくるのを忘れてきてしまったのだと言った。それで私は思ったのだが、ようするに彼はメリーランドでなら逃亡奴隷と呼ばれる者らしかった。彼はかなりの地位の男で、船に乗って火夫として月に二十三ドル稼ぐ他に、時には大工としての仕事もし、現にイサバル随一の建築家であった。というのは、アンプディア氏とプロイ氏の新しい家を建てるために三五〇〇ドルの契約を手にしていたからである。その他の点では言いにくいことではあるが、フィリップはけっしてそんなに尊敬できるという人物ではなかった。彼の不品行――彼自身は恥ずかしいことだとは思っていないらしいのだが――の原因がアメリカで受けた教育のせいでないことを祈るばかりである。彼は自分の家にきて妻に会って欲しいといったが、道すがら彼自身が言ったところによると結婚はしていないのだった。そして、これはイサバルの善良な人々に対する中傷にならなければよいのだが、自分は単にみんながしていることをしているだけだと言った。彼は自分の家をもっており、それを土地もふくめて十二ドルで買ったそうである。一家の主人でありアメリカ人なのだから、神父がいるこの機会を利用して結婚し、よき模範を示したらどうかと勧めてみた。ところが彼は頑固で、自由を束縛されるのは嫌である、今のままならどこへでも行けるし、もっといい娘と出会うこともできるかもしれないと言った。

彼の家のドアの前に立っていると、キャサウッド氏が通りかかった。彼は、船でずっと体の具合が悪かった機関手のラッシ氏を見舞いに行くところだった。ラッシ氏は村の一軒の小屋の中で、服を着たままハンモックに横たわっていた。彼はヘラクレス的な体型の持ち主で、背丈が一八〇センチを超す筋骨逞しい体つきの男なのだが、今は子供のように力なく横たわっていた。汚い床の上に一本だけロウソクが頼りなげな光をなげかけている中、数人のさまざまな人種と肌の色――白い顔をしたサクソン系からインディオやアフリカの黒人まで――の男たちが彼を取り囲むように立っていた。それが、イギリス家庭の快適さに慣れた一人の男のための、がさつな看護夫たちなのだった。私はイサバルが不健康な土地とされていることを思い出した。一八三八年にグァテマラ訪問の興味深い記録を出版したモンゴメリー氏が私に、かの地は通過するだけでも命に危険がある土地ですと言ったのだ。私はこの気の毒なイギリス人のために身の震える思いがした。その上思い出したのは――なぜ忘れていたのか不思議なのだが――、中央アメリカ駐在のアメリカ代理大使シャノン氏がこの地で亡くなっているのである。

私と一緒にいたフィリップは、シャノン氏の墓がどこにあるのか知っていたが、暗くなっていたのでその場所を示すことはできなかった。私は翌朝早くに出発する予定でいた。この辺境の地に眠る一人のアメリカ人の墓に参るという聖なる義務を、出発の慌ただしさにまぎれて怠ってしまってはならない。そこで、家に戻るとアンプディア氏にこれから一緒に行ってほしいと頼んだ。われわれは広場をよこぎり、町はずれを通り抜け、数分後にはもう町の外に出ていた。自分の足元がやっと見えるだけの暗やみだった。深い溝の上に渡された板を伝って、小高い場所に着いた。右の方は開けており、そのままずっとドゥルセ湾の方へ広がっていた。前方に暗い森がたちはだかっていた。頂上に、粗削りの丸太を地面に突きたてただけの粗末な柵がめぐらされていたが、それはアンプディア氏の縁者の墓だった。シャノン氏の墓はその傍らにあった。石も柵もなく、周囲の地面と区別できるようなわずかな盛土さえなかった。それは同国人の墓にしてはあまりにも侘しいものだったから気持ちが沈むのをどうしようもなかった。中央アメリカに赴任したわが外交官たちは同じ不運に見舞われ、ウイリアム氏、シャノン氏、デウィッツ氏、レゲット氏など、任命された人々がことごとく亡くなっている。デウィッツ氏のある近親者の手紙の言葉が記憶に蘇った。〝あなた様がどうぞ前任者たちの誰よりも幸運であられますように。〟異国の地で祖国のために働いて死んだ人間がこのように侘しい山中にうち捨てられ、墓の在り処を示す一個の石もないというのは悲しいことだった。家に戻ると私は、シャノン氏の墓の回りに柵をたてるよう手配し、わが友人である神父は頭のところにココナッツの木を植えると約束してくれた。

夜があけると、馬子たちが〝山越え〟のための荷積みを始めた。七時にはもう、その一〇〇頭ちかいラバと二、三〇人の馬子からなる荷駄隊はのこらず出発していた。われわれの一行には五頭のラバ——二頭がキャサウッド氏と私、一頭がアグスティン、二頭が荷駄用である——と、その他にインディオの荷担ぎ人が四人いた。もし前もって相談を受けていたら、多分人間を荷運び動物のように使役するのをためらったであろうが、アンプディア氏がわれわれにかわってすべてのアレンジをしてくれてあったのだ。インディオたちは裸で、腰に巻いた綿の布切れを股の間に通して前で結んでいるだけだった。背担ぎの荷は一方の側面が平らになるように整えてあった。荷担ぎ人はその平らな面に背中をあてるようにして地面にしゃがみこみ、荷物にまわしたヒモを額にかけて背の上に荷を落ちつかせると、棒かあるいは見物人の手をかりて立ち上がるのである。これは残酷に見えたが、彼らに同情する間もなくその姿はわれわれの視界から消えた。

キャサウッド氏と私がラバに乗ったのは八時だった。それぞれが、体にまわしたベルトに二丁のピストルと狩猟用の長いナイフをはさんで武装し、なおかつ私は人に持たせるのが心配で、山の気圧計を肩にかけていた。アグスティンはピストルと剣をもち、ラバに乗った馬子の親分はマチェーテ(山刀)をもち、むきだしの踵には長さ五センチの歯輪がついた血まみれの拍車をつけていた。他の二人の馬子はそれぞれ銃をもって徒歩で従っていた。

気のよい見物人の一団が、良いご旅行をと言って別れの挨拶をしてくれた。町はずれにまばらにたっている数軒の家の前を通って、茂みや丈の低い木がポツンポツンと生えている泥深い平原に入り、数分後にはもう鬱蒼とした森の中にいた。ラバは一歩いく毎にけづめの上まで泥土に沈み込んだ。まもなく大きなぬかるみや泥の穴がある箇所にさしかかった。それは祖国の冬の終りの頃の深い森にある寂しい馬道を思い出させた。進むにつれて木々の影が濃くなり泥の穴はますます大きく深くなり、木の根が六〇センチから九〇センチも地面に飛び出し四方に伸びて道を横切るようになった。私は気圧計を馬子にもたせ、鞍の上で身を支えているのが精一杯だった。会話はまったくなくなり、馬子の後をできるだけ離れまいと必死だった。したがって馬子が泥の窪みに下りてラバの脚を泥だらけにしながら這いずり出てくれれば、われわれもまた彼につづいて彼と同じように泥だらけになって出てくるという具合だった。

先に出発していたラバ隊がすぐ前方にいるらしく、ほどなく木々の間に響く馬子たちの叫び声や笞のうなる鋭い音が耳に届いた。彼らには小川の岸辺で追いついた。川床のゴロゴロした石の上を水がはじけるように流れている。彼らはみなその川床を上流に向かって動いているのだった。覆いかぶさるように繁る木々の影で川面が暗くみえた。上半身裸の馬子たちが、だぶだぶのズボンを太股の上までたくしあげて腰帯に挟みこみ、ラバの間に散らばっていた。道をそれてしまったラバを追いかける者もあれば、積み荷が滑り落ちそうになっているラバに駆け寄る者、また横倒しになったラバを起こそうとしたり、ラバの横腹に足をかけて腹帯を引っ張っている者もいた。誰もが声を張り上げ、悪態をつき、笞打ち、あたり一帯が混乱の坩堝《るつぼ》と化して、ほとんど恐怖を感じさせるような場面を呈していた。

われわれは立ち止まって彼らが通るのを待ってから流れを横切った。ところが、平らな道――とはいえラバのけづめの上までとどく泥の道である――をしばらく進んで角を曲がると、またしても小川の、しかも荷駄隊の真ん中に出てしまった。頭上では木々の枝が絡み合い、川床はゴツゴツした石ころだらけだったのでラバはしょっちゅうつまづいて転んだ。そこを出て前のような道を一時間ほど先に進むと山の麓に着いた。そこからの登りはおそろしく急で、しかも凄まじい道だった。両側が切り立った壁になっているのは、ラバの歩みで摩滅し、流れ出す山水に洗われたためだが、壁の高さがわれわれの頭を越えるほど深くなっていた。あまりに狭いので壁に触れながら進んで行くほどだった。わが一行は、このぬかるんだ溝道を一頭ずつ進み、馬子たちはラバがもつれるとラバの間に入ったり、あるいは淵の上からこれをほどき離し、転ぶと起こし、荷物の崩れを直し、悪態をつき、大声で叫び、笞をふるっていた。一頭が止まると、後ろの全員がブロックされ、しかも戻ることもならないのだった。ラバが飛び跳ねでもしたら壁に押しつけられ、足を踏みつぶされる危険も大きかった。この峠道を出るとふたたび深いぬかるみと突出した木の根がはびこる場所に出た。さらに困難だったのはそれが急な登りだったことである。しかも木々はますます大きくなり、根がさらに高くつき出て遠くまで広がり、なかでもマホガニーの根は巨大で高く盛り上がり、その縁が他の木のように丸くはなく鋭く尖っていて岩や他の木の根を貫いているのだった。季節は雨期の末であり、われわれが海上で遭遇した大雨が山を水びたしにしていたから、山越えには最悪の状態で、いかにしても越えられないこともあった。ここ数日は雨が降っていなかったので晴天に恵まれたのを喜んでいたのだが、それも束の間、森の中が暗くなったかと思うと雨が降りはじめた。木立は踏み込めないほどの深い森になっており、見えるものといえば目の前にある忌まわしい道だけだった。五時間というもの果てしなくつづく泥土の中をやっとの思いで前進し、溝の中では潰されそうになり、木の枝に打ちつけられ、根につまずき、一歩一歩細心の注意を払い、かつ全身の力を集中しなければならなかった。かてて加えて、私はこう予感したのである。つまりわれわれの恥ずべき墓碑銘はきっと、〝故人はラバの頭越しに放り出され、マホガニーの幹に脳天をぶちつけ、ミコ山の泥土に埋まった〟となるに違いないと。徒歩で進むこともためしてみたが、岩や根があまりにもすべりやすく、ぬかるみはあまりにも深く、登り下りがあまりにも険しかったので歩きつづけるのは不可能だった。

ラバの荷は半分に減らしてあったのだが、それでも数頭が用をなさなくなり、答を使っても動かず、転倒しないラバは一頭もいないというほどだった。一行の中で最初に転んだのは私が乗っていたラバだった。そのとき私は、手綱ではどうにもできないと判断して、全神経をはりつめながら立ち上がり、ラバの背から根や木々をよけて飛び下りた。それでもぬかるみに落ちてしまった。しかしこのときは実はもっと大きな危険があったのである。というのは、短剣が鞘から抜け落ちて柄の部分が泥に埋まり、刃が三〇センチも垂直につき立っていたからである。次にキャサウッド氏が乱暴に投げ出されたときには、私はしばらくの間、自分たちの状況のあまりの無力さに身のすくむ思いがした。彼は投げ出されるずっと前に沈黙を破ったかと思うと、魂の底から絞り出すような声を上げてこう言っていたのである。「もしこの〝山〟のことを知っていたら、中央アメリカへは君一人で来ることになっていただろう」と。仮りに私がベリーズでうけた栄誉のせいで幾分鼻を高くしていたとしても、今この首都に向かう街道のせいでその誇りは挫かれたのだった。やがてアグスティンのラバが仰向けにひっくりかえった。彼は鐙から足をはずし、後ろへ身をすべらせようとした。しかし転倒したラバの左脚に敷かれてしまった。

もしアグスティンが足をバタバタさせなかったら、体中の骨が折れてしまったに違いないと思う。ラバは彼よりもっと脚をバタつかせ、とにかく双方とも同時に立ち上がり、泥まみれにはなったが怪我はなかった。泥は以前はハネでしかなかったが、今は石膏を塗りたくったような状態になっていた。

山頂に向かって苦労しつつ前進している途中、とあるカーブを曲がると思いがけず一人の旅人に出会った。浅黒い肌をした背の高い男で、かぶっているパナマ帽の幅広のツバは両側が上へ巻き上がっていた。縞模様が入ったグァテマラの毛織の上着は裾に房飾りがついており、ズボンは格子縞、革のゲートルを巻いて拍車と剣をおび、先端が高い鞍をおいた立派なラバに乗って、拳銃サックからは騎兵用のピストルが二丁、銃把をのぞかせていた。顔は汗と泥にまみれ、胸と脚に泥がはねて、右の横腹は漆喰をべったりと塗ったようになっていた。要するに彼の様相は惨憺たるものだったのである。こんな道で人に出会うのも珍しいが、驚いたことに彼は英語で挨拶をした。彼はこの旅を始めたときには数人の馬子やインディオと一緒だったのだが、密林の迂回道で彼らを見失い、一人で道をさがしているところだった。以前二度ほど山越えをしたことがあったが、こんなにひどい状況ははじめてだと言った。すでに二度転び、一度はラバの下敷きになりもう少しで潰されるところだったが、今はラバが怯えてしまって歩かせるのに難儀しているという。彼はラバから下りたが、震えているラバと彼自身の疲労困憊の様子からして彼の言ったことが本当であることが分かった。彼はブランディかワインか、あるいは水かなにか元気の出るものをもらえないかと言ったが、残念なことに、食糧は前方を行っており、彼のために一歩でも引き返すということは考えられなかった。その彼が泥の中に脚を突っ込んだままこう語ったときのわれわれの驚きを想像してほしい。つまりグァテマラに二年間滞在して銀行の設立〝交渉〟をしていたというのである。私のような銀行の国から着いたばかりの人間には、それはほとんど冗談としか思えなかった。しかし彼が冗談を言う気分であるようには見えなかった。これを進歩が始まった一つの証拠としてみる人々のために、私はこうお伝えしよう。すなわち、彼が泥にまみれていたこのときすでに銀行は設立されており、この旅は銀行の株を売るためにイギリスへ向かうためのものだったということである。彼はそれだけでなく、この場面にもっとふさわしいことを言った。カレーラがエル・サルバドルへ向かっており、いまにもモラサンとの戦闘が始まりそうな状態にあるというのだ。

しかし双方とも先を急いでいたので、後ろ髪をひかれつつも、出会ったときと同じくらい唐突に別れ、われわれは登りの道を先へ進んだ。午後の一時、山の頂に到達したときは言葉につくせないほど嬉しかった。そこには夜を過ごす馬子たちのために直径六〇メートルほどの空き地がつくられており、彼らが焚き火をした跡の灰の山や焼けた切り株があちこちにあった。ここが、山で唯一、陽があたる場所であり地面は乾いていたが、空き地のせいで景色は限られていた。

われわれはラバから下りて、食事をとろうとしたが飲み水がなかった。数分間の休憩の後、旅を再開した。下りは登りと同じように悪路だった。馬子たちは、登りの道でやったように足をとめてラバに息をつかせるかわりに、まるでラバがどれくらい速く山から転がり落ちるか見たいとでもいうように急かせるのだった。泥がことに深い峠路では、前方の一頭が転ぶと、後ろから次々と来るラバでごった返しになり、われわれは閉じ込められたかたちになってしまった。そこで手近の適当な場所に止まって、全隊が通過するのを待った。ラバたちの注意深さは素晴らしいものだった。私は一時間というもの前をいくラバの動きを観察したのだが、前脚を木の根や石に載せて人間がするように足場を慎重に確かめていたし、胸までつかるぬかるみでは脚を出したり、沈み込む脚をまた抜き出すという動作をひっきりなしに繰り返していたのだった。

これが、つねにスペイン系アメリカ諸国で屈指の都会とされてきたグァテマラ市へ通ずる主街道なのである。ヨーロッパからの旅人や商品のほとんど全てがこの道を通る。案内人によれば、道がこんなに悪いのは、あまりにたくさんの数のラバが通るからであるという。国によってはそれは道を改良するための理由になったであろう。しかし私の赴任国が、アメリカ合衆国では争いの種の一つとなっている道路の整備にわずらわされることなく、また内陸部の改善をはかるという面倒なことにかかわる気もないらしいことを知るのは愉快なことだった。（原注―グァテマラの憲法議会はこの時期から、街道整備のために山越えをする商品の梱包一個につき一ドルの税をかけるようになった。）

二時間後、流れの速い渓流に着いた。〝エル・アローヨ・デ・ムエルト〟つまり〝死者の小川〟と名づけられたその川は、大きな木々の影の下を川床の石にぶつかり泡だちながら流れていた。馬子たちはもう岩の上や木影に散ってトルティーヤ（トウモロコシを練り、薄く円形状に伸ばし焼いたもの）の貧しい食事をとっており、ラバは岸辺や川の流れの中にいた。われわれは、頭上に枝を屋根のように広げている一本の大木を選んだ。木は岸辺近くに生えていたので、コップで水が汲めるほどだった。

私は道中ずっと、自分の身に向ける以外の気遣いをすべて、案内人の背にある気圧計に向けていた。案内人は気圧計の他に赤い縁の小さな白い水差しをマチェーテのベルトにつけて運んでいたのだが、彼はその水差しがとても自慢で注意して扱っており、滑ったり転びそうになるとその度に振りかえっては、笑いながら水差しを持ち上げてみせた。それで、気圧計も大丈夫なのだろうという期待がもてたわけで、実際彼は気圧計をこわさずに運んでいた。ところが残念なことに水銀の部分がしっかりしておらず、残らず漏れてしまっていた。グァテマラで修理するのは不可能だった。この気圧計の損失はその後の旅の間中ずっと悲嘆の種となった。というのは、登った多くの山々の高度を調べることができなかったからである。

しかしわれわれには別の不運が待っていて、それがとりあえずのところ、はるかに緊急の問題となった。このときキャサウッド氏と私は地面の上に向かい合って胡座をかいて坐っていた。アグスティンが二人の間にパンパンに膨れあがった布包みを置いた。われわれは傍らを流れる澄んだ小川の水を飲みながら、かつての日々を思い出し、汽車のことや、都会やホテルのことを軽蔑をこめて話していた。しかし、オオ、安食堂の亭主どもよ！汝らは報復されたのだ。布包みをひろげてみると、中身の有り様は、どんなに強い神経の持ち主でもショックを受けるものだった。われわれは三日間分のパンと、しっかりゆでた卵にローストチキン二羽を用意してきていた。アグスティンは塩を忘れてきたというのに、包みの中に自分の小銭稼ぎの商品である火薬の大きな紙袋を入れてきたのだ。その袋が破れて、鶏とパンと卵がこの新しい調味料でくまなく味付けされてしまっていたのである。目の前の風景の美しさも、われわれの沈着さも、すさまじい空腹をのぞいてはことごとく一瞬のまに消え去った。目の前に田舎の安食堂がたちあらわれ、あれほどにこやかだったわれわれも奴の体の上にこそ殺人的な調味料を振りかけてやりたいという思いにかられてアウグスティンを罵倒していたのだった。食べられる部分を選んで食べてはみたが空腹をみたすことはできなかった。おそらくこれは火薬を試食するもっとも罪のない方法であったとはいえ、苦い薬であることにはかわらなかった。とりあえず食べられる部分を突っつきほじくってはみたものの、あとは全部捨てざるをえなかった。

これが終わると、ラバに乗り、流れをわたり、下りの道を先へ進んだ。山の支脈を通って尾根にでると広大な平原が一望にひらけた。そこからまもなく大きな台地に着いた。台地では、イサバルへむかう馬子たちの大部隊が宿営の支度をしており、彼らが運ぶ藍の梱荷が壁のように積みあげられていた。その傍らでラバが静かに草をはみ、夕飯をつくる焚き火がもえていた。このように再び開けた土地に出て、自分たちが通ってきた濃い森に覆われた山が、傾きかけた大きな太陽の陰鬱な光に照らされているのを外側から眺められるというのは、実に嬉しいことだった。しかし、それまで経験したことがないほど困難だった十時間に及ぶラバ行でわれわれが進むことができたのはたったの一九キロだったのである。

この台地を下ると、濃い木々に覆われた平地に出、数分後には野生の椰子の素晴らしく美しい林に入った。高い裸の幹の頂に長さ六〇から九〇センチの葉が、まるで巨大な羽毛のように優雅なカーブを描いて四方に伸び広がっていた。幹と幹があまりに密着して生えているので、たわんだ葉が重なり合って、ところによっては人工的に造られたかのようなシンメトリーなアーチをつくっていた。その下を進んでいくのは、荘厳な静けさと深閑とした雰囲気のせいで、ちょうどエジプトの寺院の柱の間をゆくような気分だった。

暗くなるころに、ランチョ・デ・ミコ（ミコの山小屋）に到着した。小屋は、丸太を組んだ上から泥を塗りこめた小さな家で、すぐそばに建っている大きな家とは屋根を木の枝で葺いた通路でつながっていた。そちらの方も同じ材料で造られており旅人専用のものだった。すでにグァテマラからやってきた二組の旅行者が入っていた。一組はカノニゴ（カトリック教の高位の神父）のカスティーヨ神父と教会の同僚あるいは秘書と、パボン家（グァテマラ市の有力家族の一つ）の二人の若者たちだった。もう一組はフランスの商人でパリへ向かうところだった。キャサウッド氏と私とは、泥がはねたなどというものではなく頭から脚まで泥を塗りたくったような何とも異様な姿をしていたのだが、すぐに受け入れられて、同宿者全員から中央アメリカへようこそという暖かい歓迎を受けた。

私は彼らの物腰に接して、これからグァテマラで出会うであろう人々について至極好意的な見解を抱いたのだった。神父はその地位からも身分からもグァテマラでの主要人物の一人であり、このときは、憲法議会から派遣されてハバナへむかう途中であった。十年前にモラサン将軍によって追放された大司教に戻ってくれるように伝えるというデリケートな政治的使命をおびていた。彼はみずから接待役をつとめ、われわれにチョコレート（飲み物）や、彼が言うところの〝お国料理〟であるフリホールつまり炒めたインゲン豆を供してくれた。そのおかげでそれ以後のわれわれの旅のために幸いだったことに、いっぺんにこの料理が〝大好物〟になってしまった。われわれは非常に疲れていたが、あまりにも感じのよい人々だったので眠るのは勿体ないことだった。一方フランス人はパリの出身で、カスティーヨ神父はローマで教育をうけ、若いころをヨーロッパで過ごした人だった。われわれは、泥でカチカチにかたまった服で坐ったまま、フランスやイタリアやアメリカ合衆国のことを夜遅くまで話し込んだ。それからハンモックを吊った。あまりにも慌しかったので荷物にはまったく注意をはらっていなかった。着替えの服がほしかったのだが従者たちを見つけることができなかったので、そのままの状態でハンモックに横にならざるをえなかった。しかし〝山〟を越えたという満足感でたちまち眠りに落ちたのだった。

ドゥルセ河へ

第三章

夜明け前に山小屋の外へ出てみた。地面には二、三〇人の馬子や従者たちが、それぞれ黒い毛布に頭から足までくるまり仰向けになって眠っていた。日が明るむと全員が起きだしてきた。まもなくフランス人が起きだしチョコレートを飲むと、一時間ほどの支度ののち出発した。次に神父が出て行った。彼は初めてこの国へ着いた二〇年前に山越えを経験しており、その恐ろしさをいまだによく覚えていた。インディオが背に担ぐ〃シージャ〃すなわち高い背もたせと日除けがついた椅子に坐って出発して行ったが、これには交替用のインディオが三人従っており、さらに神父が椅子に疲れたら乗れるように立派なラバもつれていた。インディオの背は折れ曲がりそうになっていたが、神父は上機嫌でタバコを吸いながら見えなくなるまで手を振っていた。パボン家の若者たちは最後に出発し、小屋にはわれわれだけが残った。

馬子たちはまだ一人も来ていなかった。八時頃になって二人が姿を見せた。彼らはすぐ近くの小屋で眠っていたのだ。他の者たちは荷物とともに先に行ってしまっていたのだった。われわれは怒り心頭に発していたが、泥でかたくなった服の不快さをできるだけ我慢して、ラバに鞍をつけると出発した。

わがラバ隊の姿はもう見えなかった。そして気圧計をもった馬子はわれわれを他の二人の頼りない馬子たちの手に残して何も言わずに姿を消していた。

山また山の、しかしおしなべて木立の少ない道を二時間ほど進むと、エル・ポソという名の集落に着いた。馬子の一人がそのうちの一軒の小屋へ向かい、まるでわが家でもあるかのようにラバを下りた。その家の女が、どうして昨夜のうちに着かなかったのかと彼をなじった。すると彼は臆面もなくわれわれのせいにした。この馬子まで失うことになるのかと心配になったが、われわれにはもっと切迫した問題があった。というのは朝食がなかったのである。コーヒーと紅茶——これが火薬のせいで食料がめちゃくちゃになってしまったあとに唯一残ったものだった——は先に行ってしまっているので、しばらくは何も口に入れるものがない状態だったのだ。ところが、われわれは旅が始まったばかりのこの土地で、それまで人間が住む土地のどこでも見たことがないほどの食料不足を目のあたりにしたのである。人々はトルティーヤ——挽いたトウモロコシを素焼きの皿の上で平たく焼いたもの——と黒いインゲン豆だけで生きていた。アグスティンが少量のインゲン豆を買ったのだが、食べられるようにするためには何時間も水に浸さなければならなかった。とうとう、アグスティンが一羽のメンドリを買うことに成功し、これを棒に通し何の味付けもなしに火の上で燻した。これにトルティーヤがついて、食糧難のなかにしては立派な食事ができあがった。思った通り、わが馬子の親方はその土地から出ることができなかった。しかし彼はグアランにいる女房に、忠実なる亭主として連綿たる便りをしたため、一人だけ残った馬子に託したのだった。

　その馬子も出発のときになって、靴ができあがるまでは行けないと言いだし、待たなければならなくなった。しかし大して時間はかからなかった。彼はなめしていない革の上に立って、足の形を炭のかけらで写しとってからマチェーテで切り取り、必要な穴をあけ革紐を通し、それを足の甲や踵にまわして親指と隣の指との間を通すと、もう靴をはいた状態になったのである。

　道は再び高い山の尾根に出て、両側が谷間になった。遠くに美しい緑の丘陵がみえ、松の木々と草をはむ家畜の姿があった。それがイギリスの公園の景色を髣髴とさせた。こうした景色は度々見られたが、わが国でなら住宅地に選ばれ、手を加えおもむきよく美化されるであろう。しかもここは常夏の土地であり、冬の突風にさらされることはまったくないのである。しかしこれほどの穏やかな美しさにもかかわらず、土地は侘しく陰鬱だった。

午後の二時に雨が降り始め、一時間後にやんだ。高い尾根の上から見ると、左手の谷間を中央アメリカ屈指の大河であるモタグア川が悠然と流れていた。険しく急な細道を下り、午後四時にエンクエントロスのちょうど真向かいにあたる川岸に着いた。これは私がそれまで眺めた光景のうちでももっとも美しいものの一つだった。四方を巨大な山々にかこまれた中を、幅の広く深い川が力強い奔流となって流れているのだ。

対岸に数軒の家があり、水辺に二、三艘のカヌーが浮かんでいたが、人の姿はまったくなかった。大声をあげて呼ぶと、一人の男が岸に出てきてカヌーに乗り込み漕ぎはじめるのが見えたが、たちまち遠くまで押し流されてしまった。しかし男は渦巻く流れにうまくのってわれわれのいるところまで漕ぎ寄せてきた。荷物や鞍、轡ほかラバの装具をカヌーに積み、われわれも乗り込んだ。アグスティンは舳に坐り、手に一頭のラバの端綱をもち、それを囮のアヒルを引くように引っ張っていた。ところが残りのラバたちはそれに続こうとしなかった。ラバは首が水につかるところまでくると、すぐに岸辺へ戻ってしまうのだ。何度も、木の棒や石を投げつけたりしながら、水に入らせたがだめだった。とうとう馬子が裸になり、三、四メートルの長さの棒をもって胸のあたりまで水に浸かり、ラバどもを棒が届く範囲の列にして水に入れた。ラバは岸に戻ろうとすると鼻面を叩かれるので、とうとう全頭が頭を対岸に向けた。われわれに見えるのは、まっすぐ対岸に向けられた彼らの小さな頭だけで、それが流れに押し流されそうになっていた。他のラバたちよりも下流にいた一頭は、仲間が岸に飛びつくのを見ると驚いたようにいななき声をあげ、あせって仲間に追いつこうとしたので、あやうく溺れそうになった。

この間ずっとわれわれはカヌーの上におり、頭を太陽に照りつけられていた。最後の二時間は、暑さのせいでへとへとになってしまった。汗でビッショリになった服は泥で固くなっていた。われわれは対岸に着きさえすれば川で水浴びをし、下着を替えることができるのだと、ほとんど夢心地で考えながら前方に目をこらしていた。岸に飛びうつり、その夜を過ごすはずの家へと向かった。家は泥を塗り込めた上から石灰を白く塗ってあり、赤い紙テープを鎖形にしたもので飾りたててあった。家の前の柵は、太さ一五センチほどの長い葦を二つ割りにして組んであり、見たところは何もかも好感がもてた。ところがまったく腹のたつことには、われわれの荷物は、そこから約一六キロ先の集落まで行ってしまっていたのである。その日はもう馬子たちも先に進むのを拒んだし、われわれとしても気分は不快であるとはいえ、そんなに早くモタグア川を離れたくはなかった。宿主は、この家はもちろんのこと、そこにあるものは何でもご自由に使って下さいと言った。しかし食べものは何もなかったので、アグスティンに村へ行って探すように命じておいて、われわれは川へ水浴びをしに行った。川は、のんびりと水浴びするには流れが速すぎた。そこで舟漕ぎを呼んで、再び向う岸にわたり、数分後にはもう水浴びを楽しんだのだった。その爽快さといったら、われわれのように服を脱ぎ捨てることなくミコ山を越えた人間にしか分からないものだ。

この水浴びでは、熱くなった体を冷やすだけでなく、さらにもっと大きな愉悦があった。まさに黄金の日没の時刻だった。われわれは、小さな沼のように静かな水面の、水晶のように澄んだ水の中に首までつかっていた。そこは河の縁で、傍らを急流が矢のような速さで走っていた。両側には頂上を夕日に照らされた高さ千メートル級の山々が迫り、その上方の一点にみえる椰子の葉葺きの小屋の前で、一人の裸のインディオが坐ってわれわれを眺めていた。数千羽というオウムの大群が、色とりどりの羽をキラキラと輝かせながら頭上を飛び、われわれの声をかき消すほどの騒がしい鳴き声であたりを満たしていた。それは人生で滅多に出会えない種類の、なかば夢が現実になったかのような美しい情景であった。われわれは年相応に詩人にもなれたかもしれないのである。もしアグスティンが対岸におりてきてオウムたちの鳴き声を上まわる、そして川の急流の音も消してしまうような大声で夕餉の仕度ができたと知らせに来なければ。

再び衣服を身につけるのは死ぬほどの苦しみだった。服は、まるでかつて男たちが見た良き日の象徴ででもあるかのように岸辺に横たわっていた。万物の上に優しく柔和な光を降りこぼしている夕日が、泥皺と汚れをあからさまに照らし出しており吐き気をもよおすほどだった。われわれにできるのは、服を着ずに帰ることだけである。しかしそれは人間の品位に対する冒瀆のように思えたので、服をもちあげしぶしぶ身につけた。しかし私はどうも自分が個人的な快適さを不必要に犠牲にしたのではないかと思えてならない。人の礼儀などというものは型どおりの習慣の問題にすぎないのである。われらが宿主は〝ドン〟であった。われわれが差し出した紹介状を恭しく受け取ったときに彼が着ていたものといえば、やっと膝まで届くかというゆったりとしたごく簡単な白い服だけなのである。彼の妻の服も同じように楽そうで、言ってみれば短い上っ張りとスカートという古風なスタイルなのだが、彼女のは上っ張りだけで、普通なら下につけるであろうものは何もなく、そのかわりに先端に大きな十字架がついたビーズの紐を腰に結んでいた。家のそばでたむろしている十数人の男や少年たちは裸で、腰のあたりをもうすでに述べたように上からも下からも巻いたズボンのかたまりで覆っているだけである。女性は大人も子供もほとんど服を着ておらず、ビーズのヒモが慎みを表す完璧なる衣装であるようだった。

夜になるとキャサウッド氏と私とは、さらに厄介な状況におかれた。みんながいる部屋には革紐を編んだベッドが三台あった。一台はドンが使ったが、彼は裸になるのにたいしてすることもなく、脱衣はシャツを脱ぐだけのことだった。もう一台のベッドは私のハンモックの足元にあった。まどろみかけた私が目をあけると、十七歳ほどの娘がベッドに横座りになってタバコを吸っていた。胸に巻いた縞模様の綿布の端が膝の下まで垂れていた。あとは、自然が裕福な娘にも貧しい娘にも等しく与えるものだけ、つまりビーズのヒモをのぞけばドンの妻と同じだったのである。最初私は夢を見ているのかと思った。そこで目がさめて多分頭をあげたのだと思う。というのは彼女がタバコの煙を何度かすばやく吐き出すと、頭と肩の上に綿のシーツをかぶって寝てしまったからだ。私も同じようにしようとつとめた。頭に次の諺が浮かんだ。つまり〝旅は他人をベッドの仲間にする〟と。以前にもギリシャ人やトルコ人やアラブ人たちと雑魚寝をしたことがあった。今は新しい国の旅を始めたばかりである。住民の習慣に従い、最悪の事態に備え、わが身にふりかかることは何事であれ、諦めをもって従うのが私の務めであった。

宿の家族たちがわれわれをよそ者扱いしていないことを知るのは、宿泊人として気分のよいことであった。ドンの細君は同じ儀式をして横になった。夜中に何度も火打ち石と金を打ち合わせる小さな音がして目を覚まして見ると、誰かがタバコに火をつけているのだった。夜が明けると、ドンの細君は朝寝を楽しんでいた。私が服を着ていると、オハヨウと言って、肩の上の綿のシーツをとった、そして起き上がったときにはもう昼のいでたちになっていた。

われわれは朝早くに出発した。しばらくの間、モタグアの川岸沿いに道を進んだ。朝の風景も、夕日の下で見たそれと同じように美しかった。一時間後、山の支脈を登り始め、頂上に着いてからは尾根を伝って進んだ。尾根は高く道が狭いので、両側は見渡す限り、あたかも風景画のために選びだされたかのような景観が広がっていた。風景は雄大であったが、荒涼とした土地には農作地も柵囲いも菜園も家もなかった。家畜が数頭、広大な土地の上を自由にさまよい歩いているのだが、他の国でなら家畜のいるところに必ず見られるはずの生活の匂いのするものは何もなかった。数人のインディオがマチェーテを手に朝の仕事にでかけるのに出会った。その他にはラバに乗った男が、前に乗せた女の腰に手を回しているのに出会った。

私は一行の先頭をラバで進んでいた。山の頂上の、道をわずかにそれた所にある家の前で、白人の小さな女の子が丸裸で遊んでいるのが目に入った。それまで出会ったほとんどがインディオかラディーノだったので、私は彼女の容貌に注意をひかれて家の方へと歩み寄った。その家の主人は、エンクエントロスのわが宿主と同じゆったりとした服を着て、軒下のハンモックに揺られながらタバコを吸っていた。すぐそばにトウモロコシの茎と葉で屋根を葺いた〝コシーナ〟と呼ばれる台所小屋があった。ドンがハンモックに横になっている間、女性たちが働くというういつものパターンである。

私は台所へ向かいラバを下りた。家族は母親と十九歳位の美しい嫁と、十五歳と十七歳ほどの娘二人という構成だった。読者は多分彼女たちの衣服に好奇心をおもちであろう。しかしこの地方の衣装についてはもう述べたので、それ以上の描写は必要ないと思う。私の訪問に母親が気兼ねして、この家へ私を引きつける要因となった女の子をひっさらうようにして家の中へ連れてゆき、頭から服——私が思うに普段女の子供が着るもの——をかぶせた。しかし数分後には私のその小さな女友だちは服を脱いでしまって、それを腕にかかえてあたりをヨチヨチと歩いていた。

一家はみんなでトルティーヤ作りの最中だった。トルティーヤは中央アメリカを含む全スペイン系アメリカ諸国におけるパンであり、主要都市をのぞいてはこれが唯一みつかる食料である。台所の一隅の地面が少し盛り上がっている箇所に三つの石を置いて、火を焚き、その上にコマルつまり素焼きの皿をかけている。嫁が自分の前に置いた素焼きの容器——中の石灰水には、殻をとるためにトウモロコシが浸してある——から一握りのトウモロコシの粒を取り出すと、凹んだ細長い石板の台の上におき、石の丸棒で潰しては練り粉状にしていた。他の娘たちがこの練った粉を手にとり、両手の平で軽く打って薄くのばし、コマルの上で焼いていた。この作業を食事のたびに繰り返すので、女性たちの仕事の大半はトルティーヤ作りということになる。

キャサウッド氏が到着したときには、トルティーヤが湯気をたてており、われわれはここで朝食をとることにした。彼らの唯一の御馳走、つまり炒ったトウモロコシのコーヒーが供された。われわれは好意にこたえてそれを飲んだ。私と同様キャサウッド氏もこの家の人々の美貌に感銘を受けていた。彼女らはきちんとした衣装と教育さえあれば、洗練された社交界を彩る存在になれたであろう。しかしこの若い娘たちには別の運命が与えられており、これから一生トルティーヤを作りつづけるのであろう。

山の尾根をひきつづき一時間も進んだ後、木々に覆われた土地に入った。それから三〇分ほどして大きな門にたどり着いた。門はちょうど通行料をとるための遮断柵のように道を横切って立っており、われわれが初めて見た私有地または領地の境界を示す印であった。この門は、他の国々でなら豪壮な所有地への入口にこそふさわしいものであった。というのは頑丈な枠組みがすべて、がっしりとしたマホガニー材の柱や支柱でできていたからである。暑さが厳しくなっていた。鬱蒼とした森に入り、豚が数頭泳ぎわたっている流れの速い小川を横切った。それからまもなくしてコチニールの栽培園に入り、長い道を辿って行った。道は、息詰まるほどにびっしりと茂った木や潅木で縁取られ薄暗くなっていた。開けた草原に出ると太陽がカッと照りつけ耐えきれないほどになった。この草原を横切り、午後の三時頃にグアランの町へ入った。風はそよとも吹かず、家々からも地面からも熱気が吹き上がっているかのようだった。私はボーッとして、頭がクラクラし熱射病になったのではないかと心配になった。このとき地震の軽い揺れがあったのだが、あまりの暑さと大気の息苦しさにふらふらになっていた私は気づかなかった。

われわれは紹介状をもらってきているバルトラ夫人の家へと向かった。そして、ハンモックに身を投げ出したときの嬉しさといったら言いようがなかった。日陰と静けさとが私に元気を取り戻させた。イサバルを発って以来初めて服を着替えることができたし、また、まともな食事も口にすることができたのである。

午後、町を見てまわった。町は、二本の大きな川が合流する角礫岩の台地の上に位置しており、周囲を山々に囲まれていた。ポーチが前面についた平屋造りの家々がたち並ぶ大通りを行くと町の広場に出た。上方に、ゴチック風の扉がついた大きな教会が建っており、その前一メートルほどのところに高さが約六メートルの十字架がたっていた。住民の数はほぼ一万人で大半が混血である。その広場を通り抜けてモタグア川へ下りた。川岸ではマホガニー材を使って長さ一五メートル、幅三メートルほどの丸木舟を造っていた。近くの流れを、頭に衣類を載せた男や女たちの一団が渡っており、岸辺の突き出た地面を取り囲むようにして三人の女たちが水浴びをしていた。この土地に関する古い記録はない。しかし風景は素朴で、雲や空の色、そして山肌を照らす夕日が美しかった。暮れるころに家へ戻った。われわれには専用の部屋が与えられたのだが、何千匹という蟻ども――ロウソクでも何でも喰えるものには真っ黒にたかる蟻――が同居していた。

翌朝早くに、チョコレートと小さな甘いロールパンの食事が供された。この朝食をとっていると馬子がやって来て、賃金を三ドル値上げしてくれという以前からの要求を繰り返した。拒否すると彼は怒って出ていった。三〇分後、警吏が町長の召喚状をもってやってきた。このときピストルの手入れをしていたキャサウッド氏が私をなぐさめて、もし君が牢屋に入れられるようなことになったら町に爆弾をしかけてやりますよ、と言った。町役場は広場の一方の側にあった。大きな部屋に入ると、一方の端が木の柵で区切られており、中に町長と秘書役が坐っていた。馬子は、数人の証人らしい半裸の男たちと一緒に柵の外側にいた。彼は要求額を一ドルに減らしていたが、そうすれば私がわずらわしさを避けるために支払いに応じるだろうと思ったのに違いない。一ドルのために告訴されるのはあまり名誉なことではなかったが、入口で彼の顔を見たときからたとえ一セントたりとも払うまいと心に決めた。私が外交官の特権にたよらずに訴訟自体の内容で抗弁すると、町長は無罪の判決を下した。その後、パスポートを見せると、どうぞ柵のなかにお入り下さいと言ってタバコを勧めてくれた。

この一件を片づけてから、私にはもっと重要な用事がまっていた。一つはラバを雇いいれることであったが、これは二日後になってやっと実現した。次は服の洗濯の交渉であった。これがなかなか複雑な問題だった。というのは、どの服を洗濯するか、どれにアイロンをかけ、どれに糊づけするかを決め、洗濯とアイロン掛けと石鹸と糊を別々に支払わなければならなかったからである。最後は仕立て師を雇ってズボンを一本作ることであったが、布と裏地とボタンと糸はこちらで買いいれ、針と指貫は仕立て師が用意するということになった。

午後再び川へおりて、家へ戻ってからはバルトラ夫人に紅茶の煎れ方を教えてあげた。この時期、町全体がサンタ・ルシーアの祈禱の大祭準備に沸き立っていた。朝早くから、火縄銃を撃つ音や爆竹や打ち上げ花火が、この予期せぬしかし歓迎すべき聖女（聖像）の到来を告げていた。サンタ・ルシーアは暦の聖人たちのなかでももっとも重要な聖女の一人であり、サン・アントニオの次に奇跡をおこす力があるというので有名だった。モラサンの権勢は聖職者たちへの迫害から始まったのだが、それはモラサン側の人間たちに言わせれば腐った身体を浄化することであり、敵側の人間たちが言うには、道徳と宗教に対する挑戦であった。当時この国には様々な宗派の司祭や神父や修道士がはびこっていた。どこでも彼らが一番立派な建物と肥沃な耕作地と国の富のほとんどを所有していたのである。彼らの多くは確かに善良な人間であったが、中には聖職者の衣装を悪行と悪徳の隠れ蓑にするものもあり、ほとんどが怠け者で自分の手を汚さずに収穫し、他の人間たちの汗によって贅沢な暮らしをしていた。とにかく原因はどうであれ、モラサン政権の初期に、僧侶という集団への敵対心があらわになると、上はグァテマラの大司教から下は極貧の修道僧にいたるまで身に危害が及ぶようになり、あるものは逃亡し、あるものは追放され、多くは乱暴な兵士たちによって僧院や教会から引きずり出されて港へ連行された上、万一舞い戻ってきたら死刑に処するという判決のもとにキューバやスペイン本国行きの船に乗せられたのである。国は少なからず荒廃し、多くの教会が廃墟と化し、存続していた教会もめったにその扉をあけなくなり、儀式は次第に行われなくなり、その記憶も失われていった。カレーラが配下のインディオたちとともに、国民感情の上に強大な影響力を及ぼすことができたのは、彼らが祖先の迷信の上にカトリック教を接ぎ木してつくった神秘的な儀式のせいであり、また追放された聖職者の帰還と教会の権威の復活のために努力したからである。サンタ・ルシーアの巡礼は、国民感情と政府の変化をあらわすものとして、また教会の影響力の復興とインディオたちにとっては懐かしい儀式の復活の前奏曲としてとらえられていた。そのためこの聖女像は、通過する村々のどこででも歓呼の声で迎えられ、この夜はグアランのキリスト教徒たちの祈りを受けることになっていたのである。

サンタ・ルシーアは若者たちの色恋ごとに奇跡をおこす力があるというので、とりわけ人気があった。というのは、妻が欲しいと祈願する若者も夫を求めて手を合わす乙女も誰にでもその祈りが成就し、かりに特定の相手を望む場合でも、すでに相手が結婚しているのでなければ願いが叶えられると信じられていたからである。この土地のように、人を愛するということに感情を向けるというよりむしろひたすら熱中するようなところでは、人の心のうちのもっとも感じやすい琴線に直接触れる素晴らしい力をもっている聖女が、こうしたセンセーションを巻き起こすのはなんら驚きべきことではなかった。

バルトラ夫人が一緒に行きませんかと誘ってくれた。途中で、夫人の女友達の家を訪れた。訪問中ずっと召使の女がスカートの上にタバコをひろげて坐り、女主人がすぐに吸えるように紙巻タバコを作っていた。女性たちと一緒にタバコを吸うのは初めてのことであり、最初のうちは彼女らに火を借りるのに抵抗をおぼえたが、その夜のうちにはすっかり慣れてしまい、それからは平気で女性に火を借りられるようになった。会話はもっぱら聖女とその奇跡の力について交わされ、われわれがいささか信じがたいと言うと、召使女が例の、全中央アメリカ共通の親しげではあるが敬意を保った態度で、疑いをもつのはよくないことである、自分も聖女に祈願したところ、その二カ月後にはもう結婚していたし、それも望んでいた相手と結婚できたのである、その男は当時他の娘を愛しており自分のことは知りもしなかったのである、と語った。

この話にすっかり促されたわれわれ一行は、家を閉め、子供や召使たちを引き連れて聖女のお参りへと出掛けた。聖女の御旅所となる家がある方向からバイオリンの調べや爆竹の鳴る音がしていた。その家は町外れにある貧しいインディオの小屋だったが、そこにいたるまで何度か、あらゆる年頃のあらゆる肌の色をした男女の群れに出会った。彼らの着ているものは多様で、中には裸のものもおり、タバコを吸ったり、立ち話をしたり、あるいは地面に様々な姿態で坐ったり横になったりしていた。われわれがゆくと道をあけてくれたので、小屋の中へと入った。

小屋の大きさは六メートル四方、天井も壁もトウモロコシの葉で覆われ、床には大勢の男女がぎっしりとひざまづいていた。一方の側に白い清潔な綿布を掛けた高さ一・二メートルほどの祭壇があった。その上の、花屋のスタンドに似た三段の木組みの上に箱が一つ載っていた。その中の大きな蠟人形――金箔やスパンコールや造花で飾りたてた青い絹の衣装を着ていた――がサンタ・ルシーアなのだった。頭上の赤い綿布の天蓋に十字架の金色の紋章がついていた。右側にある、赤い綿布や金箔で飾られた椅子つきの輿が聖女の旅の道具であり、これを肩にかついで運ぶ役目の半分司祭のような衣装をきたインディオたちが聖像のすぐ傍らにいた。天井からはオレンジの鎖が垂れ下がり、粗末な柱はサトウキビの葉で覆ってあった。祭壇の足もとのゴザの上で数人の男の子や女の子が遊んでいたが、そのうちの六歳位の男の子がいかにもこの土地らしく麦わら帽子だけの裸の姿で、まじまじと人々の群れを眺めていた。

祈禱の儀式はもう始まっており、儀式を司るインディオの長の指揮の下、太鼓とバイオリンと笛の音が人々の声をかき消していた。未亡人であるバルトラ夫人と同行の夫人たちがひざまずき、私のために祈りを捧げてくれた。私自身は何もすることがなかったので、周囲の人々の顔を注意深く観察した。そこには厳格にいえばもう若者とは呼べない男女が数人いたが、彼らも若者に劣らぬ熱意をこめて祈っていた。自分が妻あるいは夫を求めているということを人に知られたくないと思う土地もあるだろうが、グアランでは違う。彼らはそれを一つの祝福だと考えているので公然と祈願するのである。男たちのなかには、熱心に祈るあまり大粒の汗が顔を伝い落ちているものもいたし、慎み深い乙女が夫を乞うて祈るときには頰を赤く染めるべきだとは誰も考えないようだった。私は、顔を興奮と期待で輝かせている一人のインディオの娘を観察した。娘が視線をじっと聖女の像の上にそそぎ、祈りの言葉を述べて唇を動かしているのを見ていると、彼女の心がどこかの怠け者で、しかも多分彼女にはふさわしくない恋人のことで一杯なのだろうと考えざるをえなかった。

小屋の外はまったく違った光景を呈していた。周辺はひざまずく男女の列ばかりだったが、その向こうでは半裸の男や少年たちのグループが騒がしく爆竹や花火をあげていた。彼らの間を通ったとき私の足元から閃光が走り、すぐ側で爆竹が破裂したので火傷しそうになった。とっさにあたりを見回したところ、まさしくわが悪党の馬子が駆け去る姿が見えた。先に進むと、松の木片を燃やした灯火の下で若いカップルが何組も踊っていた。すぐ近くの小屋ではガリガリに痩せた老婆たちが焚き火の上の大鍋をかきまわし、長い木のしゃもじで中身をすくってはみんなに配っていた。その姿は魔法使いが愛の煎じ薬のかわりに毒を盛っているかのように見えた。

夜の十時、聖女の祈禱が終わり、人々の群れはグループやカップルになって散っていった。カップルの多くはいわゆる〝いちゃついて〟いた。わが一行のために小屋のかたわらに一枚のゴザが敷かれ、全員がそこに坐ってタバコに火をつけた。小さなカボチャをくり抜いた容器に、鍋の中身――トウモロコシをいろいろな甘味料で甘く煮た飲み物だった――を注ぎ、一口飲んでは次の人へ渡し、口から口へと際限なく一時間以上も飲みまわした。真夜中過ぎまでこうしてゴザの上に坐っていたが、席をたったのはわれわれが最初のほうだった。結局のところ思うに、サンタ・ルシーアに祈願すれば結婚できるということになってはいるが、私が観察した範囲では、人々の大半は妻なり夫なりを得るために自分自身でなんとかしようという気持ちになっているようにみえたし、聖女の情けにすがりっぱなしというわけではないようだった。

翌日はとてつもなく暑かったので、ずっと家の中におり、夕方になってから神父を訪問した。彼はすぐ近くの村から戻ってきたばかりのところだった。神父は太って背が低く、頭にナイトキャップの白い帽子を載せ、青い縞の上着と白いズボンをはき、タバコを吸いながらハンモックに揺れていた。彼は女や子供からなる大家族をもっていたが、彼らと神父との関係については人々の意見は様々だった。彼はこの国に関して、とくにわれわれが訪れたいと思っていた都市遺跡コパンに関して、それまでにわれわれが得ていた知識よりもずっと多くの情報を与えてくれた。彼はインディオの歴史に詳しかったし、現在の種族のことをよく知っていた。原住民はすべてキリスト教徒かと問うと、神父は答えて、彼らは信心深く、宗教心があり、神父や聖人に対してこの上ない尊敬心をもっていると言った。こう言いながらはちきれそうになっているズボンをぐいっと引き上げて、あらたなタバコに火をつけた。彼が自分のくつろいでいる姿を聖人のそれと一緒くたにしているのを笑うこともできたが、彼があまりにも善良な感覚と感情をもっていたので、その意見に反論する気にはなれなかった。

翌日の朝、馬子が到着したのだが、何かの行き違いで、全部の荷物を運べるだけのラバを連れてきていなかった。そこで荷物の一部を馬子に残し、翌日サカパまで運ぶように命じてわれわれだけ先に出発した。

グアランを出ると右手にもう馴染みになったモタグア川が見え、その向こうにベラ・パスの高度一八〇〇メートルから二四〇〇メートルの山脈が望めた。一時間後、道は登りになり、まもなく花の原野に出た。潅木や茂みが紫と赤に染まり、山腹や川へ下る崖の上に野生のままに生えている大きな木々もまたそれ自体が一輪の花のように赤色に覆われていた。三時間かけてこの山を下り再び川岸へ出たが川の流れは急で、ところによっては奔流と化していた。さらに一時間ほど進むと、高度は再び一〇〇〇メートル近くなった。午後二時にサン・パブロ村に着いた。村は川を見おろす高台の上に位置しており、そこからベラ・パスの山々に囲まれた景色が見渡せた。村の入口に教会があった。草をやるためにラバを放し、われわれは教会の入口のところで食事をとった。美しい場所だった。遠くの山麓に滝が二すじキラキラと銀色に輝いているのが、スイスの滝を思わせた。

村長に頼んでサカパへの道案内人を手にいれてから旅を再開した。広大な山並みが右手に二時間以上もずっと続いた。太陽はかげっていたが、ときどき顔をみせては、雲に頭を隠している山々の斜面を照らし出した。午後四時、遠くにサカパの大平原が見えた。平原が尽きるところに三角形の山々の連なりがあり、その足元に町が見えた。平地に下り、よく耕やされた緑の畑地を横切り、小川を渡って急な川岸を登り町に入った。

この町はそれまでわれわれが見たなかでも飛び抜けて立派だった。道はきちんと整備され、家々は漆喰で白く塗られバルコニーつきの大きな窓や回廊がついていた。教会は長さが七五メートル、壁の厚さが三メートル、正面壁にはムーア様式の豊かな装飾がほどこされ、ラテン十字の形に建てられていた。十字の端の一つに仕立屋があり、もう一方の端は屋根がなかった。角にある鐘楼は四本の粗削りの柱で支えられており、とんがり屋根は瓦葺きで、ごつごつした梁に二個の鐘が吊ってあった。傍らを通ると、半裸のインディオが下の壇に立って夕べの祈りを知らせる鐘をついていた。

われわれが向かったマリアノ・ドゥアルテ氏の家は、町で最大かつもっとも立派な家の一つだった。長さ三〇メートルの正面は端から端まで角石を敷いた回廊になっていた。扉をあけてくれたのは立派な風采をしたサント・ドミンゴの黒人だった。彼はフランス語で、セニョール・ドゥアルテは留守であるが、どうぞご遠慮なくお入り下さいと言って、傍らの馬車門へ回り、広々とした中庭に導き入れてくれた。中庭は木々と花々で飾られており一方の端に馬小屋があった。われわれはラバを召使たちの手にゆだねてから応接間に入った。ここは家の正面のほぼ全体を占めており、テーブルとヨーロッパスタイルの大机と椅子が配置され、床まで届く大きな窓には鉄製のバルコニーがついていた。広間の中央と窓辺に精巧な造りの金色の鳥篭が吊られ、中にこの国の美しい鳴き声の鳥たちとハバナの愛らしいカナリアが二羽入っていた。この家の主人は二人の独身の兄弟で、ホテルというものがまったくないこの国における旅人たちの難儀に同情して、つねに家を開放しているのだった。われわれはロウソクの灯火の下、まるでわが家にいるようにくつろいだ。テーブルでものを書いていると、外に数頭のラバが到着した音がして、一人の紳士が入ってきた。彼は剣と拍車をとり、テーブルの上にピストルを置いた。私は、彼もわれわれと同じ旅人かと思って、どうぞおかけ下さいと言い、さらに夕食のときにはご一緒にどうぞと誘った。われわれがこうして敬意を表していた相手が、実はこの家の持ち主の一人であると知ったのは就寝の時刻になってからだった。きっと彼はわれわれのことを厚かましい人間だと思ったに違いないが、私としてはちゃんと世話をしたはずなので文句をいわれることはないと自負している。

第四章

翌日は馬子を待たなければならなかった。前夜の案内人が轡を一個盗んでいた。そのおかげでわれわれはここで初めて、かつそれからというもの全中央アメリカでずっとわれわれを悩まし続けることになるあること、つまり何であれ完成品を購入することの難しさに直面したのだった。町の鍛冶屋が造りかけの轡をもっていたが、炭が足りなくて仕上げることができずにいた。幸いその日のうちに一人のインディオが炭をかついでやって来たので完成したのだった。おもがいは革職人から買い、手綱は大いに幸運だったことに、笞の先のように三つ編みになった革製のものがもうできていたのを手にいれることができた。炭が来たおかげで、鍛冶屋から拍車を一対調達することもできた。

サカパではじめて学校の建物を見た。正面に柱がついた立派な外観の建物で、壁に次のような言葉で始まる大きな張り札がしてあった。

〟第一デクリオン（仲間十人を世話する生徒）
第二デクリオン
モニター他
当市の小学校のよき運営のための内部規約。生徒である児童はすべて厳格にこれを守らなければならない。〟

云々。

これは複雑な条項からなる長いリストで、賞罰が定められていた。こうした規約のもとに運営されている学校を構成しているのは、五人の少年とデクリオンとモニターおよび他の二人であった。正午近かったのだが、市長の秘書でもある教師はまだ来ていなかった。本といえば、カトリックの祈禱書とモンテスキューの『法の精神』の訳本があるだけだった。生徒は目鼻だちの整った少年たちで、半数は肌が白かった。そのうちの一人に足し算のテストをし、それから文字を書かせてみたが、これはかなり進んでいるのが分かった。つまり彼は見間違いようのない字を使ってスペイン語でこう書いたのである。〝六ペンス（一レアル）頂戴〟と。

われわれはその日、暇をもてあまし気味だったのだが、午後にわが宿主が原住民の言葉のリストを作れるようにと一人のインディオを呼んでくれた。私がこのインディオに最初にした質問は神をあらわす言葉だった。彼は答えて〝サンティシマ・トリニダッド〟（スペイン語で「聖なる三位一体」）と言った。私が知りたいのはスペイン語ではなく原住民の言葉でどう言うのかであると、宿主を介して説明すると、彼は答えて前と同様に〝サンティシマ・トリニダッド〟か〝ディオス〟（スペイン語で神）であると言った。言い方をいろいろ変えて質問してみたが他の回答を得ることはできなかった。彼は〝チナウテ〟という種族に属していた。推測するに、彼らは宇宙を支配し統率する大いなる精神を未だかつて知ったことがないか、あるいは宗教面で完膚なきまで弾圧を受けたので神格を表す自分たちの言葉を忘れてしまったかのどちらかなのであろう。

夕方、カレーラ軍の分遣隊が町に到着し、町中が活気にわいた。分遣隊は、購入した火縄銃の受取りとその護衛のためにイサバルへ向かう途中だった。われらが友人の家は住民たちの集会の場となっており、彼らの会話は相変わらず国の革命的状況をめぐるものだった。なかの数人は私の公的身分を知るとたちまち、モラサン軍つまり連邦党の総司令部があるサン・サルバドルに直接行くことを熱心にすすめ、かつグァテマラ市への道はカレーラ軍に占拠されているので通るのは危険であると断言した。私は党派精神の激しさについては知りすぎるほどよく知っていたので、党員の言うことを無条件に信じることはできなかった。話題を変えようと努めたところ、わが宿主が、貴国にはかつて戦争がありましたかとたずねてきた。彼が言うには、『北米革命史』全四巻を読んだのでアメリカ合衆国に革命があったことは知っているのだが、その中ではワシントン将軍がハーパーという名で登場し、主要登場人物の二人の名はジャック・ロートンとドクター・シットグリーブスであると言った。それを聞いて私は——多分読者の中には初耳の人もおられだろうが——小説『スパイ』のスペイン語訳が『北米革命史』と呼ばれているらしいことを知ったのである。

馬子が現れたのは翌日遅くなってからだった。それまでに私は街道や国内の状況について多くの情報を得ることができた。その結果、嬉しいことに私の使命に関しては直ちにグァテマラへ行く必要がないことが明らかになった。実際当時は、国内の騒乱状態が静まるのを待って結果を見た方がよかったので、コパンを訪ねることに決めた。コパンはルートから完全に外れており、ほんの数日の距離とはいえ、サカパの住民でさえあまり知らない地方の道を行った先にあるのだが、わが馬子はその道を知っていると言った。そこで、馬子と話し合い、事前に行程をアレンジし三日でわれわれをコパンへ案内してもらい、そこから直接グァテマラ市へ向かうという契約をした。

翌朝は七時に出発した。キャサウッド氏も私も旅慣れてはいたが、荷物は山がちの土地をラバの背で行けるほどしっかり荷造りはされていなかったので、苦労して載せてもすぐに落ちてしまうのだった。その上荷物に気を配って行くべきわれわれ二人には一対の拍車しかなかった。モタグア川——あいかわらず幅が広く、深く、流れが急な川である——を渡るのに一時間かかり、川を出るときには足も脛もずぶ濡れになっていたから、この美しい川にしばしの別れを告げるのもそれほど残念ではなかった。潅木やサボテンの囲いで仕切られたトウモロコシ畑とコチニール畑が広がるサカパ平野をさらに一時間ほど進んだ。その先は地面がゴツゴツと乾いた荒れ地になり、やがて急な登りの山道になった。二時間かかって、一〇〇〇メートルから一二〇〇メートルの頂上に着き、後ろを振りかえるとサカパの平野と町が美しい眺めになって見えた。尾根を横切り高く険しい支脈を登ると目の前にまた別の広大な平原が広がっていた。かなたにチキムラの町が巨大な教会とともに見えた。尾根の両側は深い崖になっており、向こう側の尾根は薄いバラ色のミモザで覆われていた。細く蛇行して続く山道を下ってゆくと、トウモロコシとコチニールとプラタノが植えられた畑地に着いた。再び小川を渡り岸を登って、午後の二時に、チキムラ県の県都であるチキムラの町へと入った。広場の中央の椰子の木陰に立派な泉があり、女性たちが瓶に水を汲んでいた。その両側に教会と役所があった。広場の一角の家の戸口に一人の女性の姿が見えたので、われわれは引きつけられるようにそちらへ向かった。浅黒い肌の顔は稀に見る美しさで、眉をくっきりと描いていた。彼女のドレスは後ろが開いていなかったし、靴と靴下をはいていたのでレディと呼んでいいと思う。彼女はその容貌の美しさを引き立てるようにわれわれにむかってようこそと優雅に挨拶した。数分後には彼女の家の軒下にわれわれの雑多な荷物が山と積まれた。

軽い昼食をとってから銃を手にして台地の縁まで下りてみた。遠くからわれわれの注意をひいていたあるものを見に行ったのである。それは巨大な教会の廃墟であった。前面が二二メートル、奥行きが七五メートル、壁の厚さが三メートルあった。正面壁は等身大より大きい聖人像や飾りで装飾されていた。屋根は落ち、内部には大きな石や漆喰の塊がころがり、木々が生い茂っていた。この教会は原住民の古い町があった場所にスペイン人が建てたものだが、二度の地震で崩壊したので、住民はそこを去って現在の場所に町を造ったのである。廃墟となった町は今では〝カンポ・サント〟つまり墓地として使用されていた。教会の内部には主だった住民の墓があり、壁龕には神父や修道僧の遺体が葬られ、その下に名前が書かれてあった。庶民の墓は教会の外側にあり、世話するものもなく荒れ果てていた。墓の上に、遺体を運んできた木の棒の担架を置き、軽く土をかけるだけなのである。遺体は腐り、土は沈み、墓があいてしまっている。このような荒廃と死の場面にありながら、周囲の自然はあまりにも美しかった。墓地は花で覆われ、どの木や灌木にもオウムがとまり、群れをなしては頭上を飛び交い、色とりどりに楽しげに戯れ、騒がしい鳴き声で墓地の静寂を乱していた。

「巨大な教会の廃墟を見た」

町に戻ると、広場では一二〇〇人ほどの兵隊が午後の閲兵のために隊列をつくっていた。兵隊の顔は盗賊のように猛々しかった。監獄の鉄格子から覗き見している囚人たちを見、また囚人たちが鎖につながれて広場を歩いているのを見ると気分が軽くなった。というのはその光景を見れば、たまには罪人どもが罰せられることもあるのだということが分かるからである。獰猛な様相をした将校たちが跳ね返るラバや小さな馬――鞍布や武器で姿がほとんど隠れそうになっていた――に英雄気取りでまたがっていた。われわれが見ていると、県の司令官であるカスカラ将軍が従者一人を従え、騎馬で隊列に近づいてきた。彼は六十歳を過ぎたイタリア人で、本国ではナポレオンの指揮下にいたが、皇帝の失脚後中央アメリカへ逃げてきたのだった。モラサンに追放され、八年間の亡命の後、ほんのわずか前にこの国に戻ってきて、当地の司令部に任命されたのは六カ月前のことだった。顔色はまるで死人のように青白く、あきらかに健康を害していた。皇帝の指揮下で戦った華やかな記憶がまだ彼の脳裏にあるとすれば、現在の裸足の兵隊たちをきっと恥ずかしいと思っているにちがいなかった。

自宅へ帰る将軍のあとについて行き、パスポートを見せた。イサバルの司令官と同じく彼も不安を感じているようで、国内の混乱した状況についてしきりに語るのだった。その上彼は私がとろうと思っていたルートにも不満で、コパンの遺跡をたずねるのが唯一の目的であると言っても納得しなかった。私が連邦政府に信任状を差し出すためにサン・サルバドルへ行こうとしているのではないかと疑っているのが明らかだった。しかしこちらの希望を入れパスポートに査証をくれた。もっとも彼はわれわれが退出したあとで、アグスティンを呼んでわれわれの旅の目的を詳細に問いただしたのだった。私は気分を害したが、国内の混乱した状況と、当時全土で行われていた生死をかけた戦いのことを考えて不快な感情を抑えたのだった。

われわれを歓迎してくれた美しい婦人の家へ戻った。彼女がセニョーラなのかセニョリータなのかまだ分からなかったが、彼女の父親だろうと思っていた男性が残念ながら夫であることが判明した。十歳位の可愛い少年を彼女の弟かと思っていたのだが、きいてみると〝エス　ミーオ〟（私の子供です）と答えた。その上、まるで運命が彼女の容貌の魅力を損なうべく定められているかのように、私が礼儀に従って紙巻きタバコと葉巻の両方を勧めると彼女は葉巻の方を選んだのだった。しかし、これほど魅力的な女性――顔はとても美しかったし、物腰は親切で、声は甘やかで、その唇から流れ出るスペイン語は完璧で、ドレスは後ろがきちんと閉まっていた――には長いこと出会っていなかったので、十歳の子持ちであり葉巻を選んだにもかかわらず、私は自分の最初の印象を大切にすることにした。

翌朝は早くに起きた。わが美貌の女主人とその父親風の夫もすぐに起きてきてわれわれの世話をしてくれた。彼らの親切に対し金銭で報いるのは失礼であっただろう。そこでキャサウッド氏は少年にペンナイフを与え、私は彼女の指に〝友情の思い出〟と刻印された金の指輪を贈った。フランス語で書かれていたので、彼女の夫には意味がわからなかっただろう。しかし彼女にも分からないのが残念だった。

七時に出発した。教会の廃墟と古い村を過ぎ、肥沃な谷間を通過した。見事なトウモロコシが稔っており、チキムラへはトウモロコシを買いに来たのかときいた少年の質問の意味が納得できた思いがした。五・五キロほどでサン・エステバン村に着いた。貧相な藁葺きの小屋が集まっているなか、巨大な教会がチキムラのそれと同じように屋根なしの廃墟と化していた。今われわれは内戦に打ちのめされた地方にいるのだった。村は一年前、モラサン軍によって破壊されたのである。

村を通り抜けると小川のほとりに出た。小川は畑に潅漑するためにところどころで枝分かれしており、対岸には高い山々の連なりが見えた。小川にそって進んでいくと、一人のインディオに出会った。彼がわれわれの馬子に告げたところによるとコパンへの本道は川の向こう側の山を越えたところにあるということだった。そこで戻って流れを渡った。川床はほぼ乾いており、それにそってしばらく歩いたのだが、山へ通ずる道は見つからなかった。とうとう道を一本見つけたのだが、それは家畜の踏み跡だった。われわれは本道にたどり着くまで一時間以上も彷徨っていたのだった。それは本道といってもラバが一頭這い登れるだけの細道にすぎなかった。馬子が道を知らないのは明らかだった。今、入っていこうとしている土地はあまりにも荒涼としていたので、馬子についていって行ってよいものかどうかいささか疑わしくなった。十一時に山の頂についた。後ろを振りかえると、はるか遠く下方にチキムラの町が見えた。右側の谷の上方にサンタ・エレーナ村が見え、数軒の藁葺き屋根の家々を凌駕するようにまたしても屋根のない巨大な教会がたっていた。両側の山並みはわれわれがいる山よりさらに高くそびえたち、なかには頂を雲間に隠した崇高かつ陰鬱な山もあれば、円錐形やピラミッド状の野性的で幻想的な姿をした山もあり、まるで空と戯れ遊ぶかに見えた。それで私も翼があれば飛んで行って山々の頂に降り立ちたいものだと思った。その見るからに近づきがたい高処にミルパつまり小さなトウモロコシ畑があり、そのわきに一軒のインディオの小屋があるのが見えた。山肌に雨雲が集まってきて、われわれは一時間も雨の中を歩いた。再び太陽が出たが、山々の頂はまだ頭上にそびえており、右手のはるか下方は深い渓谷になっていた。下りていくと、その千メートル級の山々に囲まれた美しい渓谷は、それまで見たことがないほどに切り立っていた。左手のこれもまた見事な山肌は、赤い砂岩の地面が松の巨木に覆われ、灌木や雑草はただの一本もなかった。やがて前方にサン・フアン・デ・エルミータ教会の大きな姿が、村の貧相な家々の上から抜きんでて、あたかも渓谷にのしかかるかのように見えてきた。それはユダヤの砂漠にたつ聖ヨハネ寺院を思い出させたが、こちらの風景のほうがずっと美しかった。午後二時、一本の小川を渡って村に入った。教会の前で馬子が今日の仕事はこれで終わりだと言った。しかしわれわれは疲れていたとはいえ、まだ二四キロしか進んでいなかったので、こんなに早く止まるつもりはなかった。この場所の過剰なほどの美しさに誘惑されそうになったが、一軒だけある漆喰塗りの家にはならず者の兵隊たちの一団が入っていたので、先へと進んだ。罵りの言葉を吐きながらついてきた馬子は、不満をラバに笞打つことではらしていた。再び小川を渡り、雨期の洪水の痕跡が残っている乾いた川床を辿って渓谷の上流へ向かった。一時間のうちに六回も流れを横切った。山の上に重い雲がたれこめ、また雨が降ってきた。午後四時、左手の高台の上にホコタン村が、ここでも巨大な教会とともに見えてきた。馬子と取り決めた行程によれば、これが第一日目の目的地のはずだった。この村の神父がコパンの遺跡の情報を多く持っていると聞いていたので、村に入ってから止まるように馬子に言うと、彼は嫌だと答えた。そして、自分が止まりたいと言ったときに承知してくれなかったのだから、今度は自分が承知しないのだと言ってラバを追い立てた。私は彼に追いつこうとしてラバを急がせた。しかし思うようにいかなかったので、ラバの背から飛び下り、走って彼のあとを追った。手が腰の銃帯をおさえようとして偶然ピストルに触れた。すると馬子はあとじさりしながらマチェーテを抜いた。口論になった。馬子はもし村へ行けば翌日コパンに着くことができなくなると言い張った。そこで、摩擦を避けたかったのと、彼に怠ける口実を与えたくなかったせいもあって先に進むことにした。

午後六時、見晴らしのよい台地の上に登ると、そこにも巨大な教会があった。その日見た七番目の教会だった。かつて一度も人の手が加えられたことのない山道を辿り、荒涼とした土地にたつ教会に着いてみれば、その途方もない巨大さと豪華さとに驚かされはするが、それはまた一つの村が衰退し息絶えようとする証でもあるのだった。教会はわれわれがかつて見たこともないほどの侘しい土地の上にたっていた。緑の草に覆われた芝土には、その上をラバが通った跡さえない。人かげはまったくなく、監獄の格子の向こうからこちらを見る者もいなかった。これはまさに荒廃しきった村の光景だった。われわれは役場へとむかった。戸が閉まっており、ポーチのところに柵囲いがしてあるのは、多分はぐれた家畜が入るのをふせぐためだろう。かんぬきを引き抜き、戸を壊して開け、ラバの荷をおろしてから、アグスティンをやって食料とまぐさを捜させた。彼は三〇分後に卵を一個――それしか手に入らなかったのだ――をもって帰ってきた。しかし彼は村人を刺激してしまったらしく、やがて銀の把手の杖をもったインディオの村長と、職権を示す細長い棒をもった数人の警吏たちがわれわれを調べにやって来た。パスポートを見せ行き先を告げたのだが、彼らは例の独特の無関心な態度で別に驚く様子をみせなかった。パスポートは読めなかったが、捺印を吟味してから返してくれた。卵や鶏、ミルクなどをわけてもらいたいと言うと、そのどれに対しても、以後われわれにとって非常に馴染み深くなる「ノー　アイ」つまり「ない」という言葉で答えた。彼らは数分後にはわれわれをほったらかして行ってしまった。

役場は、長さ十二メートル幅六メートルほどの大きさで、壁は漆喰が塗ってあり、大きなテーブルが一つと高い背もたせがついたベンチが二脚あった。村長が水の入った水差しを届けてくれた。こんなに何も食べるものがないところに泊まることになってしまったことでわれわれは馬子を罵った。そしてパンとチョコレートで食事の支度をしたが彼にはなにもやらないように気をつけた。壁にハンモックを吊るための釘があったので夜になってから寝る支度をした。キャサウッド氏はハンモックに入り、私が服を脱ぎかけたとき、いきなりドアが乱暴に開かれ、二五人から三〇人ほどの男たちがなだれこんで来た。それは、村長と警吏たちと兵隊、そしてボロをまとったインディオや混血の獰猛な顔つきをした男たちで、彼らは役人の杖や剣、こん棒や火縄銃やマチェーテで武装し、松の燃える木片を手にしていた。先頭にいたのは二十八歳から三十歳くらいの将校で、つや出しをかけた帽子をかぶり、剣をもち、抜け目のなさそうな悪党面をしていた。もっと後で分かったことだが、彼はカレーラ軍の一部隊の指揮官であった。村長は明らかに酔っており、もう一度パスポートを見せてくれと言った。見せるとそれを若い将校の手に渡した。将校はパスポートを調べてからこれは有効ではないと言った。キャサウッド氏と私はその間に服を身につけた。私はスペイン語がよく話せなかったので、アグスティンを通じて私の公的立場を説明し、さらにペニョール司令官とカスカラ将軍が裏書した箇所を見せた。将校は私の説明に注意を払わなかった。村長が、自分は以前パスポートを見たことがあるが、それは手に入るくらいの小さな紙切れに印刷されたものであったと言った。私のはアメリカ政府が四つ切りサイズにして出したものだった。また彼らは、カスカラ将軍の印章はチキムラ県だけに通用するものだから、グァテマラ国家のものでなければならないと言った。私は彼らの理屈の不備をつくためにできるかぎりの反論をした。しかし熱した口論の末に若い将校はとうとう、旅を続けてはならない、チキムラへ報告するから、そこからの指令が届くまではカモタンに留まっていなければならないと言った。このような人間たちの手中にとどまるつもりはなかったので、われわれの道中を妨げるようなことをしたらどういう結果になるか分からないぞと脅かし、ついにはここで足止めされて時間を無駄にするよりはコパンへの旅をすっかりあきらめて、もと来た道を引き返すとまで言ってやった。ところが将校も村長もかたくなにカモタンから出てはならないと言い張った。

若い将校はすぐにパスポートを渡せと言ったが、パスポートはわが国の政府から私に与えられたものであり、私の公的立場を証明し私の身の安全のために必要なものであるから渡すことはできないと答えた。キャサウッド氏が国際法についてこと細かに説明し、大使の特権と〝北米〟の政府の報復を引き起こす危険――これに関しては私もかなりの熱意をもって支持した――について述べたが、全て虚しかった。最終的に私は、パスポートを渡すことはできないとかさねて述べ、ただし兵隊の護衛のもとに私自身がパスポートをもってチキムラなりどこへでもあなた方が送りたいところへ赴こうと言った。すると彼は横柄な態度で、お前たちはチキムラへもどこへも、後にも先にも行かず、今いるこの場所にいてパスポートを渡さなければならないと言った。議論も反論も功を奏さないのを知って私は、チョッキの下にパスポートを入れ上着のボタンを胸の前でしっかりとかけてから、それでは力ずくでとらねばならないなと言ってやった。すると将校のげびた顔にさっと嬉しげな表情がよぎり、そうしようじゃないかと答えた。私は付け加えて、ここでの結果がどうであろうと、後でお前たちにとっては致命的なことになるぞと言うと、馬鹿にしたような顔でその危険を冒そうじゃないかと答えた。こうしている間中ずっと、卑怯な悪党連中は剣やマチェーテをかまえており、ベンチに腰掛けた二人の人殺しのような人相をしたならず者は肩に火縄銃をあてて、一メートルの近くから私の胸に銃口を向けていた。われわれがもしこの国にもっと長く滞在していた後であったら、きっともっと怯えたに違いないのだが、この時はまだこの土地の人間の血なまぐさい性格を知らなかったし、彼らの対応がなんとも攻撃的かつ侮辱的だったので、憤りが恐怖をはねのけてしまっていた。アグスティンは――彼は自分の頭にマチェーテの瀕死の傷を受けたことがあって、それからというもの喧嘩っぱやい性格になったのだが――フランス語で私に懇願して、銃を撃たせて下さい、一発ぶっぱなしてやればどいつも逃げ出しますよ、と言った。われわれの銃は十一発の弾が全て装塡された状態になっていた。われわれも興奮していたから、もし将校が私に手をかけてきたら、すくなくとも彼を殴り倒していただろうと思う。しかし幸いなことに、将校が襲撃の命令を下そうとしたそのとき、最後に入ってきた男——他の者たちより風采が立派で、つや出しをかけた帽子をかぶり上着を着ていた——が私の前に立ち、パスポートを見せてほしいと言った。私はパスポートを手からはなすまいと心に決めていたので、松の木片の明かりに高くかざして読めるようにしてやった。彼はキャサウッド氏の要望でそれを声にだして読みあげた。

果してその時彼が本当にパスポートを読んだのかどうか今でも分からないのだが、もしそうであったとしても、その内容を本当に伝えたのかどうか疑わしい。というのは、村長と警吏たちの上にあきらかに動揺が生じたからだ。われわれにとって不安な緊張がしばらく続いたあと、彼らは手を引いた。しかし相変わらず監視のもとに留まらなければならないと言った。私がカスカラ将軍に至急便で書状を送りたいと言うと拒否されたが、至急便の費用を払うからと言うと村長が許可した。私はカスカラ将軍がイタリア人であることを知っていたし、自分のスペイン語に自信がなかったので、書いたものをキャサウッド氏にイタリア語に訳してもらった。書状には、われわれが逮捕され身柄を拘束されたこと、私を逮捕した村長と兵隊たちにはアメリカ政府発行の特別パスポート——これには私の公的立場を証明するペニョール司令官と将軍自身の署名が入っている——を見せたのだが納得してもらえなかったこと、早急なる釈放を願うこと、また以後このような問題なしに旅を続けられるようにしてほしいこと、そしてもちろん最後にこう付け加えた、今回われわれが受けた扱いについてはグァテマラ政府とわが政府に報告をするであろうこと。この書状に、何を隠そう、キャサウッド氏が秘書官として署名し、公けの印鑑をもっていなかったので、誰にも見られないようにアメリカの新しい五〇セント貨幣で捺印してから村長に渡した。貨幣の鷲は翼を広げ、星々が松明の明かりに輝いていた。一味全員が書状の周りに集まりこれを調べてから、われわれを役場の中に閉じ込めたまま引き上げて行った。戸口には剣や火縄銃やマチェーテをもった十二人の男たちが残った。将校は出て行くときに村長に向かって、夜の間にこの者たちが逃げるようなことがあったら、お前の頭が飛ぶからなと言った。

興奮が去るとキャサウッド氏も私もドッと疲れが出た。旅の皮切りは素晴らしかったのに、祖国を離れてまだ一カ月もたっていない今、われわれはアメリカのまともな監獄でならどこでも他の囚人たちに悪影響を及ぼすとしてお払い箱になりそうな男たちの手中にいるのだった。われらが〝ご立派な〟監視人たちをチラッとのぞいてみたが、その様子は何ら喜ばしいものではなかった。彼らはドアの真ん前の庇の下で焚き火を囲んで坐り、武器をすぐ手の届くところに置いてタバコを吸っていた。彼ら全員の服を集めても古靴一足にも値しないだろう。そのボロと武器、そして焚き火の明かりに赤く染まったどす黒く獰猛な顔、彼らはわれわれが逃げだそうとしようものなら、殺すよい口実ができたときっと喜ぶに違いなかった。われわれはマクドナルド大佐から贈られたワインのカゴを開け、大佐の健康を祈って飲んだ。とりあえずの懸念は去ったが、見通しは明るくなかった。ドアを内側からできるだけしっかりと閉め、再びハンモックへと戻った。

その夜の間にまたしてもドアが乱暴に開けられ、剣や火縄銃やマチェーテや燃える松の木片を手にした悪党共が前と同様になだれこんできた。われわれはすぐにハンモックを下りた。とっさにパスポートをとり上げに来たのだと思った。ところが驚いたことに、村長は私に例の大きな捺印がしてある書状を返してこう言った。これはもう送る必要はない、あんた方は釈放されたからいつでも旅をつづけてよろしい、と。

われわれはあまりの嬉しさに何の質問もできなかったから、いまだに何故逮捕されたのかは不明である。思うに、われわれがあのとき怖じ気づいてしまっていたら、そして最後まで相手に向かって胸を張り警告を発する態度を保ちつづけていなかったら、釈放はされなかったに違いない。そしてかの大きな捺印が少なからず役に立ってくれたことは間違いない。と言ってもわれわれの憤りは、これを表さずに済ませるほどにおさまったわけではなかった。村長に対して、この件はこれで終わるべきではなく、書状をカスカラ将軍へ届けるべきであると主張すると、彼は反対したが、もし送らなければ、ことはあなたにとってもっと悪い結果になるだろうと言うと、しばらく躊躇してから一人のインディオの手に書状をつかませ彼を杖で外に追いやった。数分後に監視の男たちもわれわれを残して立ち去って行った。

もう夜が明けようとしていた。われわれはどうしたらよいか分からずにいた。旅を続ければまた同じような目にあう可能性があったし、多分内陸部に進むにつれて結果はもっと悪いものになるだろう。決めかねたまま、その晩三度目のハンモックに戻ったのだった。日が高くなった頃、またしても村長と警吏たちに起こされた。しかし今回彼らが来たのは儀礼的な訪問が目的であった。村を偶然通過中にこの騒ぎを起こした兵隊たちはすでに去ってしまっていた。しばらく話し合ったあと、われわれは旅をつづけることに決め、カスカラ将軍への書状の件をもう一度村長に念を入れ、彼とその下役たちに背をむけた。彼らはみな数分後に帰って行った。チョコレートを一杯飲んで、ラバに荷を積み出発した。村はわれわれが着いたときと同じように荒涼としていた。あのとき迎えてくれる人はひとりもいなかったし、今また別れをつげる人もだれひとりいないのだった。

第五章

教会を離れ、丘の頂を越えると、その後ろに半ば隠れるようにして数軒の小屋があった。昨夜のわが友人たちの宿だった。それからすぐに山の登りにかかった。少し行くと、腰に綿の布切れを巻いただけの裸のインディオたちが、死体を載せた粗末な木の台を肩に担いでくるのに出会った。死体は担ぎ手たちの動きに合わせて荘重にゆられて行った。そのすぐ後に同じようにして運ばれていく死体にまた出会った。今度のはむしろに包まれ、男が三、四人と娘一人が付き添っていた。両方とも村の教会の墓地に向かうところだった。登りをつづけて山の頂上に着くと、背後のホコタン方面に美しい盆地が人の手の入らぬままに広がっているのが見えた。それは、これほど美しい国がこのような不幸な人々の手にあるという、ある種の哀しみを誘う眺めだった。

十二時半にコパン川のほとりにおりたった。川幅は広く、流れは急で、なかほどに大きな砂洲があった。川を渡るのに難渋し、荷物の一部、とくに寝具が濡れてしまった。対岸につくとふたたび登りになり、上から見ると川が谷を蛇行しているのが分かった。急な曲がり角を折れると谷底の流れがすぐ真下に見えた。山を下りると美しい小川に出た。インディオの白髪の女と可愛らしい少女が洗濯をしているのが、そのまま老若を表す絵のようだった。われわれはラバを降りて、川のほとりに腰をおろし馬子を待った。言い忘れたが、馬子は十三、四歳ほどの目鼻立ちの整った少年を一人連れており、この少年に一番きつい仕事、つまりラバを追う仕事を押しつけていた。実際、少年はミュンヒハウゼン男爵の犬のように、足がすり減ってしまうのではないかと思うほど走り回っていたのだった。

馬子に対する不快な気分はまだなくなっていたわけではなく、当初われわれはカモタンでの事件のいくぶんかは彼のせいだと思っていた。いずれにせよ、彼のせいでなければかの地に足を止めることはなかったのである。馬子は一日中ラバに当たり散らしていた。なかでもとりわけ言うことをきかないラバたちが今や道をはずれてしまっていたため、もう一時間も前から彼の罵詈雑言に満ちたののしり声が聞こえていたのだった。われわれは再びラバに乗った。午後四時、谷の反対側の少し先にアシエンダ（農場）が見えてきた。農場がポツンとある佇まいが、われわれにその夜の安らかな休息を約束しているかのように見えた。"カミノ・レアル"（本道）をそれて、草が生い茂った石ころだらけの細い道に入った。道はかなり急な下りだったのでラバをおりて先に行かせ、われわれは草の根につかまりながら下りていった。丘の麓でラバに乗り小川を渡った。そこで水遊びをしていた小さな少年が、胸の上に腕を組んで私に挨拶してからすぐにキャサウッド氏にも挨拶した。これは良い兆候だった。急な斜面をよじ登って行きながら、私はこの人里遠く離れた寂しい場所で、人の親切に出会えるに違いないと感じていた。丘の上から、裸の子供を抱いた一人の女性が、苦労してはい上がっていくわれわれを顔に笑みを浮かべて眺めていた。今晩そこに泊めてもらえますかときくと、彼女はこの国のもっとも暖かい言葉と、その言葉よりもっと親切にあふれた表情でこう言った、「コモ　ノー」（もちろんですとも）。そしてわれわれの従僕が鞍袋にパイナップルを入れているのをみると、何故そんなものを持ってきたのか、自分のところに沢山あるのにと言った。

このサン・アントニオ農場には鄙びた美しさがあった。空き地に家畜囲いがあり、トウモロコシやタバコやバナナの畑の間からは農場を囲む高い山々の姿が見えた。家は丸太を組んで泥を塗り込めたもので、戸口の奥の壁には十字架のキリスト像が白い綿布の上にかけられ、願掛けの供物が供えられていた。母親の腕に抱かれていた裸の女児は、マリア・デ・ロス・アンヘレス（天使のマリア）という名前だった。夕食の支度のころになって、この家の主人が帰ってきた。険しい顔つきをした色の浅黒い男で、長いもみあげにつば広のソンブレロをかぶり、若い駿馬に乗っていた。彼はこの馬を山道で馴らしていたのだった。われわれが一夜の宿を乞う外国人であることを知ると、厳めしい顔つきを和らげ、細君が言ったのと同じ歓迎の言葉を口にした。

馬子の少年が気の毒にも病気になった。しかし彼の主人は全く気にもせず、哀れな少年が高熱に苦しんでいるというのに平然と食事をしていた。われわれは少年のために廊下に居心地のよい寝床を整えてやり、キャサウッド氏が一服の薬を与えた。その晩は前夜とはおおいに違ったものになった。わが宿主夫妻は素朴で親切な人たちだった。外国人を見るのは初めてで色々な質問をした上に、われわれの小さな旅行用具、とくに銀メッキのコップやナイフ、スプーン、フォークを珍しがった。時計や羅針盤、六分儀、高度計、温度計、望遠鏡などを見せてやると、細君が、あなた方はとても金持ちに違いない、そして「頭のエエ人たちだ」と感じ入ったように言った。彼らがわれわれに配偶者がいるかどうか訊いたので分かったのだが、わが純朴なる宿主には妻が二人いるのだった。一人はホコタンに住んでおり、彼は一週間ごとに双方の妻のもとを往復しているのだった。英国でだったらあなたは追放刑になるだろうし、米国でなら放縦の罪で終身刑になるだろうと言うと、主人はそんな国は野蛮人の国だと答えた。細君の方も、男は一人の女で満足すべきだとは思うが、二人いても悪徳でも罪でもないと言った。しかし私は、彼らが小さな声で、われわれの方が自分らよりもっとキリスト教徒らしい、つまりもっと良いキリスト教徒であると言っているのを聞いた。夜の九時ごろ、主人がハンモックを吊るのを手伝ってくれた。犬や豚を外へ追い出してからタバコに火をつけ、眠ることにした。その部屋には従僕や女、子供もいれて十一人の人たちがいた。そこいらじゅうでタバコを吸う小さな火が見え、光ったり消えたりしていた。やがてそれも一つずつ消えてゆき、われわれは眠りについた。

朝、みなが一斉に起きだした。少年の具合はずっとよくなっていたが、旅を続けられる状態には見えなかった。しかし彼の残酷な主人はどうしても行くと言い張った。わが親切なる宿主夫妻はあれほど良くしてくれたのに謝礼を受けとろうとしなかった。そこでわれわれはお金で謝礼した他に、みやげ用のいろいろな品物をみんなに配った。しかし別れを告げるとき、私は、彼女にあげた指輪が主人の指で光っているのを見てがっかりしたのだった。もうラバに乗ってしまってから、昨日小川でみかけたあの男の子が、もぎたてのパイナップルを六個も重たそうにヨタヨタしながら担いできた。それのみか出発してからも、細君の方が私のうしろを追いかけてきて、新鮮なサトウキビの茎をくれたのだった。

がさつ者の馬子をのぞいては全員がほのぼのとした気分でサン・アントニオ農場を後にした。馬子の機嫌が悪かったのは、本人の言によればみんなが贈り物を貰ったのに自分だけが何ももらわなかったせいだった。哀れな少年が一番感謝していたのだが、気の毒なことに彼はわれわれがやったナイフのせいで馬子の妬みをかってしまったのだった。

農場を出るとまもなく、ミコ山のときのように鬱蒼とした泥深い森に入った。登りは険しかったが、頂上は開けていて、あの美しい植物であるアロエ(ママ)に覆われていたので、そこを〝アロエ山〟と呼ぶことにした。アロエは芽を地表に出したばかりのものから、高さが八、九メートルもあるものや、巨大な幹が枯れているものもあった。麗人の胸に飾られたらどんなに美しかろうと思われる花であるが、この荒涼とした山の上では咲いても枯れても、見る者といえば時たま通りかかるインディオのほかには誰もいないのだ。

下りで道に迷い、しばらくの間さまよった。道が見つかるとすぐに次の山の登りにかかった。その山の頂きからは、三番目の山の全容と、はるかかなたに大きな農園がのぞめた。道は崖にそって真っ直ぐに伸びており、足元のずっと下方に大きな松の梢が見えていた。じきに道が険しくなり崖っぷちをすれすれに通るようになったので、キャサウッド氏にラバを下りた方がよいですよと声をかけた。絶壁は左手にあり、私は先に進み過ぎていたので、性悪のラバの背の上で、ひたすらじっとしているより仕方がなかった。しばらくの間ハラハラしながら進んでいった。何の表示もなかったが、われわれはこの道のどこかでグァテマラ領の境を越えてホンジュラスに入ったのだった。

午後二時に、屋根をトウモロコシの葉で葺いたみすぼらしい小屋が六軒ほどあるコパン村に着いた。われわれの到着は村に大きなセンセーションをまきおこし、男も女も集まってきてわれわれを見つめていた。そこで彼らに遺跡のことをたずねたのだが、道を知っているものはいなかった。誰もが、ドン・グレゴリオの農園に行くといいと言った。村にとどまる気はなかったので、馬子に先へ進むように命じた。ところが彼はそれを拒否して、自分の仕事はコパンまで案内することだったと言った。さんざん口論した末にわれわれが勝ち、森をしばらく行ってからもう一度コパン川をわたると開けた場所に出た。その一角に農園の家屋があった。屋根は瓦葺きで、台所やその他の別棟もあり、あきらかにこれは富裕な持ち主の住居であった。ワンワンと吠えたてる犬の一団に迎えられたが、どの戸口にも女と子供がむらがり、われわれの出現にかなり驚いているようだった。男の姿は一人も見えなかったが、女たちはわれわれを親切に迎えてくれて、ドン・グレゴリオはじきに戻るだろう、そしてあなた方を遺跡へ案内してくれるだろうと言った。たちまち台所に火がおこされ、手の平でトルティーヤをつくるパンパンという音がしてきて、三〇分もすると食事の支度ができた。食事は銀の大皿にもられ、水も銀の水差しに入っていた。ところが、ナイフもフォークも匙もなく、カルドつまりスープはそのまま飲むようにカップによそってあった。それでも、われわれはこのような良い宿をみつけられたことを喜んだ。

しばらくすると刺繡入りの派手なシャツを着込んだ一人の若者が馬に乗って帰ってきた。家畜をひきつれた数人の男たちも一緒だった。彼らは一頭の雄牛を選びだすと、角に縄をかけた。それから家の横手の方へ引っ張って行き、脚に別の縄をまわして地面に倒した。牛は脚を一つにくくり上げられ、角から尾にかけて縄がまわされたので頭が後ろにそっくり返った。マチェーテの一撃で動脈が断ち切られ、腹をすかした犬どもが待っていましたとばかり、その血をペチャペチャと恐ろしい音をたてながら舐めた。女たちはみなこの様子を見ていたが、一人の少女が子犬を抱き上げるとその鼻づらを真っ赤な血の流れの中におしつけた。こうして子犬のときから血の味になじませるのである。牛は、皮をはぎ、肉を骨から削いで切り身と焼き肉用と背肉とにのこらず仕分けし、一時間後には、戸口の前にわたした長いロープに吊るされたのだった。

この作業の最中にドン・グレゴリオが帰ってきた。歳のころは五十歳くらいで、黒いもみあげを長くのばし、もう何日も剃っていないらしい髭づらをしていた。周囲の人々の様子から、彼がこの家の独裁者であることが容易にみてとれた。ラバから下りる前にわれわれにくれた一瞥は、「何者だ、お前らは」と言っているようだったが、無言のまま家に入ってしまった。私は彼の食事が終わるまで待ち、時間を見計らって中に入った。それまでも世間との付き合いのなかで、ある人物と近づきになろうとする私の気持ちが冷やかに迎えられたことは一度ならずあったが、この〝ドン〟が私を迎えたやり方ほど完璧な冷たさはかつて一度も経験したことがなかった。この地に来たのはコパン遺跡を訪ねるためであると説明すると、彼は、それがどうしたという身振りをしてから、「遺跡は川の向こうだ」と言った。案内人はいるだろうかと問うと、遺跡のことを知っているのが一人だけいるが、そいつも川の向こう側だ、とまた言った。私は、怪しげな人間に宿を貸すことの危険や、この国の不安な状況にまだ疎かったが、情に厚いというこの国の評判を信じていたし、またその証拠にも何度か出会ってきていたせいもあって、結局のところこの家ではわれわれは歓迎されていないのだという不愉快な結論に到るのがいやだったのだ。しかしこの結論は確固たるものだった。われわれの様子がドンにはおもしろくなかったのである。私はラバに鞍をつけるよう馬子に命じた。ところがこのならず者はわれわれの困惑を喜び、今日はもうラバに鞍をつけるのはいやだとぬけぬけと言った。そこで私はドン・グレゴリオ本人に向かって、支払いはするからラバを貸してくれと頼んだ。すると、アグスティンの言うところによれば、彼はわれわれを厄介払いしたい一心で、村へ帰るためのラバを二頭貸してくれたのだった。村では残念なことに捜していた案内人は不在で、ちょうど賑やかな闘鶏が始まるところだった。人々の様子からして、荷物をここに戻す気にはどう勧められてもなれなかった。実に腹立たしいことではあったがわれわれは、ドン・グレゴリオがコパンの有力者であり、この土地一番の金持ちで小独裁者であること、そして彼と決裂することはもちろん、彼の家でわれわれが歓迎されなかったということを村人に感づかれることとさえ、最悪の事態であるということを納得したのだった。しぶしぶながら、しかし同時にもしかするとわれわれの印象をもう少し良くできるかもしれないという期待もあって、もう一度農園へひきかえした。キャサウッド氏は階段のところでラバを下り回廊に腰をおろした。私はたまたま外でラバを下りて、そのまま動かずに人々の様子を観察した。ドンは椅子にかけて、わが忌まわしい馬子をそばに坐らせ、顔には人を小馬鹿にした笑いを浮かべ、私の方を見ながら〝イドロ〟(偶像)のことを話していた。この時、その日の仕事を終えた八人から十人の男たち——息子や下僕や人夫——が帰ってきた。しかし誰も私のラバの手綱をとってくれようとはしなかったし、ふつう歓迎すべき客人にしめす心遣いは何ひとつなかった。女たちもわれわれを受け入れたことで叱られたかのように顔をそむけ、男たちはみなドンの態度を真似て軽蔑しきった目でわれわれを見ていた。それで私はキャサウッド氏にむかい、荷物は道に放り出して、あいつに不親切な下司野郎めと毒づいてやろうじゃないかと言った。しかしキャサウッド氏は私を押し止めて、もしドンとあからさまに喧嘩をしてしまったら、こんなに苦労してきたのに、遺跡を見るのを妨害されるだろうと言った。ドンは多分われわれの様子がおかしいと気がついたのだろう、それとやり過ぎて自分の名が傷つくのを恐れたのか、私に椅子を示すと坐るように勧めた。私は不快な気分を堪えにこらえてもう大丈夫というところまで押さえ込んだ。アグスティンは、われわれが受けたこの応対にひどく腹をたてていた。彼は、ベリーズを出るときにわれわれのために国旗が掲揚され、礼砲が鳴らされたことを、道中度々人に語っては鼻高々だったものだから、ここではいつもよりもっと沢山の旗を揚げ、もっとたくさんの礼砲を打ちあげた。まず四〇発の礼砲からはじめ、つぎには実際にはそうではなかったのだが連続砲があがったことになった。ドンはわれわれを嫌っていたから、多分彼もベリーズのときと同じように、われわれが立ち去れば旗を揚げ大砲をならしたい気分だっただろう。

夕方、回廊に牛の革が敷かれ、その上にトウモロコシの穂を積みあげ、ドンを先頭に男たちがみな坐って実をほぐしはじめた。粒をとった後の穂軸は焚き付け用に台所に運ばれ、粒の方はかごに集められた。御馳走を待って外で喉をならしていた三匹の手飼いの豚が入れられて、散らばったトウモロコシの粒を食べた。われわれは午後ずっと放っておかれたのだが、ドンの細君がアグスティンを通じて夕食の支度をしていると伝えてきたときは、われわれの傷ついた自尊心もいくらか癒されたのだった。それに加えて、オーブンと小麦粉があるからもし買う気があればパンをすこし作ってあげようと言ってきたので不快さもやや軽減した。

夕食がすむと全員が眠る支度をした。ドンの家は、内と外の二つの部分からなっており、ドンと家族が中、われわれは外だった。しかし外もわれわれのためのものというわけではなかった。壁にそって太さ二・五センチほどの棒を樹皮の縄で縛って作った棚が設えてあり、使用人たちはそこになめしていない革を敷いて寝床にしていた。ハンモックはわれわれのものの他にも三つかかっていたので、私の場所といったら、あまりに狭くて横になると足の踵が頭と同じ高さになり、体が放物線を逆さにした形になってしまった。これはまったく馬鹿げているし腹立たしいことだった。フラ・ディアボロ（十八世紀のイタリアの有名な盗賊の首領）の話に出てくるイギリス人旅行者ではないがまさに「ひどい、実にもってひどい！」始末だった。

翌朝になってもドン・グレゴリオの機嫌は変わらなかった。もう彼のことは気にしないことにして、軒下で身支度を整えたのだが、ひっきりなしに傍を往き来する女性たちにはできるだけ失礼にならないように気をつけた。先を急いで遺跡を見たいという思いで頭が一杯だった。幸いなことに、気難しいドンの息子たちの中に気立てのよい若者がひとりいて、村からホセというわれわれが捜していた案内人を朝早くに連れてきてくれたのだった。

案内人のホセと馬子との仲の悪さも手伝って、いらいらするほど遅れたあげく、やっと出発できたのは朝も九時になってからだった。すぐに道路というか細道をはずれ、ところどころにドン・グレゴリオのトウモロコシ畑がある広々とした野原に入った。そこをしばらく行くと木立のはずれに、屋根をトウモロコシの葉で葺いた小屋が一軒あり、数人の人夫が朝食の支度をしていた。そこでラバを下り、近くの木につないでから、ホセがマチェーテで道を切り開いていく後について森の中へ分け入った。まもなく川のほとりに出た。その川の真向かいの対岸に石の壁がみえた。高さはおそらく三〇メートルほどで、ハリエニシダがてっぺんを覆うように茂っていた。それは、壁は川に沿って南北に伸びており、ところどころ崩れていたが完全な姿をとどめている箇所もあった。それは、これまでわれわれが見てきたアメリカ大陸の原住民のものとされているいかなるものよりも構築物としての性格をそなえていた。これこそが、その歴史が書物でもほとんど知られていない古代都市コパンの外壁の一部なのである。

私は今まさに未知の分野に入っていこうとしていた。アメリカの最初の住民については夥しい数の本が書かれてきた。あるものは、この大陸の住民が全人類の共通の祖先から出たのではなく、まったく別の種族であるとしているし、またあるものは洪水期以前の地球の住民の末裔であるとし、ノアの時代に人類の大半を滅ぼした大洪水に生き残った人間たちであるから人類最古の種族であるとしている。それらアメリカの原住民であるという栄誉を与えられたのはノアの数ある子孫の中でも、古くはユダヤ人、カナン人、フェニキア人、カルタゴ人、ギリシャ人、スキタイ人で、新しいところでは、中国人、スエーデン人、ノルウエー人、ゴール人、スペイン人である。かつて新旧二つの大陸はつながっていたのだが、大地震の衝撃によって引き裂かれ、その間の海に伝説の島アトランティスが浮上したというわけだ。この旧大陸勢に負けてはならじと、ある勇ましいアメリカ人は方舟そのものがニューヨーク州にあると言いだした。

しかし今までのこうした仮説では、原住民の建築遺物やモニュメントが重要な根拠としてとりあげられることはほとんどなかった。ロバートソン博士は著書『アメリカ史』のなかで、〃旧大陸である程度の文明を築き上げた種族のどれかが、アメリカに居住したという事実はまったくない〃と断言している。博士によれば、〃新大陸の住民社会は極端に未開だったので、発展進歩してゆく人類の智恵の最初の兆しである簡単なモノさえ作れなかった〃という。彼はまた、コルテスとその仲間たち、および兵士や神父や民間人がみな口をそろえてメキシコの建造物の素晴らしさを称賛しているのを無視して、〃家屋は、もっとも原始的なインディオのそれと同じく木の枝か泥か土でできたまったくの小屋掛けであった〃と述べ、チョルーラの神殿については〃階段も石の壁もなく、草と木に覆われた泥の堆積にすぎない〃とし、永くメキシコに居住しあらゆる土地を訪れたと公言する人物特有の自信をもって、こう言っているのである。つまり、〃この広大な帝国には、征服以前の建造物の廃墟もしくはモニュメントはどこにも一つもない〃と。当時の歴史家にとっては不信こそが保身の術だったのだろうが、ともあれロバートソン博士の書が著されて以来、世界には新しい光りの洪水が溢れ、アメリカの古代世界の扉が開かれたのである。

この件に関するスペイン系アメリカ諸国の住民たちの無知と不注意と無関心さには驚くべきものがある。わが合衆国では、森林が切り開かれるにしたがい、五大湖からオハイオとミシシッピー渓谷にわたって墳墓や丘陵や堡塁が列状に発見され、ケンタッキーの洞窟ではミイラとフェニキア文字ではないかとされるデイトンの岩絵がみつかり、アーカンサスやウイスコンシンでは大都市と城砦の廃墟が発見されたが、このことによって、国の最初の住民たちに関しては奇妙でとりとめのない意見がいろいろ生じたものだが、同時にまた人々は、この国にかつては人口の多い強大な国々が存在し、その歴史がまったく知られぬままに消滅したのだという確信も抱くようになったのである。こうした痕跡はテキサスにまでつづき、メキシコにいたってはさらに決定的な姿をみせているのである。

メキシコに関して、この分野に最初に新しい光をなげかけたのは、かの偉大なるフンボルトである。彼がメキシコを訪れたのは、政府の厳しい政策により、かの地が今の中国のように外国人に対してなかば閉じられていた時代であった。彼ほどこの幸運に値する人間はいなかった。当時この国のモニュメントはまだ調査の主要な対象とはされていなかったのだが、フンボルトはいろいろな方面から情報と絵図を集め、とくにミトラすなわち「死の谷」や、ショチカルコ――人工的に山を切り崩し均して造った丘で「花の丘」と呼ばれる――、および彼自身がおとずれたチョルーラの神殿つまり大ピラミッドの情報と図を手に入れたのだった。これらは全て、彼自身の雄弁なる語り口とともに読者が手に入れることができるものとなっている。しかし彼は残念ながら、メキシコ渓谷の向こう側の密林に埋もれている荒れ果てた名もない大都市については聞いたこともなかったし、少なくとも訪れたことはなかったのである。これらの大都市の存在に関する報告がヨーロッパやわが国に届いたのはもっと後になってからのことであり、情報は不明瞭でけっして満足のいくものではなかったが、われわれの好奇心をかきたてた。とは言いながら、正直なところ、キャサウッド氏も私も懐疑的で、コパンに着いたときは素晴らしいものに出会えるとは予期しておらず、何かあればいいがという程度だった。

これらの都市遺跡が発見されると、建造したのはスペイン征服時代にこの国に住んでいた住民よりもっとずっと古い民族であっただろうという説が優勢になった。コパンに関しては、征服初期のスペインの歴史家たちが、遺跡と同じ地方にあった同名の町の記述を残している。当時、その町には住民がおり、スペインの軍隊に対して果敢な抵抗を示したとある。しかし状況からするとその町は建築の強度や堅固さの点で劣るし、起源はずっと新しかったようである。

その町は、昔のチキムラ・デ・シエラス地方にあって、ペドロ・デ・アルバラードの将兵らによって征服されたのであるが、征服の詳細についてはどのスペイン人歴史家も記録をのこしていない。一五三〇年、この地方のインディオがスペインの軛から逃れようと反乱をおこした。鎮圧のためにエルナンド・デ・チャベスが派遣され、血なまぐさい戦いの末に強大なるインディオの首長をエスキプラスの要塞に追い詰めた。この要塞は四日目に、首長自身の言葉を借りれば、〝スペイン人の武器を怖れてではなく、民衆の安寧のために降伏した〟のだった。そして町はもちろんその地方全域が再びスペインの支配下に入ったのである。

その頃のコパンの首長はコパン・カレルといった。彼は、しきりに住民を煽動し反乱分子を助けたので、エルナンド・デ・チャベスが征伐のため、当時国でもっとも人口が多く豊かで大きな町のひとつであったコパンへと進軍することになった。インディオ軍は予備軍もふくめて三万の兵からなり、石刃のついた棍棒と弓矢と投石器で武装し、よく訓練された戦さのつわものたちであった。要塞は、歴史家によれば、一方をチキムラとグラシァス・ア・ディオスの山々に守られ、もう一方は深い壕と砦になっていた。砦は重い木の梁を組みあげたもので、隙間には土が詰められ、弓矢を射るための狭間や穴があけられていた。チャベスは、厳重に武装した騎馬兵をともなって壕に近づくと、手真似で話し合いをしたいという意思を伝えた。しかし、これに首長が弓を射て応じ、弓矢と石と槍の雨にスペイン軍は退却せざるをえなかった。翌日チャベスは砦に攻撃をしかけた。歩兵隊は剣と楯を手にし綿をつめた大きなかたびらを着込み、騎馬兵は胸当てと兜をつけ、馬にも防具をつけていた。かたやコパン軍の兵は、いずれもバクの革を張った楯をもち、頭には羽飾りのついた冠をつけていた。攻撃は一日中つづいた。インディオ兵が先端を火で焼き固めた槍や銛や弓矢でよく抗戦したので、スペイン軍は撤退せざるをえなくなった。これよりずっと熾烈な戦いを経験してきていたチャベスもこの戦いの手ごわさに驚き、かつスペイン軍の名声に傷がつくことを怖れた。しかるに、コパンを守る壕の一部にかなり手薄な箇所があるという情報を得て、彼は翌日その地点への攻撃に向かった。この動きを察知したコパン軍がとりわけ勇猛な兵士たちをそこに配置したので、歩兵隊では手におえず、援軍として騎馬隊がかけつけた。インディオ軍は全軍をあげて防戦したが、スペイン軍は岩のようにうごかず、槍も弓矢も石も歯がたたなかった。スペイン軍の兵士は、何度も砦によじ登ろうとしては壕に落とされた。戦いは互角のままつづき、両軍に多くの死者がでた。とうとう一人の勇敢な騎馬兵が壕を飛びこえ、砦の壁に馬もろとも突き当たって行った。このため木組みと土塁が崩れ、驚いた馬はインディオたちの中に突進した。これに他の騎馬兵がつづいたので、恐れをなしたコパン軍は算をみだし潰走してしまった。首長コパン・カレルは予備軍を配置してあった場所まで退却したが、抵抗はながく続かず、コパンを捨てて逃走してしまった。

これがスペイン人の歴史家たちがコパンについて残した記録である。都市ということで言えば、われわれが今、川の対岸に目にしているような石壁をもつ都市と比べるとあまりにも貧弱で、いかにしても納得しがたい話である。というのは、われわれの目の前にある石の頑丈な構築物は、とてもたった一人の騎馬兵の重みで倒れてしまうような市壁には見えなかったからである。われわれは、その場所から川を渡ることができなかったので、戻ってラバに乗り、もう少し上流の川岸まで行った。川幅は広く、場所によっては流れが深く急なうえ、川床には石がゴロゴロしていた。それを渡って、案内人のホセが川岸沿いに枝を切りはらいながら細い道を開いてゆく後を進み、石壁の下で再びラバを下りて繋いだ。

石壁は切り石を整然と組んだもので、保存状態は良好だった。石の大きな階段は、完全な姿を残している箇所もあったが、亀裂の部分に木の根が張って崩壊している箇所もあった。その階段を登ってテラスに出たのだが、周囲を包み込んでいる深い密林のせいで形状をつかむことはできなかった。ホセがマチェーテで道を切りひらいてゆく後を、精巧な彫刻の大きな石塊が半分土に埋まっているのを目にしながら進んでいくと、両側面に階段がついた建物の角に出た。その形状は、木々の間を透かして見た範囲ではピラミッドの側面に似ていた。その基底部分から離れ、鬱蒼とした森の中に分け入ると四角い石柱があった。高さ四・二メートル、各側面が九〇センチのそれは、四面とも上から下まで力強い彫刻がほどこされていた。正面の豪華で奇妙な衣装を着た人物はあきらかに誰かの肖像らしく、その顔は厳かで端正かつ厳しく、見る者に怖れを抱かせるに十分なものだった。背面は違った模様になっており、それまで見たこともないものだった。側面は神聖文字で覆われていた。この石柱のことをわが案内人は〝イドロ〟（偶像）と呼び、その前方九〇センチのところにある、これも象徴的な模様や形状が彫り込まれた大きな石の塊を〝アルタール〟（祭壇）と呼んだ。この思いがけないモニュメントを目にして、アメリカの古代についてそれまで抱いていた半信半疑の気分がいっぺんに吹き飛んでしまった。われわれが捜しあてたものは、未知の民族の遺物としてだけでなく芸術的にも価値があり、かつ新たに発見された歴史的遺物として、古代アメリカ大陸に住んでいた民族が野蛮人ではなかったということを証明していた。われわれは、エジプトの遺跡の中を歩いたときよりも多分もっと大きな興奮をおぼえながら、案内人の後を歩いていった。彼はときどき道を見失いながらも、休むことなくマチェーテをふり下ろし、鬱蒼とした密林の中へわれわれを導いて行った。こうして、土に埋もれかかった石の断片の間に、同じような種類の同じ外観をした一四基のモニュメントをみつけたのである。その中のいくつかは、より優雅な模様がほどこされ、エジプトのモニュメントの最高に美しいものにも匹敵する出来栄えであった。大木の根のせいで礎石から外れてしまっているもの、木の枝にびっしりとからめとられてほとんど宙に浮いてしまっているもの、そして地面に放り出され太い蔓や蔦に巻きつかれているものもある中に、祭壇を前にして周囲をぐるりと小さな木立に囲まれて立っている一本の石柱があった。木立がまるで聖なるものを護り庇っているように見えた。それは森の荘厳な静寂のなかにあって、あたかも消滅した民族の運命を嘆き悲しむ神の姿のようであった。この埋もれた都市の静謐を破るものといえば、木々の梢を移動する猿たちの叫び声と、その重みで折れる枯れ枝のきしむ音だけだった。頭上を四、五〇匹の猿がいちどきに長い列をなしてすばやく移動してゆくのだ。長い腕に子猿をかい抱いている猿もいた。彼らは枝の先へ身を移すと、枝を後ろ足や丸めた尾で摑んで近くの木の枝に飛び、風のような音をたてながら密林の茂みのなかを移動してゆくのだった。われわれはこの人間に似たものたちを初めて見たのだが、周囲を奇妙なモニュメントに囲まれていると、彼らがまるで昔の住まいの跡を守る、消え去った民族のさまよえる魂のように思えた。

ピラミッド状の建造物の下に戻り、均整のとれた石の階段を登った。階段は灌木や若木のせいでところどころに亀裂が入っており、上へ伸びた大木のために地面に崩れ落ちてしまっているところもあったが、完全な姿をとどめている箇所もあった。彫刻模様や髑髏が列をなした装飾があちこちに見られた。崩れた斜面をよじ登って、木々がびっしりと生い茂るテラスに出た。それを横切って石の階段を下りていったところは、樹木があまりにも濃く繁茂しているために、最初は形状が分からなかったのだが、マチェーテで切り開いてきれいにしてみると方形をしており、四方にはローマの円形劇場のそれとほぼ同じくらい完璧な階段がついていることが分かった。階段には彫刻の飾りがほどこされており、南側の階段を半分ほど上がった箇所にはあきらかに肖像と思われる大きな頭が木の根にこじ起こされて転がっていた。この階段を登りきると、高さ三〇メートルの広々としたテラスに出た。このテラスは川に面しており、下はさきほどわれわれが対岸から見た石壁に支えられていた。全面樹木に覆われ、こんな高所にもかかわらず幹回りが六メートル以上もある巨大なセイバつまり〝インドの野生綿の木〟(パンヤノキ)が二本生えていた。木は、半分剝き出しになった根を一五メートルから三〇メートルも周囲にのばし、廃墟を包み込みながら、大きく広げた枝で木陰をつくっていた。われわれは石壁の縁に腰をおろし、自分たちを取り囲んでいる謎を理解しようと虚しい努力をした。この都市をつくったのは何者なのだろうか。エジプトの都市遺跡の場合は、あれほど長い年月失われていた都市ペトラでさえ、そこに痕跡を残した民族の歴史について遺跡を訪れる外国人は知っているのである。アメリカ大陸は野蛮人の住むところであったと歴史家たちはいうが、しかし野蛮人ならけっしてこんな建造物を築きはしないし、このように石を刻むこともしない。インディオたちにこれは誰が造ったのだと問うと、「キエン　サーベ」(さあね)というのが彼らの馬鹿げた返事だった。

この場所に関する記録はまったくない。あの、ローマやアテネやまた〝エジプトの平原におわす世界の偉大なる女王〟に捧げられた生き生きとした記述に類するものは何一つないのである。にもかかわらず、建築や彫刻や絵画やその他人生を彩るあらゆる芸術が、この深い密林の中で花ひらいていたのだ。神官、戦士、政治家が、そして美と野心と栄光が生きて消滅していったのに、誰もそれがどのようなものであったのか知らず、その過ぎ去った存在を語れる者もいない。知識の記録たる書物もこの問題に関しては沈黙している。町は見捨てられていた。この民族の名残りは、遺跡の周囲には見当たらず、親から子へと世代を通じて伝えられる伝承もない。それはあたかも、大洋の真ん中で帆を失い名も消え、乗員も死に絶え、どこから来たのか、誰のものなのか、旅はどのくらい続いたのか、どうして難破したのか語るもののいない壊れた帆船のように、われわれの目のまえに横たわっているのだった。姿を消した人々に関しては、船の構造からその乗組員を類推するのと同じように、想像するしかなく、多分その全貌が知られることはけっしてないだろう。われわれが坐っている場所は、知られざる民が戦さのラッパを吹きならした城壁だったのだろうか。それとも平和の神を奉った神殿だったのだろうか。あるいは、住民がおのれの手で作った偶像を崇拝し、その前においた石の上で生贄《いけにえ》を捧げたのだろうか。すべては謎、暗く底知れぬ謎だった。しかも周囲の状況がその謎をさらに深いものにしていた。エジプトでは、乾ききった砂の上に巨大な神殿がその途方もなく大きな姿を寒々とさらしているが、ここでは広大な密林が廃墟を覆い隠しているので、心に訴えかける感銘と印象はいやましに高められ、興味をかきたてるその激しさはほとんど狂おしいほどだった。

午後も暮れかかるころ、道を切り開きながらラバを繋いでおいた場所に戻った。石壁のすぐ下の澄んだ川の中で水浴びをしてから農園に帰った。われわれに恩を感じている馬子の少年が、自分の恐ろしい病気のことや、それがキャサウッド氏の治療のおかげでたちまち治ったということを皆に吹聴したせいで、農園では一人の男がわれわれを待ちうけていた。彼は間歇熱のためにまるで幽霊のように痩せこけており、〝クスリ〟を恵んでほしいと言った。たまたま農園の家族を訪ねてきて、その日のうちに自分の家へ帰るつもりでいた老婦人もまた二十年来の病を治して貰おうとわれわれを待っていた。薬箱を取り出すと、ドンの細君まで患者になる始末だった。配った薬のお蔭でキャサウッド氏の名声はいやまし、その午後中に、四、五人の女性や同数の男性が彼の患者になった。ドンを是非とも患者にくわえたかったが、彼は用心深かった。われわれのピストルの雷管が男たちの注意をひいていたので、羅針盤やその他の物も見せてやった。それらの品はあのサン・アントニオのわが友人たちにわれわれのことを〃とても金持ち〃で〃頭のええ人たち〃だと思わせたものだった。われわれは次第に家の全員と仲良くなっていったが、馬子とすっかり意気投合してしまっている主人だけは例外だった。彼は自分の居場所から動かず、不遜かつ頑固がすぎて打ち解けることなどできなかったのだ。新しいわが友人たちは、その夜ハンモックのための場所をもう少し広くとってくれたので、昨夜よりはましな形で寝ることができた。

翌朝も、われわれの奇妙な習慣は相変わらず人々を驚かせた。とくに歯を磨くということは彼らがはじめて目にする行為らしかった。その歯磨きの最中に家の戸があき、ドン・グレゴリオが姿をあらわした。彼はわれわれに「ブエノス　ディアス」（おはよう）と言わなくてすむようにそっぽを向いていた。われわれはもうその晩は彼の家に泊まらないことにしていた。ハンモックを遺跡に運びこみ、もし身を寄せられるような建物がない場合には木の下に吊ることにきめたのだ。馬子との約束ではコパンには三日間とどまることになっていたが、その間のラバの使用に関しては取り決めていなかった。馬子は、われわれが居にくくなって、きっとすぐに出発することになるだろうと期待していた。しかしわれわれが居残りそうな気配に気づくと、ハンモックを運ぶのは絶対にいやだし、もう一日たりともここにとどまらないと言い張った。しかし結局、その日一日ラバをわれわれに貸すことには合意した。

出発しようとしていると、しばらく前からドン・グレゴリオと話しこんでいた見知らぬ男がわれわれの方にやって来た。彼は、自分は〃偶像〃の持ち主であり、自分の許可なしにはだれも遺跡の中を歩くことはできないと言って、私に権利書を見せた。またしても問題発生である。私は彼の権利書を云々できる立場ではなかったが、彼をなんとか締め出す方法を見つけ出そうとしているかのようにじっくりとその権利書を読んだ。そうしてから、この権利書は有効なものであるが、もしわれわれをそっとしておいてくれたら立ち去るときに贈り物をしたいと言うと、彼はホッとしたようだった。幸いなことに、彼はわれわれに頼み事を持って来ていた。われわれの医者としての評判は村にまで届いており、彼は病気の妻のために薬が欲しかったのだ。彼と親しくなるのは大事なことだった。そこでしばらく話し合った結果、私が細君を診に村におもむくことにし、キャサウッド氏は雇い入れた人夫数人とともに遺跡に入り、予定通り宿営地の準備を進めることにした。

この新しく知人となったホセ・マリーア・アセベド氏は、五十歳くらいの背が高くて、身なりがよく——つまり清潔な綿のシャツとズボンを身につけている——、教養はないが人のよさそうな、コパンでもっとも尊敬されている人物の一人だった。彼の家は村でも一番立派な小屋の一つで、壁は丸太造りで、屋根はトウモロコシの葉で葺いてあった。一方の側に木枠のベッドがあり、料理用の素焼きの什器がいくつかあった。夜中に大雨が降ったせいで小屋の床は濡れていた。細君は彼と同じような年配にみえた。彼女はありがたいことにもう何年もまえからリュウマチを患っていた。ありがたいと私が言うのは、医者としてのわれわれにとってはということであり、また偶然われわれの手にゆだねられた医者という職業の名誉のためでもある。私は彼女に、病気が最近のものであれば何とかできたのだが、かなり以前からのものなので時間と技術が必要であり、また症状と薬効を毎日観察する必要があると伝えた。そして取りあえずは、今彼女が立っている水溜まりから足を抜くように勧め、私よりずっと優秀な医者であるキャサウッド氏と相談してから首に塗る薬を送ると約束した。

このあと、ドン・ホセ・マリーアと一緒に遺跡に向かうと、キャサウッド氏が人夫たちと一緒にいた。われわれは再び遺跡中を歩きまわり、住居にできそうな建物の廃墟を探したがひとつもなかった。ハンモックを木の下に吊るのは狂気の沙汰であった。枝はまだ濡れていたし、地面もぬかるんでいるうえに、またじきに雨がきそうな空模様なのだ。しかしドン・グレゴリオの家に戻る気はもうさらさらなかった。ドン・ホセ・マリーアがこの近くに一軒小屋があると言って、私をそこへ連れていってくれた。近づくと中から女の叫び声が聞こえた。入っ

コパンのランチョ（小屋）

てみるとひとりの女が革のベッドの上で熱と痛みに震えながら狂ったようにのたうち回っていた。彼女は私をみるとひざまずき、両手でこめかみを押さえ、目には涙を浮かべ、後生だからなにか薬を下さいと言った。皮膚が燃えるように熱く、脈は非常に速い、ひどい間歇熱だった。彼女に症状をきいていると、夫が小屋に入ってきた。四十歳くらいの白人で、綿の汚れたズボンからシャツの裾を出しており、頭に布を巻き、足は裸足だった。名をドン・ミゲルといった。熟練の医者が身近にいてくれると知った細君は大喜びで、夫のかわりに承諾した。それで私はキャサウッド氏のもとへ戻り、彼に患者をバトン・タッチするとともに、その患者リストにもう一人加えたのだった。一行は連れ立って、ハンモックを積んだラバだけを引いて小屋までついて来た。その上、医師団に加わったキャサウッド氏と、一連のわけの分からない画材や測量用のポールなどのせいで、哀れな細君の熱は吹き飛んでしまったかのようだった。

小屋は、遺跡の町がかつてあったはずの土地を切り開いた空き地の端に建っていた。戸口のすぐ前に、真ん中が窪んだ石塊があって、家畜の水桶に使われていた。平地にはトウモロコシとタバコが植えられ、その周囲は森に囲まれていた。小屋は約五メートル四方の大きさで、切妻造りの屋根をトウモロコシの皮で葺いてあった。地面に二股の木を二本垂直に立て、股のところに別の木をわたして屋根の山形部分とし、両サイドに同じような支え――といっても一・二メートルほどの高さしかないのだが――を据えた造りになっていた。正面は切妻壁で、半分がトウモロコシの葉で覆ってあり、残りの半分は開いたままだった。後ろ側の壁は全面が覆われており、トウモロコシの穂が奥に三列積んであった。一方の側のトウモロコシは手がつけられていなかったが、反対側のはもう使われていて地面から一メートル位の高さになっていた。正面の隅にあるドン・ミゲルと細君のベッドは、片側と頭部に牛の革をめぐらしてあった。什器としては、トウモロコシを挽くための石の丸棒と〝コマール〟つまりトルティーヤを焼くための素焼きの皿があるだけで、ベッドの上の粗末な棚の上に夫婦の衣類と身の回り品が入った二つの箱が載っていた。息子で跡継ぎのバルトーロの物はなかった。彼は二十歳の太った若者だが、裸の体が子供用のズボンからはちきれそうになっていて、シャツは着ていなかった。腹は肝臓病のせいで膨れあがり、土気色の顔が汚れて黒くなっていた。小屋にはハンモック一つ分の場所しかなかった。事実、横木は二人の人間の重みに耐えられるほど丈夫ではなかった。使用を始めている側のトウモロコシの山は、高さといい幅といいベッドにちょうど良かったので、しかるべき承諾を得て、私がそこに寝ることにし、キャサウッド氏はハンモックを吊った。われわれはドン・グレゴリオのひどい扱いから解放された上、遺跡にこんなに近い場所にいられることが嬉しく、なにもかもが快適で居心地良く思えた。

昼食の後、私はドン・グレゴリオの家から荷物を運び出すために、荷運び用のラバに端綱《はづな》だけをつけて乗り、徒歩のアグスティンを伴って出掛けた。川は雨で増水しており、渡るのにアグスティンは裸にならなければならなかった。ドン・グレゴリオは家にいなかった。馬子は例のごとく、これ幸いとよろこんで、今日は荷物を運んで川を渡るのは不可能だと言った。彼はいつもわれわれにちょっとでも問題があると、助ける代わりに出来るだけそれをこじらせようとするのだ。もしわれわれが彼を首にしたら、コパンではラバは手に入らないし、ラバを求めて二日の道を人をやるには信用できる人間がいないし、そうすると少なくとも一週間の遅れになる、ということを彼は知っていたのだ。私は、いつ馬子を首にしたらよいか分からず、馬子がいなくなっては困るので法外な値段で話をつけざるをえなかった。このため村では私が〝ムーチャ プラタ〟(大金)を持っているという評判がたってしまった。アメリカでならそれは有益な評判になったかもしれないが、コパンではあまり望ましくなかった。ならず者の馬子は私を信用せずに、支払いを日決めにした。当時私はこの国で取引きするときの即金払いのシステムを知らなかった。この野蛮人どもは人がお客になるだけでは満足せず、特別料金を支払わないかぎり納得しないのである。かつ料金は全額かあるいは大半を前払いしなくてはならない。この時はたまたま馬子に対する支払いが遅延していた。私はそれを馬子にいうことをきかせる唯一の保障になると考えていたのだが、馬子にしてみればこちらに支払いの意思がないのではないかという疑心を生む結果になっていたのだった。

そうこうしているうちに雨が降りはじめた。私は夫人の親切に謝意を表しつつ勘定をすませ、同時に翌日のためのパンを焼いてくれるように頼んでから、傘をもち、キャサウッド氏に特別に頼まれていた、中に何が入っているのか分からない青い袋をもって帰途についた。アグスティンがブリキの水差しと当面必要なものをいくつか持って私に続いた。森の中に入ると傘が木の枝にぶつかり、ラバを驚かせた。傘を閉じようとすると、ラバは私を乗せたままいきなり走りだした。端綱だけではラバを止めようがなく、私は木の枝にぶつかりながら突進せざるをえなくなった。ラバは森を駆け抜け、川に入り、浅瀬を踏み外して胸まで水が届く所まで行ってやっと止まった。川は水嵩を増し、流れも速くなっており、雨は土砂降りだった。すぐ下流は泡なす奔流と化していた。ラバを止めようと必死になっている間にキャサウッド氏の青い袋が手から離れてしまい、それを傘の柄でひっかけようとした。ラバがそのままおとなしくしていれば助かったのだが、袋が鼻の下まできたときにラバが鼻息を荒げて後ろに跳びすさった。ラバの向きを変えようとすると傘が壊れてしまい、岸に着いたときに見ると袋は奔流に向かって流されてゆくところだった。アグスティンが一方の手に衣類を持ち、もう一方に水差しを持って、その両方を頭上にかかげながら袋の後を追った。中に大事な画材が入っていると思った私は、袋を途中でつかまえられるかもしれないと考えてラバで岸の草むらに踏み込んだ。しかし枝や蔓に絡まれてしまったので、ラバを下りて木に繋いだ。数分かけて茂みをかき分けながら流れに近づいて見ると、アグスティンの衣類と水差しが目に入ったが彼の姿はなかった。下流をゴーゴーと水が流れる音がして恐ろしいほど不安になった。岸に沿っていくことはできなかったので、蛮勇を奮い起こし、急流の向こう側の潅木が繁ってゴツゴツとした砂州の上に跳び移った。端の方に駆け寄って流れの速い川面を見渡したがアグスティンの姿はなかった。大声で名を呼ぶと嬉しいことに、流れの轟音にかき消されそうなか細い声ではあったが返事が聞こえた。そこからわずかの距離のところにアグスティンが姿を現わし、彼は岸辺の一点を目指して茂みの上を這っているところだった。それでホッとしたのだが、今度は私が窮地に陥った。跳び移るべき岸は高く、流れは急で、その上興奮が去った今となっては跳び移る勇気が失せていた。アグスティンがもし溺れていたら、私は大ピンチに陥っていただろう。彼はずぶ濡れのまま、茂みをかき分けて私の向かい側の岸辺に下りてくると、流れに一本の木の棒を渡してくれたのである。私はその棒の上を跳んで岸辺にとりついたのだが、滑ってしまった。しかしアグスティンの片手にすがって茂みをよじ登ることができた。この間ずっと雨は土砂降りで、私はといえばどこにラバを繋いだのか分からなくなってしまった。しばらくの間捜し回って、やっと見つかったので、例の袋にはとりあえず幸運を祈ることにしてラバに乗った。アグスティンは服を着たが、それは持ち運ぶより着てしまった方が楽だったからである。

村に着き、ドン・ホセ・マリーアの小屋で雨宿りをした。アグスティンはこれ以上ひどくなりようがないという幸せな状態にいたので、そのまま雨の中を進んで行った。小屋には小さな女の子が一人いるだけで他には誰もいなかった。雨が小降りになったころを見計らって外へ出た。もう一本流れを渡らなければならなかったが、これも増水して道まで水びたしになっていた。道は深い密林の中に伸びており、じきに雲が真っ黒になってきた。左手の、かつてはコパンの石切り場だったはげ山の稜線に沿って雷鳴が轟き、その両側で稲妻が険しい模様を描きだしていた。アメリカ合衆国にくるイギリス人旅行者は、雷と稲妻はアメリカの方が大きいことを認めるものである。私もわが国の名誉に関することだったら頑固な方だが、雷に関しては熱帯にゆずる。雨はまるで天の水門が開いたかと思うほどの土砂降りとなった。ラバがぬかるみを滑ったり転びそうになったりして進むうちに、私は道を見失ってしまった。しばらく戻って、もう一度道を辿っていると、膝上まで服をたくし上げた裸足の女に出会った。それは他ならぬ私のリュウマチ患者、ドン・ホセ・マリーアの細君だった。彼女に道を尋ねるついでに、私はあなたは医者の助言を完璧に無視しているじゃないかと言ってやった。そして、これは自分でも正直ほんとうだと思うのだが、われわれの療法で治るなんて期待しない方が良いとつけ加えた。それからしばらく行くとまた道に迷ってしまった。森を右に入らなければならなかったのだが、私はその小道に出ていながら特に注意を払わなかったのだ。その辺りはいたる所に家畜の踏み跡があり、どれが道なのか分からず、一キロ半ほどあっちへ行ったりこっちへ行ったりした。何度もアグスティンの足跡を見つけたのだが、すぐにぬかるみの中で見失い、そのせいでさらに混乱が増すのだった。ついに私はにっちもさっちもいかなくなって立ち止まった。もう薄暗くなってきていた。私はどの道を行ったらよいのか分からないまま、あのヘンリー・ペルハム氏がパリの下水道で溺れそうになったときにしたように、じっと動かずに大声を上げて叫んだ。嬉しいことにアグスティンの吠えるような声が返ってきた。彼は私より長い時間迷っていて、もっと途方にくれていたのだった。手に水差しを持ち、口には火の消えた葉巻の端をくわえ、頭から足の先まで泥だらけのなんとも無惨なあり様になっていた。二人の考えを比べあわせた末に、一本の細い道を選んで進んだ。二人で声を合わせて叫びながら行くと、犬の吠える声とキャサウッド氏の声が返ってきた。氏はわれわれの帰りが遅いので何かあったのではないかと心配になって、ドン・ミゲルと一緒にわれわれを捜しに出てきてくれていたのだった。私は着替えを持っていなかったので、北米インディアンがやるように裸になって毛布を体に巻き付けた。その日は暮れるまでずっと雷が頭上で鳴り響き、稲妻が暗い森を輝かせ、閃光はあけっぴろげな小屋の中を照らし出した。雨はザーザーと降りつづき、ドン・ミゲルが言うには、多分あと何日間も川の対岸とは連絡がとれなくなるし、荷物もそのままになるだろうということだった。しかし、われわれはすっかり満足してその午後は、ドン・ミゲルの畑でとれる、そして彼の妻が作る中米一と言われるコパンの煙草を吸って過ごしたのだった。

ドン・ミゲルはその日の私と同じくわずかな衣類しか身につけていなかったが教養も教育もある人物で、読み書きや瀉血もできれば歯を抜くことも法律文書を作ることもできた。彼は本の虫だった。何しろ、われわれが何か本を持っていないだろうかとアグスティンに聞いたほどなのである。彼は英語の本でもかまわない、本はよい物だからと言った。その彼がドン・グレゴリオの教養に関して軽蔑したように語るのを聞くのは気分が良かった。そして大したこ彼は農園の転借で年に四ドルの借料を払わなければならないのだが、支払いは遅れがちだった。そして大したことをしてさし上げられなくてと申し訳ながっていたが、われわれにとっては天蓋つきのベッドより歓迎される宿泊人でいられる方がずっと気分が良かったし、事実何もかもが快適であった。細君はわれわれが間欠熱を治してくれると思っていたし、息子のバルトーロは腹の膨れを減らしてくれると信じきっており、ドン・ミゲルはわれわれと一緒に居るのを喜んでいた。このような幸福な状況においては、外の暴風雨など何でもないことだった。

その日私は一日中ドン・ホセ・マリーアの権利書のことを考えていた。そして毛布にくるまったまま、ある〝作戦〟(まさにそれはニューヨークの土地の相場師も顔負けの作戦だった!)をキャサウッド氏に提案したのである。コパンを買おう! そして荒れ果てた都市遺跡に埋まっている古代の民のモニュメントを掘り起こし、それを(ニューヨークの)〝大商業センター〟に展示し、研究所を創設し、もって大アメリカ考古学博物館の核とするというアイデアである。しかし〝偶像〟ははたして移動することができるだろうか。〝偶像〟は川の岸にあり、その川はニューヨークの桟橋を洗っているのと同じ大洋に流れ出てはいるが、川の下方には急流がある。私の問いに答えてドン・ミゲルはその急流を下るのは不可能だと言った。しかし、ここで他の方法を考えつかないようでは私も、〝年は薬〟といわれる年齢を重ねてきた甲斐がないというものだ。結局、サンプルを展示すること、つまり石柱を一本切りわけてパーツで運び、他のものは型をとるというアイデアが浮かんだ。コパンの型は、パルテノンの型が大英博物館で貴重な遺物として評価されているのと同じように、ニューヨークにおいて評価を受けるようになるだろう。ここよりもっと興味深くて行きやすい遺跡が発見される可能性もある。その存在はじきに知られるようになり、価値が認められ、ヨーロッパの科学や芸術の愛好家たちがわが物にすべく乗り出してくるだろう。しかしそれらは権利によってわれわれのものである。この時はまもなくわれわれ自身が蹴り出されそうになるとは思ってもいなかったが、私はそれらがわれわれのものであるべきだと心に決したのである。ニューヨークの市議会から感謝されるというおぼろげな幻想と栄光の場面を目の前にちらつかせながら、私は毛布を引っ張りあげて眠りについた。

第六章

夜があけてもまだ雲が密林の上に垂れこめていたが、太陽が出ると消えてしまった。人夫たちが姿を見せ、午前九時に小屋を出発した。木の枝から雫が落ち、地面はひどくぬかるんでいた。主なモニュメントがある区域をもう一度歩いてみたのだが、手をつけなければならない仕事の多さに呆然としてしまい、遺跡の全域を踏査するのは不可能であるという結論に早くも達してしまった。案内人はこの区域しか知らなかったが、村から五・五キロ離れた辺りにも石柱を見たことがあると言っていたので、石碑は多方面に散らばって存在し、密林の中で全く人知れずに埋もれていると考えて間違いなかった。茂みはあまりにも深く、その中に入っていくのは絶望的といってよかった。全域の踏査を行うための唯一の方法は、密林の木をことごとく伐りたおし焼き払うことだった。このやり方は目下の目的にはあわなかった。人はわれわれがあまりにも勝手なことをすると思うだろうし、それは乾期にしか実行できないことであった。相談しあった結果、まず彫刻がほどこされた石柱の絵を描こうということになった。それでさえきわめて困難なことだった。模様が非常に複雑で、キャサウッド氏がこれまで見たことのあるどんな物とも異なっており、全く理解不能なものだったからである。かなり彫りが深いので、模様を浮きたたせるためには十分な光が必要であったが、びっしりと繁った枝葉のせいで暗すぎて、絵を描くことはできなかった。

何度も相談した末に、われわれは〝偶像〟の一つを選び出した。周囲の木を切り倒し、陽の光りをあてるということにしたのだ。ところが、ここでまたしても問題が起こった。斧がないのだ。インディオたちが持っている唯一の道具はマチェーテすなわち山刀で、地方によって形が異なるが、片手で扱うものである。枝や灌木をなぎはらうには便利であったが、大木にはほとんど役に立たなかった。その上、インディオたちはスペイン人に発見された時のまま、仕事に熱心に取り組むということがなく、のろまで、仕事をすぐに放り出してしまうのはまるで子供のようだった。一人がマチェーテで木を伐っていて疲れると、これがまたすぐに疲れるのだが、坐り込んで休み、他の者が交代する。一人が働いていると、必ず数人がそれを眺めている。私は祖国の森で働く木こりの斧の音を思い出し、広大なグリーン・マウンテンの麓の若い木こりたちがここに居てくれたらどんなによいだろうと思った。しかしとにかく忍耐で身をよろい、インディオたちがマチェーテで木を伐るのをじっと見てみると、実に手際よく伐るのには驚いた。ついに木は伐りたおされて片付けられ、基段の周囲がきれいになった。そこにキャサウッド氏が画架を立てて仕事にとりかかった。私は手に羅針盤を持ち、ブルーノとフランシスコという二人の混血の男たちを連れて周辺を探索することにした。二人には、新しい石碑を見つけたら、その度に褒美を出そうと言ってあった。彼らは、われわれが初めて遺跡に行った日の朝、〝イギリス人〟とやらを見物してやろうとわれわれの一行について来て、その時にはじめて〝偶像〟を見たのだった。それ以来夢中になってしまい、私のために働くようになったのである。ブルーノが私の注意をひいたのは、私のことを憧憬の目で見ているような気がしたせいであるが、彼が賛美していたのは実は私ではなく、私のフロックコートつまりポケットが沢山ついた狩猟用の長い上着だったことが分かった。彼は裾の部分を除いて全く同じものを作ることができると言った。つまり彼は本職の仕立て師で、上着を作るという大仕事の合間にマチェーテをもって働いていたのである。彼には生まれつきの芸術的なセンスがあった。森の中を歩いているときも、彼の目は何ひとつ見逃さなかったし、彫刻の像が着ている衣装については職業的な関心を示した。彼らの古い物（アンティーク）に対する感覚を最初に目のあたりにしたときには強い感銘を受けたものである。そのときはフランシスコがある像の脚の部分を見つけ、ブルーノが胴体に相当する部分を見つけたのだが、それが二人におよぼした影響はまったく衝撃的なほどだった。彼らはマチェーテで辺り一帯を調べ探しまわり、とうとう肩の部分を見つけだして頭部をのぞいた全体像を組み立てたのである。二人とも、道具さえあれば足りない頭の部分を掘り当てることができるのにとしきりに悔しがった。

私がどれほどこの遺跡を夢中になって歩き回ったかを書きあらわすことは不可能である。まったく人の手がはいっておらず、一冊の案内書も一人の案内人もいない完全な処女地なのだ。目の前の一〇メートル先さえ見通すことができず、そこから先は何に出くわすか見当もつかないのである。ある時、立ち止まってモニュメントの前面を覆っている枝や蔦を切りはらった。それから周囲を掘ると、彫刻がほどこされた石の一角が土から顔をのぞかせた。私はインディオたちが掘り進むのを身を乗り出し息を詰めて見守った。片目が、片耳が、片足が、そして手が地面から現われ出てきた。石彫にマチェーテが当たって音をたてたときは思わずインディオを押しのけ、わが手でぼろぼろの土を取り除いたものである。こうした石彫の美しさに加えて、猿が木に駆け登る音とオウムの鳴き声しかない密林の厳粛なほどの静けさ、そして荒れ果てた町とその上に漂う神秘さ、それら全てがあろうことか旧世界のどこの遺跡でも感じたことのないほどの大きな興味をかきたてたのだった。数時間後、私はキャサウッド氏のところに戻り、模写すべきものが五〇点以上あると告げた。

ところがキャサウッド氏は私が思っていたほどこの知らせを喜ばなかった。彼はぬかるみに足をつけたまま、手には蚊よけの手袋をして絵を描いていたが、危惧したとおり図柄があまりにも入り組んでおり複雑な上、対象がまったく新しく不可解なものだったので、描きとるのはおそろしく困難なことだったのだ。彼は写生器（プリズムなどを利用した写生の器具）を使ってみたり、それなしでやってみたり色々試してみたが、気にいらなかった。絵にあまりうるさくない私でさえ不満足だった。〝偶像〟は彼の技術に挑戦しているかのようだった。傍らの木の上では二匹の猿が、まるで彼のことを嘲笑しているようだったし、私はといえば気落ちして自信をなくしてしまった。実際のところ私は、考古学的な思惑のために何かを持ち帰ろうなどという考えは実に残念ではあるが捨てるべきであって、わが目でそれらを見ることができたということだけで満足すべきではないか、と反省したのである。この満足感だけは誰にも奪うことはできない。そんな訳で、興味は出掛けたときと変わらなかったが、仕事の結果には意気消沈して小屋へ帰ったのだった。

荷物は川を渡れなかったが、あの大いなる厄介をかけてくれた青い袋は回収することができた。私が報酬として一ドル出すと言ったので、わが小屋の貸し主の一人息子であるバルトーロが一日中、川を捜しまわって、岸辺の潅木にひっかかっていた袋を見つけたのだ。彼の裸の体はこの思いがけない入浴を喜んでいるようだった。そして袋の方は、キャサウッド氏の絵の道具が入っているものとばかり思っていたのだが、振ってみるとポロリと出てきたのは古びた長靴だった。もっとも、この時期その重みは金にも値するものだった。というのも長靴は防水性だったから、キャサウッド氏──彼は一日中ぬかるみの中に立っているせいでリューマチか間欠熱の疑いのある発作で体の具合が悪くなっていた──の落ち込んだ気分を明るくしてくれたからである。人夫たちは家に帰ったが、フェデリコには明日仕事に来るまえに、ドン・グレゴリオの家に寄ってパンとミルクとロウソクとラード、それに（紐状の）牛肉を数メートル分買ってくるように言いつけた。小屋の戸口は西向きだったので、目の前の暗い密林の上に、かって見たこともないような壮麗な日没が眺められた。夜になると再び雷鳴と稲光りをともなった雨になった。昨夜ほどひどくはなく、朝にはまた晴れ上がった。

その日はキャサウッド氏の絵がはるかに上手くできた。実際、彼が描きはじめると光線がちょうど彼が望む具合に射してきて、描きやすくなったのだ。その上、彼の装備もはるかに快適になり、防水の長靴を履いた足元には、道中の荷物カバーに使っていた油引きの厚布を一枚敷いていた。私は午前中、石碑を選びだしては木を伐りたおし、彼が模写できるように準備をして過ごした。午後の一時にアグスティンが昼食の支度ができたと呼びにきた。ドン・ミゲルの畑からアグスティンが好きなだけとってくるいんげん豆と、村で手に入る分全部と言って注文してある卵――といっても一日三個か四個――と農園からくる牛肉のひもとパンとミルクでいたってうまい食事ができた。午後またアグスティンがやって来て、村長がわれわれを訪ねて来ていると言った。もう午後も遅くなっていたので、今日の仕事はこれで終わりにして、小屋に戻った。われわれは村長と握手して、彼とその一行に葉巻煙草を贈り仲良くしようという気持ちでいたのだが、村長殿は話もできないほど酔っぱらっていた。村長の連れたちは膝を抱えてしゃがみ込みゆらゆらと揺れていた。それが、様子は違うがアラブ人を思い出させた。数分後、村長はいきなり立ち上がるとふらつく物腰で挨拶をして行ってしまった。他の連中も彼に続き、ドン・ミゲルもついて出て行った。彼はわれわれが夕食をとっているときに戻ってきたが、彼も細君もバルトーロも心配そうにしているのがすぐに分かった。怖れていたとおり、それはわれわれに関することだった。

遺跡のことで忙しくしている間に、われわれのせいで村に騒ぎが起きていることにはまるで気づかなかった。つまりドン・グレゴリオがわれわれを自分の家から追い出すだけでは満足せず、この辺り一帯から追い立てようとしていたのである。このはなからの嫌悪感に加えて、まずいことにわれわれは、外人として高給を支払わなければならない結果、彼の人夫の何人かを横取りして彼を怒らせてしまっていたのだ。われわれを敵視した彼は、われわれが胡散臭い人間であり、近隣に兵隊や戦いを持ち込んでコパンの平和を乱す輩である、といたる所で言いふらすようになっていた。これを裏付けるかのように、村を通りかかった二人のインディオが、われわれは牢屋破りであり、ランダベリ――例のわれわれを逮捕した将校――の指揮下の二五人の兵士からなる分隊にホンジュラスの国境まで追跡されたのだが、もし捕まっていたら銃殺にされていただろう、と知らせたのだ。村長はわれわれが村に着いたときからずっと酔っぱらっていたが、村人の疑惑をはらし、これら危険人物の存在をなんとかし、土地の安全のために必要とされる何らかの対策を講じようとしてわれわれを訪問したのだった。ところがこの崇高なる目的が馬鹿げた事情のせいで失敗に終わったのだ。というのも、われわれは遺跡に行くときはいつも武器をもって行くことにしていたのだが、村長の訪問を受けるために小屋に戻ったときも、いつものようにそれぞれが腰に二丁の拳銃と手には猟銃をもっていた。このわれわれの様子があまりにも恐ろしげだったので、村長はわれわれを取り調べようとした自分の向こう見ずさに震え上がり、こそこそと引き返してしまったのだった。村長は、一行が森に入るとすぐに、何故目的を果たさなかったのかとなじられた。すると彼は、あのように武装した男たちに言うことなんか何もないとはっきりと答えたという。われわれは自分たちのその〝恐ろしげ〟な様相に勇気をえてドン・ミゲルに向かうと、われわれの邪魔をせずにそっとしておいた方が得策であると村長と村人たちに忠告するように言った。ドン・ミゲルは陰気な笑いを浮かべていたが、それで全てが済んだわけではなかった。彼は、われわれが悪い人間でないことは分かっているが、疑われている人間である、そして国は騒乱状態にあるので、みんなからわれわれを泊めるべきではないし、泊めれば問題になるぞと注意されていると言うのだった。哀れな妻の方は心配を隠すことができなかった。彼女の頭は暗殺や人殺しで一杯になり、自分の身の安全だけでなくわれわれの身の上も心配して、もし兵隊たちが村にやって来たら、あなた方は殺されるだろうから、頼むから出て行って欲しいと言うのだった。

これを聞いて嫌な気持ちになったし困惑もしたが、そんな疑惑のせいで追い出されるにはあまりにも失うものが多過ぎたので、ドン・ミゲルにむかってこう言った。何も危険はないし、全て偽りと誤解であり、われわれはどんな疑惑にも全く関係ないのだと。さらに彼を納得させるために、トランクを開けて大きな紙の束を見せた。それは政府にあてた封印つきの信任状と、グァテマラの有力者たちにあてたスペイン語のプライベートな紹介状で、私を「アメリカ合衆国の代理大使」として紹介しているものと、とくに一通は中央党軍の前大佐でモラサンに追放されて現在は当市（ニューヨーク市）に住んでいるアントニオ・アイシネナ氏が兄弟のアイシネナ侯爵——彼は当時激しい市民戦が行われていたこの国で勢力のあった中央党の党首であった——にあてたもので、きわめて丁重に私を紹介し私の旅の目的を知らせているものであった。この手紙が他の何よりも大事なものだったのだ。これがもし反対政党の誰かにあてられたものだったら、われわれは〝エネミーゴス〟（敵）であるという疑いを確定的なものにしてしまっただろう。一つの屋根の下にこんなに沢山の権勢が集まったことはかつてないことである。われわれは腹をたてると同時に、一方ではドン・ミゲルやその妻やバルトーロのようなこんなみすぼらしい一握りの人々に自分の身分を証明してみせなければならないのが何とも滑稽だった。が、とにかく彼らの疑惑と危惧を取り除いて、この貧しい小屋にわれわれが安心してとどまれるようにしなければならなかった。そして、われわれが大いに尊敬に値する人間であり、敵ではなく、追跡や銃殺の危険にさらされてはいないということが分かったときの彼らの安堵と細君の喜びが、われわれには何にもまして嬉しいことだった。

それでもドン・ミゲルは、グァテマラに行くか、カスカラ将軍のところへ行って、遺跡を訪ねる許可をもらって来たほうがよいと勧めるのだった。この点に関しては確かにわれわれのやり方は間違っていた。まずグァテマラ市に行って政府の許可証や通行許可書をもらってくるべきだったのだ。しかしわれわれには時間がなかったし、コパンに何があるかも知らなかった。もしこの時コパンに立ち寄るということをしなければ、この地を知ることもまったくなかったに違いないのである。ましてや、この地域がこんなに辺鄙な場所で、住民が外国人に慣れていないことといったらシナイ山周辺のアラブ人よりもっとひどいということなど知らなかったし、それどころかこちらの人間のほうがずっと疑い深いのだった。われわれより以前にこの地を訪れた外国人はガリンド大佐だけであるが、彼は中米に従軍中の大佐であったし、政府の依頼を受けて遺跡を訪ねたのであるから外国人とは言えないかもしれない。われわれの訪問は多分村人の感情面に何らかの影響を残しただろう。少なくともドン・グレゴリオは外国人を追っ払うのは容易でないということを知ったわけだ。しかし、もしこの遺跡を平和裡に訪ねたいと考える人がいたら、まずグァテマラ市に行って、可能なかぎり政府の保護を求めることをお勧めする。われわれに関して言えば、そうするにはもう遅すぎたので、この地をできるだけ波風の立たぬように保つということしかできなかった。よそから兵隊が単にわれわれの邪魔をしにだけやって来るということは考えられなかった。ドン・ミゲルによれば、これはわれわれも気がついていたことだが、村には一丁の火縄銃もなく、われわれの武器の高性能については皆の知るところであった。また馬子はわれわれのことをならず者で、いつでも撃ち殺すぞと脅かされているのだと吹聴しており、そして村長ははなはだ臆病な人間であるということだった。われわれはドン・ミゲルとその妻およびバルトーロと攻守同盟を結び、眠ることにした。ちなみにドン・ミゲルと細君は全く変わった人々で、ベッドに互い違いになって眠るのである。これはベッドでの欠かせない喫煙がお互いの眠りの妨げにならないようにという配慮のせいだった。

翌朝、われわれは問題から解放されることになったばかりか、むしろ敵側の人間たちに挑戦状をつきつける立場に立つという展開になった。というのは、人夫たちが小屋の外に集まりはじめたころ、トウモロコシ畑の中を馬を急がせて一人のインディオの伝令が駆けつけ、戸口に着くなり、〝セニョール・ミニストロ〟(公使閣下)はいずこなりやと尋ねたのだ。彼はペタテ帽(ヤシの葉で作った帽子)をとると中から一通の手紙を取りだし、これはカスカラ将軍から直接手渡すように命じられたものでありますと言った。〝カモタンかあるいはいずこかに居られるキャサウッド氏〟にあてられたその手紙には、カモタンでの逮捕の一件に関しカスカラ将軍の遺憾の意が表明してあり、逮捕は村長と兵隊の無知あるいは手違いのせいであろうと記していた。その上、手紙にはキャサウッド氏用の通行許可証が別に入っていた。この手紙を受け取って私は非常に嬉しかったし、それをカスカラ将軍がこのように速やかに〝カモタン〟か、あるいはわれわれが〝居る可能性のある所〟に送ってくれたことに満足した。まさにこれこそが将軍の性格と公的な立場とに私が期待していたものだったのだ。ドン・ミゲルにその手紙を大きな声で読んでほしいと頼み、私は伝令のインディオに、カスカラ将軍にわれわれの感謝の気持ちを伝えてほしいと言ってから、彼に駄賃をやって村で朝食をとって行くようにと伝えた。こうすれば彼が控え目ながら熱をこめてこの話を村人たちに広めてくれるだろうことが分かっていたからだ。ドン・ミゲルはニコニコしていたし、細君も笑い、バルトーロの汚れた皮膚の上にわずかに残る白い部分も輝いたのだった。われわれの株が上がったところで、私は村に行ってみることにした。それはドン・ホセ・マリーアとの友情の絆を強め、わが患者たちを見舞い、ドン・グレゴリオのむこうをはってコパン村でもっと多くの人夫を集めるためであった。

キャサウッド氏はひきつづき絵を描くために遺跡へと向かい、私は、例のベリーズの大砲を鳴らさせるためにアグスティンを伴い、本来の値段よりいくらかはずんで食料を買い込んでやろうと村へと出掛けた。まずドン・ホセ・マリーアのところへ行き、われわれの評判についての誤解を解いた後、遺跡を買い取る件について切り出した。私は公的立場上ここにずっととどまってはいられないが、鍬やつるはしや梯子や鉄梃子や人夫を連れて戻り、住居用の小屋を建て、完璧な発掘を行いたいと考えていること、そのためには発掘の許可が貰えないなどという危険をおかす訳にはいかないこと、さらに手短に言うために私は彼に分かりやすい言葉でこうきいた。つまり「遺跡をいくらで譲ってもらえますか」と。すると彼は、かりに私のリューマチ患者である彼の気の毒な老妻を薬を試したいから譲ってもらいたいと所望したとしてもこれほど驚きはしなかったであろうと思うほど仰天した。彼はわれわれのどちらかが気が変になったのではないかと思ったようだった。土地はあまりにも値打ちのないものなので、私の買い取りたいという言葉が信じられなかったのだ。書類を調べてみると、土地は彼のものではなくて、ドン・ベルナルド・デ・アギラから借りているということが分かった。借地の期限はあと三年残っていた。面積は約六千エーカー（約二四万アール）で借料は年八〇ドルだった。彼は途方にくれていたが、考えさせてほしいと言った。妻とも相談して翌日小屋の方へ返事を届けるということになった。次に私は村長を訪ねたが、彼はべろべろに酔っていて話にならなかった。それからいろいろな病人に薬を処方してやってから、ドン・グレゴリオのところへは行かずに、その代わりにドン・ホセ・マリーアをやってわれわれにちょっかいをだすなと丁重に言ってやった。遺跡に戻ってあとは一日そこにいた。夜、再び雨が降ったが、翌朝は晴れ、われわれは早くから遺跡に行った。私の仕事は、人夫を引き連れて木を伐りたおし、草を刈り、石碑を探し、掘り起こしてキャサウッド氏が模写できるように準備しておくことだった。この仕事の最中に、ドン・ホセ・マリーアが訪ねてきた。彼はまだどうしてよいか分からないでいた。私もあまり物欲しげに見られたくなかったので、ゆっくり考えて明日もう一度来てほしいと伝えた。

彼は翌朝またやって来たが、その状態はまったく嘆かわしいものだった。役立たずの土地を金に換えたくて仕方がないのだが、一方ではそれを怖がっていて、私が外国人であるので、売ると政府との間に問題がおきるのではないかと言うのだった。そこで私はもう一度自分の正式な立場を説明してやり、政府との間の責任については何の問題もないようにすると約束した。ドン・ミゲルが私の紹介状を読みあげ、カスカラ将軍の手紙を読み返した。それで彼は納得したのだが、それでもこうした書類ではまだ土地を売る決心がつかないのだった。依然として疑惑の影がふっきれないようだったので、とうとう私はトランクを開け、鷲の紋章入りの大きなボタンがふんだんについた外交官用のフロック・コートを着て見せた。その時、私は雨でずぶ濡れになった泥ハネだらけのパナマ帽をかぶり、格子縞のシャツを着て、泥で膝まで黄色くなった白ズボンをはいていたのだから、その姿といったら、まるでアフリカの海岸でイギリス将校の一団を迎え出た黒人の酋長――頭に海軍将校の正装用の帽子をかぶり、ズボンをはかずに軍服の上着だけといういでたち――に負けず劣らずの奇天烈さであった。それでも、ドン・ホセ・マリーアはこのフロック・コートのボタンにすっかり圧倒されてしまった。布地も彼が今まで見たこともないほど上質のものであった。そしてドン・ミゲルとその妻とバルトーロは自分たちの小屋にいるのがおしのびの偉い人だと完全に理解したのだった。残る問題は誰が契約作成のための紙を見つけてくるかということだった。私は躊躇せずにドン・ミゲルに紙を与えた。彼は双方の指示を受けて、翌日を契約の日と定めた。

読者は多分、中米では古代都市がどのように売買されるのか知りたいと思われるだろう。他の商品と同じように需要と供給の関係に左右されるのだが、綿やインディゴ（藍）のような主要商品ではないから、値段は気のむくまま、ただしこの時期は売りが停滞していた。私はコパンを買うのに五〇ドル払ったのである。金額についてはまったく問題はなかった。この値段を私が口にしたとき、ドン・ホセ・マリーアは私を馬鹿ではないかと思ったのだ。もしもっと高い値段を口にしていたら、多分彼は私のことについてもっとひどい意見を持っただろう。

われわれとドン・グレゴリオの農場との間には、フランシスコを通じてずっと関係がつづいていた。彼は農場から毎朝、四・五キロの道を途中二度川を渡りながら、大きな容器に入ったミルクを運んで来ていたのである。以前から農場の婦人たちが遺跡を訪れたいと言ってきていたのだが、その朝ドン・グレゴリオの奥さんが、家の女性たち全員と子供らと召使の一隊、および自分の息子二人を引き連れてやって来た。遺跡の中で彼女たちを迎えたわれわれは、できるだけ楽に全員を坐らせ、まず礼儀作法の手始めとして彼女たちに葉巻煙草を勧めた。信じてもらえないかもしれないが、彼女たちはもちろんドン・グレゴリオの息子たちでさえ、かつて一度も〝偶像〟を見たことがなかったのである。しかし、この時はキャサウッド氏の絵を見るほうにもっと興味を示した。実際のところ、われわれが彼女たちの訪問をうける光栄に浴すことになった原因は、絵の評判が広まったせいだと思う。正直なところ、ドン・グレゴリオがわれわれの顔を見たくないのと同じように、キャサウッド氏も彼女たちと会うのを喜んではいなかった。というのはこの、一日一日がはなはだ貴重な時に仕事が中断されることになるからだった。私は、ある程度までこの町の所有者を自認していたので、彼女たちを歓待しなければならなかった。そこで、前もってきれいにしておいた道を通って彼女たちを連れて遺跡案内をすることにした。バチカンやピッティ宮殿でガイドがするように、面白そうな物をあれこれ見せてまわったのである。しかし、それでも彼女たちをキャサウッド氏から遠ざけておくことはできず、彼には迷惑なことだが、結局彼のところに戻って来てしまうのだった。

われわれは仕事を続けることをあきらめて彼女たちを小屋に案内し、中の様子を見せてやった。彼女たちの中にはわれわれの患者が何人かいて、約束の薬をまだ戴いていませんと言った。本当のところは、われわれのほうで薬をやるのをできるだけ避けていたのだ。理由の一つはもし誰かが偶然治療中に死ぬようなことがあれば、その責任を負わなければならなくなる怖れがあったからであるが、われわれの名声は確固たるものとなっており、わが肩にずっしりと載せられた名誉はこれを担っていかなければならなかった。婦人たちは、ドン・グレゴリオの粗暴さにもかかわらず、しごく親切にしてくれていたから、われわれとしては喜んでその厚意に感謝の気持ちを表したかったのだが、それを薬を与える以外の方法で示したかったのだ。しかし彼女たちが望むように喜んでもらうためには、結局丸薬や粉薬を処方箋をつけて配るより仕方がなかった。婦人たちが帰るのを途中まで送って行ったときに、彼女たちがわれわれの親切さと歓待振りを褒めてドン・グレゴリオに仕返しをしてくれているのを聞いてすこぶる気分が良かった。

第七章

前の晩に雨が降らなかったせいで、その日は地面がいくらか乾いていたので遺跡の本格的な測量を開始した。これは私にとって初めての土木工学的な経験であった。測量器具はあまりそろっているとはいえなかった。優秀な測量用羅針盤と、あとはキャサウッド氏がテーベとエルサレムの遺跡の測量で使った巻尺が一本あるきりだった。私の仕事は非常に科学的だった。インディオたちを指揮して森の中に真っ直ぐな線を切り開き、ブルーノとフェデリコに距離を示す杭の上に帽子をかけさせて目印とし、それぞれの距離を計るのである。二日目にはもうこの仕事に熟練していた。

その日、ドン・ホセ・マリーアは契約を結ぶのを拒んだ。ドン・グレゴリオのせいだった。彼はわれわれにちょっかいを出すのは止めていたのだが、われわれが自分の家の近くに居座ることには我慢ができなくて、ドン・ホセ・マリーアを脅かしたのである。われわれに係わるとやっかいな問題に巻き込まれるし、カスカラ将軍の通行許可証は何の値打ちもない上、将軍自身もモラサン党に乗り換えたとまで言ったのである。しかし彼の言葉が効を奏したのは初めだけで、最後はわれわれが勝って無事に契約することができた。

測量の仕事はかなり困難ではあったが同時に非常に興味深いもので、三日後には終わった。ここにその内容を述べて読者諸氏の注意をわずらわせる前に、遺跡についてこれまでごくわずかながら知られていることを記してみたい。

グァテマラの歴史家フアロスによれば、〝グァテマラ王国年代記を書いたフランシスコ・デ・フエンテスは当時、つまり一七〇〇年代には、まだコパンの大円形広場が完全な状態で保たれていたと確言している。それは円形の空間で、周囲を高さ五メートル半ほどの堅牢な石造りのピラミッドで囲まれていた。ピラミッドの基部には男女の美しい彫像が立っており、その頃はまだ元の色彩を残していた。そして色と同様に目をひいたのは彫像の人物がすべて「スペイン風」の衣装を身につけていることだった。中心部の一段と高くなったところに生贄を捧げる場所があった。著者自身が断言するには、この円形広場のすぐ近くに石の柱廊があり、その柱の上の男性像は同じく「スペインの衣装」すなわちタイツをはき、首のまわりに襞飾りをつけ、短いケープにひさしのない丸帽子をかぶり、手には剣を持っていた。入口には高さも大きさも適度なサイズの美しいピラミッドが二つあり、その間にハンモックが吊られ、中にはインディオ風の衣装をつけた男女が一組いた。その造りを見ると驚きはさらに大きくなる。というのは、見た通り大きなものであるのに接合した形跡がない。かつとてつもない重さの一個の石からできているにもかかわらず、それはちょっと手で押すだけで動かせたからである。〟

この時以降すなわち一七〇〇年から後は、この遺跡に関する報告はなく、前述した一八三六年のガリンド大佐の調査まで待たなければならない。彼は中米政府からの委託でこの遺跡を調べ、その報告書をパリの王立地理学院の会報とロンドンの学術公報に発表した。彼こそがこの国の古いものに対し、とにかくも注意を向けた唯一人の人間であり、コパンをヨーロッパやわが合衆国に紹介した人物なのである。彼は芸術家ではなかったから、その記述はどうしても満足のいくものでなく、かつ不完全ではあるが誇張はない。実際のところは、彼の一三五年前にすばらしい記録を残したフエンテスには遠く及ばないし、人物の彫像が中に坐って動く石のハンモック——それを見るのがわれわれのコパン訪問の大きな期待ではあったのだが——のことにも触れていない。この魅惑とロマンに満ちた渓谷に関しては、世間ではソロモン王に仕えた天才たちがここで芸術品を作ったかのように言われているが、それをわずかでも示すものは何一つ、一枚の図面もスケッチもかつて公表されたことがないのである。

この遺跡が存在する、現在ホンジュラス領として知られている地方は、中米でもっとも豊かな地方の一つであり、現在のところは上質の煙草で有名である。キャサウッド氏が経度を求めようといろいろ試みたのだが、われわれが特別に設定した水平線が斜めになっていることが分かり、高度計同様役に立たなかった。遺跡は、コパン川――この川はモタグア川に合流したあと、オモアの近くでホンジュラス湾に流れ込んでいる――の左岸にあり、海から多分四五〇キロの地点に位置している。コパン川は雨季の短い期間を除いてはカヌーでさえ航行不能である。モタグアに合流するまえに滝がいくつかあって流れを遮っているのだ。コルテス（メキシコの征服者エルナン・コルテス）がメキシコからホンジュラスまでの壮絶な強行軍を決行したとき――その困難さたるや、国が比較的開かれ、大群の敵がいない現代でさえ想像を絶するものである――、彼はこの都市遺跡から二日の道のりの地点を通ったはずである。

遺跡は、現在でも残っているモニュメントから分かるように、川に沿って三キロ以上広がっている。川の対岸一・五キロの地点の、高度六〇〇メートルの山頂にもモニュメントが一つある。かつてこの町が川を渡ってそのモニュメントのある地点まで広がっていたことがあるのかどうかは不明である。私はなかったと考える。遺跡は背後の未開の密林の中へ広がっていると思われる。宮殿あるいは個人の住居の跡はない。川岸にひろがっているこの部分が主要部分であり、多分その特徴からして神殿と呼べるだろう。

この神殿は長方形の囲みになっている。正面つまり南北にまっすぐのびた川岸の壁は長さ一八七メートル、高さ一八メートルから二七メートルの石組みで、それぞれの石の大きさは縦が九〇センチから一八〇センチ、横が四五センチあった。石組みは亀裂に生えた潅木のせいで崩れ落ちている箇所が多かった。小さな隙間が開いている箇所があるのでインディオたちは遺跡のことを〝ラス・ベンターナス〟つまり窓と呼ぶことがあった。残りの三方は数列の階段とピラミッド状の建物からなっており、傾斜した地面の上に九メートルから四二メートルの高

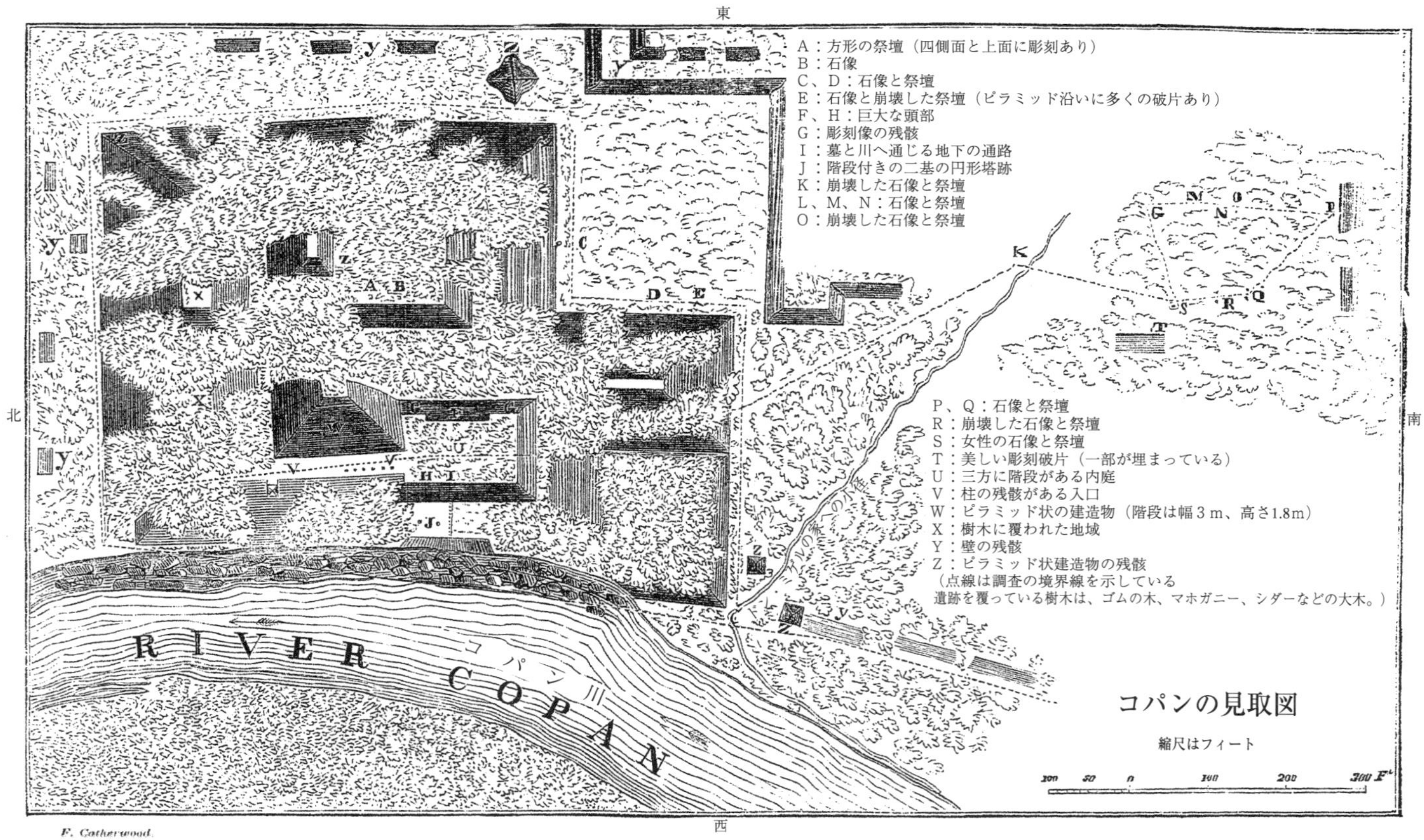
東
北
南
西
A：方形の祭壇（四側面と上面に彫刻あり）
B：石像
C、D：石像と祭壇
E：石像と崩壊した祭壇（ピラミッド沿いに多くの破片あり）
F、H：巨大な頭部
G：彫刻像の残骸
I：墓と川へ通じる地下の通路
J：階段付きの二基の円形塔跡
K：崩壊した石像と祭壇
L、M、N：石像と祭壇
O：崩壊した石像と祭壇
P、Q：石像と祭壇
R：崩壊した石像と祭壇
S：女性の石像と祭壇
T：美しい彫刻破片（一部が埋まっている）
U：三方に階段がある内庭
V：柱の残骸がある入口
W：ピラミッド状の建造物（階段は幅3m、高さ1.8m）
X：樹木に覆われた地域
Y：壁の残骸
Z：ピラミッド状建造物の残骸
（点線は調査の境界線を示している
遺跡を覆っている樹木は、ゴムの木、マホガニー、シダーなどの大木。）
RIVER COPAN
コパン川
コパンの見取図
縮尺はフィート
100 50 0 100 200 300 Ft.
F. Catherwood.

コパンの見取図（No. 1）

さで建っている。測量線の総計は八六〇メートルで、もちろん原住民の建造物跡としてはとてつもなく大きい。しかし、読者の想像を裏切らないために言っておくのだが、この数字はギゼーの大ピラミッドの基底部の長さには及ばない。

ここに掲げた図版（No. 1）は、われわれが作った見取図である。これを見ていただければ説明が分かりやすくなるだろう。

まず右側から始めよう。川に面した壁の南西の角と南の壁の近くに壁龕があり、多分ここにかつては巨大なモニュメントが川に向かって据えられていたと思われる。現在では何もないが、崩れ落ちてしまったのだろう。破片は土に埋まったか、あるいは雨季に川の流れが運び去ってしまったのかもしれない。その向こうに、小さなピラミッド状の構築物の跡が二つあるのだが、その大きいほうから出ている壁が西側の川堤に沿ってのびている。この壁が遺跡でもっとも大きいものの一つのようだった。二つのピラミッドの間に出入口つまり川からみた正面入口が存在していたようである。

川から直角にのびている南壁は高さ九メートルほどの階段——一段が四五センチ四方——になっていた。南東の角には、斜面の上に高さ三六メートルのがっしりとしたピラミッド状の建物があった。その右側には別のテラスとピラミッド状の建造物の跡があり、多分ここにも入口があったらしく、幅六メートルほどの通路が、七五メートル四方の方形の平地へとつながっており、その両側の斜面にはそれぞれ高さ三六メートルの堅固なピラミッドがたっていた。

これらの建物の足元や方形の平地のあちこちに彫刻の残骸が沢山ちらばっていた。E地点には、精緻な彫刻をほどこした大きなモニュメントが崩れ落ちていた。その後ろには、もとの位置から樹木に放り出された彫刻のかけらが散らばっており、ピラミッドの側面にも上から下まで点々と転がっていたが、その中でもとくにわれわれの注意を引いたのはピラミッドの斜面の中ほどにまだ据えられたままになっている大きなしゃれこうべの列だっ

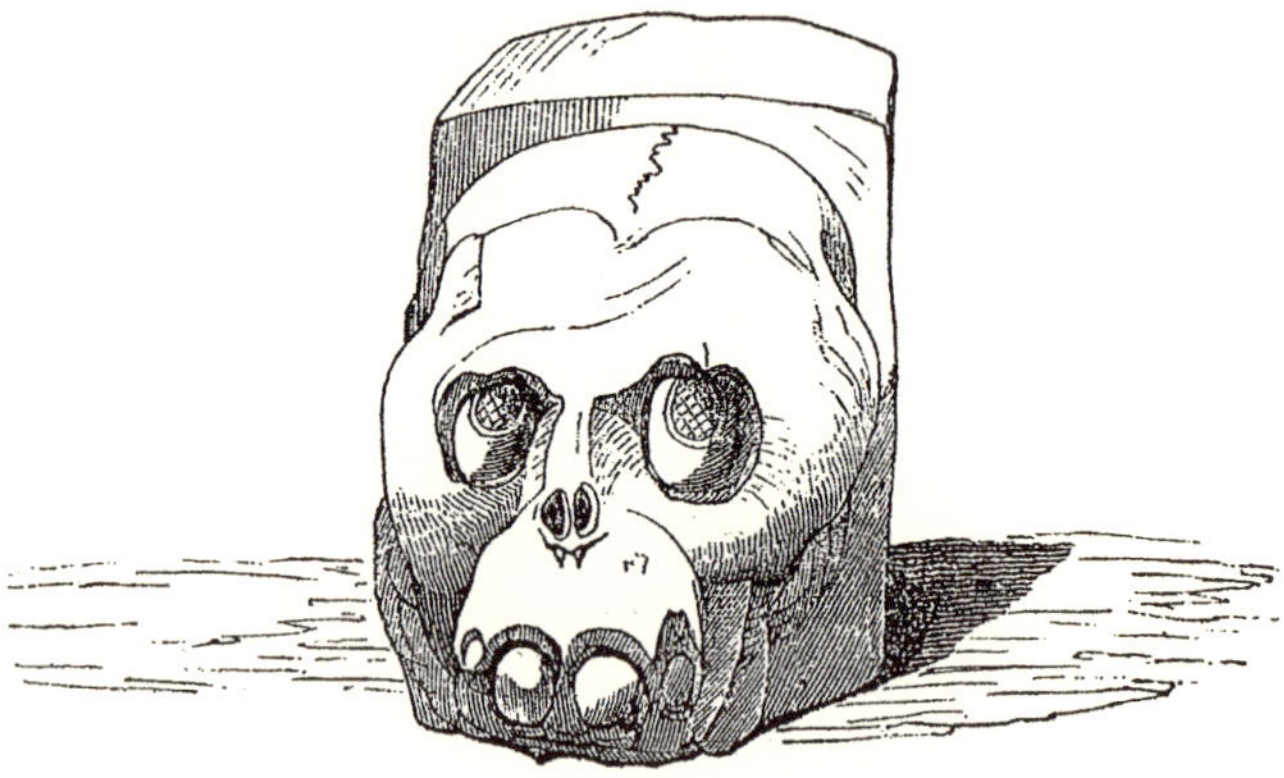

図　No. 2

た。それは実にインパクトのあるものだった。その一つが図版の絵（No. 2　上図）である。

遺跡に居たときには、人間のしゃれこうべだとばかり思っていたが、この図を見ると人間というよりむしろ猿の頭蓋骨に似ている。これに関して付け加えれば、その時はそれほど注意を引かれなかったのだが、手前側の破片の中に大猿あるいはヒヒのものがあったのだ。それは、昔ルクソールの尖塔の正面基部にあった四頭の怪獣――現在はパリにあるのだが（原注―パリにある像は尖塔だけが移されたのでテーベにあったときのような完全な姿ではない）、テーベにあったときはヒヒの名前で崇拝されていた――に形も様子もそっくりだった。その破片というのは高さが一・八メートルほどで、頭部がなかった。胴体部はピラミッドの一方の側にころがっていたのを、われわれが何段かころがし降ろしたのだが、石ころの堆積の中に落ち込んでしまい、そこから引っ張り出すことはできなかった。その当時はそんな風に考えなかったが、これら頭蓋骨の彫刻は猿の頭部を表すものであり、コパンを造った人々が猿を神として崇拝していたと考えてもおかしくないだろう。

この辺りの地面にころがっていた破片の中に、図版のような興味深い肖像（No. 3　次頁図）があった。多分王か首長か賢者の肖像だろう。口の部分と、頭上の冠飾りの一部が欠けていた。表情は高貴で威厳があり、全体に自然で正確な描写であった。

地図のD地点には、コパン遺跡特有の〃偶像〃つまり石柱が一本建っていた。石柱正面の彫刻が本書（一八四一年の初版本）の表紙の絵（本書巻頭二〇頁図）になっているので、とくに読者の注目を乞いたい。この石柱は、ピラミッド状の壁の基部から一・八メートルの箇所で、顔を東方に向けて立っていた。高さ三・九メートル、幅一・二メートル、奥行きが九〇センチあり、四面とも上から下まで彫刻がほどこされている。遺跡の中でももっとも豪華で精緻なものの一つである。元来彩色されていたもので、今でも赤色の痕跡がはっきりと残っている。その前方二・四メートルの所にはインディオが祭壇と呼ぶ、彫刻をほどこした大きな石の塊があった。表紙の絵は全身像である。衣服は男性のもののようであるが、顔は髭がなく女性的である。両側面の神聖文字の列は多分この謎の人物の経歴を述べているのだろう。

モニュメントはそれ自身が物語るので、私は言葉でそれを描写するのを控えよう。そうでなくとも読者に紹介すべきものがたくさんある上に、どれもがそれぞれ大いに異なっているので、それらの特徴について適切な範囲内で見解を述べるのは不可能である。ただここで一つだけ特記したいのは、最初からわれわれが一番の目的とし、また努力したことは、現物の正確な写しをとるということであった。絵画としての効果をねらって何かを足すということは一切しなかった。キャサウッド氏はどの図も写生器で描き、画紙を区分して比率の正確さを期した。本書の版画については、キャサウッド氏の原画はもちろんであるが、氏自身が作製した縮小図を版画家に渡して、同じように正確を期して作られたものである。

図　No. 3

石像〈C〉（正面図）

それらの一部は、表紙の分も含めてロンドンに送られたことを述べておきたい。英国でも名だたる木版画家たちの手によって版画が起こされたわけだが、彼らのすぐれた技術と絵画的な効果にもかかわらず、オリジナルの特徴や表情を正しく捉えることはできなかった。そこで時間的にも金銭的にもかなりの損失ではあったが、木版画はやめて、今度はスチールでもう一度版画を起こしたのである。版画は一つ一つその試作がキャサウッド氏に送られ、必要があれば彼が手直しをした。私の意見では、こうしてできた写しはきわめて正確なものなので、世に紹介するに値するし、読者は想像や研究の材料としてこれ以上のものは――現物の石を除いては――手に入れることはできないと思う。

地図の石壁に沿ったC地点には、もう一つモニュメントつまり偶像（〈C〉）があって、これは前記のものと大きさもその他の点でもそっくりだった。図版はその背面部分《（ママ）》である。この像はピラミッド状の壁の下にあって、足元には石がごろごろところがっているのだが、崇高なほどの美しさだった。これほど豊かな装飾と彫刻の繊細さを凌ぐことは困難であろう。この石柱もまた彩色されていて、赤色がまだはっきりと残っている。

方形の平地は一面樹木で覆われており、その合間あいまに精巧な彫刻の破片がころがっていた。とくに東側方面がそうだった。北東の角に、狭い通路があり多分これが三つ目の入口なのだろう。

右側にはテラスが途切れとぎれに続き、密林の中に消えていた。テラスには、しゃれこうべの飾りがついており、あるものはまだ元の場所に、またあるものは周囲に落ちたり倒れたりして転がっていた。北へ向かうと、左手の列は高いピラミッド状の堅牢な構築物で、中から生えた木が同じ高さまで伸びていた。そのすぐ近くに一つ離れてあるピラミッドはかなり完全な姿を保っていた。地図のZがそれで、一五メートル四方、高さが九メートルある。テラスはすこしずつ低くなりながら一二〇メートルほどの地点まで伸びており、その近くには彫刻の残骸はわずかしかなかった。

建造物の連なりは左に直角に曲がり川に向かって伸び、われわれが測量を開始した石壁のもう一方の端につな

図　No. 4

がっていた。川岸の高さは水面から九メートルほどあり、石の壁で護られていたが、その大部分は崩れてしまっていた。この辺りの地面にころがっている破片の中で見つかったのが、次の図版（No. 4　上図）である。

　全体図面を引くのは、構図が複雑な上に地面が木で覆われているので困難であった。完璧な形のピラミッドはなく、せいぜいピラミッド状の側壁が二、三あるだけで、それらがテラスや同じような構築物と連結しているのである。石壁囲いの向こう側にも、壁やテラスやピラミッド状の隆起が密林の中に入り込んでいて、それがしばしばわれわれを混乱させた。多分、全部が一度に建造されたのではなく、町の歴史的に重要な出来事を記念して、あるいはそれぞれの王によって、追加されたり像が立てられたりしたのだろう。ピラミッド状の隆起をともなった階段の列がずっとつづいており、多分その頂きにかつては――今は廃墟となっているが――建物や祭壇が設けられていたと思われる。これらの階段とピラミッドの側面は全て彩色されていたのである。読者は、この土地がまだ密林に覆われていなかったころの、そしてテラスの端の方から神官や民衆が登ってきて聖域に入り神殿に参拝していたころの、その色彩の効果を想像できるだろう。

　石壁の囲みの中には方形の中庭が二つあり、テラスに登る階段がついていた。高さはどちらも川の水面から十二メートルである。大きい方の中庭は川から離れているのだが、階段がすっかり崩れ落ちて単なる土くれの山となっている。一方の側寄りにピラミッド状の壁があり、その足元にモニュメントつまり偶像が一つあった。地図

石の偶像〈B〉（正面図）

図　No. 5

のB点がその場所であり、正面像が次の絵図（偶像〈B〉前頁図）になっている。この偶像の高さは他のものとほぼ同じであるが、形が違っていた。上部が下部より大きいのである。姿と表情は上品で感じが良かったが、彫刻はかなり浅い彫りだった。手の表情は少々形式的ではあるが美しかった。比較的背の高い男性の肖像であり、背面と両側面は神聖文字で埋まっていた。

　この石像のすぐ近くの、地図のA地点に、目を引く祭壇があった。この祭壇は、多分コパンのどのモニュメントよりも人の想像力をかきたてる珍しいものである。祭壇は通常どれも偶像と同様に一個の石から造られており、装飾はそれほど多くなく、もっとぼやけて磨滅し苔に覆われている。完全に土に埋もれていたり、あるいは外形しかとどめていないものもあった。どれも造りは違っているが、それぞれの前にある偶像についてそれなりの特別な記述がされていたに違いない。ところがこの祭壇は、同じ石から切り出した四個のボールの上に据えられており、彫刻は浅彫りだった。コパンで見つかったこの種の彫刻では唯一の例である。というのは他のものはすべて大胆な深彫りだったからである。大きさは一・八メートル四方、高さ一・二メートル、上面は三六個の神聖文字で仕切られていた。これらの文字は、かつてこの町に住んでいた謎の民族の歴史的な出来事を語っているに違いない。線がまだくっきりと残っている。次の図版（No. 5　前頁図）がその正確な写しである。

続く二つの図版は、この祭壇の四面を表している。各側面に四人ずつ人物がいる。西側面には、首長または戦士と思われる主要人物が顔を向けあっており、見たところ議論か交渉をしているようである。他の一四人は同数ずつ分かれて、それぞれの長に従っているように見える。二人の主要人物は、それぞれ東洋風に足を交差させて神聖文字の上に坐っている。文字は多分彼らの名前と役職か地位を示しているのだろう。文字のうちの三個に蛇の姿がみられる。二人の主要人物の間には、保存状態のよい神聖文字のくっきりとした浮き彫りがある。これを見てすぐに、エジプトの方式、つまりモニュメントを建てる対象となった王や英雄の名前を記録することを思い出した。頭飾りは複雑で珍しい形をしているので目を引かれる。どの人物も胸当てをつけており、主要人物の一方は手に道具を持っていた。笏と考えてよいかもしれない。他の人物もそれぞれ物を手にしているが、それが何であるかは想像するか推測するしかない。武器かもしれないが、もしそうならコパンで見られる唯一のものである。他の国では、戦争の場面や戦士や武器が彫刻の一番の対象となっているが、ここではそういうものが全くないからである。それが、この種族が好戦的ではなく、平和で征服されやすい人々だったと考えられる理由である。

もう一つの中庭は川寄りにある。木々を切り倒してみると、入口が北側にあるのが分かった。入口への通路は幅が九メートル、長さ九〇メートルほどで、右側に川の石壁のテラスに登る高い階段があった。この階段の足元に、直径が四五センチから九〇センチの丸石が六個あった。多分、今は倒れたり埋まってしまっている石柱やモニュメントの礎石だったのだろう。通路の左側には、斜面の上に高さ三六メートルのピラミッド状の高い建造物があり、サッカラのピラミッドの側面のように、高さ一・八メートル、幅二・七メートルの段がついていた。頂きは崩れ落ち、その上に生えた巨大な二本のセイバの根が、石を投げ出して今はピラミッドの頂上を締めつけて

西側面

北側面

F. Catherwood　A.L. Dick.

祭　壇

南側面

東側面

F. Catherwood.

祭　壇

巨大な頭部（No. 6）

いるのだった。通路の突き当たりにあるのが中庭のような空間である。これが多分フェンテスが言う〝大円形広場〟だろう。しかし円形ではなく、長さ四二メートル、幅二七メートルの長方形で、どの側面にも階段がついていた。ここは多分神殿の中でももっとも神聖な場所だったのだろう。大きな行事や荘厳な宗教儀式の舞台だったにちがいない。しかしその儀式がいかなるものであり、誰がそれを演じ、何が彼らにこのようなすさまじい終焉を迎えさせたのかは推測不可能な謎である。そこには偶像も祭壇もなく、その形跡さえなかった。左側の階段の三分の二の高さの所に、一つだけ大きな頭部が正面を向いて据えられていた。それは元の場所から少し動いていて、図版（No. 6　前頁図）から分かるように、片方の装飾の一部が大木の膨張のせいでやや離れた場所に放り出されていた。この頭部は高さ一・八メートルで美しい形をしていた。他の彫像の多くと同様に目を大きく見開き、見る者に恐怖を与えるかのようだった。その両側の十数メートル離れた少し下がったところに、美しい模様の巨大な彫刻破片がいくつかあった。地面には大きな頭部が二個ひっくり返って、土に埋もれかかっていた。未来の旅行者や芸術家たちの注意を引くに十分に値するものである。あたり一面が樹木で覆われ、朽ちかけた植物が足をすくう地面に奇妙な彫刻のかけらが突出しているのである。それらは、他の完全に土中に埋まっている多くの彫刻とともに、いつの日か掘り出され陽の目をみるのであろう。

反対側には、幅三・六メートルのテラスに登る一五段の階段が川に平行してついており、そこからさらに、幅六メートルの別のテラスに登る一五段の階段があった。このテラスは川の石壁までつづいていた。階段中央の両側は、円形の塔のようなものが崩れた山になっていた。こちら側の階段の中ほどに、大きさが一・五メートル四方、深さ五・一メートルの石でかためた穴があった。その底部に壁の厚さが五二センチ、高さが七〇センチの入口があり、小さな部屋――長さ三メートル、幅一・七メートル、高さ一・二メートル――へとつながっていた。小部屋の両端には高さ五二センチ、深さ五〇センチ、長さ七二センチの壁龕があった。ガリンド大佐がはじめてこの納骨堂に入って壁龕を見つけたのだが、そのときは赤い焼き物の皿や器が床に溢れていた。彼の言うところ

によれば、そのうちの五〇以上が、石灰と一緒になった人骨で一杯だったという。他には、鋭く研ぎ澄まされた数枚のチャイ（火打石）の刃と、美しい緑石に刻まれた小さなしゃれこうべ一個も見つかった。しゃれこうべは目を半ば閉じてゆがんだ平面的な顔つきをしており、裏側には穴が対称的にあけられていた。それは高度な工芸作品であった。この小部屋に入る穴のすぐ上は通路になっていてテラスを横切り川の石壁に出られるようになっていた。それで、前述したようにこの廃墟はしばしば〝窓〟と呼ばれるのだが、下部が五七センチ、上部が三〇センチの形をしており（上図参照）、一人の人間が腹這いになってやっと通り抜けられるほどの大きさであった。

そこには建物の跡はなく、フェンテスの言う石のハンモックに関しては――実際のところ、それがわれわれの遺跡訪問の大きな魅力になっていたので、とくに念入りに調べ捜してみたのだが――、それらしきものは何もなかった。ガリンド大佐もそのことについては何も述べていない。しかしそれでも尚かつそれはありえたし、壊れて埋もれた形で今でもあるかもしれないのだ。グアランの神父は見たと言っていたし、インディオたちに聞き回ったところでは、彼らの一人が言うには父親が、そのまた父親つまり二代前がそのようなモニュメントのことを話しているのを聞いたことがあるという。

ここでは測量作業の詳細については省略した。生い茂る樹々を切り開く労苦と困難さ、廃墟となったピラミッドの側面をよじ登ることや、階段の計測、そしてこれら全てをさらに難儀なものにしたのは、資材と人手の不足およびわれわれの言葉の知識不足であった。コパンの人々は、われわれのしていることが理解できなかったので、隠された宝物を発見するために黒魔術を使っていると考えていた。われわれの一番の助手であるブルーノとフランシスコは途方にくれていたし、猿たちでさえ落ち着きなく迷惑そうだった。猿つまり人間のまがいものたちは、この遺跡の上にただよっている不可思議な興奮をかきたてるのに少なからぬ貢献をした。彼らは〝ふざけ〟たりはしなかった。むしろ厳然として重々しく、まるで自ら聖地の番人をもって任じているかのようだった。午前中は姿をひそめているのだが、午後になると木々の梢のあたりにあらわれて、われわれをじっと眺めていることが多かった。それはまるで、なぜ遺跡の静寂を破りにきたのかとわれわれに問うているかのようだった。また私は、われわれの苦しみをいや増し不安な気分にさせたサソリの恐怖や蚊やダニのかゆみについても省略した。これらの虫は、どんなに用心して長靴の上からズボンをしっかりと縛り、上着は首までボタンをかけても、否応なく服の中に入ってきて、皮膚の下にもぐり込むのである。夜ともなればさらに、ドン・ミゲルの小屋は蚤の温床となるから、われわれは着いて三日目の晩からは、蚤を防ぐためにシーツの両脇と裾を縫って袋にし、その中に入って寝ていたのである。厄介だったことを述べたついでにつけ加えれば、その頃農園では小麦粉がきれてしまったために、食事はパンなしでトルティーヤに頼っていたのだった。

測量が終わった翌日、ホッとした気分になったわれわれはコパンの古い石切場まで出掛けてみた。川に沿った小道をすぐに左へ折れると、ごつごつした地面の上に木々が生い茂っていた。その道をずっとインディオの男に木の枝や若木をマチェーテで払わせながら進んで行った。川から北へほぼ三キロのところに東西に連なる山並があらわれた。その麓で音をたてて流れている小川を渡った。山肌は樹々や茂みで覆われていたが、頂きは剝げていて、そこから濃い密林の広がりが素晴らしい眺望となって見渡せた。この樹海をわずかに破っているものといえば、蛇行するコパン川とドン・グレゴリオやドン・ミゲルの農園の平地だけである。廃墟の町は密林の中に埋もれ、視界から完全に隠れていた。かつて石切場に大勢の石工が働き、彼らの目の前に町がその全容を現していた頃の様子を想像してみた。彫刻師たちはここで仕事をしながら、ちょうどギリシア人がアテネのアクロポリスを見やったように、己が栄光の舞台へと目をやったのだろう。そして彼らは不滅の名声を夢みたのだろう。いつか自分の作品が滅び、同族の者が死に絶え、荒れ果てた町は蛇の住処となり、訪れた異邦人たちが昔はどんな種族が住んでいたのだろうかと問うようになる、などとは思ってもみなかっただろう。

石は柔らかい砂岩だった。遠くまでつづく山並は己が腹から町一つを建設するに足る石が取り出されたことなど知らぬげだった。われわれが今通ってきたようなでこぼこの険しい地面の上を、一体どのようにして巨石の塊を運んだのだろうか。そして一体どのようにして、そのうちの一つを、高度六〇〇メートルの山の頂上に据えたのだろうか。全く分からない。いたるところに、掘り出してはみたものの何らかのキズゆえか投げ捨てられたらしい石の塊があった。川へ下りる崖の途中にも巨大な石の塊があった。遺跡で見たどれよりもはるかに大きかった。多分、彫刻をほどこして装飾物にするために町に運んでいる途中に、その作業がとりやめられたのだろう。それはアスワンやペンテリカン山の石切り場にある未完成のブロックと同様に、人類の挫折した計画の一つの思い出でもあるかのように、ポツンと取り残されていた。

われわれは一日中、山の上にいた。それまでずっと深い密林の中で仕事をしていたせいか、広大なパノラマがひときわ美しく感じられた。山の頂きに切り出されたままの石が一つあった。われわれは遺跡の中で見つけた彫刻の道具と思われるチャイ(火打石)で、その石の上に自分たちの名前を書いた。そこにひっそりと書かれた名前が、誰かに見つけられることはないだろう。午後遅くなってから帰途についた。遺跡から一・五キロほど上流の地点で川を渡ったが、その近くには石壁があり、円形の建造物とあきらかに水を貯めるための窪みがあった。

わが小屋に近づいて行くと、外に婦人用の鞍をつけた馬が二頭繋がれているのが見え、子供の泣き声が聞こえた。一人の老婆とその娘、息子、嫁と子供からなる一行がやって来ていたのだ。訪問の目的は医者だった。われわれはそれまであまりにも多くの〝薬〟の需要を受け、病人のリストはすごい勢いで増え、毎晩薬の調合作業に疲れはて、また前述した危惧のこともあって、人々にはもう診察はしないと言ってあった。しかしわれわれの名声は遠くにまで届き、なんとこの人たちは治療を求めて、サン・アントニオの向こうの四五キロ以上も離れた所からやって来たのだった。何もしてやらずに彼らを帰すことはできなかった。これまで医者として信頼されてきたのはキャサウッド氏のほうだったから、私自身は、患者の着衣や様子からしてとくに敬すべきと見た場合と、ドン・グレゴリオの家族を除いては、あまり患者に関心を払ったことがなかった。しかし、その晩は、母親が娘のことを話す声の調子に引きつけられた。それで初めて、娘の極端に繊細な姿形と、清潔な靴下ときちんと靴をはいた美しい足に気がついたのである。彼女は頭をショールで覆っていたが、私が声をかけるとショールをはずし、かつて見たことがないほどの優しく柔和な眼で私を見上げた。彼女は私が関心をもった初めての患者だった。そこで彼女の手を自分の手にとるという医者の特権を行使しないわけにはいかなくなった。彼女は自分の病気のことが話されているのだと思っただろうが、われわれが話していたのは実はその美しい顔だちのことだった。しかしわれわれが彼女に抱いた関心は憂鬱で痛ましいものだった。というのも、彼女が一つの季節に咲くためだけに生まれた繊細な花、しかもその美しさが花開く時にすでに死を宣告されている花に見えたからである。

読者もすでにご承知のごとく、小屋には仕切りがなかった。ドン・ミゲルと細君が自分たちのベッドを女性たちのうちの二人にあけてやり、細君は床の上にござを敷いて他のものと寝た。キャサウッド氏はハンモックに横になり、私はトウモロコシのベッド、ドン・ミゲルと若者たちは外の軒下に寝たのだった。

私はさらに二、三日の間、密林の切り開き作業と下準備の仕事をした。それでキャサウッド氏は少なくとも一カ月分の仕事をもったことになった。この遺跡を訪れるためにルートを変えた時点では、数日以上を要する仕事があるとは思ってもいなかった。とはいえこれ以上ここにとどまる自由が自分にあるとは思えなかった。私は政府を追ってゆくという命がけの狩りに乗り出したばかりであったし、自分の政治生命を遺跡の中で破綻させ、そのことで政党の仲間たちに非難が及ぶようなことになるのは避けたかったのだ。今は獲物のあとを追っていくのが良策であると考えた。ある偶像の足元で〝会議〟が招集され、キャサウッド氏と私がそろって出席した。この会議はドン・ミゲルの小屋の中でももたれ、問題があるゆる面から検討された。村での騒ぎはまったくなくなっており、われわれだけで平和な状態だった。キャサウッド氏はブルーノとフランシスコおよびドン・ミゲルとその妻とバルトーロを自分の支配下においていた。われわれとしてはできるならば別れたくなかったのだが、私がグァテマラ市へ旅を続け、キャサウッド氏は絵を描きおえるまで残るということが満場一致で可決されたのだった。こうしてキャサウッド氏は残り、多くの不自由と苦難の末に病気にかかって一度は引き上げざるをえなくなりはしたが、再度戻り、絵を描きおえたのである。それら全ての結果を私がここに公表するわけである。

神殿のすぐ近くの、多分かつては重要な建物につながっていたと思われるテラスの壁の内側に、コパン遺跡独特の〝偶像〟がいくつかみつかった。地図を見ていただいて、〝ドン・ミゲルの家への小径〟という線を最後まで辿っていった、その右側である。像はそこに集まっているのだが、樹木があまりにも密生しているので、お互いに見通すことはできない。その位置関係を調べるために、木々の間に切通しをつけて角度と距離を測った。その位置の順にしたがって紹介することにしよう。最初のは、小径の左側のK地点にあった。このモニュメントは倒れており、顔が破壊されていた。高さ三・六メートル、一方の側が九七センチ、もう一方が一・二メートルあった。祭壇は土の中に沈み込んでいた。両方とも絵図はここでは紹介しない。

そこから六〇メートル離れたところに、地図にSと記された像が立っている。高さ三・五メートル、両側面とも一メートルで正面は東を向いており、一・八メートル四方の礎石の上に立っているが、これら全体が直径四・八メートルの円形の石台の上にあるのだった。このモニュメントの前方二・六メートルの所に一部が埋まっている祭壇がある。この祭壇は〝偶像〟の斜め向かいに位置しており、地面からの高さは九七センチ、大きさは二・一メートル四方である。深い彫りが力強く、保存状態は良好である。

二枚の図版は、その石柱〈S〉の前面と背面の像である。前面の方は髭がなく、着衣から判断して女性のようである。顔つきに個性が表れているので、肖像ではないかと思われる。

背面は違う像である。中央部が複雑な装飾をつけた頭部になっており、顔面は壊れているが縁飾りは優雅な造りである。脚部には神聖文字が並んでいる。祭壇が一方の側に見えているが、四つの大きな頭が奇妙な形で集まり絡み合っていて分かりにくい。本来の場所のままでは、〝偶像〟の下部を隠してしまうので紹介できなかった。キャサウッド氏は、正面像を描くときは、いつも祭壇と〝偶像〟の間に入って写生していた。

石の偶像〈S〉（正面図）

F. Catherwood A. L. Dick.

石の偶像〈S〉（背面図）

埋もれかかった偶像〈T〉

これの少し後方にTと印をつけたモニュメントがある。コパンで最も美しいものの一つである。技巧の巧みさの点で、エジプトの最高に美しい彫刻にも匹敵する。実際のところ、現代の最新の道具をつかっても、これ以上完璧な石彫はできないだろう。階段の壁の下で、頭部と胸の一部だけが土中から出ていた。あとの部分は埋まっているが、多分それも今見えている部分と同じように完璧なものだろう。われわれが見つけたときは、眼のところまで埋まっていたのだが、彫刻の美しさと、その荘厳で憂いありげな様子にひかれて掘り出すことにしたのだ。地面がその部分までもり上がっていたので、マチェーテで土を掘り起こしては手で掻きだした。掘り進むにつれて、周囲に土の壁ができ、仕事が増えた。インディオたちはあまりにも無造作にマチェーテを使うので、石碑のそばで働かせるのが心配でたまらず、われわれ自身が手で掘っていった。しかしモニュメントに絡みついた木の根に土がこびりついていて、掘り進むことができなくなった。周囲三メートルから三・六メートルの土を完全に掘り出す必要があったのだが、適当な道具もないまま、また彫刻を傷つけてはいけないので、そこまででやめることにした。将来われわれ自身の手で、あるいは誰か未来の旅行者がこれを掘りおこす時がくるだろう。それをするのが誰であっても、私はその人の幸せに嫉妬を感じるほどである。図版から周囲に生い茂る木々の様子が分かる。

南に向かって一五メートル行った所に、倒れた彫刻の塊と、地図にRと記した祭壇があった。さらに二七メートルの所には、Qの印をつけた高さが三・六メートルある、九〇センチ四方の像が東を向いて立っており、その礎石は前面が二・一メートル、側面が一・八五メートルの長方形であった。その前方二・四七メートルの所に、長さ一・七メートル、幅一・一メートル、高さ一・二メートルの祭壇があった。

この〝偶像〟〈Q〉の顔はあきらかに男性のものである。奇妙な形の顎髭が口髭と髪の毛につながっており、耳は大きく自然のものではないように見えるが、表情に威厳がある。口はなかば開けられ、眼球は眼から飛び出しそうである。彫刻師の意図は、人に畏怖の念を抱かせるところにあったに違いない。足には野生の動物の革でつくられたらしい当時のスタイルのサンダルを履いている。

このモニュメントの背面は前面の恐ろしげな肖像とはあきらかに対比をなすものだった。グロテスクなところや原住民の荒っぽい想像力につながるようなものは何もないどころか、むしろその美しさと極端なほどの優雅さは注目に値するものだった。われわれは毎日通りかかっては、しばしば立ち止まってこのモニュメントを眺めたものである。見れば見るほど興味が湧いてきた。他のモニュメントは人に恐怖の念を起こさせるように造られており、前に置かれた祭壇とあいまって、盲目的な狂気と迷信にかられた人々の思考や人身御供を思わせるものが多かった。ところがこのモニュメントはいつも気持ちのよい印象を与えたので、強い興味をひかれたのである。この石彫を立てた人々は円形のタブレットの中に彼ら自身の記録を残したのであろう。それを通じていつか、滅亡した種族と対話し、この遺跡に秘められた謎を解くことができる日がくるにちがいない。

南東にむかってほぼ四二・六メートルの所に、Pの印をつけた偶像があった。偶像が立っているのは階段状の壁の足元だったが、壁はもともとはもっと高かったのが今では崩れ落ちて一〇メートル前後の高さになっていた。正面は北を向いており、高さは三・五メートル、側面の幅は九〇センチ、礎石は二・一メートル四方だった。その前方三・六メートルの所に巨大な祭壇があった。これには立派な彫刻がほどこされてあり、わずかながら赤い彩色の跡が残っていた。表面は時間の流れで磨滅していた。二つの絵図はその前面と背面である。前者は多分神格化された王か英雄の肖像であろう。というのは他のモニュメントのほとんどに見られることであるが、容貌にある種の個性が表現されているからだ。また髭から男性であることも分かる。髭はエジプトのモニュメントにもあるが、エジプトのほうでは口髭がない。

この偶像もまた背面にまったく違ったものが表現されていた。それはタブレットで、その一つひとつに二個の奇妙な姿が不自然な形で連結されている。それは時には醜悪な頭部であったり、ときには自然な様子をとどめていたりする。装飾と冠と着衣は興味深いが、これらの人物が何をしているのか、あるいは何を苦しんでいるのか

偶像〈Q〉（正面図）

偶像〈Q〉（背面図）

偶像〈P〉（正面図）

偶像〈P〉（背面図）

は調べようがない。この石像は、時間と天候の作用をひどく被っているので、特徴を読み取るのは必ずしも容易ではない。その上、常に木々の枝の隙間から不規則にさしてくる光線の具合も悪かった。

これらの祭壇や石像はすべて、前述の石切場から出る柔らかい砂岩でできていた。石切場には、硬い珪石が入った石の塊が沢山ころがっていたが、それは石工が切り出して捨てたものだった。このモニュメントの背面には二箇所に珪石が入っていた。タブレットの二番目と三番目の間の珪石は引き抜かれてあり、その部分の彫刻はぼやけている。もう一つは基台から二列目にあり、これはそのままになっている。このことから推論できるのは、彫刻師には硬い石を刻むための道具がなかった、つまり鉄は知られていなかったということである。われわれはもちろんこの点に関しては、入念に調査や質問をすすめてきたが、鉄製のものもその他の金属製のものも何一つ見つからなかったし、かつて発見されたことがあるという話も聞かなかった。ドン・ミゲルは矢じりの形をしたチャイすなわち火打石のコレクションを持っていた。彼は馬鹿ではないから、それらの石こそが使用された道具であると考えていた。石に線を引けるくらい強いのである。多分、これを使うのに慣れている人間には、深い彫りの装飾も可能だったのかもしれない。しかしチャイそのものは金属で作られたように見えた。

次の図は上述のモニュメントの前にある祭壇である。二・一メートル四方、高さ一・二メートル、全体にびっしりと彫刻がほどこされている。前面はしゃれこうべである。上面には彫刻がほどこされ溝がついていた。これは多分、犠牲にされた人間かあるいは動物の血を流すためのものであったろう。図に描かれている木々を見れば、これらのモニュメントが埋まっている密林の様子が分かると思う。

北方三六メートルのところに、Oの印のモニュメントがある。これは残念ながら倒壊している。彫刻の美しさは、前述の半分まで埋まっているモニュメントと同様で、繰り返すと、エジプト芸術の最高の品と同じ水準のものである。落ちた部分に蔦や蔓が巻きついて、地面にしっかりと縛りつけられていたので、写生の前にまずそれらを取り払い、ひびの間に入り込んだ繊維を引き抜かなければならなかった。石の上の塗料はほぼ完璧に残って

F. Catherwood. S.H. Gimber

偶像と祭壇

倒れた偶像〈O〉

おり、この点でも壊れているのが残念だった。祭壇は土に埋まっており上面がわずかに見えるだけだったが、掘り出してみると亀の甲羅を表しているのが分かった。

次に続く図版は、前述のものから六メートル離れたところにあるモニュメントNの前面と背面と片側面の図である。高さ三・六メートル、片側の幅が一・二メートル、もう一方が一メートルで、二・一メートル四方の礎石の上で西を向いて立っている。祭壇はなかったが、壊れて土に埋まっているのかもしれない。正面像は神格化された王か英雄の肖像のようである。上部の二つの装飾は象の鼻のように見えるが、象はこの国では知られていない。そこから二・一メートルの所にワニの頭があるが、それとは関係ないようである。ワニの石彫の高さは地面から一・二メートルで、図には遺跡で見つかる多くの破片の一つとして描かれている。

背面は前面とはまったく違っていた。上端部の巨大な頭飾りの陰に隠れそうになりながら一人の人物が胡座をかいて坐っている。三つの仕切りに神聖文字のタブレットが入っている。

総じてどの石柱も側面はそれほど面白いものはないので、これまでは図版の数を増やさないために省略してきたが、この石柱は側面が際立って美しく、神聖文字のタブレットが非常にはっきりと見えた。

同方向八・四メートルのところに石像Mがある。この像は仰向けに倒れており、一本の木がほとんど全長にわたって倒れかかっている。そのために輪郭と精緻な彫りの足とサンダルしか見えない。次の図がそれである。

前方にある円形の祭壇は、上に二本の溝が入っていた。高さ九〇センチ、直径一・六五センチ、図〈祭壇〈M〉 一六二頁〉がそれである。

次の三つの図はモニュメントLの背面と側面と前面である。これはさきほどのモニュメントの北方二十一メートルの所で西を向いて立っている。高さ三・六メートル、前面九〇センチ、側面八〇センチ、礎石は一・八メートル四方の大きさだった。その前方三・三メートルのところにはひどく崩れて土に埋もれた祭壇があった。

前面部分は肖像であり、背面はびっしりと神聖文字で覆われている。各タブレットに神聖文字が二つ連結して

F. Catherwood.　　A. L. Dick.

偶像〈N〉の正面

偶像〈N〉の背面

F. Catherwood. S.E. Gimber.

偶像〈N〉の側面

入っている。この方式はその後、パレンケでも時々目にした。側面は同じように連結した神聖文字が一列だけ並んでいた。タブレットは多分、神格化された王か英雄の経歴と、その偉大さを示す特別な状況や行為を述べているのだろう。

以上、コパンの中でももっとも興味深いモニュメントの図版をすべて紹介したわけであるが、これらの図版は、繰り返して言うが、正確にして忠実な写生である。解説はあえて避けた。もし読者がこれらの図版を通して、われわれの抱いた興味のいくぶんかでも抱くことができたなら、仮にこの本の頁からは何も得るところがなかったとしても、その償いにはなるだろうと思う。

石像〈M〉

モニュメント自体がもつ実質的な意味合いについては、私としてはどんな考えも述べるつもりはない。熱帯密林の奥深くに厳かに黙して立ち、模様は奇妙で、彫刻は素晴らしく、装飾は豪華で、他のどんな民族のものとも異なっており、その使途も目的も歴史もなに一つ分からず、全てを説明しているはずの象形文字は全く理解不能なのである。モニュメントを見ていると想像がしばしば悲しみに沈んだ。遺跡は深く荘厳な雰囲気に覆われている。想像力豊かな人間ならば迷信的な感覚に陥ることだろう。インディオとの会話の中でいつも〝偶像〟と呼んでいたせいで、われわれはこれら神格化した王や英雄たちの荘重なモニュメントを儀式的な崇拝と礼拝の対象としてみるようになっていた。どのモニュメントにも、またどの彫刻の破片にも、実際のところ人身御供やその他の生贄の図はなかった。しかしそれぞれの〝偶像〟の前に必ず置かれてある彫

円形の祭壇〈M〉

刻入りの大きな石が、犠牲のための祭壇として使われたことは間違いない。彫刻で一番多く見られる図柄は——それは時には主要装飾であったり、また時には単なる付属装飾であったりするのだが——しゃれこうべである。外壁の上に並ぶしゃれこうべの列が、この場所にただよう神秘さに悲哀を加えている。それは生者の目の前に死と墓穴を見せつけ、彼ら未知の種族にとってこの町がメッカかエルサレムのような聖都であったのではないかと思わせるものである。

この荒廃した都市の古さについては、今のところ私はどんな予測もしないことにしよう。廃墟と化した建物の上に生えている巨大な木々や土の堆積から、ある程度の推測はできるかもしれないが、それは不正確で、あまり納得のいくものにはならないだろう。この都市を建設した人々のことや、彼らがそれを捨て去った時代や、どのように捨てられ荒廃し廃墟と化したのか、またその終焉の原因が戦争、飢餓、疫病のいずれだったのか、についても今は何も推測しまい。この都市にはびこる木々は虐殺された住民の血を吸って生えたのかもしれない。住民は飢えに呻きながら死んだのかもしれない。あるいはコレラのような疫病で、死体が町の通りにあふれかえり、わずかに生き残った人々は永久に町を離れたのかもしれない。こうした身の毛のよだつ災厄が、スペイン人によるこの国の発見前後にいろいろな都市で起こったことが、確かな記録に残っているのである。ただ一つ確信をもって言えることは、その歴史がモニュメントに刻まれているだろうということである。解読に旺盛なる探究心を向けるはずのシャンポリオン（一七九〇—一八三二。エジプトの象形文字を解読した）はまだ一人も現れていない。一体誰が解読するのだろうか。

石の偶像〈L〉（正面図）

F. Catherwood.　　A. L. Dick.

石の偶像〈L〉（背面図）

石の偶像〈L〉（側面図）

「遺跡の混沌！　誰がこの虚空に構図を与え、
　ほの暗い彫刻の破片のうえに月の光をあて、
　このすべてが二重に暗い場所をさして
　〝ここぞが〟と言うのだろう」

結論としては、次のことを書き記すにとどめよう。私は九分どおり疑わしいと思っているのだが、もしこの地がスペイン人の歴史家たちが言うように、エルナンド・デ・チャベスが征服した地であり、崩壊したテラスやモニュメントやピラミッド状の建造物および回廊や石壁や彫像がその当時完全な姿で彩色されてあったとするならば、スペイン人兵士たちが驚異と賛嘆の目で眺めなかったはずがないのである。ところが不思議なことに、スペイン軍が都市に侵入した後に、その評判が将官たちの報告書や兵士たちの誇張された話を通じて広まるということはなかった。少なくとも現代のヨーロッパの軍隊がここに入ったら、そういうことはないだろう。スペイン人たちのこの沈黙は、彼らアメリカの征服者たちが文盲で無知な命知らずで、黄金を追うことしか考えず、他のものには目もくれない人間たちだったからだと言えるかもしれない。あるいは、もし報告がなされたとしても、アメリカにおける所有物に敵国の注目が集まるのを最後まで極端に嫌ったスペイン政府が、握りつぶしてしまったのかもしれない。

第八章

こうした事情のもと、別行動をとるのが最良であろうと決断し、われわれは早速そうすることにした。そのことを馬子にすんなりと分からせるのに手間取ったが、ようやく折り合いがついた。ラバに荷を積み、私もラバの背に乗ったのは午後二時だった。見送ってくれたキャサウッド氏とは森のはずれで別れたのだが、ひとり残った彼はあとで私が危惧したよりももっとひどい目にあうことになったのだった。村を通過し川をわたったところで、馬子を川辺に残し私だけドン・グレゴリオの農園へむかった。かねてより出発するときには必ずや憤懣と軽蔑の気持ちを彼の上にぶちまけて胸をすっきりさせたいものだと考えていたのだが、キャサウッド氏がまだ彼の影響下にいるので我慢した。そして未だに我慢しつづけているのである。というのは、キャサウッド氏が所持品を従僕に盗まれた上、熱病に冒されるという大ピンチに陥ったときドンの家へ助けを求めたのだが、そのときドンは荒っぽい性格の許す範囲で親切に彼を迎え入れてくれたからである。私の唯一の喜びは、この傲慢かつ粗野な男に、卵やミルクや肉などの代金を六ペンス貨とシリンで計算させて、二ドルの金をその手の上に置いてやったことである。もっと後で知ったことだが、私は勘定を踏みたおさなかったというこの正直なる態度のゆえに、ドン自身からも、そして近隣の人々からも高く評価されることになったのだった。（キャサウッド氏は二度目の訪問のとき、ドン・ミゲルの家が無人になっていたのでドン・グレゴリオの家へ行った。ドンはそのときはもうエスキプラスへ行って司祭からわれわれのことをきいていたので、キャサウッド氏を親切に迎え入れてくれ、また私のことをずい分いろいろと質問したのだった。他の家族は最初のときと変わらず親身であった。）

馬子との良い関係は長続きしなかった。出発するときに、キャサウッド氏と私とは皿やナイフやフォークや匙などの食器を分けて、アグスティンが私の分だけをもとの篭に戻したのだが、それが中でガチャガチャと音をたててラバを驚かせてしまった。ラバはいきなり駆けだし、そのけたたましい音で他のラバたちもいっせいに走りだした。ラバは茂みの中に突っ込んで止まったのだが、凄まじい混乱の場面となってしまった。私は馬子の罵詈雑言と脅し文句からいち早く逃れ出る始末だった。

道はしばらくの間は川岸にそって伸びていた。コパン川には歴史的な背景はないが、その美しさはグアダルキビル川をしのぐものである。両側に山々が聳え、道を曲がるたびに新しいパノラマが開けた。高い尾根を越え、午後四時に再び川辺に下りた。これがホンジュラス領の境界線である。川は幅広く、深く、流れが急で、ところどころに砂や砂利の中洲があった。川をわたり、再びグァテマラ領に入った。みたところ集落はおろか一軒の家さえなく、通行許可証に関する問題は何もなかった。午後ももう遅くなってから小さな丘に登ると、石囲いや木の柵や家畜囲いのある大きな平地が見えた。ウェスチェスターの農園に似ていた。木戸の一つから中へ入り、美しい田園を通り抜け、低い屋根が長くつづく見るからに裕福そうな母屋へと向かった。これがドン・クレメンティノの住居であった。私は彼がドン・グレゴリオの親戚であり、できることならさけたい人種に属す人間だということを知っていたのだが、馬子がここに泊まらざるをえないように仕向けたのである。この一族は未亡人と大勢の子息たちからなり、中でも主だった人物は二十一歳の若者ドン・クレメンティノとその妹である十六、七歳の金髪の美しい娘だった。回廊の軒下に着飾った若者の一団がおり、柱には優雅な鞍をおいたラバが五、六頭つながれていた。ドン・クレメンティノは、紐飾りと刺繍がほどこされた白い上着とズボンというきらびやかな服装で身を飾り、頭には白い綿の縁なし帽の上に鐘型の光沢のある帽子をかぶっていた。銀色の紐がリボンのように巻き付けてある帽子には、花形記章のような先が尖った鉄片つきの銀の玉がついており、つばの縁は赤や黄色の縞になっていた。若くしていきなり一族の長になったその態度やものの感じ方は傲慢なものだった。彼は私をみると、かなりもったいぶった様子で、もう〝偶像〟は見てきたのかときいた。それから、私の返事を待たずにアコーデオンを修理できるかときいたかと思うと、ギターを弾けるかと問い、次には小型のピストル――これはドン・グレゴリオの家で称賛の的となったものだ――を二丁売ってくれないかと言い、最後には何でもいいから売るものはないかと訊いた。つまり私は、この若い紳士からは、ヨーロッパのいずこかの宮廷の大使であるよりも行商人として歓迎されたわけだった。もっとも私の方も、申し分のない立派な身なりで旅行していたとは言いがたかったのだが。彼は私が投売りするようなものを何ももっていないことを知ると、手にしたギターをかきならしながら踊り、それから回廊の土の床に坐るとトランプゲームに興じ始めた。

家の中では、一一キロほど離れた隣人の家で行われる結婚式のための準備がなされていた。日が暮れかかると、若い男女たちが遠出のいでたちで姿を現した。全員がラバに乗ったが、私はここで初めて、この国の乗馬の仕方に心底から賛嘆の念を覚えたのだった。それは、ドン・クレメンティノの妹と、彼女に同行している幸運なる若い優男を見たせいだった。二人は同じラバの同じ鞍に乗っていたのだ。若者は自分の前に横坐りになった娘の腰に右腕を回していた。出ようとしたときにラバが暴れたので、鞍の上の若者はとっさに娘の身体をグイッとばかり引き寄せたのである。彼は目の前にきた娘の耳に何か囁いた。娘が振り向いたので、若者の唇がほとんど娘のそれと触れあいそうになった。私は、もし自分が若者の場所にいられるなら外交官のあらゆる栄誉を辞退してもいいと思った。

伊達男のドン・クレメンティノは、そんな恰好では出掛けなかった。華やかな馬具をつけた立派なラバをもっており、彼が巨大な拍車をつけてそのラバに乗ったときには、鞍紐を通した篭柄の長剣が揺れ、腰に巻いたポンチョの上からその柄が一五センチも出ていた。彼は拍車でラバの腹を一蹴りすると、階段を登り回廊を横切って向こう側へ下りた。その時に、このラバを買わないかと訊いてきたので断ると、そのまま他の者たちに追いつくために出てゆき、私はホッとした。こうして彼の母親ととり残されたのだが、母親は灰色の髪の上品な老女で、宵の祈りをあげるためにインディオの子供や従僕たちを集めていた。私はその時までウッカリしていたのだが、その日は日曜日だったのである。戸口のところに立って見ると、人々が聖母像の前にひざまずいている光景が美しかった。灰色の鼻面をした老ラバが回廊に上がってきて私の傍らで立ち止まるとドアの中を覗き込んだ。それから私の前を進み入り、しばらく聖母像に目をやっていたが、誰の邪魔もすることなく出て行った。

やがて夕食に呼ばれた。炒めたインゲン豆と玉子焼とトルティーヤだった。インゲン豆と卵は厚手の銀の容器にもられ、トルティーヤがその傍らに山のように積まれていた。皿もなければナイフもフォークも匙もなかった。指はフォークより前につくられたものではあるが、しかしやはりある程度はフォークを使わないと行儀が悪くなる。トリや羊や牛などの肉類は指で食べてもいいが、フリホールや玉子焼は問題であった。私がどのようにして食べたかは述べるつもりはないが、老女はその後の様子からしても、私がいかに途方にくれていたか想像もつかなかったようである。泊まったのは、細い丸太を組んだ藁葺きの別棟で、支払いは全部で一八セントと四分の三だった。女中らしき婦人にイヤリングをやったのだが、単なる訪問客であることが分かった。彼女は、私と同じ時刻に発っていった。

農園から一一キロほどのところで、結婚式が行われた家の前を通った。ダンスパーティはまだ終わっておらず、私はドン・クレメンティノのあの金髪の妹にもう一度会いたいという強い誘惑を感じた。よい口実が思い浮かばないまま、ドン・クレメンティノを外へ呼び出しラバの話をすることにした。歩み寄っていくと、入口もまたそこから部屋の中央へ通ずる場所も若い娘たちで一杯だった。彼女らは皆、白いドレスを着ていた。頭に飾ったバラは萎れ、夜通しの騒ぎのせいで目がドンヨリとしていた。ドン・クレメンティノの妹はまるで私の意図を察したかのように慎ましく身を引いて姿を隠してしまった。そのうちにドン・クレメンティノがギターを手に、皆に道を開けさせながら出てきた。私は別にラバを買う気はなかったのだが、オファーしてみると意外にも、また困ったことに、彼は私の言い値で承知したのだった。ところが、〃徳はおのずから報われる〃と言うように、そのラバはすぐれものだったのである。

新しく買いこんだラバに乗って大きな〃シエラ〃（山脈）の登りにかかった。それは大西洋に流れ込む川と太平洋に流れ出る川との分水嶺であった。登りは険しく苦しかったが二時間後には頂上に着いた。見晴らしは荒々しくも崇高なものであった、はずなのだが、とにかくその時はずっと大雨が降り続いており、ぬかるみの中をよろめきながら進むあいだ私がひたすら望んでいたのは崇高なる景色を目にする幸運よりも、まともな敷石のある道の方だったのである。あとでこの場所を晴れた日に通過したキャサウッド氏によれば、頂上からの両側の眺めはこの国で見たなかでも最高に素晴らしいものだったそうである。下りにかかると雲がはれ、下方の山麓に平原が果てしなく広がっているのが見えた。かなたにポツンと聳え立つエスキプラスの大寺院が、まるでエルサレムの聖墳墓やメッカの最高に聖なる寺院とされるカーバ神殿のように眺められた。馬子は町の手前の、小屋掛けの家が数軒寄り集まっている場所にしきりに止まりたがった。はじめのうち彼は、カレーラ軍の兵隊が町にいるからだと言っていたが、次には自分の体の具合が悪いからだと言った。麓までの道は長く素晴らしい下りであった。平原は私にトルコや小アジアの広大な荒地を思い出させたが、こちらの方が高い山々に画されていてもっと美しかった。三時間というものずっと教会がわれわれの道しるべになっていた。教会は近づくにつれて、雲間に頂を隠した山々を背景にその輪郭をくっきりと浮きだしていった。

午後も遅くなってから町へ入り、僧院へと向かった。私はかなり神経質になっていたからパスポートをあたかも紹介状でもあるかのように神父にさしだした。しかし神父の親切を疑うことなどどうしてできようか。ドン・グレゴリオからひどい扱いを受けたせいで、このエスキプラスの司祭の歓迎はことさら深く心に沁みた。人の親切のありがたさを一番よく知っているのは、まさに親切を受けられなかった人々である。見知らぬ土地で他人が暖かく迎えてくれる親切は決して忘れられるものではない。

司祭の館全体がわれわれの世話をするために動き始めた。そして数分後にはラバどもは中庭でトウモロコシをはんでいたし、私は僧院の一番立派な場所に据えられていた。僧院はこの町で飛び抜けて大きく立派な建物だった。壁の厚みは一メートル前後、正面には大きな柱廊がめぐらされ、入口は広いホールになっており従者たちが休息する場所として使われていた。そこから後ろの庭に出られるようになっていた。左側には大きな広間というか応接間があり、高い窓と深い壁龕がうがたれていた。壁の一方に、高い背もたせと両端にひじ掛けがついた木製の長椅子があり、その前に伐りだしたままのマホガニー材で造った頑丈そうなテーブルが置かれてあった。壁の上方には〝われらが救世主〟の画がかけられ、その下に大きな古風な椅子――背もたれと座席の部分が革張りで、真鍮の大きな鋲がうってあった――が数脚並んでいた。

司祭は歳のころ三十歳そこそこの華奢な体つきをした青年で、知的な顔つきは洗練された思考と感性とに輝いていた。身体にぴったりと合ったボンバジーン（縦糸が絹、横糸がウーステッドの綾織り服地）の黒い僧衣には襟の部分に青い縁飾りがついており、ロザリオの先に十字架をさげていた。名前はヘスース・マリア・グティエレスといった。それまで私はこの名前（ヘスースとはイエスの意味である）が人間につけられているのを聞いたことがなかったので、彼が司祭であるとはいえ、不敬ではないかと思った。

ちょうどこのときは司祭の孤独な生活の単調さを救うかのように彼の同窓の友人であるサン・マルティン大佐がホンジュラスから訪問中であった。大佐は最近のモラサン軍との戦闘で負傷しており、健康と体力を回復するために僧院に滞在していたのだった。彼のケースこそこの国の混乱した状況を示すものだった。というのは、父親は同じ党に属していたが、兄弟は大佐が負傷した戦闘で敵方について戦っていたからである。

司祭と大佐がグァテマラ市への道中に関して私にくれた情報は、あまりかんばしいものではなかった。エル・サルバドルの国境から退却したカレーラ軍が、首都までの町々をことごとく占拠しているというのだ。軍は、大半がインディオで、無知で節制がない狂信的な連中であるから私の公的な立場など理解できないだろうし、パス

エスキプラス

ポートを読むこともできず、この国内の騒乱状態のもとでは外国人の私に対して疑惑を持つに違いなかった。私は彼らからすでに酷い目にあわされていたし、これから先の道中には司祭管区がひとつもなかったから、旅を続けるのは盗賊や人殺しの中へ身を投じるのと同じことであった。旅を延期するのはいかにも気の進まないことではあったが、このまま続けるのは狂気の沙汰であり、げんに同行してくれる馬子はいないにちがいなかった。それで、目をチキムラとこれまで通過してきた道へと戻さざるをえなくなった。司祭が是非自分のいうことをきくべきであると言ったので、わが身を彼の手に委ねることにし、かなり遅い時間になってから横になった。自分が歓迎されている客人であるのが不思議な感じだった。

朝の鐘の音で目を覚まし、司祭に同行してミサに出た。普段使用されている教会は僧院の真向かいにあった。広くて暗く、床には大きな角レンガや板石が敷かれていた。祭壇を取り囲むようにインディオの女たちが列をなしてひざまずいていた。彼女たちは清潔な服を着て頭に白い布を被っていたが、足には靴も靴下もはいていなかった。後ろの方に数人の男たちが佇んだり、壁によりかかったりしていた。

戻って朝食をとってからすぐに当地における唯一の関心事、つまり中央アメリカの巡礼の聖地とされている大寺院を訪れることにした。毎年一月十五日には、ペルーやメキシコからも巡礼者が訪れるのだ。その旅の困難さはメッカへの巡礼にもまさるものである。東洋で〝巡礼中の商売は禁じられない〟と言われるように、ここでも道中に戦争の危険がないときには〝エスキプラスの我らが主〟に参拝し、かつ商売をするために八万人もの人々がこの山のはざまに集まったものなのである。

町には、約千五百人のインディオの住民がいる。泥をかためた家々が長さ一・六キロほどの大通りの両側に並んでいたが、そのほとんどは閉まっており、祭りの時だけ使用されるのである。大寺院は道路の突き当たりの小高い丘の上に建っていた。途中で小さな小川の上にかけられた橋をわたった。小川は大レンパ川の支流のひとつであるが、私にははじめて見る太平洋に流れ込む川だったから敬意をこめて挨拶を送った。教会前の頑丈な造りの石の階段を登り、三〇センチ四方のレンガが敷きつめられた幅四五メートルもある立派な広場に出た。この広場から見る周囲の高い山々や広大な平原の景色は素晴らしいものだった。そして荒涼とした未開の地の真ん中に聳え立つ教会の雄大にして孤高なる姿が、まるで魔法の技のように見えた。寺院の正面壁は等身大より大きな聖像と化粧漆喰で美しく装飾され、各隅にある高い塔の丸屋根の尖頂にはかの王冠が空高く掲げられていた。それは、かつてアメリカ大陸のほとんどの土地をその真正なる持ち主から奪い取り、鉄の笏杖で三百年の間支配し権勢をふるったにもかかわらず、今では一片の領土も持たず一人の誇れる臣下もいなくなったものの王冠だった。

装飾的な彫刻が一面にほどこされた高い扉から教会の中へ入った。内部の身廊は両側が二・七メートル四方の柱列で仕切られた二本の側廊になっており、高い円天井からは翼を広げた天使たちが見守っていた。壁にかけてある絵画は、グァテマラ人の画家が描いたものやスペインからきたものである。壁龕にはたくさんの像がおさめられており、そのいくつかは感嘆すべき作品であった。説教壇は金箔に覆われ、祭壇には銀の手すりがついた鉄柵がめぐらされ、高さ六〇センチほどの銀の柱六本で装飾されているほか、階段の部分には二体の天使像が守護するように立っていた。この祭壇の前の美しい廟の中に十字架上の救世主像がおさめられていた。これこそが、当教会がそのために建立された、奇跡で有名な〝エスキプラスの我らが主〟である。毎年、数千人という信者がこの寺院の階段を膝行し、あるいは重い十字架をかついで登るのだが、彼らは聖像に触れることが許されていないので、〝イエスの優しい御名〟という言葉が印刷された一ひらのリボンを手に入れて喜び帰って行くのである。

僧院に戻り、腰掛けてサン・マルティン大佐と話をしていると、司祭が入ってきてドアを閉めるなり、私に向かい、あなたの従者は忠実なりやときいた。アグスティンの顔は推薦状としては不向きである。マクドナルド大佐もドン・フランシスコも、そして後で知ったことだが、カスカラ将軍も彼には不信を抱いていたのだ。私は彼について知るかぎりのことを司祭に語り、カモタンでの彼の行動についても述べた。しかし司祭はアグスティンにお気をつけなさいと言った。そのすぐ後にアグスティン——彼は自分があまりいい印象を人に与えていないのを察したようだった――が懺悔をするから一ドル貸して欲しいといってきた。それで、わが頭のよい友人である司祭は、教育的偏見から自由にはなっていなかったし、あれほど熱心に披露した自分の意見をすぐに変えることもできなかったのだが、アグスティンは良いしつけを受けていると言った。

その日私は、その後全中央アメリカで観察することになるある事実を目にする機会に恵まれた。つまりそれは、原住民の村に住み、彼らのために誠実に献身する司祭たちの労働と責任にみちた生活である。わが立派な宿主である司祭は、教会の全ての行事を司り、病人を訪れ、死者を埋葬し、しかも町のすべてのインディオから相談相手として、また友人や父として見られていた。僧院の戸口はいつも開かれており、インディオたちがひっきりなしに彼をたずねてきていた。ある男は隣人と口論し、ある女は夫から虐待をうけ、ある父親は息子が軍隊に徴兵され、ある娘は恋人に捨てられたと、とにかくだれでも悩みや問題をもつ人々が司祭の助言と慰めを求めてやってきては、必ず心の支えをえて帰ってゆくのだった。その上彼は、町のあらゆる公務を処理する主要人物であり、町長の右腕でもあったから、はやくも私が危険人物ではないだろうかという相談を受けていたのだった。しかしこれら数多の仕事に加え、当時の危険と騒乱とは彼の身体をすり減らしていた。彼は四年前に首都を出てこの町の助任司祭になったのだが、その間の生活は労働と不安と危険にみち、よろこんで仕事に向かわせてくれるはずの社会的な交りがもたらす楽しみからもまったく離れており、インディオたちに慕われているとはいえ、彼の思想や感情に共鳴するものはただの一人もいないのだった。最近は、この国の問題が増え、内戦の暗雲はかつてないほど濃くなっている。彼はそのことを嘆いてはいたが、彼自身も言うように、それも長くは続かないだろう。彼の思考と会話のトーンはあまりにも優しく澄んでいたので砂漠の中に緑の一点をみるようだった。われわれは大きな窓の下の台座に坐っていた。部屋の奥はもう暗くなっていた。彼は窓の上の棧から一丁のピストルをとりだすとじっとみつめながら、弱々しい微笑みをうかべて、十字架が私を守って下さると言った。それから華奢な手を私の手のあいだにおき脈をみてごらんなさいと言った。脈はゆっくりと弱く、まるで一回打つごとに消え入りそうだった。しかし司祭は昔からいつもこうなのですと言い、いきなり立ち上がると、プライベートな勤行の時間ですとつけくわえて自室へ去っていった。それはまるでよき精霊が飛び去っていくかのようだった。

グァテマラ市へ早く到着したいという私の気持ちは強く、司祭の親切をながく享受することはできなかった。馬子を首にしようとしたが、すぐに代わりが見つからなかったのと、一日たりとも無駄にしたくなかったこともあって、やめさせることができなかった。通例では午後にエスキプラスを出て、二二キロの道のりを行くのだが、私には七頭のラバがおり、しかも荷物は四頭分だけだったので、その日のうちに二二キロだけでなく翌日の行程もこなしてしまうことにした。出発は早朝だった。別れを告げようと見やると、司祭とその友人の軍人とが並んで立っていた。それがキリストの謙譲と人間の誇りを表すかのように見えた。二人は私が出発するときに神のご加護があるようにと言ってくれた。

平原を横切っていくと、エスキプラスの山々がさらに雄大さを増したようにみえた。三〇分後、濃い樹木に覆われたケサルテペケ山の登りにかかった。山道はミコ山のときと同様にぬかるんでおり、穴と溝だらけだった。重い雲が山の上に垂れこめ、登ってゆくにつれて激しい雨が降りだした。しかし頂上に着く前に雲がはれ陽がさしてきた。すると、松の高木に覆われた雄大な山々を背後にしたがえたエスキプラスの平原が、次から次へと山肌を流れる雲の眺めと一体になって見えた。それは、かつて見たことがないほどの壮大な眺めだった。巨大な教会もまだ巡礼者たちに別れを告げるかのように姿を見せていた。しかし太陽の輝くばかりの光はすぐに陰り、再び雨が降ってきた。しばらくのあいだ、私は馬子がずぶ濡れになっている姿を見、かつ彼がぶつぶつ文句を言うのを聞いておおいに満足していた。それなのに何故か分からないのだがいきなり優しい気分になり、彼に熊の革のオーバーコートを貸し与えた。日差しが照ったり陰ったりするうちに、はるか下方にケサルテペケの町が見えてきた。下りの道はひどく急で、ぬかるみの穴や溝はかなり深かった。しかし山の上にかかっていた雲は私の幸運を象徴していたのである。実はその三週間後に同じ道を通ったキャサウッド氏がケサルテペケの神父から聞いたところによると、このとき私が大金を運んでいるという憶測のもとに私を殺し、金を盗もうという策略がめぐらされていたそうなのである。しかし、この誉めてやりたい計画も、私がこの道を通常習慣とされている午後ではなく午前中に通過したためにつぶれてしまったのである。

ケサルテペケはラバに乗ったまま通過した。通例では、グァテマラ市までの旅程を配分すると、午後ここまできて泊まるものなのである。しかしそのときはまだやっと午前十一時になったばかりであり、天空はアメリカ合衆国の九月のように輝き澄んでいた。町を通過してから、数人の女たちが洗濯をしている美しい川をわたった。じきにまたしても登りにかかり、山の頂上に着くと、一方の側が険しい崖の深い谷になっていた。断崖の淵ぎりぎりについている細道を伝って峡谷の底まで下りたのだが、その道たるや突出した狭い岩棚の上を通っていたり、岩を削って道をつけた箇所もあった。反対側の断崖も険しい岩壁になっていた。谷は深く狭く、これ以上ないほどに険しかった。谷底の岩床の上を水が流れており、しばらくの間はその上を進んで行った。切り立った崖の険しい細道をたどり、谷の反対側の頂きまで登ってから、その淵にそってしばらく進んだ。向かい側は垂直に立った巨大な石灰岩の塊で、むきだしになった黒い岩肌のところどころに草が茶色の土の上から生え出ており、それがときどき射し込む陽光にキラキラと光った。ふたたびその同じ谷底まで下り、川をわたったかと思うとまたすぐに崖の岩肌につけられた狭い細道を伝って頂上まで登り、入ってきたときと同じ側へ出たのだった。この谷の二回にわたる横断の困苦と言ったら口で言うのは不可能である。それがいきなり終わったのだ。谷の末端部分の一箇所に小さな農園があった。農園は片側にこの凄まじいばかりの断崖を見上げ、もう一方の側はおだやかな盆地に向いていた。

午後の三時サン・ハシントの小さな流れに行きあたった。その向こうに美しい高原が広がり、遠くには松の巨木に頂上まで覆われた山々がそびえていた。耕作地はなく、どこもかしこも未開の荒地だった。午後五時、川をわたりサン・ハシントの村へ入った。村に数軒ある小屋は丸太造りかあるいは泥を塗りかためて造られていた。教会の建物も同じように素朴な造りで、両側にトウモロコシの葉で屋根を葺いたあずまやがあり、隅の鐘架にはそれぞれ三個ずつ鐘が吊るしてあった。正面に二本の巨大なセイバの樹があり、根を三〇メートル以上も地表に這わせ、枝も同じくらいに広げていた。

村はケサルテペケの司祭管区にはいっており、ちょうどこのとき司祭がきていたので、私は彼の家へとむかい、エスキプラスの神父の紹介状を見せた。馬子はラバから荷をおろしもせずに回廊の床に身を投げ出し、恩知らずな身体にまだ私のオーバーコートを着たまま、こんなに長く歩かせて俺を殺す気かと罵りはじめた。これに私が反駁して大騒ぎになったので、神父にしてみればわれわれの突然の訪問による驚きから冷める間もあらばこそ、この騒ぎにまず面食らってしまったのだった。

しかしこの、背の丈ゆうに一八〇センチ、幅広い背中、支えないと落ちそうなくらいに迫り出した腹をもつ神父は、多くのことを支えることのできる人物だった。シャツとズボンを身につけているが、ボタンははずれたままである。しかしその心は身体と同じくらい大きく、また衣服と同じように開放的で、私がその日エスキプラスからやってきたというと、体力を回復するまで一週間はここにいなければいけないと言った。明日にも発つという私の言葉には耳をかしてくれなかったが、実際のところ、他の助けなしにはそれが不可能であることがすぐに分かった。というのはわが唾棄すべき馬子がその邪悪さを目一杯発揮して、高熱を発し倒れてしまったからだ。

神父は私の必死の懇願をいれて、翌日発てるようにラバを手にいれるべく力をつくしてくれた。おかげで、その夜のうちに村人たちと会うことになった。神父が一番信用している村人が言うには、いま旅をするのは危険である、というのも二人のイギリス人がホンジュラスで逮捕され、彼らは逃げたしたのだが、馬子や従者たちは殺されてしまったと言うのだ。私としてはこの話の真相を少しばかり明らかにすることもできたのだが、一方ではそんな胡散臭い連中のことなど知る値打ちもないと思ったのだった。神父は私の役にたてないのを申し訳ながって、とうとうこう言った。あなたのような地位や職にある方は――彼にはもうパスポートをみせてあったし、アグスティンがベリーズの大砲を鳴らしてあった――あらゆる便宜を得るべきであるから、自分自身がその便宜を計ってさしあげたいと。そして一人の男に向かうと、明日早く彼の農園に行ってラバを連れてくるようにと命じた。そうしてから、このときならぬ仕事に疲れてしまった神父は、巨大な身体をハンモックに投げ出し揺れながら眠ってしまった。

神父の世帯は二人の少年からなっていた。一人は聾啞でもう一人は痴呆だった。聾啞の少年はすばらしく機敏で腕力もあり、身振り手真似や手品遊びや、とくにスチールパズル（知恵の輪に似たおもちゃ）で神父を楽しませていた。彼と遊ぶときの神父の優しさと、巨体の主人にまつわりついて遊ぶ少年の一途さには、どこかとても興味をひかれるものがあった。ときどき少年は、自分の思うことを声で表現しようとして破裂しそうなくらいに興奮した。しかし結局はこちらの神経にさわる弱々しい声音しかでないのだが、それが慈悲深い神父と彼とをさらに緊密に結び付けるようであった。神父はしょっちゅうスチールパズルをとりかえていたが、少年の機知にはお手上げということがなかった。それを、哀れな愚鈍の少年は感嘆の目で見ていた。神父は痴呆の少年に、解けたら半ドルやるぞと言っては、聾啞の少年と一緒になって、その不器用な手つきを笑うのだった。神父は最後には二人を褒めて優しい言葉をかけた。それを聾啞の少年は理解し感謝しているようだったが、耳が聞こえる方の少年はまるで聞こえていないかのようだった。

神父はどうしても自分のベッドを使ってほしいといった。ベッドは思いのほか清潔で、蚊帳がついていた。ベリーズのマクドナルド大佐のベッド以来もっとも上等なものである。私が起きる前にもう彼はアグア・アルディエンテ（火酒）の瓶をもってやってきた。それからすぐに、チョコレートと甘いロールパンがきた。その日のうちに出発するのは不可能だということが分かったので、覚悟をきめて彼の好意のえじきになることにした。九時に朝食をとり十二時にフルーツ、二時に昼食、五時にチョコレートと甘いパン、八時に夕食、その間にしばしばアグア・アルディエンテ——神父が例のつき出た腹に手をのせて言うには消化に良いのだそうだ——の招待があった。彼は、エスキプラスの司祭とは、その人柄の良さをのぞいては、ありとあらゆる面で完璧に対照をなす人物だった。馬子の身体の具合は、本人が言うほど悪くはないのではないかと私はいささか疑っていたのだが、彼が神父の御馳走に見向きもしないので、本当に具合が悪いのだということが分かった。薬をやったが、彼は私を信用していなかったから怖くて飲めなかったと思う。

昼の十二時に神父が手配してくれたラバがやってきた。馬子は丈夫そうな混血の若者だった。しかしラバたちはその日すぐに出発できる状態ではなかった。午後、私は川岸にそって長い散歩をした。戻ると、セイバの木の下で行商人が商品をひろげていたので立ち止まってみた。商人の二個のトランクに入っているのは縞模様の綿布、ビーズ、角製の櫛、鋏などであった。商人のラバは長い綱で繋がれており、ピストルが二丁箱の上に置かれていた。

先に進むと、白い服を着て頭から赤いショールをかぶった女たちの一団に出会った。私はそれまで肌の色の濃い女たちをかなり見てきていたから、幾分は偏見から遠ざかってはいたのだが、好みは昔ながらの白い顔だちの方だった。ここでも私は、肌が白ければ白いほど美しいと思った。もっとも神父は私のこの意見にまったく同感というわけではなかった。近くの無人の家の軒下で、インディオの老婆が一〇人から一二人の原住民の娘たちにキリスト教の公教要理を教えていた。娘たちは格子縞の赤い綿布を腰に巻き、それを左側で結び、肩には白い布をかけていた。家の外のあちこちにいくつもグループができており、聖人の日の村祭りの準備をしていた。日が暮れるころ、今度は黒い長衣を着た神父のわきに坐っていると、村の最長老の白髪白髭の男と、手足が不自由な男と、バイオリンを弾く二、三人の村役の者たちが先頭に立って行列がやってきた。行列が神父の家の前に着くと爆竹が五、六発鳴らされ、全員があがってきて神父に挨拶し手の甲に接吻した。女たちが清潔な白い布にくるんだ包みを持って家の中に入っていった。チョコレートを飲もうとして中に入って見ると、テーブルの上はケーキと菓子で一杯だった。それから、全員が宵の祈禱のために教会へと向かった。私は、神父がいる村々は祝福されているということに思いをいたさざるをえなかった。この印象は後にこの国を旅している間、一歩行く毎にますます強められていったものである。

その日、聾唖の少年は私について行きたいという自分の思いを何度も私に分からせようとした。結局夜になると神父は彼の願いを聞き入れてやり、グァテマラ市への旅を許したのだった。翌朝早く、僧院は大騒ぎだった。よき神父はグァテマラ市への旅の準備に慣れていなかった。ラバの他にも沢山のものが不足していたので、彼は村人に足りない分を要求したのだ。この騒ぎの間に兵士が一人村に入ってきたので村人たちは警戒した。他の兵士たちの宿営準備のために寄越された斥候だったからである。神父は兵士に私が何者であるかを説明し、警備隊は私にちょっかいをだしてはならないと言った。やっとすべての支度が整った。神父の要請で集まった大勢の人々が戸口のところにおり、その中にはバイオリンを手にした二人の男たちもいた。神父は彼特有の大きなエネルギーをとくに食料に対して注いだのだった。チョコレートとパンとソーセージとトリ肉と、一箱のケーキとお菓子を用意し、かつ最後には聾唖の少年が、頭の上に牛の脇腹まるまる一つを載せて腕で支えながら出てきたのである。皮だけ除いたその脇腹は、肋骨が切断されており、荷物の上にカバーのようにして広げられ、網で固定された。他の荷物の上には大鍋が一個かぶせて縛りつけてあった。神父は私に親愛の情をこめて別れをつげ、聾唖の少年にはもっと愛情をこめて別れを告げた。午前九時に、バイオリンの伴奏つきで、しかもニューヨークのわが友人たちがビックリするような人出に見送られて首都への旅を再開した。廊下で低い呻き声がしたので馬子のことを思い出し、出発の間際にラバからおりて彼と数語優しい言葉を交わした。馬子の逞しい身体は熱のせいで衰弱していた。私は彼のせいで忍耐のぎりぎりまで怒りをつのらされたこともあったが、いくら悪感情をもっているとはいえ、彼にこれ以上ひどい状態を望む気にはなれなかった。助手の少年は馬子のそばに坐っていたが、あきらかに主人の病気で心優しくなっており、私の出発には無関心であった。

平坦な道を行くのはずいぶん久しぶりのことだった。この地方は地味が肥えているので豊かな物産に恵まれており、黒砂糖一ポンド（約四五〇グラム）が三セントで売られていたし、白砂糖は製造に時間がかかるにもかかわらず八セント、藍は一ポンドが二シリングで造られていた。ゆっくりと進んでゆくと、いきなりラバの鼻先に四人の兵士が飛び出してきた。彼らは、私が近づいてゆくまで完璧に姿を隠していたので、その突然の現れかたがまるで追剝のようだった。彼らは私のパスポートを読めなくて、私をチキムラまで連行すると言った。道はチキムラからすこし離れていたのだが、幸いなことに連行されてゆく途中、サン・ハシントで会ったあの兵隊が追いついてきて彼らを説得し、解放してもらうことができた。そこから先わずかな距離の所に、かつてわれわれがコパンへ向かって入っていった細道があった。あれから三週間しかたっていないのに、まるで何年も昔のことのように思えた。チキムラの古い教会のそばを通り、下って行った時と同じジグザグの小道を迂回しつつ山を越え、サカパ平原のモタグア川へと下りて行った。私は古い知人に出会ったかのようにこの川へ挨拶を送った。もう時刻は遅かったが、泊まれる場所は影さえみえなかった。日の暮れ直前、右手の小さな丘の上に男の子の姿が見えた。この少年がわれわれをサンタ・ロサリアの村に連れて行ってくれた。村は川が迂回してできた堆積地の上に美しい佇まいをみせていた。ほんの数軒の貧しげな小屋が寄り集まっているなかで、一番ましな家の戸口の前に人垣ができていた。しかし、だれもわれわれに止まるようにいわなかったので、一番貧しげな家の方へと歩を進めた。われわれが必要としていたのはラバにやるサカーテ（原注―ラバの飼い葉。干しトウモロコシか又はトウモロコシの茎や葉がもっとも良い）だけだった。私には神父が用意してくれた食料が豊富にあったので、聾啞の少年が牛の脇腹の肋骨を数本切って自分と馬子のための夕食を用意した。

夕食をとっていると、人垣ができていた家の中から嘆き声が聞こえてきた。夜になってからその家へ行ってみると、声は死者を嘆くものだった。家の中に数人の女たちがおり、一人が手をもみしだくようにしてこう言っているのが聞こえた。「あァ、われらがエキプラスの主さま、何故あの人を連れていってしまわれたのですか。」その声を掻き消すかのように馬の蹄の音がすると、一人の男が入ってきた。男の顔つきは闇の中でわからなかったが、彼は馬に乗ったまましわがれた声でこう言った。司祭が死者を埋葬するために六ドルを要求していると。その場にいた一人が「なんてひどい。あんまりじゃないか」と叫ぶと、他の者たちが、死者は自分たちで埋葬すると言った。馬上の男は相変わらずしわがれた声で、道に埋めようが山に埋めようが、川に埋めようが神父には料金を払わなければならないと言った。また人々のわめく声があがったが、未亡人が涙声ながらはっきりと、その金は払わなければならないと言い、それからまたすぐに大きな声をあげて嘆き始めた。「私のたった一人の支えだったのに。あんたは私の慰めだったし、考えることも思うことも一緒だったのに。あんなに元気で、藍の革袋だってもちあげられたのに。」「家畜を買いにゆくと言うから、それなら、私に綺麗な布や耳飾りや指輪を買ってきてねって頼んだのに。」こうした言葉やつんざくような嘆き声の調子は、かつてナイル川のほとりで目にした同じようなシーンを思い出させた。村人たちの一人が私を家の中に招じ入れてくれた。遺体は床に横たえてあり、首から足まで白い綿衣で覆ってあった。二十二歳をこえてはいないだろうと思われる若者だった。上唇の上にわずかに口髭が伸びだしており、背が高く、ほんの一カ月前には〝藍の革袋を持ち上げられる〟ほど力にあふれていたのだ。家畜を買いに家を出た彼は、熱を出して戻り一週間後に亡くなった。顎の下に顎骨を支えるための包帯をしていた。細い手首は胸の上で組まれ、先が細くなった指には、トウモロコシの皮を縫い付けて造った小さな十字架をもっていた。頭の両側にロウソクが一本ずつ灯されており、床をはいまわる蟻たちが顔の上に群がっていた。未亡人は私に目をとめなかったが、母親と二人の妹たちは私にむかって、薬をもっていませんか、彼を治せませんか、もっと前に会っていたら治してもらえたでしょうか、と尋ねてくるのだった。

悲しみに沈む家族と別れ、家の外へ出た。戸口に、私をこの家へ招じ入れてくれた男がいて、仲間たちの間に席をすすめてくれた。そしてアメリカ合衆国のことや、それがどこにあるのか、習慣は自分らのと同じかと質問してきた。じきに彼らの多くが、そこから二、三メートルのところに友人の遺体が横たわっていることを、未亡人の嘆き声さえ聞こえなければ忘れてしまいそうになっていた。

そこに一時間ほどいてから小屋へ戻った。軒下は豚で一杯になっており、中も豚小屋そのもので、蚤と子供だらけだった。口にタバコをくわえた女——彼女の声は私が聞いたことのないほど耳障りなものだった——が、次から次へと子供を連れてきては部屋に押し込めた。私の従者たちはもう外で寝ていた。なめしていない牛の革を一枚貸してもらって小屋の端の方の床に敷き、その上に自分の鞍敷布を置いて横になった。昨日は蚊帳つきのベッドに寝たというのに何という違いだろう。私のような〃位と職〃にある人物がこんな風に寝ているのをサン・ハシントの神父が見たら何と言うだろう。女は眠れないらしく、何度も何度もタバコを吸いに外へでたり、豚を追い出したりしていた。朝、鶏の鳴き声がすると、女の不快な声と葬式の家から聞こえてくる嘆き声とが私を迎えたのだった。

第九章

夜明けに、モタグア川で沐浴した。その間に聾唖の少年がチョコレートをつくり、若者の遺体はその最後の住処へと運ばれていった。悲嘆にくれている家へゆき、遺族たちに別れを告げてから旅を再開した。右手に再びモタグア川とヴェラ・パスの山々が見えてきた。道は平坦だが、おそろしく暑く、喉が乾いて困った。昼頃、フィシオリ村で二時間ほど休憩し、午後も遅くなってから、花盛りのリンゴの木に似た樹と枝の長さが九〇センチから四・五メートルもあるトゥナつまりサボテンに覆われた台地に着いた。先頭にいた私は、一日中鞍の上だったしラバを休ませたくもあったので、ラバから下りて歩いた。馬に乗った男が追いついてきて、あなたのラバは疲れていますよと言ったので可哀相になったのだ。しかしラバは端綱をとられる習慣がなく後ずさりして引っ張るので、この新しい知人はしきりに笞で打つのだった。私はかの寓話をおもいだし、誰をも一様に満足させることなどできはしないのだからと思って、またラバに乗り共にチマラパへと向かったのだった。

町は細長く、みすぼらしくて、大きな教会があったが司祭はおらず私は役所へ向かった。役所は公共の建物であるとともに、一種の隊商宿つまり旅人のための休憩所にもなっていた。これは、いまでもスペインに残っている東洋の習慣であり、アメリカ大陸におけるかつてのスペインの植民地に導入されたものである。役所は大きな建物で広場に面しており、漆喰の上から白い上塗りがほどこされていた。一方の端が町長の司る一種の裁判所になっており、もう一方の端には監獄の格子が見えていた。真ん中の部分が九メートル×六メートルほどの部屋になっており、壁は剝き出しで椅子もなければベンチもテーブルもなかった。荷物をここに入れて、ハンモックを吊るしていると町長から夕食が届けられた。太鼓とバイオリンの音が聞こえてきたので、その音がする家へ行ってみた。家は、結婚式の祝いに集まった男女で一杯で、ハンモックに揺れているもの、タバコを吸うもの、踊るもの、酒を飲むものたちがいた。私は前夜、葬式に立ち会ったばかりである。そして今夜は、吐き気を催すような酔っぱらいたちの見せ物であった。いかにもゴロツキといった男が私にいいがかりをつけたそうな素振りだったので、そっと役所へ戻り、ドアを閉めてハンモックに横になった。

翌朝は早くに出発した。町を後にしてからしばらくの間は、道の両側に高さ一・二メートルの叉木の上に棒をわたした柵がつづき、そこにサボテンの長い実がすずなりになっていた。道は前日と同じく平坦であちこちにサボテンが生えていた。またしてもひどい暑さだった。午後、高い山の麓に、ココナツ椰子の小さな林が陽光を受け、まるで銀板のようにキラキラと光っているのが見えてきた。その林の中にグアスタトヤの町があった。午後の四時に美しい佇まいの町の中へと入った。広場の向こうにトウモロコシが波打っている盆地を見やりながら、グアランで世話になったバルトラ夫人が紹介してくれた夫人の兄弟の家へと向かった。

卵とインゲン豆とチョコレートとトルティーヤの美味なる夕食をとり、長靴をぬいでハンモックに横になった。その時、剣を腕の下にはさみこんだ町長が、わが宿主ほか数人の男たちを従えて部屋に入ってきた。彼が言うには、窃盗団の一味が私をねらっており、すでに自分の手の者たちが捕縛におもむいている、そこであなたの武器と従者を貸してほしいというのだった。従者を貸す意思は十分に持っていた。というのも彼らなら夜道を戻ってくることができるだろうと思ったからだが、武器については目を離さないほうが安全だろうと考えた。私はその日、本街道に入った安心感からピストルや銃の弾を抜いてあった。長靴をはき、弾をこめ、彼らに余分の武器を配ってから、一緒に外へ出た。馬子は行きたがらなかったが、聾啞の少年は顔を真っ赤にしてマチェーテを抜きはらいわれわれのあとに続いた。

外は真っ暗で、灯りの外へ出たばかりのときは何も見えなかった。それでも彼らの後をつまずきながら続いた。一行はすばやい身のこなしで音もたてずに広場をよこぎり、町を通り抜け、町はずれにポツンと一軒だけある小屋へと近づいて行った。小屋は側面をわれわれにむけて、戸は閉まっていたが、両端から火明かりがもれていた。この小屋に、追跡されていることを知ってか知らずか泥棒どもがいるらしかった。すぐに打ち合わせをして、グループをわけ、半分が両端から侵入し、町長たちは悪党どもが逃げださないように銃を撃ちかけるということに決まった。われわれは小屋へそっとしのびより両端から同時に襲いかかった。しかし捕ったのは床に坐って火をかきおこしている老婆一人だけだった。老婆はわれわれが入っていっても驚いた風もなく、皮肉な嗤いをうかべて「鳥どもはもう飛んでいってしまったよ」と言った。このときマスケット銃の破裂音がした。それは賊を見張っていた者たちからの合図だったから、みなどっと外へ出た。もう一発音がしたのでさらに足を速め、たちまち山の麓に着いた。登っていく途中、町長が山肌を四つんばいになって登っていく男の姿が見えたと言って、私の二連発銃をひったくるとまるで山シギでも撃つかのように平然と発砲した。全員がその後を追って行ってしまい、私とアグスティンと聾啞の少年だけがとり残された。

私はあまり急がずに、かつときどき遠くの町の灯を振り返りながら先へ進んだ。しかし目の前にあるのは見知らぬ山と暗い夜である。そこでこう考えた。つまり私としては、襲われたらそのときに防衛すれば十分なのであり、この件は私のせいで起こったとはいえ、泥棒どもの手から町を救うのを手伝って夜を過ごすというのはやりすぎではないかと。そして次に、もしわれわれが追跡している紳士たちが戻ってきでもしたら、私の帽子と白い服は目立つし、ここで彼らと出会ったら危険であると思い至ったのである。そこでどうしたら一番良いかゆっくりと考えるために町へ戻ることにした。広場に着いた時はまだ自分の考えをはっきりと決めかねていた。

広場で立ち止まっていると、数分後に一人の男が通りかかった。彼が言うには、本街道で泥棒どものうちの二人に出会ったが、二人は明日あなたを襲うつもりだと言っていたというのだ。泥棒どもは、私がカレーラの副官であると思い込み、軍隊に支払うための大金を運んでベリーズから戻る途中だと信じきっていたのだった。一時間ほどして町長が警官たちと帰ってきた。私は、誤解から窃盗団に襲われるなどとは考えてもいなかったのだが、賊どもが先行して遠くから私を撃つことは大いにありうることなので、町長に、人を二人先行させて見張ってほしいと頼んだ。私は、この土地にも、下らない警戒騒ぎにも、ほとほと嫌気がさしていた。

しかし夜のうちに落ち込んだこの気分は、朝の光を見ると消えてしまった。グアスタトヤを出てしばらくの間は、柵囲いで仕切られた耕作地の間を進んだ。私はそのうちに、泥棒に襲われる心配をすっかり忘れてしまい、荷駄のラバの遅い歩みに飽き飽きしてきたので、彼らをかなりひき離して先へ進んだ。午前十一時に峡谷に入ったが道があまりにも険しかったので、これがグァテマラへの本街道であるはずがないと思った。ラバの足跡ひとつないので戻って別の道をとった。その結果道に迷ってしまい一日中一人で歩きまわることになってしまった。アグスティンや馬子の消息がまったく分からず、きっと彼らは私の先を行っているに違いないと信じて進み続けるより仕方がなかった。歩みを早めて、夜に入るころ私は道のかたわらにある農園に入った。丁重に迎えてくれた農園の主人はムラートであり、驚いたことに私はもうグァテマラへの道のり一日分の距離を進んできてしまっていたのだった。主人は荷物が心配ですねと言った。しかし、その晩はもうどうすることもできなかったので、主人一家の守護聖人であるマリア像が祀ってある大きな祭壇の前で横になった。夜の十時ころ、アグスティンと馬子が到着して起こされた。彼らは私のことが心配だったが、彼ら自身にも問題が起こっていたのだった。ラバの二頭がばててしまい、休ませて放牧するために足を止めざるをえなかったのだ。

翌朝かなり早い時間に、荷物を馬子に託し（ついでながらこの時期それは慎重さに欠ける行為であった）、着替えだけを持ってアグスティンとともに先へ進んだ。まもなく険しい山の登りにかかった。一歩進むごとに現れる自然の素晴らしい景観をほしいままにしながら、かなり急な山道を登っていった。頂上に着くと、足元のはるか下方の山々に囲まれた盆地にエル・プエンテ村が見えた。村の周囲の地面はラバの隊商に踏み固められて白くなっていた。村へむかって谷間を下り、泡だち流れる急流の上にアーチ型にかけられた石橋をわたった。ここで自分たちが崇高なまでに険しい山々に周囲を囲まれているのを知った。それは、スイスの最高に美しい景色を思わせるものだった。橋の向こう側に、別の山の登りが始まっていた。うねうねと続く道のかなり高所から眺めると、はるか下方にある村と橋の景色がこの上もなく美しく見えた。少しばかり下った所で、小屋が数軒寄り集まっている小さな集落を通過した。集落は山の尾根に位置し、両側の一二〇〇メートルから一五〇〇メートル下方には広大な盆地が広がっていた。美しい尾根を進み、地味の豊かな台地へとおりた。草原の上に入口のゲートが見えた。それがイギリスの樹木に飾られた公園の、起伏のゆるやかな景色を思わせた。草原のほぼ中央にサン・ホセ農園があった。石造りの建物は長く平たく、正面に回廊がついていた。それはまさに、おもいもかけぬ時に心の琴線に触れてくるような場所の一つであり、旅人に楽しい思い出をよみがえらせ、ずっとそこにいられるような気分にさせる場所だった。ましてやわれわれはまだ朝食をとっていなかったから尚のことありがたい場所だった。

この農園は牧畜を業としており、数百頭という牛が放たれていたが、われわれに供されたのは卵とトルティーヤとゆでたインゲン豆だけで、しかも豆はフレッシュ・チップ一皿分くらいしかなかった。ここを過ぎてグァテマラへの最後の道のりにかかった。道は、緑に覆われたヨーロッパの牧場のように肥沃な台地の上をのびており、樹木にかざられた風景はまさにイギリスそのものだった。木陰には、グァテマラ市を真夜中に発ちすでに一日分の仕事を終えたらしい馬子たちが憩っていた。傍らに馬具や荷物が壁のように積まれており、ラバがすぐそばで草をはんでいた。台地の上に小屋が一列にならんでいたが、もし人間の手によって醜く変形されずに飾られてあれば、詩的な美しさをもつ土地であるにちがいなかった。背に荷をかついだインディオの男女のグループが手に爆竹の束をもち、〝ラ・カピタル〟(首都)——グァテマラ市のことを彼らは誇らしげにこう呼んでいた——から山の中にある自分たちの村へ帰ってゆくところだった。彼らが口をそろえて言うには、二日前にカレーラが兵を引き連れて再度グァテマラ市に入ったということだった。

首都まであと一一キロの距離というときになってアグスティンの馬が倒れてしまった。私は日が暮れる前に是非ともグァテマラ市を見たいと思っていたので、先に進んだ。もう午後もかなり遅くなってから小さな丘を登ると、目の前に巨大な二つの火山があたかも大地を嘲弄するかのように天まで届く高さで聳え立っていた。これがアグアとフエゴの大火山である。距離は六四キロ、高度はほぼ四五〇〇メートル、とてつもなく雄大で美しかった。それからまもなくすると、山々に囲まれたグァテマラの大きな平原が見えてきた。その中央にグァテマラ市が、広大な広がりの中の小さな点のようになって見えた。丸屋根や鐘楼をもつ教会と僧院そして夥しい数の小塔がみえ、その静穏な様はあたかも都市の上に平和の精霊が憩うかのようだった。歴史的な由来はないが、そのたぐいまれなる美しさそのものが旅人たちの心に決して消えることのない印象を残す町である。私はラバをおりて繋いだ。まだ太陽の光が屋根瓦や丸屋根の上を照らしており、それがあまりにも眩く輝いているので、目をそばめなければ見ていられないほどだった。日輪は刻々とアグア火山の頂上に接してゆき天空を真っ赤に染めながら、ゆっくりとその球体を火山の背後に沈めていった。頂上には絢爛たる黄金の雲が山肌を包み込むかのようにたなびいていたが、見つめている間に金色が消え、その輝かしい眺めは幕を閉じた。

アグスティンが、ビッコをひく哀れな馬を後ろに連れて、ピストルを手にやってきた。彼は道中ずっと、いかにカレーラの兵隊たちが乱暴であり、市外地に泥棒どもがあふれかえっているかということを聞かされてきたので、誰であれ自分にものをたずねるやつがいたら即座にぶっぱなすつもりでやってきたのである。そのピストルをしまわせてから、二人とも鞍にまたがった。まだグァテマラ市までは、大きな谷をわたらなければならなかったのだ。谷底に着いたときはもうかなり暗くなっていたので、荷駄をつんで道をやってくるラバの隊列にあやうく押しつぶされそうになった。谷の反対側の崖を登ったところで市外門の中に入ったのだが、グァテマラ市まではまだ二キロ半の距離があった。門の内側には貧しげな小屋掛けの家々があり、その前の大きな焚火のまわりに酔っぱらったインディオたちが群がり、ごろつきの兵隊どもがマスケット銃を空へむかって乱射していた。アグスティンが、馬に拍車をかけて急ぎましょうと言ったが、彼の哀れな馬はすでにばてていて並足で進むより仕方がなかった。私はまだ泊まる場所をきめていなかった。グァテマラ市にはホテルがない。何故ホテルがないのかとかの地のある紳士に尋ねると、「ホテルなどグァテマラで何の役にたちましょうか、グァテマラを訪れる人なんかいるのですか」というのが彼の答えだった。私は何通か紹介状をもっていたが、その中の一通はイギリスの副領事であるホール氏宛のものだった。私は幸いにも彼の親切に頼ることにしたのである。

ボロ切れをまとった一人のインディオをえらび、ホール氏の屋敷まで案内してもらうことにした。彼のあとについてまっすぐな長い道をたどって市街に入った。田舎育ちの私のラバは家があまり沢山あるので驚いているようだった。ラバは道の真ん中を走っている大きな排水溝をわたるのを嫌がったが、拍車をあてると疲労困憊でいたはずなのに一跳びでとび越えた。それはよかったのだが、手綱が切れてしまったので、鞍から下りてラバをひいて行かなければならなくなった。アグスティンは、自分の哀れな馬がすっかり弱りきっていたので、私のラバに答をくれながら徒歩でついてきた。インディオの道案内人は、後ろになり前になりながらわれわれを助けてくれた。こうしてグァテマラの街を歩き回ったわけであるが、多分これほど控えめな首都入りをした外交官はかつて一人もいなかっただろう。わが間抜けなインディオの案内人はホール氏がどこに住んでいるのか知らなかった。道をたずねるにも人が見つからず、案内の彼にぶつぶつ不平を鳴らしながら一時間も排水溝の上をラバをひいて歩いたすえに、やっとめざす家をみつけることができた。扉を叩いたがなかなか返事がなく、しばらくしてやっと一人の若者がバルコニーの窓の鎧戸をあけて、ホール氏は留守だと言った。しかし私はあきらめず、名前を告げた。すると若者はひっこみ、やがて大扉が開かれ、ホール氏自身が私を迎え入れてくれた。彼が言うには、すぐに開けなかったのはその日兵隊たちが給料を要求して蜂起し、市内で略奪をおこなうと脅迫していたせいだった。カレーラは兵隊たちを鎮めるために奔走し、ホール氏の隣人のフランス人商人から五〇ドルの借金をしたそうである。しかし、市民は緊張しており、私が扉を叩いたときホール氏はいよいよ兵隊たちの略奪が始まったかと警戒したのだった。氏は国旗用の旗竿をとりはずしていたが、それというのもつい最近兵隊が入ってきて、国旗があがっているのを目にし、これは戦いの旗だと言ってそれに発砲したからだという。兵隊はほとんどが村から出てきたインディオで、無知な上に傲慢だった。数日前も氏の帽子を一人の歩哨がはらい落としたそうであるが、それは彼が前を通るときに帽子をとらなかったからだという。このため氏は現在、政府に対して抗議中であるとのことだった。（原注—カレーラが言うところによれば、彼の命令によりその歩哨は鞭打ち二百回の刑を受けたそうである。）市内全体がビクビクしており、夜外出するものなど誰もいないので、どうして私が無事にここまで歩いてくることができたのかとホール氏が感嘆したほどだった。こんな話はどれもこれも愉快なものではなかったが、それでもついにグァテマラ市にたどり着いたという満足感は大きかった。この国に着いて初めて私は上等のベッドと清潔なシーツにありついたのである。その日は私がニューヨークで船に乗ってからちょうど二カ月目にあたり、この国に入ってからはわずか一カ月しかたっていなかったが、私にはすくなくとも一年はたったように思えた。

その夜の贅沢な休息は今でも記憶に残っている。朝のそよ風は澄みきっており、それまで経験したことがないほど私を元気づけてくれた。海抜一五〇〇メートルの温暖な台地の上に位置するグァテマラ市は、気候が常春で、全体の様子はイタリアの最上クラスの町々を思わせた。市街は九〇メートルから一二〇メートル四方の区画からなっており、道は碁盤の目状に交差していた。家々は地震にそなえて平屋建てではあるが広々としており、扉が大きく、窓には鉄製のバルコニーがついていた。市の中央部には石を敷きつめた〝プラサ〟と呼ばれる一辺が一三〇メートルの広場があり、三方に柱廊が見られた。そのうちの一つにはかつての総督の宮殿とアウディエンシア（植民地時代の司法行政庁）の館があり、もう一方には役所と市のいろいろな建物があり、三番目の柱廊には税関と先のアイシネナ侯爵の邸宅、四番目の側には現代建築で最も優れた建築様式とされる建造物である立派な大寺院があって、これを挟むようにして大司教館と男子校があった。広場の中央には石造りの立派な大噴水があり、一一キロ離れた山々から引いてきた水が湛えられていた。広場はまた市場としても使用されていた。教会や僧院は広場の美しさに調和しており、その豪華で見事な様は、イタリアやスペイン本国を旅したことのある人々の目でさえ引きつけるにちがいないものだった。

この町の創建は一七七六年であるが、それはわがアメリカ合衆国の歴史上でも記念すべき年であったので、われらの祖先がこの隣人たちの苦難に思いをいたすことはあまりなかったのである。当時、グァテマラ市から四〇キロはなれた旧首都が地震でこなごなに崩壊してしまったので、住民たちはこれを放棄し、ラス・バカスの肥沃な盆地に現在の首都をスペイン総督府の威厳に見合う様式で建設したのである。どんな町でも第一印象がこんなに好いことはめったにないことである。市街を二時間ほど歩いて唯一嫌な思いをさせられたのはカレーラの兵隊たちの姿だった。薄汚い恰好とその傲慢な目つき。私がまず思ったのは、ヨーロッパやアメリカ合衆国ならどんな街であれ、市民がこんな野蛮人たちの横行を許さず、集団で立ちあがり、彼らを市外へ放り出しているだろうということだった。

午前中に、前アメリカ合衆国代理公使のデウィット氏が住んでいた家に引き移った。私は街の家々の外観に好印象をもったものだが、内部にいたってはすっかり魅了されてしまった。入口は大きな両開きの扉で、玄関には黒と白の小石が敷きつめられており、同じく石を敷きつめた中庭へと続いていた。両側は四角い赤レンガを敷いた広い回廊になっており、その縁を花々が飾っていた。玄関の横手の、街路に面した側にある控えの間には大きなバルコニーつきの窓があった。これにつづく居間には窓が二つあり、一番奥のドアが食堂へと続いていた。食堂はドアと二つの窓が回廊側に開いており、もう一つ別のドアが奥の寝室に通じていた。寝室には窓が一つとドアが一つついていた。別に同じ大きさの部屋があり、ドアと窓は全部回廊に向けて開かれていた。建物と回廊は中庭を巡って続いており、反対側の中央には召使たちの部屋と、角には台所と馬小屋があるが、それらは全て視界から隠されており、それぞれに別の取水口がついていた。これがグァテマラの家々の間取り図である。しかしもっと大きな家もあり、たとえばアイシネナ家の屋敷は六〇メートル四方を占めているが、私が見たうちで最高の美観と居心地のよさを合わせもっていたのはこのわが家であった。

午後二時に荷物が到着し、私の新しい住居はさらに住み心地がよくなった。〝サラ〟つまり応接間には造り付けの大きな本棚があり、その棚に黄色い背表紙の書物が並んでいたのでニューヨークの弁護士事務所を思い出して胸が熱くなった。公使館の文書ファイルはしごく重々しい感じがしたが、デウィット氏の机の上にはもう一つ祖国の思い出が置かれていた。それはアメリカ独立宣言の写しだった。

私の最初の仕事は、キャサウッド氏のために信頼のおける護衛隊を送る手配をすることだった。次にしなければならなかったのは、信任状を捧呈すべき政府を探し出すことだった。

グァテマラは、征服時代からずっとスペインの植民地として深い平穏の中にいた。インディオは白人の権威におとなしく服従し、誰もがカトリック教会の神聖なる権利を尊重していたのである。今世紀のはじめアメリカ大陸の精神にわずかながら光が射し込み、一八二三年にグァテマラ王国――と当時は呼ばれていた――がスペインからの独立を宣言し、後にメキシコと短期間連合した後、中央アメリカ連邦の名のもとに共和国として独立した。連邦協定の条項によると連邦を構成するのはグァテマラ、エル・サルバドル、ホンジュラス、ニカラグアおよびコスタ・リカの五つの国家である。チアパスは必要とあれば連邦に加わることができたのだが一度もそうしなかった。グァテマラの一地方であるケッツァルテナンゴはのちに分離して国家となり連邦に加わった。

独立の揺籃期にすでに怪物的な党派精神がうごめいていたせいで、早速貴族派と民主派との間に境界線が形成されるにいたった。私には、最初のうちはこれらの党の地元での名前が紛らわしく感じられた。というのは、前者は中央党あるいは従属党と呼ばれ、後者は連邦党、自由党あるいは民主党と呼ばれていたからである。本質的にはわが国の連邦党や民主党と同じである。読者は多分、どこかの国では連邦党と民主党とが政治的に同じことを意味しうること、つまり私が連邦派という時それは民主派をさしているということが理解しがたいだろう。混乱をさけるためにこれからはこの国の貴族派を中央党、民主派を自由党と呼ぶことにしよう。前者は、わが国の連邦党と同様に、連邦政府の権力の強化集中を主張しており、後者は各国家の主権維持を主張して戦っていた。中央党を構成しているのはいくつかの主導的な家族で、彼らはスペインの旧政府のもとでは輸入に関する一種の独占的特権を有していたので貴族的な雰囲気をもっており、司祭や僧侶および国民の宗教的な感情面からの支持を得ていた。自由党の方はカトリック教会の軛をふりほどいたほどのエネルギーと知性をもった人々で構成されており、その開放された意識からほとばしり出る熱気で、それまで国民の精神を枢布のように覆っていた迷信の黒いマントをいっぺんにひきさいてしまった。中央党派は慣習的な植民地制度の保存を望んでいたから、教会の特権や自分たち自身の利益や偏見に直接的あるいは間接的にでも攻撃や改革が加えられると、ことごとく抵抗した。自由党派は熱しており、改革の輝かしい計画を抱きながら、民衆の慣習や感情が速やかに変わることを期待し、かつ一刻の間も惜しむように新しい理論を打ち出し、旧弊を掃討せんとしていた。中央党派が忘れていたのは、文明が間仕切りというものの存在を認めず、じっとしていることなどできない嫉妬深い女神であるということである。一方、自由党派は、文明というものが知性と慣習と法律との調和を必要とするものであるということを忘れていたのである。自由党派が模範にしようとしていたのは、アメリカ合衆国とその自由主義的な組織なのだが、中央党派は、中米では広大な土地に多種族からなる無知な民衆が四散して音信不通の状態で存在しているので、合衆国をモデルにするのは単なる妄想であると反論していた。第三回目の連邦議会で両党は公けに決裂し、連邦の中で常に最もリベラルな国であったエル・サルバドルの議員たちが退場した。

グァテマラの副元首である自由党派のフローレスは、ケッツァルテナンゴの僧院に税金を課したので司祭や僧たちから憎まれていた。彼がかの地を訪れたとき、僧院の僧たちが奴は信仰の敵だと住民を煽動したので、彼がいた家の前に暴徒が集まり、「異端者よ、死ね！」と叫び声を上げはじめた。フローレスは教会に逃げ込んだが、入口のところで一団の女たちに捕まった。女たちは彼の手から杖を奪いそれで彼を打ちすえ、帽子をはぎとり、髪をつかんでひきずった。彼は暴徒の手を逃れ、説教壇（教会内壁の高所に突き出ている手すり付きの演壇）に駆け登った。警鐘が打ちならされ、町の全住民があっという間に広場を埋めつくした。教会の入口の警護にあたった兵隊たちは棒切れや石で攻めたてられた。群衆は障害物を乗り越え教会の中へ「異端者め、死ね！」という叫び声を天井に響かせながらなだれ込んだ。説教壇へおしよせた何人かは演壇の蝶番をはずそうとし、あるものはよじ登ろうとし、他のものたちは長い棒の先にナイフを結びつけて哀れな副元首に切りつけた。その間に悪魔のような一人の少年が説教壇の飾りの突起部分に片足をかけるや、もう一方の足を宙にあそばせたまま身を乗り出して彼の髪の毛をつかんだ。フローレスと一緒に説教壇にいた司祭は、自分が手をかして起こったこの暴動に恐れをなし、天にむかって祈りの言葉を唱え、群集にむかっては、町からすぐに出るよう副元首に約束させるから許してやってほしいと嘆願した。哀れなフローレスはひざまずき約束は必ず守ると言ったのだが、僧たちにかりたてられた民衆はすでに宗教的な興奮で狂ってしまっていた。彼らは救世主の像の前にひざまずくと「おゝ、主よ、われらはあなた様を敬い崇拝します」と叫び、「されどあなた様の名誉と栄光のために、この罰あたりな異端者は死なねばなりません！」と怒りに燃えた叫び声をあげた。そうして彼らは、フローレスを説教壇からひっぱり出すと、教会の床の上を僧院の回廊まで引きずってゆき、猛り狂った狂信的な暴徒の手に引きわたしたのである。鎖を解かれたフリアイ（ローマの復讐の女神）のようになった女たちが、拳骨や石や棒で彼を殴りつけて殺してしまったのである。この人殺したちは、彼を裸にすると、ズタズタの見るも無惨な姿のまま放りだし、民衆の罵り声を浴びるにまかせて、「信仰万歳！　国会の異端者たちよ死ね！」と叫びながら自由党派の者たちの首を求めて町に散っていったのだった。国中に信仰の狂信的な嵐が吹き荒れたこの時期にグァテマラの自由党は壊滅したのである。

しかしもともと自由主義派のリーダーであったエル・サルバドルがただちに報復に出、一八二七年の三月十六日、その軍隊がグァテマラの市外門に姿をあらわし首都を破壊すると脅かした。しかし宗教的な熱狂はあまりにも強く、司祭たちは街中を走り回って民衆に武器をとれと煽動し、抜き身のナイフをもった女たちの暴徒の群れの先頭に僧が立ち、自分達の信仰を妨害せんとするものはことごとく破壊すべしと誓ったのだった。そのためエル・サルバドル軍は破れて逃亡をよぎなくされた。両党は二年間というもの果てしない闘争をつづけた。一八二九年、現在自由党の首領となっているモラサン将軍が率いるエル・サルバドル軍が再びグァテマラへ進軍し、三日間の戦闘の後勝利をおさめ首都に入った。中央党のアイシネナやパボン、ピニョルなどのリーダーたちは全員が降伏または逃亡し、僧院は破壊され僧侶の組織は廃止されて、僧たち自身も船で国外に逃れ、大司教は――追放を恐れたかあるいはもっとひどい目にあわされるのを恐れてか――命からがら逃走してしまった。

一八三一年、モラサン将軍は共和国の大統領に選出され、任期がきれると再選された。八年間にわたって自由党が完璧な勢力をふるったわけだが、後半は政府を維持するために強制借款と税の厳しい取立てをおこなったせいで、あるいは中央党派が言うように、放埒で無節制な役人の貪欲さを無制限に許したがゆえに、党に対する大きな不満をひき起こした。教会派の党が常に目を光らせていたのである。彼らはアメリカ合衆国やメキシコや国境付近に逃亡していたのだが、常に目を故郷に向け、連絡を取り合い、不満が増大してゆくのを見守っていたのだ。そのなかで外国での生活に困窮した幾人かが、危険を承知で帰国したところまったく問題がなかったので、たちまち他のものたちもこれに続いた。この時期カレーラの蜂起がはじまったのだが、当初それを恐れていたのは自由党派よりむしろ中央党派であった。ところが、カレーラがいきなり政府の名目上の頭に据えたのは驚いたことに中央党だったのである。

私の到着前の五月に大統領と上院議員と下院議員の任期が切れたのだが、交代のための選挙は行なわれなかった。副元首――彼はまだ任期が終了していないうちに選ばれた――は連邦政府の唯一人の生き残りだった。グァテマラ、ホンジュラス、ニカラグア、コスタ・リカは連邦から各自勝手に独立を宣言していた。エル・サルバドルとケッツァルテナンゴは連邦政府を支持しており、モラサンは連邦軍の最高指揮官としてフェレーラを敗走せしめ、ホンジュラスに軍を駐屯させていた。これにより自由党が現在は三ヵ国を治めているわけである。

というわけで、事実上、国家は〝三対三〟ということになる。私の政府はどこにあるのだろうか。最後の議会が解散前に、政治上の病に効く万能薬、つまり憲法改正議会を提唱してあった。イギリスとフランス政府は中央アメリカの政府らしきものに対して総領事をおいていた。どちらの国も条約は一つもなかった。というのもイギリスは、べリーズとホンジュラス湾のロアタン島に関する権利要求をすべて放棄するという条約でなければどんな条約も結ぶことができなかったからであり、フランスとの間には条約がひとつ作成されていたのだが、グァテマラの上院はフランス総領事から本気で圧力をかけられたにもかかわらず、これを批准しなかった。中央アメリカと条約を結んでいる唯一の政府であるアメリカ合衆国政府はデウィット氏が国を出るまでは代理公使を置いていたのである。イギリス総領事は連邦政府の存在を否定する回状を出していたし、フランス領事は両党のどちらともあまり良い関係を結んでいなかった。そして今到着した私がどんな方向をとるかということが政治家たちの興味の対象となっていた。

グァテマラの政治には一面しかなかった。両党とも統一意見を生むための素晴らしい方法をもっていたのである。つまり自分たちと意見を異にする人間はことごとく国外へ追放してしまうのである。私は、自由党派の人間がいたとしても一人にも出会わなかったし、あるいはいても自分がそうであると言う勇気がなかったのだろう。中央党はわずか六ヵ月前に権力の座についたばかりで、まだそのことに驚きを隠していないありさまであり、傲慢と恐怖の間を揺れ動いていた。旧家——その主要メンバーが国外追放にあったり、公職追放になっていたのである——と僧たちは、自由党の追放に意気揚々としており、国を統治するのは自分たちの本然の権利であるという考え方に戻れたのを喜んでいた。そして追放された教会の大司教や僧たちを呼びもどし、教会の特権を回復し僧院を建て直し、修道院の制度を復活させ、そうすることによってグァテマラをかつての〝スペイン系アメリカ諸国の宝石"と呼ばれたころの姿にもどそうと語り合っていた。

私の儀礼的な最初の訪問先は、国家元首であるリベラ・パス氏だった。紹介してくれたのはヘンリー・サベージ氏で、彼は以前グァテマラにおけるアメリカ合衆国領事をしたことがある唯一の在住アメリカ人であり、彼には多くの世話になった。グァテマラは連邦政府からの独立を宣言していたので、このときは憲法議会とよばれる暫定的な組織によって統治されていた。ごく最近のカレーラの首都侵入――それは私の到着前の三月のことだった――の際に、国の元首であったサラサルが逃亡したので、カレーラは夜明け前に騎乗のままリベラ・パスの屋敷の扉をたたき自分の一存で彼を元首に据えたのである。それはグァテマラの人民にとって幸いなる選択であった。パス氏は歳の頃三十八歳位で、風采も物腰も紳士的であり、このあと遭遇することになる困難な状況においても常に立派な思慮と分別をみせた人物である。

私が忠告されてきたのは、信任状をまずこの元首に捧呈し、それから他の国家のひとつひとつに捧呈すれば、グァテマラ政府から好感をもたれるであろうということと、また私が中央政府宛に託されてきていた諸案件は個別に話し合えばいいということだった。こうすれば私がどちらをもって中央政府と認めているか、あるいは認めるべきだと思っているかを知られずに済むからである。この忠告はもちろん馬鹿げてはいるが、事情に詳しい当事者にとっていかに党派主義が強い影響力をもっていたかを示すものでもある。リベラ・パス氏は私の就任がこのような不幸な時期であったことに遺憾の意を表し、グァテマラのアメリカに対する友好関係を保証し、自分にできることは何でもお役に立ちたいと言った。この訪問の際に、政府の主要メンバーの何人かに紹介され、私はリベラ・パスに対する好印象を抱いて別れた。この印象は個人的な面にかんしてはそれからも決して弱まることはなかった。

午後は、ホール氏とともに憲法議会の最後の会議に出席した。場所は国会の古いホールで、大きな会議場の壁には昔のこの国における著名なスペイン人たちの肖像画がうす暗い照明に浮んでいた。議員たちはホールの端の一・八メートルばかり高くなった壇上に坐っており、議長は一段高みの大きな椅子にかけ、二人の秘書がその下のテーブルにいた。壁には共和国の紋章がかけられ、そこに描かれた三つの火山が私には国内のいまにも火がつきそうな状況を象徴しているかのように見えた。両側に三〇人ほどの議員が坐っていたが、そのほぼ半数が黒い長衣に黒い帽子の司祭たちであった。この光景は明かりが乏しいせいか暗黒時代をおもわせ、あたかも異端審問の場に出くわしているような気分になった。

議論されていたのは、自由党が廃止した昔の十分の一税（収入の十分の一を教会に納めること）を復活させるという議案だった。この法案は満場一致で承認され、次に討議されたのはその収入のごく一部を貧困者用の病院の維持にあてるという議案だった。司祭たちはこの討議にリベラルな感情をもって加わっていた。教会のメンバーではない一人の大きなもみあげが黒々とした男がこの議案に反対して、教会こそ闇の中の明かりのようなものであるべきだと言った。司祭であり党の指導的メンバーでもあるアイシネナ侯爵は「神のために集めたものは神にのみ捧げるべきだ」と言った。ひきつづき討議があって、この税法はすでにいる家畜に適用すべきか、あるいはこれから生まれる家畜から適用を開始すべきであるかが論じられた。そして最後にこの法はどのような方法で施行すべきであるか論議された。一人の紳士が強制的な方法によるべきではないと述べ、ついで滔々と論陣をはり、国民の宗教的な感情に信頼をおくべきであり、そうすれば極貧のインディオでさえ貧者の一灯を献じにくるだろうと言った。しかし議会は、この法が昔のスペイン人たちの法に則って施行されるように決議したのだった。スペイン人の法の過酷さこそが、全スペイン系アメリカ諸国における革命の主原因の一つとなったにもかかわらずである。時代に逆行したこの法律の制定にはなにやら恐ろしいものがあった。どうしてこの十九世紀に、頭脳明晰な人間たちがいて、国中で自由主義の発展のための闘争が行われているというのに、国民を軛——それも暗黒の世紀においてでさえあまりにも過酷で耐えがたいものであった——の下に押さえつけておこうとするのか私にはまったく理解しがたかった。討論の口調は、反対党が全くいないので恭しく穏やかで冷静なものだった。民衆の組織としての意味をもつ議会は、民衆の声を代表するものである。当時は大いなる騒乱の時代であり、この議会の最後の夜の聴衆といえばホール氏と私と四人の男と三人の少年たちだけであった。

夜の八時過ぎに街中に出るのは危険なことであったので、議会は継続審議ということにされ、翌朝は小さな会合のあとで儀礼の会食がもたれた。場所は古い図書館で、由緒ある広間にはスペイン本国の珍しい文書や書物からなる貴重な蔵書――最近その中から、失われていたフェンテスの二巻が発見された――があり、後に私の大いにお気に入りの場所となったのである。招待客は、フランスの総領事であるホール氏（前出のイギリス副領事のホール氏と同名か）とカレーラの副官であるモンテ・ロサ大佐と私だけであった。カレーラは招待されていたが出席しなかった。テーブルは花や果物でふんだんに飾られてあった。ワインを少し飲んだだけで乾杯もなく盛り上がることもなかった。白髪の人など一人もおらず全員が歳若く、皆縁故関係にあるのでむしろ大家族の集まりのようであった。彼らのうちの半分以上が追放されていた人々なのであるから、もしモラサンが権力をにぎって戻ってきたら全員が再び散り散りになってしまうだろう。

私はまだ三日しかグァテマラに滞在していないのに、もうこの土地が退屈に思えてきた。政治の地平線上に広がる黒雲が住民の心の上に重くのしかかっており、午後は自分の家に一人で引きこもっていなければならなかった。食事は、自分がどう動けばよいのか分からない不確実な状況のせいと、多分数週間だけでしかないであろう暮らしの面倒をさけるためもあって、昼夜ともにある婦人の家ですませていた。彼女は、私が住んでいた家の若く美しい家主であり、夫は彼自身がくわだてた秘密の革命のせいで死んだので未亡人であった。彼女の家は私の家のほとんど真向かいにあった。最初の夜、私はそこに九時までいた。道を横切って家へもどろうとすると怒りを含んだ「キエン　ビベ」（何者だ）と言う誰何の声が通りに響いた。暗闇の中、歩哨の姿は見えず、私は合言葉を知らなかった。幸いなことに、そしてそれは非常に珍しいことなのだが、歩哨は質問を二、三度繰り返した。もしもしかし口調があまりにも猛々しかったので、彼の声は私の耳にまるでマスケット銃の弾のように響いた。

この時、今私が出てきたばかりの家の中からランプをもった一人の老婆が大慌てで出てきて「パトリア　リブレ！」（自由なる祖国！）と叫ばなければ、間違いなくあと一瞬の後には身体に弾丸が撃ち込まれていたことだろう。

私は口を開かなかったが、じっとしていたわけではない。安全な場所に走りこみ、玄関の中にできるだけ身をかくしながら道の向こう側のその婦人に礼を言ったのだ。カレーラは侵入以来、市の治安維持のために歩哨を市内に配置したのだが、彼が来るまではごく平穏だった街が、その歩哨たちのせいで緊張に包まれていたのだった。歩哨たちは無知でがさつ、そのうえ不遜なインディオであり、マスケット銃を撃つのが好きな連中である。彼らが命じられているのは、まずこう尋問することである、〃何者だ〃、〃どこの者だ〃、〃何党だ〃そしてすぐに発砲するのである。ある歩哨はこの命令に文字通り従い、矢継ぎばやに三つの質問をしてから、返事を待たずに発砲してすでに一人の女性を殺していた。答えは〃自由なる祖国〃、〃同志〃および〃平和〃である。

これが、グァテマラに滞在中ずっと私を悩ませたことだった。街路に照明がないので、一丁先で猛々しい誰何の声がしても歩哨の姿が見えないのである。そんな時はいつも、暗闇の中でマスケット銃を肩にあててじっとこちらを窺っている彼らの姿を想像したものだった。私は自分の外国人なまりのせいでことさらに危険を感じていた。しかしグァテマラ人であろうと外国人であろうと歩哨の声を聞いて平気でいられる人など見たことがないし、二丁先であれ誰もが歩哨をさけて歩いていたのだった。

第十章

　翌日はサベージ氏と一緒に、グァテマラ市から一一キロほどのところにあるアイシネナ家のナランホ小農園へ出かけた。市壁の外側は何もかもが美しかった。アイシネナ家の人々はかつて全盛期には、大きな馬車に乗ってナランホ農園へ出掛けたものだった。その馬車は、スペインの大公用の仕様で彫刻や金箔で覆われており、今は、よき日々の思い出として一族の屋敷の中庭に置かれている。われわれは大きな門を通って農園の専用道に入った。樹木に縁どられた道を登り下りしてゆくと、何本もの流れをせきとめて造った人造湖の傍らに出た。湖の岸辺を迂回し大きな家畜囲いの中に入った。その中央の斜面寄り、アンティグアの火山が立ち並ぶ美しい景色が見渡せる場所に、頑丈な石造りの家があり、正面は大きな広場になっていた。

　農園は、グァテマラ市に近いというだけで値打ちがあり、アメリカでなら別荘と呼ばれるものであった。土地の広さは七千エーカーしかないが、ラバが約七〇頭に牛が七〇〇頭いた。その時は牛の頭数を数えて烙印を押す時期だったのでアイシネナ家の二人の主人がこの作業を監督するために農園にきていた。牛はすでに囲いの中に入れられていたのだが、牛に縄をかけるところを見たことがない私のために、食事のあと、二日間飼料を与えていない一〇〇頭の牛が周囲三、四キロの草原に放たれた。八人の牧童が、裸足のかかとに長さ二・五センチの鉄の拍車をつけて馬に乗った。彼らが手にしている縄は、一枚の牛革を紐状に切り出したもので長さが一八メートルほどあり、一方の端を馬の尻尾――傷をつけないように前もって葉っぱで包んである――に結び、残りの部分は牧童が右手に巻き取って鞍の柄頭の上に置いていた。牛がすべて放たれ、われわれは野原を部分的ながら見渡せる小高い場所に陣取った。騎馬の男たちが牛の後を追って散っていった。じきに三、四〇頭の牛が駆け抜けたかと思うと、その後を牧童たちがフルスピードで追ってゆき、たちまち視界から消え去った。われわれは彼らについていくか、あるいはこの追跡ゲームをあきらめるかのどちらかを選ばなければならなくなった。彼らに続くのなら、怒り狂った若牛と無鉄砲な牧童たちの群れを注意深くさけてゆかなければならない。そこで私は、二人の牧童が一頭の牛を追ってゆくのについてゆくことにし、丘の上の薮や茂みや雑草の中を駆けて行った。牧童の一人が縄を巧みなさばきで牛の角の上に投げかけ、さっと馬首をめぐらした。縄をかけられた牛は跳ね回ったが、馬と牧童を払いのけることができず、頭から地面にもんどりうって倒れた。

この時、残りの牧童たちが牛の群れを追ってドッとばかりに走りぬけた。黄色い大きな牛が群れから離れたので、全員がそれに続いた。牛は身を翻したりかわしたりしながら一キロ半ほど先頭を逃げて走っていたが、湖の方へ追い込まれ、身をかえそこねて水面に飛び込んでしまった。二人の牧童がこれにつづき、牛をせきたてながら水から出した。すかさず牛の頭上にシュッと縄が鳴ったかと思うや、馬と牧童とが岩のようにしっかりと縄を引っ張り支えた。ところが牛はまたしても野原の上を駆けだした。牧童たちは四散し、そのうちの一人などは馬ごと転んだのでてっきり身体中の骨が折れただろうと思ったが、ゲームはあまりにもエキサイティングだったので、最初のうちは危険には近づくまいと気をつけていた私でさえ、自分の馬のしっぽに縄を結んで、その縄を手にとってみたいと思ったほどだった。頭上にのしかかるように聳え立つ大きなアグアとフエゴの両火山が、夕暮れの平原の上に濃い影を刻む美しい風景が、この牛追いゲームをさらに素晴らしいものにしていた。われわれがわが家への帰途についたのは、もう日も暮れかかる頃だった。農園主たちが途中まで送ってきてくれたが、それはまさしくスペイン独特の洗練された丁重さというものであった。グァテマラ市に着いたのは夜に入ってからだった。入口のところで、兵隊たちがもう兵営に戻っていることを知っておおいに喜んだのだった。

私が逮捕され監禁されたというニュースは私より先にもうグァテマラ市に届いていた。それも状況がかなり誇張されており、政府は私にその件について連絡をとるつもりらしいということだった。それで数日の間待ったのだが何の連絡もなかったので、こちらから正式に苦情を提出し、事実を明らかにし、当方としては政府が何をなすべきか示唆するつもりはなく、ただ政府自体の名誉と友好国の権利のためになるような処置がとられれば幸いであると書いた。数日して国務長官から、事件に対する大統領の遺憾の意を表明するとともに、政府はこちらからの書簡を受け取る前にすでにこの件に関しては適切と思われる処置を下したという返事が届いた。これではあまりにも漠然としているし、私は犯人たちにおおいに腹を立てていた上に、彼らへの〝処置〟に関して街の噂を少しばかり耳にしていたこともあり、かつこの国に現在滞在中あるいは滞在する可能性のあるアメリカ人たちをこのような侮辱行為――大して問題視されなかったことがあきらかになっていた――から守るためにも必要であろうと考え、ふたたび長官に文書を出して、例の将校と村長が罰せられたのかどうか、もしそうならばどのように罰せられたのであるかと問いただした。返事はこう述べていた。つまり当時は民衆革命により国が異常な事態にあったこと、国境地帯の村々に猜疑心が蔓延していたこと、地方の役人はパスポートに関して通常よりずっと神経をとがらせていたこと、そして私がこうむった〝蹂躙〟の原因は、私と私の同行者たちを〝敵〟ではないかと疑った〝一人の軍将校〟の命令のせいであったこと、さらにカスカラ将軍が本件の連絡を受けるやただちにその将校を任務からはずしたことを述べていた。続けて、政府はきわめて遺憾なことながら、国がおかれている困難な状況のせいで旅行者たちに望むような安全を与える力がないと述べ、しかしあなたのこれからの旅行における安全のためには地方の役人たちに警備命令を下すであろう、と記してあった。

私は、カスカラ将軍があの将校を更迭したということはすでに知っていた。ところが、カレーラはグァテマラにそのニュースが届くやすぐに将軍に命じて将校を復帰させ、しかもさらに後でエル・サルバドルで目にした新聞によれば、その将校がカスカラ将軍に対してもし自分の降格を撤回しなかったら銃殺すると脅かしたということも知った。その後の連絡の中で長官および元首は、何事につけ自分たちが無力であることを告白したし、かつ彼らの方が私よりよっぽど事件の処置を望んでいるということが分かり嬉しかったので、この件についてはこれ以上追求しても仕方がないと考えた。というのも、実際のところ厳密に言って、私には政府に訴え出る権利がなかったからである。中央政府は国内で権威をほとんどもっていなかった。私はこうした状況を述べることで、行政機構の極端な脆弱さとともにこの国全体の破滅的状況を鮮明にしたいと思う。これは私にとっては、予定していた旅の実行の困難さと危険を意味していたから、実に困ったことであった。

この地に到着したときから私は、グァテマラ市民の信心深さに強い感銘を受けていた。教会は午前も午後も開かれており、人々、とくに女性たちが絶えず祈りに来ていた。どの家にも聖母像や救世主や守護聖人の像があり、扉には次のような文字が記されたお札が見られた。〃エジプトに現れ出で、イスラエルの民を強大なる軛より解放され給いしわれらが救い主キリストの真なる御血よ、われらを病や戦争や突然の死から救いたまえ、アーメン〃

〃罪なくて身ごもり給いしマリア様、あなた様におすがり申すわれらのために祈り給え〃

〃アベ・マリアよ、完璧なる恩寵よ、そして聖なる三位一体よ、われらを助け給え〃

〃イエスの優しい御名よ、われらと共にあれかし、アーメン〃

グァテマラ市に着いて初めての日曜日にコンセプシオンの祭りがあった。これはカトリック教会の祭礼の中でもとくに大切な祭りである上に、その日はコンセプシオン修道院のある修練女（見習い尼僧）がいよいよ黒いベールをかぶる決心をしたとあって、熱気はさらに高まっていた。早朝から街中に教会の鐘が響きわたり、広場では大砲が鳴らされ、通りの角々で爆竹や花火が打ち上げられた。朝の九時、大勢の人々がコンセプシオン教会へとつめかけた。常緑樹や花々で飾りたてたアーチが扉の前や街路の上にかけられていた。教会前の広い階段には松の葉が敷かれ、登り切ったところで何人もの男たちが爆竹をならしていた。グァテマラで最も美しい教会の一つとされているこの教会には金銀の装飾品や聖人の絵画や像が数多くあり、今はアーチや花々で飾りたてられていた。この日の説教師は国家副元首であると同時に憲法議会の主要メンバーであるアイシネナ神父だった。彼の名声のせいで大勢の参列者がつめかけていた。説教壇は教会の一方の端にあり、参列者たちは説教をきくためにそちらに集まっていた。もう一方の端はほとんど人がおらず、私は、修道院の格子のすぐ前の、一番手前にある祭壇の段の上に陣取った。説教が終わると教会前の階段で爆竹と花火が打ち上げられ、その煙が中に入ってきた。香煙の匂いよりもっと強い火薬の匂いがした。松葉を敷きつめた床は、黒いマントで頭をすっぽりと覆い、それを顎の下でおさえてひざまずく女たちで一杯だった。私は、ひざまずく女たちの列のこれほどに美しい光景を見たことがなかった。熱狂的な信仰に照らされた純粋かつ崇高な表情の顔ばかりの中で、他の誰よりも魅力的で美しかったのは一人のアメリカ人女性だった。彼女は歳のころ高々二十二歳ほどで、グァテマラの主要家族出身のある紳士――彼は合衆国に亡命していたことがあった――と結婚していた。異国の見知らぬ人々の間にあって新しい信仰を抱いた彼女は、若々しい回心の熱意のせいでグァテマラの他のどんな女性よりもずっと信心深く、ミサには必ず出席し、カトリック教会の全ての規律に〝修道女スザンナ〟(旧約聖書中の貞女)より厳格であった。

花火の後、祭壇で長い儀式が行われ、まもなくすると参列者の群れが教会のもう一方の端へと移った。その向こうは直接修道院につながっているのだが、教会との境の壁には床から一・八メートルほどの大きな鉄格子がはまっていた。鉄格子の向こう一メートルほどのところにもうひとつの鉄格子があって、そこで尼僧たちが教会の儀式に参列していたのである。鉄格子の上に別の木の格子があり、数分後にそこからインディオの素朴な音楽の調べが静かに流れ出てきた。すると白い姿がたちあらわれた。白く長いベールをかぶったその姿は、右手に一本のロウソクをもち両腕をのばした格好でゆっくりと格子から一メートルほどのところまで歩みより、そのままゆっくりと引きかえしていった。しばらくすると、同じ静かな調べが下の格子から流れ出、白く長いベールの尼僧たちがそれぞれ火のともった大きな白いロウソクを手に進む姿が見られた。音楽が終わると歌声が流れてきたが、それはかなり耳をそばだてなければ聞き取れないほど低い歌声だった。尼僧たちは二人ずつ列になり、この低い歌声に合わせて格子から一メートルほどのところまで進んできてはすぐにそれぞれ違った方向に戻っていった。列の最後に黒い衣装をきた二人の尼僧にはさまれるようにして、修練女が現れた。彼女は白い衣装とベールの上にバラの花冠をかぶっていた。白い衣装の尼僧たちが脇にしりぞき、歌を止めた。聞こえるのは修練女の声だけであったが、あまりにもかぼそい声なのでまるで空気の精が息を吐くかのようだった。黒衣の二人にはさまれて進む彼女の前に、白い衣装の尼僧たちが花をまいた。彼女は相変わらず低い声で歌いながら三度たちどまってはひざまずいた。最後に白い衣装の尼僧たちが彼女のまわりに集まり、その頭の上と足元に花をまいた。彼女はゆっくりと礼拝堂の奥へと導かれ、全員が祭壇の前にひざまずいた。

このとき教会のもう一方の端から音楽の調べが聞こえてきたかと思うと、人々の間に道がひらかれ行列が進んできた。それは豪華な衣装に身を包んだ長老の司祭たちの行列で、先頭にたっている威厳に満ちた司教総代理は、もう棺に片足をつっこんでいるような八十歳くらいの白髪の人であったが、そのこうごうしい様子からして生涯にわたる信心は明らかであった。一人の信徒が美しい角盆の上に金の冠と宝石をちりばめた笏を運んできた。行列が格子の右にある小さな扉まで進むと、そこに黒い衣装の二人の尼僧にともなわれた修練女が姿をあらわした。彼女と司教とのあいだに数語の言葉が交わされたが、それは多分、世を捨てる決心が彼女の意志から出たものであるか否かを問うものだったと思う。これが終わると司教は彼女のバラの花冠と白いベールをとりのぞき、その頭に金の冠を置き、手に笏をもたせた。すると音楽が勝利の調べを高らかに奏でた。数分後に冠をかぶって笏をもち、宝石がキラキラと輝く衣装をまとった彼女が再び姿をあらわした。尼僧たちが彼女を抱擁し、またしても花をふりかけた。年若い彼女がこの世の栄華と悦楽に永遠に別れをつげようとしているこの瞬間に、まさしくそれらを山のように注ぎかけているのがそら恐ろしく思えた。彼女が再び祭壇の前にひざまずき、そして立ち上がると、その身を飾っていた宝石や貴石や贅沢な飾りがとりはらわれた。その姿で司教の元へ戻ると、司教が冠と笏をとり、頭に黒いベールをかぶせかけた。再び彼女が格子の前に姿をあらわした。まだ最後の儀式が行われていないのだ。つまり黒いベールがおろされていないのである。もう一度尼僧たちが彼女を取り囲み接吻の嵐で包んだ。

私は彼女のことは何も知らなかった。この儀式が行われるということを聞いたのは前日の午後である。多分年嵩の醜い娘なのだろうと想像していたのだが、そうではなかった。彼女は萎びてもいなけれ苦悩でうちひしがれてもおらず、心に幻滅を抱いている風でもなかった。それどころか、せいぜい二十三歳にもなっていないような若さで、美しく溌剌としており、その健康的な容姿は男の気持ちを狂わせるほどの美しさとはいわないまでも、娘として妻として母としての役割を立派に果たせる本然の資質をもち、かつ女性の心の優しさと暖かさが見てとれた。彼女は青ざめてはいたが、いま自分が行おうとしている誓いの厳しさと、自分が重要な一歩を踏み出そうとしていることはよく理解しているようにみえ、後悔はないようだった。しかしそれでも、人の心の中におきていることは誰にも分からない。

彼女が司教の元へ戻ると、司教はその顔の上に黒いベールをおろした。自らの命を生きるためにこの世にやってきながら現世から身をひいた一人の娘のために、音楽が喜びの調べを奏でた。これに続いてすぐに低いざわめきの声があがったので、私は参列者たちをかいくぐるように婦人たちの一団に近づいた。その中にわが美しいアメリカ人女性がいたのだ。彼女はペンシルバニアの田舎の小村の出身で、修道院や尼僧たちへのロマンチックな想いをまだ色濃く残していた。カレーラの最初の侵入のときにコンセプシオン修道院に避難したそうで、尼僧たちの純粋さと慈悲深さを熱心に語り、女性の特性のすべてに卓越した尼僧たちがいると述べた。彼女はその日ベールをかぶった修練女のことをよく知っていた。彼女があと数日後に格子のところに再び姿をあらわし、友人たちと別れの抱擁をするので、その時に私も参加できるように連れていってあげましょうと言ってくれた。

この間ずっと教会の階段で爆竹がたかれ、すぐ前の道には花火の仕掛けがつくられていた。高さ十メートルのその仕掛け花火に火がつけられるのを、参列者たちがみな階段や通りで待っていた。日中にこんな花火の見せ物をやるのは馬鹿げていると誰もが認めていながら、それが習慣なのだと言っていた。仕掛け花火の仕組みは複雑で、中央に大きな箱がついていた。シュルシュルと輪の回る音がし、大きな煙とともに時々赤い炎があがった。最後に端の部分が焼けると、バシッという大きな音とともに箱が開いて煙を吐き出し、小さな黒い尼僧の像があらわれた。観衆はドッと笑い、それから散っていった。

聖母の行列は午後に行われた。グァテマラは沈滞した状態にあり、人々は騒乱の時代のせいであらゆる種類の楽しみから遠ざけられてはいたが、宗教行列は変わらずに行われていたのである。もし宗教行列がおろそかにされるようになったら、それはこの国が死にかけている証拠となったであろう。行列が通る道筋はどこも松葉が敷きつめられ、街路をまたいで常緑樹と花のアーチが架けられていた。家々の窓の大きなバルコニーには赤い絹の掛け布と凝った意匠の小旗が飾られていた。道の角には、家の屋根に届く高さに緑の枝を差しかけた仮屋根がつくられており、その下に祭壇が設えてあった。祭壇は教会の銀の装飾品や絵画で飾られ、それを花が覆いつくしていた。自然の産物の豊かさに関しては、中米はどこでもそうであるが、グァテマラはとりわけ花の種類の多さと美しさで抜きんでている。この日は、街を飾るために、国中の野原が美しい衣装をはぎとられてしまったにちがいない。私はヨーロッパで湯水のごとく金を費やした大きな祭りを見てきたが、これほど素朴で美しいものはかつて一度も見たことがなかった。その日一番興味深かったのは、行列が出る前に街を歩いてみたことだった。住民は誰もがとっておきの衣装を着て、男たちは角々に立ち、女たちは黒いショールをまとい道の両脇に長い列をなして坐っていた。旗や掛け布で飾られたバルコニーつきの窓々、街路の緑、溢れるばかりの花々、アーチを通して見る景色、民衆の中にこだわりなく混じって道脇に坐っている上流婦人たちの素朴さ、これらすべてが一幅の美しい絵画となり、私の記憶に刻みこまれたグァテマラの重苦しい印象を今でも和らげてくれるのである。

人々がこのような美しい準備をして迎えた行列であるが、その先頭にたってやってきたのは、たった一人のインディオだった。汚いボロを身にまとった皺だらけの年寄りで、帽子もかぶらず、背に巨大な太鼓を背負い、その重みでよろめくように歩いてきた。太鼓はヒモと同様に征服時代のものかと思えるほど古びており、片面が破れていた。彼の後ろには同じようにボロをまとった別のインディオがつづいており、ときどき重いばちでその古い大太鼓を叩いていた。そのすぐ後にもう一人インディオが大きな笛をもって続き、そのご立派な様子は太鼓のインディオに負けず劣らずであったが、時々笛を鳴らしては突拍子のない音をだし、拍手を期待するかのようにひょうきんな顔つきで観衆を見やった。そのまたすぐ後に十歳位の小さな男の子が、三角帽を被り、膝上までのブーツをはき、抜き身の剣を手に、アフリカ人の恐ろしげな仮面をつけて続いていた。彼が引き連れてきたのが、二、三〇人のまさに〝悪魔〟と呼ばれるその名に相応しい男たちで、全員がグロテスクで吐き気のするような仮面をかぶり、ボロかあるいは仮装の衣装を身にまとい、手に葦笛をもったものや細い棒を打ち鳴らしているものもいた。主役は女装した二人の男で、西洋風の幅広の帽子をかぶり、ウエストが胸のところにある襟の高いドレスを着て、大きなブーツをはき、それぞれが古びたギターを手にダンスをしたり、ファンダンゴ（スペインの動きの早い踊り）を踊ったりしながらやってきた。たしかに観衆の笑いをさそってはいたが、どうしてこの悪魔たちが宗教行列の一部をなしているのか私には不可解であった。彼らの後ろにゾロゾロと少年たちがついてきていたが、それはちょうどアメリカの少年たちが七月四日（アメリカの独立記念日）に軍人たちの行進の後についてゆくのと同じようだった。事実、グァテマラの少年たちにとっては面白い悪魔のいない宗教行列などはありえないのだ。

そのすぐ後に今度は驚くべき対照をなして、六歳から八歳ほどの四人の可愛らしい少年たちがやってきた。白い長着にパンタレット（ゆるいズボン風の下着で裾部分の飾りが長着の下に出る）、頭にはバラの花冠の上に白いレースのベールをかぶり、その姿はまさに純潔なるものの完璧なる象徴であった。その後に四人の若い司祭が金色の燭台に火の灯ったロウソクをもってつづき、さらに四人のインディオが人の身の丈より大きい天使像を担いでやってきた。天使はレースの翼を広げており、羽は宙に浮かんでいる感じを出すために雲の形にふくらんでいた。しかし衣装は、短めの長着と靴下をとめているピンクのリボンのせいで、むしろ俗っぽく見えた。その後に、同じくインディオに担がれてこれも等身より大きなジュディス像が片手に抜き身の剣をもち、もう一方の手にホロフェルネス（アッシリアの将軍。ユダヤの未亡人ジュディスに迷って殺された）の血にまみれた首をもってあらわれた。次に、頭上に絹の雲をつけた天使がつづき、そのすぐあとに人々の大いなる崇拝の的である〝コンセプシオンの聖母〟が小さな輿（腰の辺りでささえて運ぶ輿）に載ってやってきた。輿は金銀の装飾と溢れんばかりの花で飾りたてられ、四本の金色のポールの上に美しい絹の天蓋がかけられていた。これに盛装した司祭たちがつづき、なかでも絹の天蓋の下をゆく司祭が高く掲げもつホスティア（聖体）には、その想像上の輝きの前に誰もがひざまずいたのだった。この一行の最後をしめくくっていたのが、先頭のよりもっとひどい悪魔たちの一団だった。つまりそれは五〇〇人のカレーラ軍の兵士で、汚いボロをまとい、いつもの猛々しい顔つきの上に狂信的な表情を加えて、手にはマスケット銃をてんでんバラバラにもっていた。将校たちは好き勝手な服をきて、なかにはふんぞりかえった頭に従僕のような金色か銀色の紐のついた黒い帽子をかぶっているものもいた。弾傷の手当てが悪くてびっこをひいているものも多かった。私のかたわらにいた紳士があれもこれもと指し示したところによれば、どこでも政府があるような国であれば絞首刑になっているにちがいないような人殺しが何人もいた。市街はこのような男たちの蹂躙するところとなっており、彼らの上に何らかの力を及ぼせる人間はカレーラただ一人だったのである。

行列は街路の先端の十字路でとまり、聖母像が輿から降ろされて祭壇に安置された。その前で司祭たちがひざまずいて祈りをあげ、観衆も全員がひざまずいた。私がいた祭壇近くの角地は、四本の道を一望にできる場所だった。そこで片膝立ちにすこし身体を起こして見ると、どこもかしこも一杯の群衆で、金持ちも貧乏人も美しい女性たちも痴呆じみた顔のインディオたちも誰もがひざまずいているのが見えた。バルコニー付きの窓という窓には小旗や掛け布がはためき、天使たちの軽やかなレースの衣装が宙に浮いているかのようだった。そのうちに群集の中から大きな歌声がおこった。それに兵士たちの声からなる深々とした合唱が加わり、美醜あい混じった、魅力的でありながら同時に嫌悪感をもよおす場面が生みだされた。これが終わると皆が立ち上がり、聖母像はふたたび輿に乗せられ、行列が動きだした。次の祭壇のところで私はわきにそれて、サン・フランシスコ教会前の広場へとむかった。そこで聖母のための最後の大いなるフィナーレ、つまり花火のショーが行われるときいていたからである。

行列が広場の道の先端に入ってきたのはもう暮れかかる頃だった。行列は騒がしい歌声に包まれて近づいてきたが、遠くに見えるのはロウソクの光の長い列だけであり、街路はまるで昼のように明るかった。相変わらず悪魔たちが先頭にたっており、その到着が爆竹で知らされた。数分後に教会の欄干から最初の花火があげられ、その光で屋根の上の像が照らしだされた。教会はこの目的のために建てられたわけではないのだが、花火のショーが見事過ぎるほど似合っていた。

ひきつづいて広場で行なわれた花火ショーは、この国独特のもので、花火の中でも、ちょうど宗教行列の中の悪魔のように人々がとくに好んでいるものだった。それは、〝トロス〟と呼ばれる張り子の牛で、木枠を牛の形に厚紙で覆い、表面に沢山の花火をつけたものだった。この張り子の牛の中に男が一人首と肩を入れ、足だけが見えるという格好で、群衆の中を火の粉をまき散らしながら駆け回るのである。私は数人の婦人および憲法議会のメンバーたちと一緒に立っていた。議会のメンバーたちはケッツァルテナンゴから軍隊が侵入してくることや、これを迎え撃つためにカレーラが出撃したことを話題にしていたが、牛の張り子がこちらへやってくるとできるだけ身を引いてよけた。婦人たちが叫び声をあげ、われわれ男どもは果敢に背をむけて頭を下げ火の雨から婦人たちを守った。誰もが危険なことだと言うのだが、それが習慣なのだった。そこにはグァテマラでは見たことがないような喜びと愉しみがあったので、ショーが終わったときには物悲しい気分になった。

その日は一日中、気候の良さを身にしみて感じていた。空気は吸うだけでも美味であり、それは夜も同じことだった。月の光が、荘厳な教会の正面壁に地震のせいで縦に入った亀裂をもの悲しげに照らしていた。家へ帰る途中の道はこの世のものとは思えないほどの輝きで照らし出されており、婦人たちはこの月光が誇らしげで、ここが恋の国であるということが納得できそうな思いがした。

道を進んでいくうちに番小屋のそばを通った。兵士の一団が大の字に寝そべっているので、通行人は彼らをよけて迂回しなければならなかった。多分三、四千人の人々——その多くは女性である——が、よけて行かなければならなかっただろう。だれもが兵士たちの傲慢な態度に気づいており、そして私が思うには何人かは彼らを道から蹴飛ばしてやりたいという衝動を感じたに違いないのだが、全隊を市外に追い出せるほどの人数の若者たちが通っていたにもかかわらず、だれも抗議もしなければ目をとめることもないようだった。広場の柱廊で一人の兵士がかたわらにマスケット銃をおいて、道をふさぐように仰向けに寝ており、通行人にむかって「踏みたければ踏んでみろ、どうなるか思い知らせてやるからな」とうそぶいていた。われわれは皆、彼の上を通らないように十分に気をつけた。私は夜を一人で過ごす自分の家に戻り、グァテマラが幸せになれる要素をこんなにも沢山もちながら不幸な状況にあるのを悲しく思った。

第十一章

その後の三、四日間は訪問をしたりされたりしながらこの国の状況を知ることに努めた。中でももっとも興味深かったのは敬すべき司教総代理の訪問を受けたことであった。彼は大司教が追放されてから教会の長となり、最近、教皇教書により司教に昇格されてはいたが、世情不安のおりから未だ叙階は受けていなかった。私は友人を通じてバルチモアの大司教から紹介状をもらってきていた。ここで私はその大司教に感謝の意を表したい。というのは彼が私を中央アメリカの全教会関係者に紹介してくれたからである。この紹介状をグァテマラの司教総代理は教会の兄弟からのものとして受け取った。そのおかげでもっと後で私がパレンケへむけて出発した時には、彼が管区の全司祭に向けて紹介状を書いてくれたのである。私は日中は大いに満足して過ごしていたが、夜は家に閉じこもっていなければならず退屈で人恋しい気分だった。私の家は広場のすぐ近くにあったので、「何者だ！」という歩哨の声が聞こえ、ときにはマスケット銃の発砲音が聞こえた。夜の静寂の中で起こるこの音はいつも恐怖をもたらした。しばらくの間、私にはその原因が分からなかったのだが、後になってから、それは町なかをうろつくラバや牛のせいだということが分かった。兵隊たちは、遠くに動く物音を耳にするや、誰何の声に答えがないと文句なしに発砲するのである。

グァテマラには新聞が一つしかなく、しかもそれは週刊紙で、法令や政治的な動きだけを知らせるものだった。街のニュースはもっぱら人の口を介してめぐっていたのである。人々はみな、毎朝隣人に何か新しいことがなかったかどうかと訊くのだ。ある日は、つんぼの老婆が誰何の声が聞こえなかったために撃ち殺されたというニュースがあったり、別の日は、金持ちの市民であるアストゥリアス老人が殴られたとか、またある朝はサンタ・テレサ修道院の三三人の修道女たちに毒がもられたという話があるのだった。毒の件は何日間も大騒ぎの種になっていたが、修道女たちが回復してから調べてみると、原因は腹によくないものを食べたからという何とも興醒めな状況が判明したのだった。

金曜日、わが美しいアメリカ人女性と一緒にコンセプシオン修道院を訪れた。目的は、あの女性つまり黒いベールを被って修道女になる決心をした彼女を抱擁することである。修道院の談話室につづく部屋は人で一杯になっており、扉のところに本人が頭に冠を載せ手には人形をもって立っていた。友人たちにとってはこれが彼女の顔を見る最後のときになるのだが、彼女が手に人形を持っているという子供っぽい光景が、この場の感傷的な気分を和らげていた。これはとくに婦人方のための機会なのだが、なかには彼女がこんなに若いのに、輝かしくも美しい未来に照らされた現世を捨てるということを不思議に思っている婦人たちもいれば、一方毎日の暮しにもはや夢なんかもっていないような婦人たちは彼女の出家を賢明な判断だと考えているのだった。一人ひとりが彼女を抱擁しては身をひいて他のものに場所をゆずった。われわれの番がくる前に、私が大嫌いな例のもの、つまり兵隊たちがドカドカと入ってきた。彼らはマスケット銃を扉のところにおくと人波をそこのけとばかりにかきわけやってきて、恭しく彼女を抱擁し、すぐに退出した。彼女の側に黒衣の修道女がいた。その修道女のベールはあまりにも色濃かったので顔の輪郭もつかめなかったが、私の同国人であるアメリカ人女性が言うには、比類のないほど美しく魅力的な娘であるということであった。このアメリカ人女性は修道院に避難していた時に彼女と知り合いになったのだが、修道女の魅力をほとんど恋心が芽生えたのではないかと思われるほど熱心に語った。それで私は彼女の顔をほんの一瞬でも見られるならどんな犠牲もいとわないと思ったほどだった。とうとうわれわれの番がきた。わが同国人であるアメリカ人女性は修道女を抱擁し、別れの言葉を沢山述べたあと、私を同国人として紹介してくれた。修道女を抱擁することにそれほど慣れていたわけではないし、本当のところそんなことをするのは初めてだったのだが、まるでそうするように育てられたかのごとくごく自然に振舞うことができた。私が右腕を彼女の首にまわしその肩に頭をのせると、彼女も右腕を私の首に回わし頭を私の肩にのせた。しかし私はこれほど恭しい抱擁は友人の祖母に対してでもしたことがないのである。〃奪われた喜びは、常に一番大きい〃と言われるが、そこにはあまりにも多くの人々の目があった。格子が閉められ、修道女の顔は二度と見られないことになった。

その日の午後、カレーラが市に戻ってきた。彼には是非会いたいと思っていたので、翌日パボン氏とともに訪問することにした。翌朝の十時にパボン氏が迎えにきてくれた。かの恐るべき頭領は見た目に影響されやすい人間だときいていたので、外交官用のフロックコートを着用した。ボタンが一杯ついたこのコートは、コパンで非常によい効果をあげた服である。ついでながら、その後は、国内のひどい状況のせいで身につける機会は一度もなく、まったく値打ちのないものになってしまった。

カレーラは町外れの通りにある小さな家に住んでいた。入口に歩哨がたっており、外の日なたに護衛の一部である八人から十人の兵士がいた。彼らは赤い綾織りの上着を着て、タータンチェックのつばなし帽子をかぶり、私がそれまでに見てきたカレーラの兵隊の中でははるかに見た目がよかった。廊下には磨きこんだマスケット銃が整然とならんでいた。応接間につづく小さな部屋に入ると、カレーラがテーブルのわきに坐って金をかぞえていた。

この国に到着してからというものずっと私の耳に彼の恐ろしい名前が鳴り響いていたものである。前に述べたモンゴメリー氏は私より一年前に中央アメリカにいた人であるが、こう述べている。〃インディオの間に反乱が起こったと聞いた。彼らはカレーラという男の指揮のもとに国中を荒らしまわり、ありとあらゆる暴虐をはたらいている。海岸地方とその他のいくつかの地方ではまだ平和が保たれているとはいえ、内陸部を安全に旅することはまったくできなくなった。首都への街道はすべて悪党どもの支配下にあり、彼らは相手に対して、とくに外国人に対して何の容赦もしない。〃そして彼は出発の時の国内の状況についてこうつけ加えている。〃しかしながら私がこの文章を書いている間に、モラサン将軍が反乱鎮圧のためにとった積極的な処置が功を奏し、この反逆英雄の騒動は終焉した。〃ところが、〃反逆英雄〃の騒動は終わっておらず、今や〃カレーラという男〃がグァテマラの絶対的な主人であり、私の間違いでなければ、これまでスペイン系アメリカ諸国で騒乱を起こした首領の中でも最も有名な人物になりそうなのである。

彼はグァテマラ市の下町の出身で、彼のことを友人たちはお世辞でムラートと呼ぶが、私は同様にして彼をインディオと呼ぶ。それは二つの血のうちでそっちの方がマシだと考えるからである。彼は一八二九年にはアイシネナ大佐の連隊の鼓手だった。自由党つまり民主派が勢力をのばし、モラサン将軍が首都に入ったとき、カレーラは太鼓を捨て、マタケスクィントラ村へ身を退いた。そこで豚を売って生活し、数年間はこのれっきとした仕事についていたのだから、多分将来大物になるというどんな夢とも豚と同じく関係なかったであろう。政党の乱立、政府維持のための苛酷な課税、教会財産の侵害、そして諸々の改革、とくにリビングストン法の導入により裁判を陪審員制とし、結婚を一つの民事契約としたことが、国中に不満をもたらした。このリビングストン法は、インディオの上に際限ない影響力をふるっていた司祭たちへの攻撃となったのである。一八三七年にはコレラ——コレラは世界中、人の住むところならどこでも猛威をふるっていたが、アメリカ大陸のこの地域だけにはまだやってきていなかったのである——が、とうとうその恐ろしい姿を現わし大地を死体で覆った。これが政治的な騒乱の発端となったのである。司祭たちはインディオにむかって、外国人が水に毒を入れたのだと言った。当時、国家元首であったガルベスは、村々に薬を送ったのだが、人々の無知のために適切な投与がなされず、薬のせいで死んでしまうケースもあった。司祭たちは常に自由党に敵対していたから、政府が毒をもって彼ら種族を根絶やしにするつもりなのだと言ってインディオたちを唆した。国中のインディオが激昂し、マタケスクィントラではインディオの集団がカレーラを先頭に「信仰万歳！　外国人に死を！」と叫んで蜂起した。まずリビングストン法によって任命されていた判事たちが殺された。ガルベスはただちに騎馬の一隊に白旗をもたせた代表団を派遣し、インディオたちの不満をききとろうとした。ところがこの代表団は反乱者たちと話し合いをしている最中に周囲を取り囲まれてしまい、ほぼ全員がズタズタに斬り殺されてしまった。政府に不満を抱く民衆の数は増えつづけ、一千人をこえるまでになった。ガルベスは彼らに対抗して六〇〇〇人の兵を送り、これを敗走せしめ、村々を略奪し焼きはらった。このときの暴虐行為の最後のものが、カレーラの妻に対するものであった。この個人的な攻撃に怒り狂ったカレーラは、村々の長たちと一体になり、モラサン軍の将校が一人でも国にいるうちはけっして武器をおかないと誓いあったのだった。彼は、凶暴な追従者ら数人と共に村から村へとまわり、判事や政府の役人たちを殺し、追われると山中に逃げ込み、配下のためにトルティーヤを農園に乞い、自分らに手を貸すものはすべて許し保護もした。彼はこの時期読み書きができなかったのだが、数人の司祭の勧めで——とりわけ不品行で有名だったロボ神父に助けられて——外国人と政府にむけ布告を発した。それは彼自身が署名したもので、インディオの毒殺を謀った罪により、スペイン人をのぞく全ての外国人を殺すこと、リビングストン法を撤廃すること、大司教と僧侶たちを呼び戻すこと、異端者たちを追放すること、および教会の特権と昔の慣習を回復することを要求したものだった。彼の、追剝および人殺しとしての名声は全土に鳴り響いた。グァテマラの街道は安全でなくなり、旅行はことごとく取り止められ、商人たちはエスキプラスの祭礼に送った商品が全て彼らの手に渡ってしまったという知らせに肝をつぶした（しかしそれは事実ではないことが後で分かった）。カレーラの力はまたたくまに強大になり村々ばかりか町まで襲撃するようになった。

読者にはこれら全てのことがグァテマラの国内で起こったということに注目して戴きたい。この危急の時期に、支配勢力である自由党は党のメンバー間で致命的な分裂をおこしていたのである。主要メンバーの一人であったバルンディアが、自分の親類のある放蕩者を高官のポストにつけようとして拒否されたせいで政府を捨て、今度は反対勢力の頭となって議会に姿をあらわしたのである。党の無秩序とカレーラの蜂起が相俟って、政府に不満を持つ人々を一斉に奮起させる結果をもたらした。まもなく、首都から四〇キロのところにあるアンティグアの住民たちがメッセージを送りつけ、外国に亡命している政治犯に恩赦を発して彼らが祖国に戻れるようにすること、かつその他の被害の賠償もせよと要求してきた。彼らとの話し合いのために議員団が派遣されたが、うまくいかず、アンティグアの住民たちはグァテマラ市に攻め入ると脅した。

一八三八年の二月二十日、日曜日、グァテマラ市の街路にアンティグアの住民たちの布告文がばらまかれ、全市が緊張に包まれた。というのも今にも攻撃が始まりそうだったからである。中央政府の軍隊は五〇〇人に満たなかったが、これと義勇軍が招集された。大砲が広場の角々にすえられ、歩哨が市街に配置された。プレム将軍は布告を発し、市民全体に武器をとるよう呼びかけた。国家元首であるガルベスは馬に乗って街を駆け回り、モラサンの援軍がほどなく到着するであろうと告げ、また軍がカレーラの一味三〇〇人を敗走せしめたと言って市民の意気の高揚をはかった。月曜日、すべての交渉が中止された。困惑のあまりガルベスは、解雇されていた将校数人を招集し、スペイン人のメヒーアを中佐に任命した。この人事がひどい不満を買い、プレムをはじめとする全将校が辞任状を提出した。ガルベスは彼らに辞めないように膝を屈して懇願し、一人ひとりに会って説得して、ついにメヒーアの任命を撤回したので、彼らも納得した。午後二時、カレーラがアンティグア軍に合流したという噂が流れた。プレムはあらたに布告を発し、十四歳から六十歳までの男子は全員——神父および身体障害者をのぞいて——武器をとるようにと命じた。夜九時、カレーラ一味の一隊がアセイトゥーノにいるという報せが入った。広場に守備隊が置かれ、通りの角々に大砲と歩哨が配置された。この興奮にかてて加えて、夜に司教総代理が亡くなり、チキムラではリビングストン法の文書が公然と燃やされ町全体がガルベスに宣戦布告をしたというニュースが届いた。水曜日の朝、広場の角に壕を掘る作業が始まったが、木曜日に中央党の首領であるアイシネナ侯爵が自由党の分裂派と話し合いを行い、議員の大半を説得して恩赦協定に署名させた。これが人々に満足をもたらし、翌日には完璧な平穏が市内に戻ったのだった。

しかし、正午になると、この平穏が恐ろしい嵐の前触れだったことが分かった。というのは、人々が唯一信頼していた連邦政府軍が反逆し、銃剣を手にすると大砲を先頭にして連隊旗をひるがえしながら兵営を出、広場へ向かったからである。彼らは協定を認めるのを拒否していた。というのも、この協定のせいでガルベスが退けられ、そのかわりにバルンディアの傀儡である副元首のバレンスエラが据えられることになったからだった。彼らは反対派の人間の下では働きたくないし、自分らはいかなる場合にあっても保護を与える側であって、保護を求める側ではないと主張したのである。議会を開くために議員たちに招集がかかったが、彼らは怖がって出席しなかった。そこで将校たちが兵士らと話し合い、メリーノ軍曹が次のような要求文書を作った。すなわち、モラサンを大統領として迎えること、それまではガルベスが以前通りの地位にとどまること。これが受諾され、使節団がモラサンを呼びに派遣された。別の使節団がアンティグアに派遣され、協定変更の理由を説明したのだがうまくゆかず、同夜八〇〇人の兵がグァテマラ市を襲撃するという警鐘が打ちならされた。義勇兵が募られたが、わずか四〇人ほどしか集まらなかった。五時半ガルベスが政府軍を集め、プレムとともに反乱者たちに立ち向かうために広場を発した。しかし市の出口に着く前に隊列の中に謀叛が起こった。歩兵隊が「メリーノ将軍万歳！われらを売った国家元首よ死ね！　みんな銃を撃て！」と叫んで参謀たちに向かって発砲したのだ。その一発がプレム将軍の帽子を貫いた。ガルベスは馬から落ちたが逃げおおせ、コンセプシオン教会の祭壇の後ろに身を隠した。ヤニェスの騎馬隊が歩兵隊を追い散らして広場に戻ったときには、街路には一五の死骸が転がっていたのだった。メリーノは一二〇人ほどの兵をもって歩兵隊の小型野戦砲をわがものにし、グアダルーペ広場に陣取った。追い散らされた部隊は街路で集団となり、一晩中マスケット銃を発砲し住民を震え上がらせていたが、ヤニェスが騎馬兵に見回らせて町を略奪から守った。翌朝メリーノが広場へ入る許可を求めてきた。彼の隊の人数は、散っていたグループが戻っていたので増えていた。広場で整列したときに彼ともう三、四人のリーダーたちが隊列から引き出され、サントドミンゴの僧院に囚人として送られた。月曜日の午後、メリーノは囚房の柱に縛りつけられ銃殺された。柱の下にある彼の墓と壁に飛び散った血痕とは、私がグァテマラで見せられた珍らしいものの一つであった。

日曜日の朝、またしても警鐘がならされた。アンティグアの反乱者たちが旧市門に出現したというので、彼らとの話し合いのために代表団が送られた。反乱者たちの要求は兵隊を広場から撤退させよというものだったので、兵隊たちは怒って自分たちの力で取り戻してみよと答えた。プレムはこの返答をやわらげて、彼も彼の軍隊も反乱者たちに降伏することはできないと答えた。とうとう夜の十二時半に攻撃が始まった。反乱者たちは市の郊外に散らばり火薬と弾を無駄に費やした。翌朝ヤニェスが七〇騎の騎馬兵とともに出撃し、敵のうちの三〇〇人を敗走せしめ、血に染まった槍を手に広場に戻ってきた。もしヤニェスの軍が市民たちの支援をえていたら、きっと反乱者全員をアンティグアまで追い払っていたことだろう。

翌水曜日、カレーラがこの反乱者たちに合流した。彼は村々に使者を送り、インディオに首都の略奪を約束して蜂起させせた。木曜日カレーラ自身が一万から一万二千人の半裸の男女と子供たちからなる暴徒の大群を引きつれ、グァテマラ市の入口に姿をあらわした。これにはアンティグアの反乱分子も震えあがったし、首都の住民たちは全くの混乱状態に陥った。あらためて代表団が送られカレーラと話し合った。彼の要求は、国家元首のガルベスを罷免し、広場から連邦軍を撤退させること、および首都の入口を解放することであった。多分、もし市民が連邦軍を支援していたら、たとえこのような状況下であっても抵抗することは可能であっただろう。しかし市民は暴徒の群れが激昂するのを恐れ、かつあまりにも意気阻喪していたので、反乱者たちに服従することしか考えつかなかった。恐怖で気もそぞろになっている議員たちが招集され、結局彼らの要求をそっくりのむということになったのである。

午後五時、政府軍の小隊が広場から撤退した。三〇〇人の兵からなる歩兵隊は〝カジェ・レアル〟つまりメインストリートを進み、全員将校からなる七〇人の騎馬隊は別の道をとった。このとき騎馬隊は道で出会ったカレーラの副官の一人から武器をおいて行けと命ぜられた。ヤニェスは、まずわが方の将軍に会わなければならないと答えたのだが、バレンスエラ側からの裏切りのあることを恐れていた騎兵たちは恐怖にかられて逃げてしまった。ヤニェスは三五人の兵とともに市街を駆け抜け、ミスコ街道へと逃げた。残りの兵は慌てて広場へ戻り、しぶしぶながら槍を手放して馬からおり、姿を消した。こうして武器をもった者は一人もいなくなったのである。

その間に、カレーラの徒党が進んできた。アンティグア軍の司令官がカレーラにむかって、この群集を大分隊か中隊に分けておられるのかときくと、カレーラはこう答えた、「そんなことは俺は何も分からん。全部同じだ。」カレーラの主な幕僚の中にはモンレアルをはじめとする名立たる悪党や犯罪人や泥棒や人殺しがいた。カレーラは馬に乗り、緑の枝をさした帽子をかぶっていた。その帽子のまわりに聖人画をはりつけた汚い布きれを何枚かぶら下げていた。カレーラが市内に入ってくるのを、自分の家の屋根の上から見ていたある紳士が私に語ったところによれば、この不幸な町におこる恐怖の場面にはもう慣れっこになっていた彼でさえ、野蛮人の大群が入ってきたこの時ほど恐ろしくかつ悲しい光景を目にしたことはなかったと言う。街路に溢れた暴徒の群れは皆、緑の枝を帽子につけていたので、遠くから見るとまるで森が動いているように見えた。彼らは錆びたマスケット銃や古いピストルや猟銃で武装していたが、中には銃の引き金がないものや、木片を縛り合わせてマスケット銃の形にしスズめっきの引き金をつけたものや、こん棒やマチェーテや、先端にナイフを縛りつけた長い棒をもっているものもいた。二、三千人いる女たちは、略奪品を入れるためのズダ袋や振り分け袋を持っていた。彼らの多くは村から一歩も外へ出たことがなかったから、首都の邸宅や教会の立派な様子に目を丸くしていた。口々に「信仰万歳！　外国人よ死ね！」と叫びつつ広場へ入った。カレーラ自身、自分が動員したこの群衆に呆然としてしまい動転のあまり馬を操ることもできないほどだった。後に彼が語ったところによると、この巨大で無秩序な群衆をコントロールする困難さに恐怖を抱いたという。反対党の首領でありこの反乱のカトライン（古代ローマで陰謀を企てた貴族）であるバルンディアは、カレーラの傍らについて騎馬で広場に入った。日が沈む頃、全群衆が〝サルベ〟つまり聖母の賛美歌を合唱した。群衆の大きな声があたりに充ち、住民の心臓を震えあがらせた。カレーラが大聖堂に入り、その後について押し合いながら中へ入ったインディオたちは、そのあまりの華麗さに感嘆して声もなかった。彼らは立派な祭壇のまわりに自分たちの村の粗末な聖像を置いた。モンレアルはプレム将軍の家へ入りこみ、金の刺繍がふんだんにほどこされた立派な軍服を押収するとカレーラのところへ持っていった。カレーラは頭に緑の枝をさした麦わら帽子をかぶったまま、これを身につけた。懐中時計もあったが、彼はどのようにして使うのか分からなかった。かつてこれほどの野蛮人たちの洪水に見舞われた都市は、多分アラリクとゴート族によるローマ侵略以来なかったのではなかろうか。

そしてカレーラだけが、彼をとりまく野蛮な分子をコントロールする力をもっていたのである。市の重鎮たちが大急ぎでカレーラに会いにゆき、卑屈きわまりない言葉をもって、どんな条件なら町を出ていってくれるのか教えて戴きたいと言った。カレーラが要求したのは、国家元首ガルベスの罷免と、政府が所持している武器と金を全てよこせというものだった。彼に対していくらかでも影響力を及ぼすことができるのは司祭たちだけだった。町の人々の恐怖がどんなものであったかは言葉では正確に言い表せないほどであった。市民は家にとじこもり、今にも殺戮と略奪の合図がきこえるのではないかと戦々恐々としていた。家屋は石造りであり、窓には鉄製のバルコニーがついていたし、扉は厚さが一〇センチ近い頑丈なものだったから、てんでんばらばらな暴徒の襲撃に破られることはなかった。しかしそれでも暴徒は、全面的な略奪へと発展しかねない残虐行為をいくつもおこなったのである。共和国の副大統領は殺されたし、フローレス議員の家は略奪にあい、彼の母親は悪党の一人に銃尾で殴られ床に転倒し、娘の一人は腕に二発の弾を受けて負傷した。

グァテマラ市の有力な外国商であるクレー・スキンナー商会では、経営者一族の屋敷に武器弾薬があると言われていたので、何度も激しい襲撃を受けた。しかし窓のバルコニーは頑丈で、大扉は商品の荷梱で背後を固めていたので、武器といえばこん棒とマスケット銃とナイフとマチェーテだけで統率もとれていない暴徒の群れの攻撃に耐えることができた。司祭たちは十字架を手に街路を駆け回り、聖母と聖人たちの名を唱えながら無法者のインディオたちを抑え、彼らの野蛮な本能を鎮め、恐怖におののく住民を守った。ここで私は誰もの口にのぼるある一つの名前について語らずにはいられない。それは当時アメリカ合衆国の領事であったチャールズ・サベージ氏の名である。彼は、クレー氏の家が猛り狂った暴徒の攻撃を受けている最中に、白髪を風になびかせながら弾丸が飛び交う通りを突進し、銃剣やマチェーテをよけながら、くそ泥棒、人殺しーと叫びながら襲撃者たちをクレー氏の家の前から後退させたのである。インディオたちは、彼のあまりにも激しい怒りと侮蔑の奔流に圧倒され、またその大胆さにも驚いて、襲撃をやめた。この後も、彼は自分の命をかえりみずつねに暴徒の群れの中に身をおいていたのだが、みなが驚いたことに殺されることはなかったのである。首都在住の外国人たちは、彼が自分たちの命と財産を守るために勇敢かつ有効な努力をおしまなかったことに対して連名で感謝状を送ったものである。

プレム将軍の軍服を着込んだカレーラは交渉が続いている間ずっと、血気にはやる暴徒の群れを抑えつけるのに必死だった。しかし、彼でさえ、クレー他のイギリス人たちの屋敷だけは略奪したいという誘惑に勝てなかったと何度か口にした。この無法者の頭領の性格には奇妙な狂信性があった。彼ら一党の戦いの叫びは〝信仰万歳！〟である。大司教の館は自由党が劇場にして使用していたのだが、カレーラは館の鍵を要求するとそれをポケットに入れてしまい、将来の一切の冒瀆をさけるため、追放されている大司教が帰ってくるまでは二度と開けてはならないと言った。

ついに、カレーラの退却条件の話し合いがついた。それは銀で一万一千ドル——うち一万ドルが彼の手下の間で分配され、一千ドルが彼のものになる——と、一千丁のマスケット銃と中佐の階級であった。この金額は、首都を存亡の危機から救えるなら大したものではなかったが、カレーラと暴徒たちの目からすれば莫大な金額であった。というのも彼らのほとんどが、もっているものといえば背負った荷袋と手にしている盗品の武器だけだったからである。しかしいざ金を工面するとなると大変だった。国庫には金がなかったし、市民はそれほど簡単に金を出さないからである。カレーラの手に一千丁のマスケット銃をもたせるということは彼を中佐にする馬鹿さ加減と同じくらい狂気の沙汰であった。

三日目の午後、金が支払われ、マスケット銃が渡され、かつカレーラがグァテマラ市近郊のミタ地区司令官に任命された。暴徒がまもなく退去するということを知ったときの市民の喜びは名状しがたいものだった。しかしまもなく、野蛮な暴徒たちがどうしても町をたち去る前に略奪をしたがっているという恐ろしい噂が流れた。たまたま広場でマスケット銃の音がしたので、この噂の信憑性が高まり、人々はパニックに陥った。恐ろしい緊張状態が一時間もつづいた後、午後五時に群れはてんでんばらばらなグループになって広場を出て行った。彼らは闘牛場で立ち止まりマスケット銃を宙に発砲したので、またしても恐怖がわき起こった。カレーラがさらに四千ドルを要求し、これを渡さなければ戻って力ずくでもとると言っているという噂がひろまった。カレーラ本人が事実戻ってきて野砲を一基要求し、これが彼に渡された。カレーラはいくつかの賠償を要求する文書を残し、住民たちの名状しがたいよろこびの中を、やっと立ち去っていったのだった。

実際、市民は緊迫した危険から解放されて心の底から喜びはしたが、まったく安心しきったわけではなかった。かつ不幸なことに、政治的な反目状況がそのまま残った。バレンスエラが国家元首に任命され、議会で混乱した審議が再開されると、今や与党の頭領となったバルンディアは、ガルベスのときにつくられた憲法違反の法令を全部撤廃するよう提案した。金が必要だったので昔の強制的な公債制度にたよらざるをえなくなり、これが金持ちたちの怒りを買うことになった。この混乱と争いの最中に、ケッツァルテナンゴ地方がグァテマラ国からの分離・独立宣言をしたという報せが届いた。この同じ時期、政府はカレーラから手紙を受け取った。そこには、自分がマタケスクィントラに戻った後、首都の住民たちが自分の悪口を並べたてているようであるが、まだそれが続いているのであれば、自分には四千人の兵がいるので首都に戻り、これを改めさせるであろうと書かれてあった。彼は、村を通りかかるインディオがいると、その者に託して同様の内容の手紙を何度も送りつけてきた。もっと後で分かったことだが、カレーラの追従者たちが彼の支配下から離れ、それぞれが勝手な行動をはじめていたのである。彼らは再び首都を侵略すると脅迫し、その宣告によれば、白人を絶滅し〝自由なるジャガー〟の政府をたて、白人支配から解放されれば戻ってくるであろう土地を手に入れるというのだった。グァテマラの名誉のために明言しておくのだが、これらの知らせが入ると全住民が心を一つにあわせ、男たちは身分をとわず誰もが武器を手にとったのである。しかしこの連帯は一時的なもので、すぐに消えてしまった。カレーラがまたしても手下を方々へ送って暴徒の群れを集めており、すぐにも首都へやってくるという報せが届いた。首都では多くの家族が密かに情報を受け取っており、市内から逃げたほうが良いと忠告されていた。そこで数百人という住民が町を出、道はラバや馬や荷物を担ぐインディオたちで一杯になった。日曜日には全住民が逃げ出し、月曜日の朝、市の要害に歩哨が配置された。数百というパスポートが申請されたが全部却下された。全員武器を手にとるべしという法令があらためて発布され、市民軍が召集された。火曜日の夜十時、カレーラがパレンシアにいるという報せが入った。十一時、カレーラが、騒ぎを起こしている手下どもを討伐しに出掛けたという。水曜日の夜はカナーレスという場所にいるということだった。三月四日の日曜日、七〇〇人の兵が召集された。アンティグアの住民たちから三五〇丁のマスケット銃と弾薬が送られてきた。というのは武器を保管しておかないほうがよいと判断したからであり、その理由は市内に「グァテマラ市よ、死ね！　カレーラ万歳！」という声が聞かれるようになっただけでなく、壁にも同じ不気味な言葉を書いた紙が貼られるようになったからであった。このような時にカレーラが政府にあてて次のような文書を送ってきた。つまり、政府は軍隊を解散すべきであると勧告し、自分が武力を集めているのは単にガルベス――カレーラが罷免したかつての国家元首――が率いる四〇〇人の反乱の徒を壊滅せんがためであると確言し、さらに二基の大砲と弾薬を要求してきたのだった。また別の時に彼は、多分政府が自分の身の上に起こっていることに興味を持っているだろうと考えてか、あやうく暗殺されかかったと知らせてきた。モンレアルが部下を示唆し、隙をみてカレーラを木に縛りつけ、あわや銃殺せんとしたのだ。丁度そのときに、カレーラの兄弟のソテロ・カレーラが駆けつけ、モンレアルを銃剣で突き殺したと言う。この頃、政府は司祭たちの影響力を頼みにして、カレーラの手下どもを説得し、武器を渡せば一丁につき五ドル支払うという案を練っていた。しかしまもなく、カレーラがかつてないほど強大になり、街道を占拠した上、政府に高飛車な宣告文を送りつけてくるらしいという報せが届いた。そしてとうとう彼がすでに首都へむかって進んできているという報せが入ったのである。

丁度この時、共和国大統領であるモラサン将軍がエル・サルバドルより千五百人の兵を率いて到着せり、というこの上なく喜ばしい報せが首都に届いた。しかしこの期におよんでもまだ人々は党派精神に支配されていたのだった。モラサン将軍は首都から十数キロのところに宿営した。それというのも、首都に入るべきか、あるいは国内の革命を制圧するために現地政府の同意なしに連邦政府の武力を行使してよいものかどうか迷っていたからである。グァテマラ政府は、連邦政府に対して警戒心をもっており、自身では守る勇気もない特権を保持することにこだわっていたから、モラサン将軍に対して戦略計画を提出するよう要求し、カレーラとその一味に対しては、武器を引き渡すために一五日間の猶予を与えるという指示を出した。しかしグァテマラ政府はこの指示――モラサン将軍は自分の宿営内では知らしめなかっただろうが――を二日後には無効にし、結局は共和国の大統領であるモラサンに状況に応じて行動することを許したのである。

この間に、モラサンの哨兵の一人が捕らえられ、将校たちが殺されたので、軍隊の中に大きな動揺がおこった。モラサンはさらなる流血をさけたい一心で首都の僧会議員カスティーヨとバルンディアのもとへ使者を送り、事態が悪化する前に反乱者たちと話し合って武器一丁につき一五ドルまで支払うと申し入れ、武器を渡すよう説得して欲しいと依頼した。説得におもむいた使節団はマタケスクィントラの山中の古い隠れ家の一つでカレーラと会見した。カレーラはそこで大勢のインディオたちに囲まれトルティーヤを食べて暮らしていたのである。裏切り者のバルンディアはモラサンの兵隊たちからは嘲笑の声をもって迎えられたし、彼の疲れきった哀れな馬はモラサンの宿営所に繫がれて一日半もえさなしでいたのだが、カレーラもこの裏切り者への褒美を完璧にするために、彼を自分の屋根の下に迎えることを拒んだのである。というのもカレーラの言によれば、ある司祭から贈られたばかりの新しい槍をバルンディアの胸に突き立てるのが嫌だったからだという。

会見は戸外の山頂で行われた。カレーラは、これまでの自分の要求が全て履行され、かつインディオに課せられていた人頭税を三分の一に減らさなければ武器をおくことはないだろうと言ったが、外国人に対する強硬な態度は和らぎ、結婚していない者だけが国外退去とし、以後は国内での商売は許可するが居住は許さないと言った。その場にはカレーラの変わらぬ友であり参謀である悪僧ロボ神父が同席していた。僧会議員カスティーヨが苦情を述べ、とくに政府をインディオ毒殺の企てで責めるのは馬鹿げていると言うと、彼らは注意深く聞いていたが、途中でカレーラが話を荒々しく遮り、政府はもしインディオを毒殺すれば一人につき二〇ドル払うと、自分に対して申し込んできたのだぞと言った。

モラサン将軍は今や話し合いの望みがまったく絶たれたので、ただちにマタケスクィントラへと進軍した。しかし彼が着く前にすでにカレーラ一味は山中に姿を消してしまっていた。一味は別の場所に現れては土地を荒らしまわり、町や村々を荒廃させ、モラサン軍が駆けつける前に、マスケット銃を隠して山中に入ってしまうか、またはなりをしずめて畑で働いていたという。イギリスの副領事であるホール氏は、首都から三日ばかりの距離にあるサラマーに住む一一人のイギリス人たちから手紙を受け取った。そこには、彼らがある夜カレーラの部隊に捕らわれ、身ぐるみはがされた上、二晩と一日幽閉され、食事も与えられず、銃殺刑を宣告されたが、最終的には国を出るように命ぜられ、何もかもとりあげられたので、今は物乞いをしながら港までの道中にあると書かれてあった。数日後の夜十時、警報の大砲がならされ、カレーラが再び首都の入口に姿を現したことが知らされた。この時期、党派の闘いは相変わらず激しく、中央党は恐怖に震えていたのだが、心の中では自由党の支配下にあるこの国の無秩序を喜んでいたのだった。というのも、自由党派の連中を恐怖に陥れることができる男、すなわちカレーラが立ち上がったからである。しかも自由党は分裂しており、お互いの間の憎しみは中央党が彼らに抱いている憎しみより大きいほどだった。とはいえ混乱はあまりにも大きかったので、双方が個別にモラサン将軍に要望を送って、首都の危険で悲しむべき状況を述べ、町に入って住民に安全を与えてほしいと懇請した。議員たちのグループはそれぞれ、誰が先にモラサン将軍の総司令部へ行って彼の保護を頼み、そうすることで彼への敬意を表わそうかとやっきになった。モラサン将軍は首都の混乱ぶりを知っていたので、議員たちがやって来たときにはもう馬に飛び乗る準備をしていたのだった。日曜日にモラサンが二〇〇人の護衛兵とともに市に到着したときは、鐘がなりひびき大砲がならされ、町中が喜びにあふれた。その日、商人たちがアイシネナ侯爵をはじめとする中央党のメンバーとともにモラサンに要請書を提出し、住民たちの恐慌状態を説明し、国の役人を罷免して政府の舵をとって戴きたいと頼み、グァテマラを破滅から救う唯一の手段として憲法議会を招集してほしいと要請した。夜には、自由党のさまざまな派閥の議員たちがモラサン大統領と長い話し合いをしにきた。モラサンは全員に向かってこう答えた、つまり自分はまったき合法性をもって行動することを望むものであるから、翌日に議会と連絡をとり、その決定に従うであろうと。しかし、その議会の審議たるや言うも低劣で恥多きものだったのである。私がその頃の党派の争いを理解しえた範囲では、モラサン将軍は両党から吐き出される大小の文書の洪水に流されることなく、誠実かつ自尊心をもって身を処したと思う。中央党派はモラサンを自分たちの方へひきつけようと必死になって努力したが、彼はずっと自分の敵であった彼らの偽善的な抱擁やへつらいを受け入れることなどできなかったし、また自分の党派であるとはいえ、間違いを犯している自由党派を支持することもできなかったのである。

その間にもカレーラは地歩をかため、連邦軍の駐留隊をいくつも破り、兵を殺し、武器と弾薬のストックを増やしていった。ついに誰もが何とかしなければならないということで意見が一致し、議会の最後の集会で絶望のあまり討論もなしで次のことが決定された。

一　国の政府はアンティグアへ引き上げる。

二　憲法第一七六条に従って、大頭領が自身または代理人によってこの行政区を統治する。

首都がこのような状態にあるさ中、しかも地方から最悪の噂が入ってくるという中で、日曜日の夜、モラサンのためのダンスパーティが開かれた。中央党は自分たちの提案が受け入れなかったことに腹をたてていたので、このパーティに出席しなかったが、カレーラに罷免されたガルベスが初めて姿をみせて一晩中踊っていたという。

モラサンは閣議室では優柔不断であったが、戦場ではエネルギッシュで、全権を託されてからは優れた軍人としての名声を保った。軍隊の五月と六月の公報にはカレーラが町や村々を破壊して回った形跡が見られるが、政府軍は執拗に追跡し、どこの戦いでも勝利している。しかし、カレーラを逮捕することはできなかった。その間にも党派の確執は続いており、グァテマラは全くの無政府状態になっていた。議会は開かれなかった。というのも与党が出席せず、副元首は辞めなければならず、彼の後任は最古参の審議員がなるはずなのだがそんな人物はおらず、審議会の任期は切れているのに新たな選挙がまだ行われていなかったからである。モラサンがカレーラの野蛮な暴徒たちを追い散らすのに専念し、カレーラの蹂躙の危険からグァテマラ人を守っているというのに、グァテマラ人は古い確執を再燃させ、扇動的な文書を流布し、その中でモラサンを非難し、彼が首都を銃剣の支配下におき怠け者の兵隊たちを養うために国を貧しくしていると言いだしたのである。

七月一日頃、モラサンはグァテマラが外部の危険から完全に解放されたと判断して、いくつかの町にカルバジョ指揮下の部隊を残し、首都の司令官としてはカルロス・サラサルを任命してエル・サルバドルへ帰っていった。カルバジョはカレーラを完璧に討伐したと考え、これで決着をつけようと下記の通告を出した。

〃通告〃

「罪人ラファエル・カレーラが最後の恩赦を受けに自首してこない場合は、その生死にかかわらず彼を引き渡した者（複数でも可）に対して、千五百ドルの報償と二カバジェリーア（二七ヘクタール）の土地が与えられ、かつすべての罪が免ぜられるであろう。」

グァテマラ市、一八三八年七月二十日
J・N・カルバジョ将軍

しかし、〃犯罪者〃カレーラ、つまりこの札付の無法者はまだ敗退していなかったのである。彼は連邦軍の駐留部隊をひとつひとつ襲撃していった。一方首都では党派の争いが激化し、公債が強制され、怠け者の兵隊たちを養うための支出に人々の不満がつのっており、政府を廃し、国を現在の衰弱した状態から復興すべくリベラ・パス氏を頭にいだく憲法議会を組織して臨時議会を開こうとする計画が練られていた。その間に、カレーラは配下の数をさらに増して、アマティトランを攻撃しアンティグアを襲い、これらの町の大砲やマスケット銃や弾薬を奪うと略奪もそこそこに、またしても首都に進撃してきたのである。彼は、街の家という家を破壊し白人を皆殺しにするつもりだと宣告していた。

首都の人々の悲嘆をここに書き表すことは不可能である。彼らはまたしてもモラサンに守ってほしいとすがるのだった。すると鉛筆書きの一枚の紙がモラサンから送られてきた。それは、一人の男が上着の袖に縫い付けてもってきたものだったが、数日間は首都の住民たちだけで身を守り町を支えるよう促すものだった。しかし危険は差し迫っていた。サラサルは夜中の二時に連邦軍（人々が文句を言っていた怠け者の兵隊たちの軍である）の先頭にたって首都を発し、濃霧にまぎれてビジャヌエバの町でカレーラ軍を急襲し、四五〇人を殺して完膚なきまでに叩きのめし、カレーラにも太股に重傷を負わせた。市は破壊から救われ、翌日にはモラサンが千人の兵を連れて首都に入ったのだった。からくも危険は避けられたが住民の恐怖はまだ去っていなかった。朝には敵が戻ってくるかもしれないからだ。党派の確執は吹き飛んでしまい、誰もが自分たちをカレーラから救えるのはモラサン将軍しかいないと考え、ついには彼に〝ディクタトル〟（古代ローマで危急時に絶対権力を与えられた臨時執政官）になってほしいと頼んだのだった。

この同じ時期に、ケッツァルテナンゴのグスマン将軍が七〇〇人の兵をひきいて首都に到着したので、モラサン将軍はかの〝カチュレコス〟（ならず者たち）を封じ込め絶滅させるための適切なる手配を行なった。しかしその結果は以前と同じものだった。つまりカレーラはいつも負けはしたが決して捕まりはしなかったのだ。カレーラは、自分の配下の者たちが散り散りになり、とりわけ優秀な手下たちが捕えられて銃殺され、彼自身も山の頂上に追い詰められ、麓を兵に取り囲まれ飢え死にしそうにまでなったにもかかわらず、逃げおおせたのである。それは、ひとえに哨戒の油断によるものだった。彼は三カ月間というもの方々で執拗に追跡を受け、かつての隠れ家を破壊され、いたるところで包囲されたので、とうとうグスマンと交渉に入り、千丁のマスケット銃を引渡し自分の残党を解散すると約束した。ところがこの取決めを実行に移すだんになるとマスケット銃をたったの四〇〇丁、しかも古くて使いものにならないものを渡しただけだった。この取決めの不履行をグスマンが許してしまったのである。グスマンは、カレーラの手中にある自分の恐ろしい運命をまだ夢にも知らなかったのだ。

これが終わるとモラサンは、リベラ・パスを罷免してサラサルを復職させ、首都の住民に戦争の費用を支払うよう莫大な額の課税をし、連邦政府の兵隊を全員引き連れてエル・サルバドルへ帰ってしまった。彼はこうすることで、自分に対する党派の批判――銃剣によって首都を己が影響下におきたがっているという批判――が的外れなものであることを証明したのである。グスマンもケッツァルテナンゴに帰ったので守備隊はたったの七〇人に減ってしまった。

モラサンの課税と軍隊の首都撤退とは、人々の彼に対する不満を募らせる結果となった。かつこの時期の共和国は政治面でさらなる暗雲がたちこめていた。モラサンに追放されてアメリカに何年も住み、アメリカの制度を勉強してきたアイシネナ侯爵がわが国の憲法や法に言及して人々の危機感を煽る一連の文章を発表し、それが広く流布されたのである。ホンジュラスとコスタ・リカが連邦政府からの独立を宣言した。こうしたこと全てがグァテマラに影響を及ぼし、すでに燃えさかっていた紛争の炎をさらにかきたてたのだった。

一八三九年三月二十四日、カレーラはマタケスクィントラのかつての宿営から文書を発し、その中で諸国の独立宣言に触れてこう述べた。「かの文書がわが手に届いたとき私はそれを何度も何度も読み返した。そしてその宣言文がのっている冊子を胸に抱きしめた。それはあたかも愛情深い母親が、なくしたと思っていたひとり子を腕にとり胸に抱きしめるかのようだった。というのもその中にこそ、まさに私が支持する原理と期待する改革があったからである。」これはしかし彼の文章ではない。この時期カレーラは字が読めなかったからだ。しかし彼にとっては全く新しいことだったにちがいなく、彼自身が支持してきた原理が明らかにされていることが大きな満足をもたらしたにちがいない。彼は再び首都に入ると脅迫してきた。審議会は無秩序で混乱しきっていた。四月十二日カレーラの徒党が首都の入口に姿を現した。誰もが震え上がったが、この侵略に立ち向かおうとするものは一人もいなかった。モラサンは遠くにいて彼らの声は届かず、以前はモラサンのことを銃剣で市を支配しようとしていると言って非難していた者たちが、今度は、モラサンは自分たちがカレーラの餌食にされるのを見捨てて去ってしまったのだと言って激しく非難した。誰もが財産を隠して逃げたが、それができないものたちは扉や窓にしっかりかんぬきをかけ家に閉じこもった。夜中の二時、カレーラが守備隊を破り千五百人の兵を引き連れて首都に入ってきた。司令官のサラサルは逃亡したので、カレーラはリベラ・パスの家へ騎馬でおもむき扉を叩き、彼を再び国家元首に据えた。カレーラ軍の兵が司令部を占拠し、カレーラは自らを首都の守護者に任じた。彼は自分の統治能力の不足を知っていたので、他の人間を市の行政に据えて平和を保とうとしたのだ。このやり方は認めるべきであろう。こうして中央党が再び権力の座に戻った。カレーラの狂信的な性質が彼をして教会派である中央党に結びつけたのである。人々は、彼の機嫌をとって貴族階級と付き合えるようにしてやり、准将の位につけ、立派な軍服を贈った。カレーラにしてみれば、こうした中身のない栄誉は別にしても、首都の司令部の方がインディオの小屋よりずっと快適であったし、部下たちへの支払いもでき、略奪の遠征――たしかに気晴らしにはなっていたのだが――をするよりはずっと楽になった。カレーラと中央党との連携は、私が到着する前の四月から続いていた。両者をしっかりと結束させていたのはモラサンと自由党に対する共通の憎悪であった。中央党は憲法議会を牛耳り、自由党政府が発した法を撤廃し、昔のスペイン法や裁判所や政府の役人たちの古称を復活させ、好き勝手な法律を発布したからカレーラと衝突することはなかった。ただ問題はカレーラをおとなしくさせておくことだった。カレーラは首都にじっとしていることができず、エル・サルバドルへでかけていった。名目はモラサン将軍を攻撃することであった。中央党はハラハラしていた。というのはカレーラが勝とうが負けようがどちらにしても同じく危険だったからである。もし負ければモラサンがただちに首都へむかってきて、自分たちに報復を下すのは明らかだったし、もしうまくいってもカレーラとその野蛮な一味が勝ち戦さに酔って戻ってき、耐え難い存在になるだろうからだった。当時の状況がどんなものであったか、次のような些細な事柄からも知ることができよう。つまり、市場の物売り老婆だったカレーラの母親が亡くなったときのことだ。上流階級の人間が死ぬと教会地下の納骨所に葬るのが慣わしだったが、コレラが流行ってからは教会の中に埋葬することはもとより市内に埋葬することも例外なく禁じられ、このために町の外に墓地が設けられ、主要家族は全てそこに墓所をもっていた。しかしカレーラは母親をなんと大聖堂の中に埋葬したいと言いだしたのである。政府の費用で葬式が行われ、会葬の招待状が配られ、葬列には町の主だった住民たちがこぞって付き添ったのである。カレーラを慰め機嫌よく保つためのあらゆる努力が払われたが、カレーラは感情の起伏に激しく左右される人間だったので、こういう時には何事によらず楯をつかずに、したいようにさせるのが良いという忠告が政府のメンバーになされていたという。私が訪問したころのカレーラはこういう風だったのである。彼はヨーロッパのどんな君主よりも絶対的な権力をもってグァテマラに君臨しており、狂信的なインディオたちは彼のことを〝神の子〟とか〝われらが主〟と呼んでいた。

私が部屋に入ってゆくと、彼は六ペニー貨幣（一レアル）やシリング貨幣（二レアル）を数えているところだった。傍らにモンテ・ロサ大佐――褐色の肌をした混血で、派手な軍服を着込んでいた――が坐っており、部屋の中には他にも数人の人間がいた。カレーラは背丈がほぼ一六五センチほどで、髪は黒い直毛、体格も顔つきもインディオのそれであり、髭はなく、二十一歳をこえているようには見えなかった。黒い綾織りの上着とズボンを身につけていた。彼はわれわれが入っていくと立ち上がり、貨幣をテーブルの端へ押しやって、多分私の外交官用コートへの敬意からだと思うが丁重に迎え入れて、かたわらの椅子をすすめてくれた。私がまず、あまりにお若いので驚いていますと述べると、自分は二十三歳であると答えた。確かに二十五歳をこえているようには見えなかった。彼は、自分が抜きんでた存在であること、そして当然そのことを私も承知していると思っている様子で、こちらの質問も待たずに話を続けた。自分が始めたときは（彼は何を始めたのかは言わなかった）、部下は一三人だけであり、武器は古いマスケット銃だったからタバコの火で点火しなければならなかったと言い、私に弾丸で負傷した八箇所の傷痕を見せてから、体内にまだ弾丸が三個残っているのだと言った。こう語る彼が、わずか二年前にはインディオの暴徒を率いて外国人たちの死を叫びながらグァテマラ市に進撃したその同じ人間であるとは、とても思えなかった。確かに、外国人に対する彼の考えほど変容したものは他になく、それは個人的な交際がいかに個人や階級に対する偏見を打ち破るのに役立つかの好例であった。カレーラはすでに何人もの外国人と個人的な付き合いをしていたし、その中の一人は彼の脇腹から弾丸を取り出してくれたイギリス人の医者であった。どの外国人との付き合いも好ましいものだったから、ついには彼の外国人に対する感情は完璧にひっくりかえり、これまで自分を騙したことのない人間は外国人だけであると確言するまでにいたった。それだけではなくカレーラは、私にとっては驚異的に思えることをしたのだった。つまり慌しい生活の中にありながら、自分の名前を書くことを学び、印章の使用を止めたのである。私がかつて、本物の王ないしは王族の特権を簒奪せんとする者に目通りするという光栄に浴したのは、マホメッド・アリに会った時だけである。マホメッド・アリは老人であったから私は彼にいくつかの良き忠告を与えたものであるが、かの老ライオンが今はたてがみを切られているのをしごく残念に思うものである。私は、カレーラが将来のある若者であることを考えて、こう述べた。つまりあなたにはこれから先、大きな未来があるので、お国のためになるようなよいことを沢山なされるに違いないと。すると彼は手を胸の上におき、私がびっくりするような熱意をこめて、自分には祖国のために死ぬ用意があると言った。彼がどれほど間違いや罪を犯したとしても、誰も彼のことを二心があるとか、あるいは思ってもいないことを口にする人間だと言って責めたことはない。きっと彼は、彼以前の多くの夢想家たちと同じく、おのれを愛国者だと思っていたのだろう。

私は、この男が中米に支配的とまではいわないまでも重要な影響をおよぼすように運命づけられていると考え、また、本人の名声が広まっていると知ればその性格上に良い影響を与えるに違いないと考えてこう言った。つまり、あなたの名前はもうわが国でも知られており、あなたのグァテマラ進軍の記事は私も新聞で読んできたが、その記事にはあなたが暴虐行為をさけるために行き過ぎのないよう努力されたことが賞賛されていた、と述べたのである。カレーラは自分の名前がすでに有名になっていることと、外国人の間でそのような見方をされているということに大いに満足を示して、自分は敵が言うような泥棒でも人殺しでもないと言った。カレーラは頭がよさそうで、自分を高めていく能力がありそうだった。もっと他の国々へ、とりわけ近くにあるわがアメリカ国へご旅行なさるべきでありましょうと勧めると、彼はアメリカを〝エル・ノルテ〟（北の国）とだけしか知らず、どこにあるのかはっきりと分からず、どれだけ距離があるのか、どのようにして行ったらよいのかという質問を投げかけ、戦が終わったらエル・ノルテを訪ねるよう努力したいと言った。しかし彼は戦闘とモラサン以外のことに自分の注意を向けられなかったし、実際に他のことは何も知らなかった。態度も話し方も若者じみてはいたが、終始まじめで、笑みを浮かべることもなく、自分の権勢を自覚しており、自分のしたことやこれからしようと思っていることを常に一人称で話しはしたが、その力を誇示するというふうではなかった。配下の一人が、明らかに彼をよろこばせようとして、彼の署名入りの用紙の手書きの文字を私に見せるために探しに行ったが見つからなかった。この会見は私が思っていたよりずっと興味深いものだった。彼はいたって若く、素性が賤しく、出自による特権がまるでなく、動機は多分誠実であったにしても無知で狂信的で残酷で暴力的な感情の奴隷であり、一国の武力をおもいのままにし、その力を白人に対する生まれながらの憎悪を吐き出すために使ってきたのである。私が退出するとき、彼は戸口のところまで送ってきて悪党面の兵士たちのいる前で、貴下のお役に立ちたいと言った。それで幸いにも彼に好印象を与えたらしいことが分かった。彼は後に――しかし残念なことに私の留守中であったのだが――礼装に身を包み仰々しく私を訪問してきたのだったが、それは彼にしてはめったにない珍しいことだったのである。

その当時マヌエル・パボン氏が私に語ったところによると、カレーラは自分自身のことを政府の命令に従う准将であると考えていたそうである。彼自身もまたその部隊にも、決まった給料はなかった。彼は計算をするのが好きではなく、必要なときに金を要求するだけだったので、八カ月間というものモラサンのときの二カ月分にも満たない金額で事足りた。事実、彼が自分のために金を必要とすることはなく、インディオたちには形式的にほんのわずかな金を支払っていた。このことは必要経費のすべてをまかなっていた貴族階級を大いに喜ばせた。この無法者の頭領が実は、どんなに忍耐強い男でも我慢できないであろうある一人の人物の支配下にいたということを知れば、私の友人たちの幾人かは喜ぶにちがいない。つまりそれは彼の妻で、彼女は、過多な愛情からくるある感情のせいだと言われるが、とにかくどこへでも騎馬で夫に同行していたのだ。私が聞いたところによると、国家元首の仕事の少なからぬ部分がカレーラの家庭内の不和の仲裁にあてられていたという。

パボン氏と家に戻ると一人の紳士が待っていた。紳士がパボン氏に言うには、カレーラの怒りに触れたある議員を兵士の一団が捜しているという。その議員は二人の友人であったので、すぐにその家へ行ってみると兵士の一隊が戸口をかためており、他の兵隊たちが内部を捜索しているところだった。これは政府が知らないカレーラからの直接の命令によるものであった。

第十二章

首都は、当時の動乱と危険な状況のせいで雰囲気が暗く、人々の個人的なサークルの中には楽しみがなかった。しかし数人の熱心な婦人たちがこの単調さを破ろうというわけで遠出をすることになった。私も招かれて、ある午後、首都から一六キロほどの距離にあるインディオの村ミスコへと出掛けた。翌日にはインディオの儀式をともなった守護聖人の祭りが行われることになっていた。

当日の午後四時、馬でわが家を出、マヌエル・パボン氏宅へ向った。彼の家は追放処分にあった議員の家のすぐ隣りにあり、一隊の兵士が議員の逃亡をふせぐためにその一画を取り囲み、あたりの家々をしらみつぶしに調べていた。私はこの紳士たちにはいつも道をゆずることにきめていたのだが、この時は道をずっと馬で入っていかなければならなかった。くだんの議員の家の前を通ると、閉じられたドアの前に歩哨が立っていた。隠れ場所を発見されるのではないかと中で恐れおののいているはずの家族の悲嘆と苦悩に思いをいたさざるをえなかった。

私を待っていてくれたマヌエル氏と一緒に、一行の婦人たちのなかの一人の家へと向かった。彼女は私が初めて見る若い未亡人で乗馬服姿が美しかった。彼女の馬はもう準備ができており、年寄りたちに別れのキスをし終わったところで一緒に外へ出た。召使たちが親しみと愛情をこめて、扉のところまで送ってきて口々にサヨウナラと言い、気をつけるようにと言った。彼女はその声が聞こえてくる間中、返事をしていた。このあと、もう二、三軒の家をまわってから全員が待ち合わせの家に集まった。その家の中庭はどれも凝った意匠の鞍を置いた馬で一杯になっていた。目的地のインディオの村は大きいし、わずか一五キロほどの距離でしかないのだが、ベッドやシーツや食料をもっていく必要があった。従者たち——一小隊分の備品を運べそうなくらいの人数だった——が先発し、それからわれわれも全員出発した。市の門外へ出ると、町を麻痺させている不安も危険もすっかり忘れてしまった。道がのびている広々とした草原は、太陽がアグア火山とフエゴ火山の背後に隠れてゆくにつれてまるで木球競技場の緑の芝生のようになり、その上を、荷を担いだインディオたちの長い列を先頭にしてゆくわが一行の姿があたかも一幅の絵のようだった。私は婦人方の馬の乗り方が上手ではないのを見て驚いた。女性が楽しみで馬に乗るということはまったくないし、旅行も道中が不便なためにめったにしないのである。

草原とミスコをへだてている深い谷の淵に着いたのはもう日暮れてからであった。谷を下り反対側の崖を登りきると、闇の渓谷から明るい通りへと出た。そこから二、三馬身のところがもう明かりに照らされた広場で、人々であふれかえっていた。ほとんどがお祭り衣装のインディオたちだった。広場の中央に美しい噴水があり、正面には巨大な教会があった。われわれは上方にある、婦人方のために準備された家へと馬を進めた。その家に彼女たちをおいてから紳士たちはそれぞれの宿所をさがして散って行った。家々の戸口はどれも開いていたから、部屋はないかとくまなく尋ねてまわった。同行の若者たちの何人かは最初から徹夜するつもりだったから、そんな面倒なことはしなかった。パボン氏と私とは宿を確保してから、婦人たちの宿になっている家へと向かった。その家の一角に三メートル四方ほどの〝ティエンダ〟(小店)があり、仕切りと棚があってそこに彼女たちの帽子やショールがかけてあった。あとは長いテーブルとベンチがあるだけだった。やがて婦人方の用意ができて全員が散歩へと出掛けた。表通りも路地も輝くばかりに明かるく照らされており、常緑樹と灯火で飾られたアーチが処々にかけられ、角々には花で飾った差しかけ屋根の下に祭壇が設えてあった。わが一行のリーダーたちはすっかり浮かれてしまい、気がむくままにどこの家へでも入ってゆき賑やかにおしゃべりをしては、一行の最後の人が入る頃に合わせてその家を出てゆくという具合だった。ある家では、丁寧にくるんだ毛布からギターのヘッドが突き出ているのが見つかった。その家の主人によると、ギターはグァテマラ市のある若者のものであり、彼がそこでその夜を過ごすつもりでおいて行ったのだということしか分からなかった。同行の若者たちの一人が毛布をほどくと、パンが数切れころがり出た。彼はそれを人々に配ってから自分も半切れを口に入れてワルツを弾いた。これにすぐカドリール（四人舞踊曲）がつづき、その家の気のよい人々は自分の家がこのように自由に使われるのを喜んでいるようだった。われわれは入ってきたときと同じようにまったく自然に、双方ともが善意の気持ちに溢れてだれかれとなく握手をし合いながらその家を去ったのだった。表通りを一巡して広場に戻ってくると、教会から行列が出てくるところだった。

村の守護聖人の行列は、インディオたちの大きな誇りであり彼らの信仰深い性格を表す証でもある。インディオはだれでもこの行列を出すために労働や金銭で協力を惜しまないのだが、行列の一番重要な部分を任されることは最高の栄誉なのである。ミスコは裕福な村で、グァテマラ市の馬子はみなここに住んでいる。私はインディオの宗教行列でこれほど重厚なものは他に見たことがなかった。教会は広場前の小高い場所に建っており、正面壁一面にほどこされた豊かな装飾が松明の光に照らしだされていた。広いテラスも階段も白い服を着た女性たちの群れで埋まっていた。大きな扉の前に空間があけられたとおもうと、騒々しい歌声とともに行列が出てきた。まず最初にインディオの村長とこれもまたインディオである町役人たちが、片方の手に錫杖を、もう一方の手に火を灯した長さ一・八メートルから二・四メートルのロウソクをもって現れ、これに悪魔の一団が続いたが、グァテマラ市のものほどいたずらっ気がなくずっと醜悪で、多分インディオたちの意識の上ではこちらのほうがずっと悪魔に似ているらしかった。さらにインディオたちが、精巧な彫刻をほどこした銀の大きな十字架を高く掲げてつづき、そのあとに司祭が絹の天蓋——長い棒柱の端をインディオが支えもっていた——の下を進んできた。十字架が進むにつれて、人々がひざまずいた。もしこのとき一緒にひざまずかない外国人がいたら、人々の聖なる信仰に対する侮辱の罪をおかす者とみなされたであろう。さらに数体の等身大より大きな聖人像が、インディオに担がれてつづき、そのすぐ後に華やかな衣装の上にスパンコールがキラキラ光るガウンをまとった聖母像がつづいていた。これに、インディオの女性たちが民族衣装を着て頭にはターバンのような赤い紐を巻き付け、火の灯ったロウソクを手に長い列をなしてつづいた。行列は明るい道を通り、アーチの下をくぐり、ときどき祭壇の前で立ち止まり、村を一巡すると一時間ほどで騒がしい歌声とともに教会の階段を登っていった。行列が帰りついたことが爆竹の音で知らされ、そのあと全員が広場の花火見物に集まった。

花火の準備にはしばらく時間がかかった。というのは花火ショーを取り仕切るのが、行列に加わっていたものたち、とりわけ悪魔たちだったからである。わが一行はミスコの住民によく知られた人たちだったので、見物人で一杯であったにもかかわらず教会の階段の一番よい場所がすぐにあけられた。グァテマラに近い村であるから住民は首都の主要家族をもれなく知っており、彼らはこのような上流階級の人々が自分たちの祭りに来てくれたことをよろこんでいた。敬意の中に親しみをこめた挨拶がどこでも交わされ、その様子が素朴な風習と、富者と貧者との間の暖かい感情の流れを示しているようで、私にとっては祭りの中でこのことがもっとも興味を惹かれたことの一つであった。

花火ショーは〝トロス〟で始まった。牛になった男は、広場の群衆を蹴散らして逃げ回らせ、教会の階段を駆け登り観衆を喜ばせ、笑い声と叫び声の中を駆け去っていった。その後に〝飛ぶ鳩〟などの花火があり、最後はこの国の有名な劇である〝サン・フェリッペ城〟で終わった。これはイギリス艦隊撃退の場面である。高い構築物がサン・フェリッペ城をあらわし、棒の先につけられた風見鶏のような小さな帆船が艦隊をあらわしていた。その帆船がいきなり舷側から火を吹きだしたとおもうと棒の上でクルッと回り、もう一方の舷からも火を吹いた。その後、城からあたり一面に火の粉が流れ出て、船がボロボロになるまで続いた。

花火ショーが終わって、われわれは宿へ帰った。長い食卓の上にテーブルクロスがかけられ、数分後には婦人方の指揮のもとにグァテマラから持参してきたピクニックの品々で覆われた。ベンチがテーブルに寄せられ、席にありついた者はみな腰をかけた。夕食が終わる前に、グァテマラからきた若者たちがどやどやと入ってきた。彼らは、グリースを塗った帽子をかぶりポンチョと剣をもち服装はかなり乱れていたが、ほとんどが子供っぽい婦人方の弟や従兄弟たちであった。彼らは帽子をかぶったままテーブルのあいている席に坐って食事をした。それが済むとすぐに大急ぎで皿が下げられ、テーブルが部屋の隅に積み重ねられ、その上にロウソクがおかれてバイオリンが鳴りだした。紳士も婦人方も葉巻や紙巻きタバコに火をつけて、ダンスに興じ始めた。残念ながら中央アメリカ――グァテマラも例外ではない――では、婦人が普通にタバコを吸うのである。既婚女性は〝プーロ〟つまり葉巻を吸い、未婚女性は〝シガー〟つまり紙かワラで巻いたタバコを吸うのである。紳士はそれぞれが、ポケットにハンカチ程度の場所しかとらない銀の箱をもっており、その中には長い綿芯と火付け金と石が入っている。女性のタバコに優雅に火をつけてやるのが紳士の作法の一つであり、うまくすればセニョリータの胸に火を灯すこともできようというものであるが、いずれの場合もスマートにやらないと不作法なことになる。女性の喫煙の習慣についての私の見解を述べるのはさしひかえるが、麗しき唇が汚れるのを何度も見たものである。とはいえ、それでも、ある婦人が紙巻きタバコをそっと唇に、あたかも甘いくちづけでもするかのようにつけたかと思うとすぐにはなすという、上品でエレガントな仕種をするのを目にしたことがある。婦人が男性に火をかす時は、かならずタバコを唇から離す。幸いなことに紳士たちが通りでときたまやるような危険な接近の仕方は流儀ではないのである。ダンスは明け方の二時までつづき、最後は楽しい家族的な集まりが解散するような雰囲気だった。若者たちは眠りにゆく者や、他の場所で夜を楽しもうとする者もあり、それぞれ散っていった。マヌエル氏と私とは、彼が宿をとってあった家へと戻った。

外の通りに物音が聞こえたのは、われわれがハンモックに横になって今夜のことをしゃべっていた時だった。戸口の前を慌しい足音が通りすぎ、剣のぶつかり合う音が聞こえた。ほどなくパボン氏の従僕がドアを叩いて入ってくると、数軒先の家で男が頭を剣で切られて殺されたと告げた。そこでわれわれは野次馬根性むきだしに外を見ることはせずに、思慮のある人間らしくドアをしっかりと閉めた。騒ぎは通りを先の方へ去って行ったが、すぐに銃声がした。近隣中に騒ぎが広がっている様子だった。われわれは再び横になっていたのだが、すぐにまたドアが叩かれた。この宿の主人は敬すべき老人で細君とともに奥の部屋に眠っていたのだが、二人は騒ぎを恐れて、戸を開けてよいものかどうかでもめていた。老人の方は開けるなと言い、細君の方は母親としてチコ（息子）に何か起こったのでないか心配だと言っていた。戸口を叩く音はまだ続いており、息子の親しい仲間であるラファエルの声で、チコが怪我をしたと言っているのが聞こえた。老人は明かりをさがしに立ち上がり、母親と妹は最悪の事態を予想してワッと泣きだした。老人は彼女たちを厳しく叱りつけ、あれだけ夜歩きをするなと注意していたのに、言わんことじゃないと言った。妹が走っていってドアを開けた。二人の若者が入ってきた。彼らの光る剣が見えた。一人が他方を支えており、老人が明かりをもってきたちょうどその時に負傷している方が床に倒れた。顔は真っ青で血によごれ、帽子の山からつばにかけてまるで剃刀で切られたようにスッパリと切られていた。右手と腕は血に染まったハンカチで包んでいた。老人が、ローマ人のような厳しい目つきで彼を見据えてお前は夜歩きをやめないから、いつかきっとこういうことになると思っていたと言い、母親と妹は泣いていた。息子は弱々しい声でゴメンナサイと父親に言った。仲間の若者が彼を奥の部屋に連れて行き、ベッドに寝かせようとしたがその前にまた床に倒れて気を失ってしまった。父親は驚いたようだが気を取り直し、何か告白したいことはないかと尋ねた。チコは消え入りそうな声で、お父さんの好きなようにして下さいと言った。そこで老人が娘に神父さんを呼んで来なさいと言ったのだが、彼女は外の騒ぎがあまりにも大きかったので出ていくのをためらった。その間にわれわれは若者の頭を調べてみた。帽子を切り裂かれただけで、頭の傷は単なる掠り傷だった。彼自身が、「やられたのは手だ、手を切られた」と言った。近くには医者がおらず、彼のために何かできる人間はグァテマラ市まで行かないと一人もいないのだった。私はいくらかは医療の知識をもっていたが、外科についてはまったく知らなかった。しかしいずれにせよ傷口を洗ってきれいにすべきであることは知っていたので従僕――マヌエル氏がアメリカから連れてきていた若いイギリス人だった――の手をかりて息子をベッドの上に寝かした。このイギリス青年は国にいた時に殺傷沙汰の経験があった。というのは愛情問題のもつれで喧嘩になり、ある若者を殺してしまい、このときに受けた傷のために七カ月間も家に閉じこもっていたことがあったのだ。彼に手伝わせて、血にまみれたハンカチをほどいてみた。ほどいていくうちに自分の気持ちが萎えそうになるのが分かった。最後の一巻きを外すと、私の手の上に生気を失った手が落ちた。見ていた人々の間に戦慄と低い呻き声が走り、私はもう少しでその手を落としそうになった。指の付け根の関節が手の甲側から切られており、四本の指が親指の肉の部分だけでぶらさがっていた。皮膚がめくれて、四本の骨が両側へ突き出しているのが、まるで頭蓋骨の歯のように見えた。一本ずつまとめてみたが、彼が腕をあげたときにそれがガチガチと歯の触れ合うような音をたてた。これは私の手におえないということが分かった。皮膚を縫いあわせることで手を修復することはできたかもしれないが、手を全部切ってしまうより他に仕方がないだろうと思った。そして私はそれをやりたくなかった。他には何もしてやることがないので、もう一度手をハンカチで包んだ。若者は柔和で感じのよい顔つきをしており、私の無益だった試みをまるで本当に何かの役に立ったかのように感謝して、どうぞもうこれ以上ご心配なくお休みになって下さいと言った。母親と妹は声をころして泣きながら、彼の頭の上に身をかがめていた。父親は彼らしい厳格な態度を保っていたが、胸のうちは痛みに貫かれていることが容易に見てとれた。一外国人である私にとっては、立派な若者が道端の喧嘩のせいで生涯不具になってしまったのを見るのは恐ろしいことであった。

事件の発端は若者自身が語ったところによるとこうだった。彼が数人の友人と歩いていると、グァテマラ市のエスピノサ家の若者がやはり一団の仲間と歩いてくるのに出会った。エスピノサ家のこの青年は喧嘩好きで有名なのだが、この時も「やっつけてやる」と言った。これにチコが「やれるもんか」と答えたので、たちまちそれぞれが剣を引き抜くことになった。チコは相手の一撃をかわそうとして右手の先で受けた。剣は手の骨全部を切って勢いが弱まり、帽子の山からつばを切っただけですんだ。つまり彼は手を失ったが命は助かったのだ。というのも、もしまともに一撃を頭に受けていたら死んでいたに違いないからだ。しかしこの不運な若者は命が助かったことを感謝するどころか、エスピノサに対して復讐を誓ったのだった。エスピノサの若者の方も、後で私が聞いたところによると、この次チコに会ったら手を一つなくすだけでは済まないと言ったという。もういちど彼らが出会ったら、まちがいなくどちらかが命をおとすことになるだろう。

この間中、騒ぎは場所を変えてつづいており、ときどき銃声が聞こえた。チコの叔母が自分の息子も外にいるのだと言って両手を握りしめていた。誰もが気をもむ悲劇的な夜だった。ベッドに入ったが、通りの物音や哀れなチコのうめき声や母親や妹のすすり泣きのせいでなかなか寝つかれなかった。

朝、目覚めると、もう十時近くになっていた。日曜日だった。輝くばかりに美しい朝、アーチも花々もまだ道を飾っておりインディオたちが清潔な服をきて日曜のミサにむかって行った。前夜の出来事は直接かかわりのある者たちをのぞいては、誰も知らなかったしまた気にもしていなかった。広場を横切っていくと、一人の背の高い颯爽とした男が、腰に長い剣をさげて馬に乗り、パボン氏に挨拶してチコの家の前を通りすぎて行った。それがエスピノサだった。彼を責めるものは誰もおらず、事件に関する当局からの処置も何もなかった。

教会の入口は大勢の人で入れなかったので、司祭館を通り抜けて祭壇脇の入口のところに立って眺めた。祭壇の前では正装した神父が、司祭服の若いインディオの助手たち——長い黒髪と鈍重な顔つきが、その衣装や勤めと奇妙なコントラストをなしていた——とミサをあげていた。正面の段には、前夜ダンスに興じていたわが一行の婦人方が、頭に黒いショールをかぶり目を床に落としていた。寺院の広い床は、髪に赤い紐を巻きつけたインディオ女性たちのひざまずく姿でぎっしりと埋めつくされており、男たちは黒い毛布を身にまいて柱によりかかったり、奥の方に立っているのだった。

ミサが終わるのを待って、婦人たちを宿まで送ってゆき、そこで朝食をとった。日曜日であったが、その日の予定は午前が闘鶏で午後が闘牛であった。わが一行は、別の上流家族がグァテマラ市からやってきたので数が増え、みんなで闘鶏にゆくことにした。闘鶏は一軒の空き家の庭で行われることになっていて、そこはもう人で一杯だった。彼らは全員が混血か白人だったのだが、これはインディオにとっては名誉なことであるが、それより上の階層の人々にとっては恥ずべきことだった。かつて私は——もちろんカレーラの兵隊たちをのぞいての話だが——これほど人相の悪い、つまり人殺しの面相をした男たちの一団を見たことがなかった。片足を紐で縛られた雄鶏が庭の壁にそってずらりと並んでいた。その前を、腕に雄鳥を抱えた男たちが行き交い、自分の鳥を地面におろしては壁の雄鳥と大きさや重みを比べて、掛け金を決めたり、互いに駆け引きをしているのだった。ついに一組の取り合わせがきまった。わが一行の婦人方は家の回廊に坐っていたが、彼女たちの前に場所があけられた。この残酷な戦いの道具は剃刀の刃で、長さが五センチ以上あり、頑丈で針のように尖っていた。二羽の雄鳥は地面に下ろされるやいなや首すじの羽を逆立て、互いに相手の上を飛び跳ねた。瞬く間に——それは脚に剃刀を取りつける時間ほどもかからなかった——一羽が舌をだして嘴から血を流しながら地面に倒れこんで死んだ。熱気と興奮と騒音と混乱の中、人々が口げんかやら賭け金をかける声やら悪口雑言を吐き出しながら取っ組み合いをしている姿は、人間の本性と血なまぐさい国民の悲しい姿を露わにしていた。婦人方のために言っておかなければならないのは、首都では彼女たちは一度もこのような場面を見たことがないということである。彼女たちがここにいたのは、私が思うには、家の外にいてしかもこれが祭りの一部であったせいにすぎない。彼女たちがアメリカとはすべてにおいて異なる教育と社会条件の下にいる、ということを理解してやらなければいけないだろう。婦人方は感受性と繊細さに欠けてはいなかったし、闘鶏を嫌悪して目をそむけるということもないかわりに、興味を抱いたふうでもなく、次の試合を観戦するつもりもなかった。

このおぞましい場面をあとにして、われわれは村の外へ散歩に出た。周囲を山々に囲まれた雄大な草原とグァテマラ市を一望にできる場所があった。これほど偉大で栄光に満ちたパノラマの中で、人はどうしてあれほど野卑な感情をもつことができるのか不思議でならなかった。広場を横切っていくと、裕福な馬子が所有している大きな家から音楽が聞こえてきたので入って行った。そこにはハープ弾きの若者と二人の托鉢修道士——彼らはグァテマラで復活した宗派の僧で、頭のてっぺんを剃り、長いマントと頭巾がついた白い服を着ていた——がいて、アグアルディエンテ（火酒）を飲んでいた。わが友人たちは早速マントと帽子を放り出し、テーブルと椅子を壁に寄せると踊りだした。つづけてコティヨン（相手を幾度も変えて踊る活発なフランス舞踏）を数曲踊ったあと、全員が宿へ戻った。宿ではさまざまな種類の果物が供されたあと、みんなで奥の回廊に坐った。たまたま一頭の馬が庭に入ってきた。一人の若者が馬の尻に手をかけ、その背に飛び乗った。他の若者たちもそれを真似た。一人が馬の前脚を上げて放すと他のがこれをとり、全員が同じことをしたので、哀れな馬は驚きっぱなしだった。それから回廊で遊びがあった。一人が別の一人の頭上を飛ぶのである。次には、一人が回廊の床に手をついてしゃがみ、別の一人がその背の上に乗ると、しゃがんでいる者が床から手を放さずに彼をふり落とそうとする遊びが続いた。さらに他の遊びが続いた。全部即興であり、後になるほど馬鹿げてきた。最後のは闘牛の真似で、若者二人がそれぞれの背にマタドール役の別の若者を乗せ、頭を下げて牛のように追いかけ合うのである。これらの遊びはあまりエレガントではなかったが、みなが互いにうちとけて、まったく遠慮のない雰囲気であったから、集まりは笑い声と叫び声のうちに終わったのだった。

この後、若者たちが婦人方のショールを出してきて、再び散策へ繰り出した。しかし広場に着くと若者たちの気が変わり、婦人たちを物陰に坐らせて——私も婦人たちと一緒にいたのだが——陣取り遊びを始めた。近くを通る人々がみな立ち止まり、村人たちは一行の楽しみを喜んでいるようだった。遊んでいる若者たちは土埃の中でお互いにころがし合い、それを眺めている人たちが大喜びしているうちに、広場を平たい盆が横切って来るのが見えた。それは食事の合図だった。結局、私は日曜日を十分に堪能したと思えたので闘牛に行くのはやめにし、マヌエル氏や議会の別の有力者やその家族と一緒に首都への帰路についたのだった。彼らの旅の方法は原始的で、全員が馬に乗って行くのだった。マヌエル氏自身、馬の尻に小さな息子を乗せており、娘は一人で乗ってゆき、細君は婦人用の相乗り鞍に乗って、彼女を支える役の従僕が一緒に乗っていた。女中は腕に子供を抱いていたし、荷物の上には従僕が乗っていた。それは晴れやかな午後で、グァテマラ盆地が緑の草原と濃い山影とで美しい景観をなしていた。首都に入るときに宗教行列に出会った。司祭や修道士たちがみな火を灯したロウソクを手にし、行列の先頭には爆竹をならす男たちがいた。兵隊がいる広場をさけて進み、私は数分後にはもうわが家で一人になっていた。

第十三章

十二月十七日、火曜日、アンティグアおよび太平洋岸への小旅行に出かけた。同行したのはわが家の向かい側に住む若者で、彼はアグア火山に登りたがっていた。私はこの時期にはアグスティンを解雇していたから、やっと見つけた道案内人であった。ただこの若者ロムアルドには一つ欠点があった。つまり彼は結婚していたのである。彼は、既婚男性にしばしば見られるように、放浪生活を夢みていたのだが、細君はそんな性向を好まず、私が彼を海に連れて行ったらもう会えなくなってしまうと言うのだ。この愛情深い女性は、夫を失うと考えただけで涙をこらえられないのだった。しかし出発の前にその手の上に支払いの金をわたしてやると納得した。荷物は、ロムアルドのラバに積んだハンモックとシーツ一組だけで、他にはそれぞれが一対の振り分け袋をもっていた。市門のところにホセ・ビダウレ氏が来ていた。彼は私が最初に会ったときは憲法議会の議長の椅子に坐っていたものだが、今はアンティグアの自分の農園に行くところだった。アンティグアはわずか五、六時間の距離にある町なのだが、体重がかなりありそうなビダウレ氏は乗替え用の馬を二頭ひいてきており、その一頭に乗るようにしきりに勧めてくれた。馬の素晴らしさを褒めると、彼はスペイン語の儀礼上の慣用句で、その馬はあなたのものですと言った。この言葉のありようは、ちょうどイギリスの田舎家で親切なもてなしを受けたフランス人が、感謝の気持ちをあらわすためだけにその家の七人の娘に愛を打ち明けるようなものである。だから、もし私が彼の言葉をそのまま受け取ったりしたら、わが親切な友人は大いに慌てたことだろう。

ミスコへの道の様子はすでに述べた。ミスコではチコを見舞った。彼は手を切り落としてしまっていたが、いまは回復にむかっていた。村を出てから急な山の登り道になった。山頂からは眼下に、ミスコとグァテマラ市そして山々に囲まれたアマティトラン湖の美しい景色がのぞめた。険しく急な道を下って平原に出ると、左手にサン・パブロの集落が見え、右手の少し向こうに別の村が見えた。じきに林の中に入り、登ったかと思うと再び右側に見事な渓谷をのぞみながら山の急斜面を下り、美しい小川に出た。ここでは周囲をぐるりと山に囲まれてしまったが、小川のほとりには可憐な花々が咲き乱れ、極彩色のオウムが木々の枝にとまったり頭上を飛び回ったりして、この広大な景色の中に魅惑的な場所をつくりだしていた。小川が流れている山の狭間は極端に狭く、一頭の馬がやっと通れるだけの隙間しかなかった。道を進むにつれて山並みが左へ後退してゆき、小川の対岸の数カ所に空き地が見られるようになった。空き地は山裾のくぼみの奥までつづくコチニール畑になっていた。道が再度迂回して直線になると、山々の間に一キロ半にわたる景観がひらけ、その一番奥にアンティグアの町が見えた。アンティグアが位置するこの盆地は周囲を緑豊かな山や丘に囲まれており、二本の川の流れが町の数多の噴水をうるおし、暑くも寒くもない温暖な気候に恵まれた快適な土地である。ところがこの町は、私がこれまで見たことがないほどの美しい自然に恵まれているにもかかわらず、実際には多分、人間がかつて建設したどの町よりも多くの災害をこうむってきたのである。入り口を通り抜け、盆地が開けはじめるあたりの町外れを進んでゆくと、片側にイタリアの別荘を思わせる新しい家が建っており、その向こうが山裾まで広がる大きなコチニール畑になっていた。ペンサティーボ（想い）川という詩的な名前がついた川を渡ると、美しい噴水があり、通りの角がサント・ドミンゴ教会の廃墟であった。それはかつて首都だったこの町が大地震で崩壊し、住民が家を失ったときの名残りである。

道の両側に豪壮な教会や僧院や邸宅が廃墟となって並んでいた。瓦礫の山と化しているものや、正面壁――見事な漆喰装飾の上にはひびや深い亀裂がはいっている――が立ってはいるものの、屋根は落ち、扉も窓もなく、壁の上から内部に繋った樹木がのぞいているところもあった。民家の多くはすでに修復されており、町は再び人々の住むところとなっているので、廃墟と復旧の奇妙なコントラストをなしていた。住民は、埋没したヘルクラネウム（ベスビオ火山の噴火で埋没した古代都市）の住人と同様に、地震の再度の襲来を恐れていないかのようだった。私はミゲル・マンリケ氏の家――町が崩壊したときに彼の家族が住んでいた家である――へとむかった。ここで暖かい歓迎を受けた後、ビダウレ氏と共に広場を散策した。風景の美しさについては私が述べるより、版画を見て戴いた方がずっとよいと思う。広場を大きなアグア火山とフエゴ火山が見おろしている。中央には石造りの立派な噴水があり、それを建物が囲んでいる。総督の館の正面に掲げられている楯の紋章――甲冑で身をかため剣をかざす騎馬の使徒サンティアゴの紋章――は、カルロス五世からこの〃気高くも忠誠なる町〃に下賜されたものである。また壮麗な大寺院は屋根が落ちて崩壊しているが、建物は長さ九〇メートル、幅三六メートル、高さ二一メートル近い規模で、壁には五〇の窓があけられており、かつてはアンティグアが新世界でも屈指の美しい町で、アルバラードが〃サンティアゴ・デ・ロス・カバジェロス（騎士たちのサンティアゴ）の都〃という立派な名前をつけたにふさわしい町であったことを今に伝えるものである。

この町はグァテマラの二番目の首都であり、最初の首都が火山からの洪水で崩壊した後の一五四二年に創建された。町の歴史はたえまない災厄の歴史であった。「一五五八年、住民の多くが鼻血が止まらない疫病にかかり、医者にもこの病気の進行をくいとめる方法がまったく分からなかった。たびたび大きな地震に襲われたが、一五六五年の地震では主な建物がひどい被害を受け、一五七五年、七六年、七七年の地震でも被害は同じく甚大であった。町の人々は一五八一年十二月二十七日にまたしても火山の脅威にさらされることになった。というのは火山が火を噴き始め、風に乗って降ってきた大量の灰で陽が翳り、日中でも明かりが必要なほどになったのである。」

「一五八五年と八六年はとてつもなく恐ろしい年になった。八五年の一月十六日に地震が始まり、その年中ず

アンティグア・グァテマラ市の大広場

アグア火山の火口

っと揺れ続け、翌年はかなりの強震が八日をあけずに襲ったほど頻繁に揺れた。火山は数ヵ月もの間火を吐きつづけ、人々の悲嘆をいや増した。この一連の地震のなかでも最大のものが起こったのは一五八六年十二月二十三日で、このときに町のあらかたがまたしても廃墟と化し、不運な住民の多くが瓦礫の下に埋ってしまった。大地があまりにも激しく揺れ動いたので、高い山の峰々が崩れ落ち、地面のあちこちに深い亀裂が入った。」

「一六〇一年ペストが流行り大勢の人々の命が奪われた。一旦この病気にかかると三日で死亡してしまうほど恐ろしいものだった。」

「一六五一年二月十八日、午後一時頃、地面の下から異様な音が聞こえたかとおもうと、いきなり激しい揺れが矢継ぎ早に三回襲来し、多くの建物が崩壊あるいは損傷した。家々の屋根の瓦はまるで突風に吹き飛ばされる藁のように飛び散り、教会の鐘が揺れて鳴りだし、山からは岩がゴロゴロところがり落ち、野生の獣までもが恐怖のあまり自然の本能を忘れ、巣を捨てて人間の住居に逃げ込んできたほどだった。」

「一六八六年には、別の恐ろしい疫病が流行った。わずか三ヵ月の間に住民の一割が死亡した……。」「このペストは町から近隣の村々に広がり、さらに奥地へと伝染し、とくに体力のある者たちの間に恐ろしい被害をもたらした。」

「一七一七年は特記すべき年であった。八月二十七日の夜、火山が地鳴りとともに火を吐き始めたのだ。翌二十八日の夜になると噴火がさらに激しさを増したので、恐れおののいた住民たちは聖人像を担いで宗教行列をおこない、毎日のように祈願をつづけた。しかし凄まじい噴火はやまず、間欠的な地震をともないながら四ヵ月もの間つづいたのである。とうとう九月二十九日の夜にはグァテマラの命運もここに尽き、いよいよさけがたい破滅の時が迫ったかのような地震がおき、公共の建物は廃墟と化し、多くの家々が倒壊し、残った家屋もほとんどすべてがひどい被害をこうむった。とりわけ被害の大きかったのは教会であった。」

「一七七三年はこの町の歴史の中でもっとも悲しい年になった。つまり町が二度と再び首都として廃墟から立ち直ることができないほど崩壊してしまったのである……」「この年の七月二十九日、午後四時頃、地面が大きく揺れたと思うと、すぐにこの不運な町の運命を決定する凄まじい地震が始まった……」「九月七日、またしても大きな揺れがあり、先の七月二十九日の地震で傷んでいた建物の大半が崩壊してしまった。そして十二月十三日、さらに激しい揺れが襲い、地震の破壊作業にとどめをさした……」「住民は七月二十九日の大震災による悲嘆からまだ立ち直ってはいなかったが、この時すでに移転についての住民集会がもたれていたのだった……」「この集会で、ハラパ盆地とラス・バカス盆地の測量を完了させ、移転に関するスペイン王の承認を得ることとし、それまではすべての公共機関をラ・エルミータという小村に移すことが決められた……」「九月六日には、総督府と役所がすべてラ・エルミータ村へ移転し、先の盆地の測量も完了したので、あらためて移転を協議する住民集会がもたれた。この集会は仮首都で開かれ、一七七四年の一月十二日から十六日まで続いた。委員会の報告書が読み上げられ、大多数の投票により首都はラス・バカス盆地に正式に移転されることになった。この決議に王の承諾が与えられたのが一七七五年七月二十一日で、同年九月二十一日には、実行計画案の大半が法令により承認され、建設費用などのために税関のむこう十年間の全収入が潤沢にあてられることとなった。この法令により、一七七六年一月一日、新しい土地にしかるべく役所が設置され、一七七七年七月二十九日にアンティグアの住民に対し勧告が発せられ、一年以内に廃墟を全面的に放棄して新首都へ移住するよう勧められた。」

以上が、アンティグアの崩壊に関するグァテマラの歴史家による記述である。私はこの土地で、アントニオ・クロケス神父に会うことができた。グァテマラの最長老の役僧であるこの八十翁は、町が地震で完全に崩壊したときに、ここに住んでいた人である。いまだに心身ともに矍鑠《かくしゃく》としており、私の記録ノートにしっかりとした字で名前を書いてくれた。彼の記憶の中には町の輝かしい時代が活き活きと保たれており、本人も言うように、その少年時代にはまだ馬車がマドリッドの街同様に走っていたのだった。大震災の日、彼は二人の神父と一緒にサン・フランシスコ教会にいたのだが、地震が始まるや神父の一人が彼の手をとり、大急ぎで中庭に逃げた。もう一人の神父は教会の瓦礫の下に埋まってしまった。彼の記憶によれば、屋根の瓦が四方八方へと飛び、土埃がもうもうとたちこめ、人々は喉の渇きをいやすために噴水へと走ったのだった。噴水は壊れていたので、ある男が彼の帽子をひったくって水をすくったという。大司教もその夜は、広場に引き出した馬車の中で寝た。他にも彼は、崩壊した民家のこと、その瓦礫の中から掘り起こされた死体のこと、住民の混乱ぶりや恐怖のさまを語ってくれた。彼の記憶は子供のときのものでしかないのだが、何時間でも話し足りないほどだった。

司祭にともなわれて大寺院の内部を訪れた。巨大な壁が立ってはいるが屋根はなく、内部は墓地として使用されていた。墓は、ダリアの茂みの陰や、高さが二〇数メートルにまで伸びて壁の上から頭を出している木々の下にあった。丸天井の下に主祭壇があり、天井を支える一六本の柱には鼈甲の化粧張りとブロンズの円形浮き彫りの精緻な装飾がほどこされていた。軒蛇腹の上には、今はないが、かつては大理石の聖母像と十二使徒像が安置されていたのだった。過去の輝かしい栄光の記憶と悲しみに沈んだ教会の廃墟よりも私にとってもっと興味深かったのは、かつて征服者アルバラードの遺灰が安置されてあったという空の納骨所であった。

午後、同行の若者がやってきたので、一緒にサンタ・マリア村へ出掛けた。このインディオの村は一一キロほどはなれたアグア火山の山麓にあり、そこから翌日火山に登ることにしていたのである。盆地に入って行くと、風景のあまりの美しさに、地震でさえこれを荒廃させることができなかったのも不思議ではないと思った。五・

五キロのところでサン・ファン・オビスポ村に着いた。下の方からこの村の教会と僧院の姿は見えていたのだが、ここからはアンティグアの盆地と町の素晴らしい景色を見渡すことができた。夜に入るころにサンタ・マリア村に到着した。村はアンティグアより六〇〇メートル上方にあり、海抜は二一〇〇メートルだった。教会は立派な建物で、入口がいくつもあった。その前には巨大な白い十字架がたっていた。サン・ファン・オビスポ村の司祭の管轄になっている僧院へ行ってみたが誰も住んでおらず、われわれを出迎えたのは、その日の朝に到着したという小柄で話し好きな老人だけだった。早速、村長と村役人たちが他のインディオたちとともに押しかけてきて、登山のガイドに雇ってくれと言うのだった。彼らは私がはじめて見る、スペイン語を話さないインディオたちで、その必死でわめくような話し振りは、アラビア人の古い友人たちのことを思い出させた。彼らが言うには、登りはかなり急で、危険な崖があり、道を見つけるのは困難きわまりなく、われわれを引っ張り上げるためのロープをもった案内人が各々に一六人ずつ付き添う必要があり、料金は一人につき一二ドルであると言う。私が、一人に二人ずつつけば十分であり、支払いは一人につき半ドルだというと、彼らは驚いた風だったが、すぐに人数を八人に減らし、料金を一人一ドルに下げてきた。なおも騒々しい口論がつづいたあと、私が四〇人の中から六人を選びだすとみな帰って行った。数分すると、外にバイオリンの音が聞こえてきた。われわれを歓迎してくれているのかと思ったが、それは人形芝居師のあのひょうきんな老人で、その夜芝居をやることになっていたのだ。バイオリンを弾いていた老人が部屋に入ってくると、別の男が戸口に立って受付係になった。入場料は三センターボであったが、一センターボに値切る者が多く、二人で三センターボにしてくれという者もいた。入場料が高いので貧乏人は入ってこられなかった。つまり観客はエリートたちで、全員が床に坐っていた。収入は、受付係に聞いたところによると、五シリング以上になるということだった。ロムアルドは素人ながら音楽好きだったから、オーケストラつまりバイオリン弾きを指揮していた。操り人形は隣の部屋にあり、ドアが開くと黒い毛布がカーテンのようにぶら下がっていた。その毛布が上がると、操り人形師がテーブルの上に小さな人形をならべて坐っているのが見えた。人形劇は腹話術の会話で演じられ、私は途中で眠ってしまった。

翌朝、出発したのは七時になってからだった。空模様はあまりよくなく、山全体に雲がかかっていた。火山の山裾はここでも畑地になっていた。三〇分ほど行くと登りが急になり、すべりやすくなったので、馬をおり徒歩で登った。インディオたちは水と食料を運んで先を進んでいた。われわれ二人は頑丈な杖をついていた。八時十五分前に、鬱蒼とした森林に覆われた中間地点に着いた。道は険しくぬかるんでおり、三、四分ごとに立ち止まっては休まなければならなかった。九時十五分前、大きな木の十字架がある野原に出た。ここが最初の休憩地点であり、十字架の足下に坐って軽食をとった。小雨が降ってきたが、じきにやむだろうと思い九時半に登りを再開した。道はさらに急になり、ぬかるみがひどく、鬱蒼としげる木々のせいで陽の光はほとんど通らず、木々の幹も枝も緑色の瘤で覆われていた。道は、インディオが冬の間にグァテマラ市へ送る雪や氷をとりに登るので、消えることなく続いていた。この泥の斜面を登るのがあまりにもきつかったので、わが同行の若者はほどなく疲労困憊し、助けなしでは登れなくなってしまった。インディオたちはロープを持っていたので、一人が若者の腰の回りにロープを巻きつけ、別の二人がそれを肩にかけて進んだ。十時半、森林地帯を通り抜け、開けた草地に出た。まだところどころに樹木や丈の高い草が茂り、珍しい植物やさまざまな種類の花が咲いていた。植物学者には豊富な研究材料となっただろう。中でも高さ九〇センチから一・二メートルの赤い花をつけた木は〝アルボル・デ・ラス・マニータス〟(小さな手の木)——どちらかというと猿の手に似ていた——と呼ばれ、花の内側は朱色で外側は朱色の上に黄色い線が入っていた。若者はロープで引っ張ってもらっていたのだが、いよいよ疲労が激しく、ついにインディオの背に担がれて登ることになってしまった。私は二、三分行っては立ち止まらなければならず、それも休む時間と登る時間が同じくらいになってしまった。はなはだ困難なことに湿気と泥のせいで、登り道は一歩行くごとにずり落ちるのである。あまりにも滑りやすかったので、杖があっても、また木の枝や茂みにつかまっても、どうしてもずり落ちてしまうのだ。頂上に着く三〇分くらい前の、多分頂上から三〇〇メートルか四五〇メートル手前のあたりから樹木がまばらになり、木々は太陽の光線で干からびたか、あるいは寒気で枯れてしまったかのように見えた。雲が先ほどよりもっと密集してき、もはや空が晴れる期待はまったくもてなくなった。十一時半に頂上に着き、噴火口の中へ下りて行った。雲が起こす突風と霧が激しく吹きつけていた。汗をかいていた上に、衣服は雨と泥でびしょ濡れになっていたので、たちまち寒気が骨までしみこんできた。焚き火をおこそうとしたのだが、木の枝も葉も濡れていて火がつかなかった。一瞬弱々しい炎があがり、みんなが回りに群がったが、それも落ちてきた小雨のせいで消えてしまった。景色は何も見えず、インディオたちは震えながらもう帰ろうとせがんだ。近くの岩の上に書き込みがいくつかあり、日付が一五四八年のものもあった。ある切り石の上に次のような言葉が読み取れた。

「我ら、
サン・ペテルスブルゴのアレクサンドロ・ルドヴェルトと
イギリスのエドワード・レグ・ページおよび
フィラデルフィアのジョーズ・クロスキーは、
この地においてシャンパンを飲めり。一八三四年八月二十六日」

サン・ペテルスブルゴとイギリスとフィラデルフィアという、それぞれ世界の遠くかけ離れた土地からきた三人の男たちが、この火山の頂上に集まってシャンパンをあけたというのは何とも奇異な感じがした。指に息を吹きかけながら、この文章を写している間に霧がわずかに薄れてクラーテルの内側が見えた。それは楕円形をした穴で、平たい底部が草で覆われていた。壁面はスロープになっており、高さが三〇メートルから四五メートルあった。周囲には尖った岩の塊がゴロゴロと散らばり、近寄りがたい堆積をなしていた。この山がかつて噴火したことがあるのかどうかについてはまるで伝承がなく、周囲にも焼けこげたものや噴火の跡らしきものは何もなかった。歴史には、一五四一年にクラーテルから、火ではなく水と石の凄まじい噴流がおこり、旧都を破壊したとある。レメサル神父の記録によれば、このとき山の頂上が崩れ落ちたのだという。落下部分の高さは一リーグ（ママ）で、同神父が一六一五年に計測したという距離は、残った頂上部分から低部までが三リーグであった。私が計ったところでは、長さが八三歩、幅は六〇歩だった。トルケマダ（スペインの宗教家、歴史家。一六二四年没）の説によれば――シュダッド・ビエッハのアルカンタラ神父はこの説が伝承にもなっていると言っていた――、多分この死火山のクラーテルと考えられる巨大な穴は縁が今よりずっと高く、雨や雪が溜まって水が一杯になっていたのだろうという。そしてその時起こったのは、水が噴出したのではなく、縁の一部が決壊して、膨大な量の水が恐るべき勢いで溢れ出し、岩や木を押し流し、途中にあるものすべてを水浸しにし破壊したのだ。今でも山の一方の側に、洪水が伝い流れ落ちた深い峡谷が生々しい姿を見せている。この山の高さは気圧計による計測で、標高四三三五メートルと確認されている。クラーテルの縁からは、グァテマラの旧首都および周辺の三二ヵ村、および太平洋の美しい景観を見渡すことができる、と少なくともそう聞いたのだが、何一つ見ることはできなかった。しかし私は骨折り損をしたとは思わなかった。雨に濡れ、体中泥まみれにはなったが、もう一度天候の良い二月に確かな装備で登り、そのときにはクラーテルで二、三日過ごそうと心に決めたのである。

一時に下山を開始した。下りは速かったが、危険なときもあった。というのは傾斜が急で、かつ滑りやすかったので木の幹に頭をぶつける危険があったからだ。午後二時に十字架がある地点に着いた。ここで他の人への忠告として述べておきたいのは、頑丈な防水の長靴は爪先を締めつけるので、しょっちゅう立ち止まらなければならなかったことだ。爪先への圧力を変えるために、木の枝につかまりながら横向きになったり後ろ向きになったりして下ったのだが、とうとう長靴を脱がざるをえなくなり、裸足で泥のなかにくるぶしまでつかりながら下りたのである。足は石ころで傷だらけになり、歩行が困難になったが、ちょうどこのときインディオが私の馬を連れて迎えに出てきたのに出くわした。午後の四時、サンタ・マリア村に到着、五時にアンティグアへ戻り、十五分後にはベッドに入っていた。

翌朝、迎えに来たビダウレ氏が馬で中庭に入ってきた時、私はまだ眠っていた。ロムアルドにはわれわれの後を追わせることにして、すぐに馬に乗りアンティグアを出発した。周囲を山々に囲まれた広々とした平原の上にはコチニール（赤染料をとるエンジムシの一種）のサボテン畑が山裾まで広がっていた。一キロ半ほど行ってから道を折れ、ビダウレ氏の農園へ入って行った。中庭では四頭の牛を使ってサトウキビを挽いており、その後方にノパール（ウチワサボテン）畑、つまりコチニールの畑がひろがっていた。アンティグアでも最大規模のコチニール畑である。ノパールは一種のサボテンだが、トウモロコシのように畝に植えてあり、その時は高さが一・二メートルほどになっていた。どのサボテンにも、葉の上に小さな黍筒が棘針でとめてあり、その中に三、四〇匹の虫（コチニール）が入っていた。この虫は動かずに黍筒の中で繁殖し、幼虫が外へ這い出て葉につくのである。一度葉につくともう動かず、ごく薄い膜に覆われ、成長するにつれてサボテンの葉に黴が生えたように白くなる。乾期の終りになると、種用に何枚かの葉を切り取って納屋につるし、残りの葉についている虫はブラシではらい落として集め、これを乾燥して外国へ送りだすのである。これが文明人に贅沢とエレガンスを提供し、ロンドンやパリ、そしてミズリーはセント・ルイスの社交界に華やかな彩りを添えるのである。高値であるが収穫は不確実である。というのも時期早尚の雨が降れば全滅してしまうし、飼育にもっとも人手が必要なときに農園の労働者がみな兵役にとられてしまうということもあるからだ。アグア火山の麓にあるこの農園は、火山の陰影の下で見惚れるほどに美しかった。景色はどの方向を見ても変わらぬ緑の山々に囲まれており、そよそよと朝の澄みきった風がかぐわしく爽快だった。よき政府と法律のもとで友人たちに囲まれていれば、人間が暮らすのにこれほど美しく望ましい土地は他にないと思う。

旅を再開し、芝草に覆われた肥沃な平原へと出た。平原は二つの大きな火山の間に広がっており牛や馬が草をはんでいた。左方の少し離れたアグア火山の麓に、征服者アルバラードが創建したグァテマラ最初の首都であるシウダッド・ビエッハの教会が見えた。私は今歴史的な土地の上に立っているのだった。かつてコルテスの名声と彼のメキシコにおける偉業の知らせが南部の原住部族の間に伝わったとき、カクチケル族の王たちはコルテスに使節を送りスペイン王の臣下になりたいと申し出た。コルテスは使節を丁重に迎え、原住民の王たちの申し出を受け入れ、ヌエバ・エスパーニャ（メキシコ）の征服に華々しい働きをした将校ペドロ・デ・アルバラードを派遣してグァテマラを領有することにした。一五二三年十一月十三日、アルバラードは三〇〇人のスペイン人兵士と、補助部隊としてメキシコのトラスカラ、チョルテカ、チナパ族などからなるインディオの大軍を引き連れてメキシコ市を発し、ソコヌスコとトナラーの人口稠密な地方を通過し、翌年五月十四日にキチェ族との戦いで決定的な勝利をおさめ、その後、カクチケル王国の都――現在はテクパン・グァテマラの名で知られている――に到着した。この地で数日の間疲れを癒した後、征服軍は海岸沿いの村々を通過し、抵抗するものはことごとく破り、一五二四年七月二十四日にアグア火山の麓にあるアルモロンガ（インディオの言葉で水の湧く泉、または水がわき出る山という意味をもつ）へ着いた。レメサルによれば、スペイン人たちはこの地の温暖な気候や穏やかな川の流れにうるおう草原の美しさ、とりわけこの土地が二つの高山――その一つの山からは四方へ水が流れおち、もう一つの山の頂上からは噴煙と火柱が上っていた――の間に位置しているのがおおいに気に入り、ここにグァテマラの首都となるべき町を建設することにしたのだった。

七月二十五日は、スペインの守護聖人であるサンティアゴの祝日である。スペイン兵たちは輝く甲冑に身をかため羽飾りをなびかせながら、黄金の薄板と宝石がキラキラと光る馬具で麗々しく飾りたてた馬に乗り、この日のために建てられた質素な教会へと行進曲にあわせて向かった。ミサは従軍司祭のフアン・ゴディネスが司り、全員がサンティアゴの守護を祈願し、その名をこの町の名前とした。同日アルバラードは市会議長と議員および警吏長とを任命した。その時の舞台となったこの土地の景観は、ロマンチックなシーンによく似合っていた。私は草原を進んでゆくうちに、インディオたちで埋めつくされた山々の裾野の様子や、アルバラード率いる勇敢なスペイン兵と司祭たちの小隊が雄々しくもまた敬虔に十字架の旗印をかかげ、スペイン旗をひるがえしつつ進んでゆく姿が、目の当たりに見える思いがした。

シウダッド・ビエッハの町に近づいてゆくと景色はさらに美しいものになった。しかしこの町はその歴史のごく初期に恐ろしい災厄に見舞われたのである。「一五三二年、この町一帯は荒廃し住民たちは深い悲嘆にくれた。というのはアグア火山とよばれる山の森の中からとほうもなく大きく獰猛なジャガーが出てきて、家畜の群れを襲ったからである。市議会は、このジャガーを殺した者には二五ドルの黄金か一〇〇ブッシェル（一ブッシェル＝八ガロン）の麦を報償に与えるという布告を出した。しかし町をあげて組織しアルバラード自らが率いたジャガー退治の一隊でさえこれを捕らえることはできなかった。被害が五、六カ月続いた後の七月三十日、ついに一人の牛追いがジャガーを殺し、約束の報償を手にしたのだった。次に町を襲った大きな災厄は一五三六年二月におきた火事で、その被害は甚大であった。当時の家屋はほとんどが藁葺きであったため大半が火事で消失してしまったのである。火元は鍛冶屋で、将来このような火事が起こるのをふせぐために市議会はそれ以後町中での炉の使用を禁じた。」

「この不運な町を襲った災厄の中でも最も恐ろしい出来事は、一五四一年九月十一日の朝におこった。三日前から休みなく降り続いていた激しい雨が、十日の夜には雨というより滝が流れ落ちてくるような豪雨となった。怒り狂った風とたえまなく光る稲妻や雷鳴の轟音の凄まじさは言葉に言いあらわしようがないほどだった。」「十一日の明け方二時、激震があり、人々は立っていることもできず、揺れにともなう地鳴りの音に誰もが身の毛のよだつ思いをした。つづいて山の頂上から溢れだした大水が大きな岩の塊や大木を押し流しながら不運な町の上になだれ落ち、家屋のほとんどを押しつぶし破壊してしまった。多くの住民が廃墟の下に埋まり、ペドロ・デ・アルバラードの未亡人ベアトリス・デ・ラ・クエバ夫人もこのときに命を失った。」

この、かつて町を水浸しにした洪水が流れ落ちたときにできた溝や崖は、私が火山の麓へ向かう道中ずっと姿を見せていた。われわれはもう一度美しいペンサティーボ川をわたり、上方にある僧院へと向かった。僧院は、巨大かつ荘厳な聖母の教会に付属して建てられており、前面の高い石壁につけられた大きな門扉が中庭へ通じていた。中庭にそって奥のほうは僧院の広々とした回廊になっていた。左手が教会の高い壁になっており回廊の端に教会への入口があった。中庭は回廊の床から一・二メートルほど低くなっており、花を植えた花壇で仕切られ、中央に白い円形の大きな噴水があった。水には金魚が泳いでおり、水面から突き出た噴水の吹きだし口の上にはトランペットと旗を手にした天使像が立っていた。

ビダウレ氏がアルカンタラ神父に私の訪問を伝えてあったので、神父本人がわれわれを迎えてくれた。彼は三十三歳くらいの、知的で教養のあるエネルギッシュな人物で、美しく手入れされた庭からも分かるように花を愛でる人であった。モラサンの追放に遇った後、ほんの一年前に司祭管区にもどったばかりだった。丁度、神父の友人であり町の住民でもあるペペ・アステゲタ氏が訪ねてきていた。同氏はコチニール農園を経営しており、その性格と人品が神父とそっくりであった。二人は私が出会った人たちの中でも珍しく、この国の初期の歴史上のロマンに満ちた出来事に興味をもっている人々だった。僧院でしばらく休んでから、教会の前にそびえ立っている木のもとへと出向いたのだが、コパン遺跡以来感じたことがないほどの強い感動を覚えた。伝承によれば、アルバラードとスペイン兵たちがはじめて宿営したのは、この枝を大きく広げている木の下だったのである。アルバラードをしてこの地を首都に選ばせたアルモロンガ——インディオの言葉で水が流れ出る山を意味する——の泉と、ファン・ゴディネスが最初にミサをあげた寺院の廃墟もあった。泉は、清く澄んだ水をたたえた自然の池で、木陰で三、四〇人のインディオの女たちが洗濯をしていた。寺院の廃墟の壁はまだ立っていて、その一角に火山の洪水で死んだ大勢の人々の骨を納めた納骨堂があった。

朝食のあと、教会を訪ねた。かなり大きな教会で、建設されたのは二百年以上前である。祭壇は金銀で美しく荘厳《しょうごん》されていたが、中でも黄金にダイヤとエメラルドをはめ込んだ立派な王冠は、フィリップ王からこの教会の本尊である聖母に献じられたものである。家へ戻ってみると、アルカンタラ神父が私のためにインディオの代表者たちからなる男女の一団を呼んでくれてあった。彼らは、アルバラードが補助部隊としてつれて来たメキシコ人の首長たちの末裔で、自分たちのことをスペイン人つまり征服者であると考えていた。コルテスの時代に祖先が着ていた衣装と同じものを身につけた彼らは、ビロードを敷いた盆の上に一冊の立派な書物——表装は赤いビロードで、縁金と留め金は銀だった——を載せて入ってきた。その本に彼らの地位と権利を証明する文章が記されているのである。羊皮紙に記された文章の日付は一六三九年で、フィリップ一世の命により、彼らを征服者として認め、従って原住民が支払う貢納金などの義務を免除するものであった。この特権は一八二五年の革命のときまで続き、それ以後も彼らは自分たちを征服者の子孫であるとし、インディオの貴族階級の長をもって任じていたのである。これら征服者たちの記録に対する私の興味は、僧院の美しさと心地よさと、アルカンタラ神父の好意によっていや増したのだった。午後、われわれはペンサティーボ川にかかる橋まで散策した。かつてスペイン人兵士が甲冑をきらめかせた草原の上には高い火山が影を落とし、ロマンの気が漂っていた。

〝シウダッド・ビエッハ〟つまり〝古い都〟で過ごしたその一日は、今でも私の楽しい思い出となっている。ビダウレ氏とドン・ペペはその日ずっとわれわれと一緒にいた。後日、アルカンタラ神父が侵略軍の接近のせいで再び僧院から逃げださなければならなくなった時、つまりそれはわれわれの誰もが革命の勃発を経験したときのことなのだが、私はグァテマラ市を発ってアメリカへの帰途にあったので、寄り道をして彼らを訪問した。それで二人は私がグァテマラで最後に別れを告げた友人となったのである。

午前中に後ろ髪をひかれる思いでシウダッド・ビエッハを後にした。アルカンタラ神父とドン・ペペが途中まで見送ってくれた。ドン・ペペは私の旅が楽になるようにと立派なラバを貸してくれたし、神父は有能な従僕をつけてくれた。この、山に囲まれた盆地の出口の両側には、ほぼ四五〇〇メートルのアグア火山とフエゴ火山の二つの大きな山が聳えている。そしてまさにその真ん中に洋々たる広がりが、つまり太平洋の海原が見えたのである。私はそれがあまりに唐突だったから感激のあまり茫然としてしまった。五・五キロ先にあるアロテナンゴ村まで行き、ここでも地震で屋根が落ちて廃墟となった巨大な教会がインディオの小屋の間から姿を見せている場所で、再会を期しながら——そしてその望みは叶えられたのだが——司祭やドン・ペペに別れを告げたのだった。二つの大火山の間を通っている道は比類ないほど美しかった。一方の山は頂上まで鬱蒼とした森林の緑の帯で包まれ、麓には畑が広がっているのだが、もう一方の山は荒々しくむきだしになった三つの峰がこり固まった溶岩と灰に覆われており、深部の動乱つまり内部の火の活動のせいで揺さぶられ、たえまなく薄青い煙を吐き出しているのだった。地面が凄まじく痙攣した跡が道の上に残されていた。大地の痙攣で分断された大きな亀裂の上を馬道が通るあたりは、一面に大きな石がゴロゴロと散乱し、禍々しい景観を呈していた。道はまた、燃え殻と灰と固まった溶岩の厚い地層の上を通ることもあった。しばらく行くと地面は火成岩を覆う腐葉土の層にかわり、鬱蒼と茂った大きな灌木や茂みが濃い緑の陰をつくり、その芳香がまるで祝福の地アラビアの草原を思わせた。一歩ゆくごとに、恐ろしげなものと美しいものとの奇妙なコントラストが見られるのだ。フエゴ火山が最後に噴火したのは十二年ほど前のことである。クラーテルから火炎が空高く吹き出し、夥しい量の岩石や火山灰を放出したので、近くの森にすむ猿の群れがほぼ絶滅してしまった。しかしそれ以来一度も噴火しておらず、クラーテルはもはや〝ボカ・デル・インフィエルノ〟つまり〝地獄の口〟ではなくなった。というのは、ある大いに敬すべき人物から聞いたところによれば、一人の神父がクラーテルに祝福を与えたからであるという。

燃えるような太陽の下、とはいえ道はほとんどが木陰になっているので爽やかな大気の中を進み、午後の三時にエスクイントラに到着した。ここにも素晴らしい教会があったが、屋根は落ちて、装飾がほどこされた正面壁にはやはり地震によるひび割れが入っていた。教会の前に二本の立派なセイバの大木があり、入口からはアンティグアの山並や火山の美しくも雄大なる景色が見渡せた。

エスクイントラの町の通りには兵隊や酔っぱらったインディオたちがいた。私は、町長のファン・ディオス・デ・ゲーラ氏の家へと向かった。それからロムアルドに道案内をしてもらって、下方にある美しい川のほとりまで歩いていった。この川があるために、エスクイントラは夏つまり一月と二月にはグァテマラでの大沐浴場となるのである。川堤は高く、美しい木陰があり、切り立った岩の間の細い道を伝って川へおりると風雅な場所があった。ここでグァテマラの数多の恋人たちが、あたり一帯の魅惑的な雰囲気に酔って恋の悩みと期待に溺れるわけであるが、私は石の上に腰をおろして足を洗った。

もどるときに教会の前で足を止めた。正面壁は地震で上から下まで亀裂が入り、いくつかに分断されているのだが、塔は無傷だった。塔に登ると、下方に教会の屋根のない部分が見えた。東の方角には黒い森のラインがみえ、わずかに点在する小屋から立ち昇る螺旋状の煙がそれを分断していた。その後方には、緑の山々と頂を雲間に隠した円錐形の火山と〝ミランディアの岩〟――これは山々の頂の間にたっている剝き出しの巨大な花崗岩の塊で、雷でいためつけられて亀裂が入っていた――がそそり立っていた。西の方角には、沈みかけた太陽が九〇キロに及ぶ森を照らし、かなたの太平洋上に華やかな残光をキラキラとまきちらしているのが見えた。

午前二時、皓々と輝く月光の下、案内人一人をともなって太平洋へと向かった。道は平坦で木々に縁取られていた。トラピチェつまり牛を使って砂糖黍を挽く場所を通過し、夜明け前に二二キロの距離にあるマサグア村に到着した。これは森の中の空き地につくられた村で、入口にオレンジの林があった。われわれは月明かりの下で輝くオレンジをもぎとり、ポケットや振り分け袋を一杯にした。夜があけたのは森の中で、高さが二二メートルから三〇メートル、幹周りが六メートルから七メートル半もある大木が密生し、幹にからみついた蔦が枝から垂れさがっていた。道は、森の灌木や枝を切り開いただけの細道である。朝の涼気が爽やかだった。〝ティエラス・テンプラーダス〟（温暖な土地）と呼ばれる高地からおりてきたわれわれは、今は〝ティエラス・カリエンテス〟（暑熱の土地）にきているのだが、午前九時になっても、この鬱蒼とした森の中に太陽の光と熱が浸透してくることはなかった。木々は、通りすがりの馬子たちのマチェーテで余分な枝が切り払われ、カズラや蔦や、赤や紫の花の衣装をまとい、ところどころに人間がかつて作ったことのないような素晴らしく美しい自然の長いアーチを形づくっていた。木々の間をオウムや美しい羽の鳥たちが飛び交い、ことにグアカマヨという大きな金剛インコが飛ぶときは赤や黄色や緑の羽がキラキラと輝いた。しかしそこにはまた、ハゲタカや道を横切って走るサ
ソリがおり、木々の上には長さ二センチから一メートルのイグアナやトカゲが無数にいるのだった。道は木々の
間をぬってゆく単なる踏み跡にすぎず、二度ほど港から商品を運んでくる馬子たちに出会った以外、人の気配は
まったくなかった。一九キロ先のナランホ農園に着いたが、そこには、森の中を自由に徘徊する家畜の番をする
管理人が一人いるだけだった。丸太造りの小屋が空き地の真ん中にポツンと立っており、その前の家畜囲いの中
に子牛を連れた雌牛がいるのが目に入った。ミルクが飲める！　しかし乳を搾るにはまず牛に縄をかけなければ
ならない。管理人が縄をもって出てゆき、当然の手順でまず子牛に縄をかけ、次に雌牛の角に縄をかけて杭に繋
いだ。小屋にある入れ物はカボチャの殼で作ったのが一個あるきりで、それはあまりに小さかったので、われわ
れは時間の節約のために牛の側にすわった。こうして持って行ったパンとチョコレートと腸詰めとで、三八キロ
の旅の後にすばらしい朝食をとることができたのだった。しかし哀れな雌牛からはすっかり乳を搾りとってしま
ったから、申し訳なくて子牛の顔を見られなかった。

旅を再開し、一四キロ先に一つだけぽつんとあるオベロ農園についた。広大な平地は見渡すかぎり鬱蒼とした
木々に覆われており、畑はまったくなかった。しかし土壌は肥沃なので、大した労なくして数千人の住民を養う
ことができるはずである。オベロから先は、ところどころに開かれた土地があり、燃えるような太陽が照りつけ
ていた。午後の一時、粗末な造りの橋を渡った。木々をすかしてミチャトヤ川がみえ、川岸にそって進むとまも
なく、大いなる南海の波が海岸に打ち寄せる音が聞こえてきた。その波音は雄大かつ荘厳で、太平洋——天地創
造のときから存在していたのに五千年以上も文明人が知らなかった海——の広大さを強く印象づけるものだった。
私はその印象をとぎれさせたくなかったので、深い静寂の中をゆっくりと、耳に届きつづける崇高なる音の調べ
を聞きながら木々の間を進んでいった。道は川岸の上で終わっていた。とうとうアメリカ大陸を横断したのだ。

向い側にある長大な砂州の上に、国旗掲揚塔が一本たっており、屋根を葉っぱで葺いた丸太造りの小屋が二軒と、同じく粗末な造りの小屋が三軒みえた。砂州の向こうには停泊中の船の帆柱がのぞいていた。これがイスタパ港である。波の轟音に消されないように大声で呼ばわると、対岸に一人の男がおりてきて、カヌーの綱をほどいて川を渡り、われわれの方へやってきた。この間、蚊やブユに攻撃されて風景の美しさを鑑賞するのがいく分さまたげられた。ラバもわれわれ同様に刺されたが、川を渡せなかったので、木の下につないでいかざるをえなかった。ロムアルドも道案内人も、いくらそこに残ってラバをみているように言っても承知しなかった。彼らはそんな場所に寝たら死んでしまうと言うのだ。この川はアマティトラン湖のはけ口になっており河口から一一二キロのサン・ペドロ・マルティルの滝まで航行可能であるということだった。しかし川面に浮かぶ船はなく、川岸は原始的な未開の姿のままであった。砂州への渡り口は古い河口にあった。砂州は長さ一キロ半ほどで、征服時代に作られたものである。カヌーを下り、砂の上を歩いて港の司令所の建物というか小屋へむかった。そこから わずか数歩のところに旅の目的が現実のものとなって姿を見せていた。太平洋の果てしない海原である。ヌーニェス・デ・バルボアは、それまでは道に迷ったインディオくらいしか歩いたことのない川や沼や森や山をこえて、この海洋を新たに発見し、海岸に降り立ったのだが、そのとき彼は楯と剣を手に波の中に歩み入り、君主である王の名のもとにこれを領有し、いかなる敵からも武器をもって守るであろうと宣言したのだった。しかもヌーニェスはこの海のさらに向こうに〝莫大な量の黄金、それも人々が飲んだり食べたりするときの器にできるほどの大量の黄金を見つけられる〟と確信していたのである。今私がなすべきことは帰ることだけだった。私がやってきた距離はほぼ九六キロである。太陽は燃えるように熱く、砂は焼けていた。すぐに小屋に入りハンモックの上に身をのばした。小屋は丸太を砂の上に立てた造りで、屋根は木の枝で葺いてあった。中にあったのは木のテーブルとベンチと数箱の商品、それに雲霞のごとき蚊の群れだった。港の司令官は蚊を払いのけながら、この荒涼とした土地の寂しさと世界から隔離された孤独な生活、不健康な土地に送られた男の悲惨さをこぼした。それでいながら彼は何と、戦さの結果を心配し、政府が変わったらこの職を奪われるのではないかと心配していたのである。

午後にやっと身体を休めひと息つけるようになったので、浜辺へ散歩に出た。港は海に開けた投錨地であり、海岸線上には港を識別できるようなものは、湾も岬も岩も岩礁も何もなかった。夜間の明かりもないから海に浮かぶ船は、九六キロも内陸部にあるアンティグアの大火山を目印にしていたのである。波が砕けるあたりのさらに向こうにブイが一つ錨をおろしてケーブルでとめてあり、その庇の下に荷を積みおろしするための大きなボートが三隻浮かんでいた。ボルドーから来た船が海岸から一キロ半以上も離れたところに停泊していた。この船は、ボートで船荷監督と乗客を上陸させた後、陸地とはなんの連絡もとっておらず、この荒涼とした場所から誇らしげに独立をたもっているようだった。砂州の向こうにインディオの小屋が数軒みえ、海岸にいる私のかたわらには数人の半裸のインディオたちが坐っていた。しかしこの寂しい場所も、かつては野望や高邁なる憧れや、そして権力や黄金やロマンに満ちた冒険への欲求が集中した土地だったのである。アルバラードはペルーの富をピサロと争うために、この地で船隊を整え部下をひきつれ、船出していったのである。傾きかけた太陽が海に触れ、赤い球体の面上に雲がたなびいているのがみえた。陽が沈むと、海も陸も赤みがかった靄に覆われた。私は小屋に戻りハンモックに横になった。祖国からこんなに遠く離れた土地へ、そして耳元で砕ける波の音が大いなる南海の波音であるというこの場所へ再び来ることができるだろうか。

第十四章

午前三時、ロムアルドに起こされて帰路についた。月光が海上に輝きわたり、カヌーの仕度はもうできていた。ハンモックの中にいるわが宿主に別れを告げてから川をわたった。ここで思いがけない問題にぶつかった。予備用のラバが端綱を切って、どこかへ行ってしまったのだ。森の中を夜明けまで探し回ったが見つからず、多分ラバは一本だけある小道を辿って家へ帰ったのだろうと考え、三〇キロ先のオベロまで行ってみた。しかし農園のあたりを迷い子のラバが通った形跡がなかったので、私はとどまりロムアルドを港へ引き返させた。

しかしじきに、このみすぼらしい農園でロムアルドを待つのにあきてしまったので、ラバに鞍をおき一人で出発した。道はずっと木陰になっていたので、真昼の暑さの中でも立ち止まるということはなかった。三四キロの距離というもの、道に人けはまったくなく、音といえばときたま倒れる木のきしむ音だけだった。マサグア村では、一軒の家の軒下に女性の姿が見えたのでそちらへ向かった。そこでラバの鞍をはずし、飼い葉をとりに人をやってもらうことにし、私のためにはチョコレートを淹れてもらった。一人旅にすっかり満足して、これからはずっと従僕も着替えもなしに一人で旅をしようかと思ったほどだった。三〇分後に旅を再開した。日暮れる頃に、エスクイントラからやって来た数人の酔っぱらいのインディオに出会った。背後の平原を振り返ると、太陽がみるみる間に海上に沈んでゆくのが見えた。夜に入ってまもなくして村長の家に着いた。二日間で一七六キロの距離を進んだことになる。残念ながらそこにはラバにやる飼い葉がなかった。飼い葉はインディオが毎日村へ運んでくるものであり、各戸で夜用に必要な分だけ買うので、村には予備の飼い葉がまったくないのだった。村長の従僕と一緒に村を捜しまわったあげく、ラバを二頭もっているある老婆にねんごろに頼み込み、また値段も三倍にして、その二頭のラバたちの晩飯である飼い葉を彼らの目の前で取り上げてしまったのだった。

翌日は午後の二時まで、ロムアルドがラバを連れ帰るのを待っていたのだが来ないので、サン・ペドロ・マルティルの滝へ行く道案内人を捜してみた。しかし見つからなかったので、一人でまっすぐグァテマラ市へ帰ることにした。一一キロほど行った所の急な丘を登っているとトラピチェつまり砂糖黍を挽いている場所があった。このトラピチェは見晴らしがよく、今通ってきた平原の全容が見渡せ、かなたには海も見えた。二頭の牛が砂糖黍を挽いており軒下には〃パネラ〃(これは九〇〇グラムほどの黒砂糖の塊で、膨大な量が国内で消費されている)をつくる大鍋が煮えたぎっていた。ここで私はなんということなく、サン・ペドロ・マルティルの滝についていくつか質問をしてみた。すると一人の男——彼は肘を露出していたが、それは他の体のどの部分についても同じであった——がきまりきった仕事から解放されるのを喜んで、案内しようと言ってくれた。その道へは、曲がるべき場所からもう五・五キロも先に来てしまっていたので、サン・ペドロ村に向かい、そこで右に折れてから、ほぼ同方向に戻るようにして狭い小道を辿り、鬱蒼とした茂みに覆われた森の中を下っていった。崖を下りきるとミチャトヤ川に出た。この川はイスタパで渡った川であるが、ここでは川幅がせまく急流になっており、水が川床の石の上を激しい勢いで流れ、対岸には高い山が聳えていた。川に沿って進んでゆくと、滝に着いた。滝は巨大な花崗岩にぶつかって四本に分かれ、六〇メートルの高みからところどころ灌木の茂みに隠れながら落下していた。それは、あたりの鄙びた風景とあいまって素晴らしく詩的な景観だった。少し下方に、砂糖黍を挽く水車と珍しく立派な農園があり、そこからは滝の景色を見渡せるのだった。私はここで夜を過ごしたいものだと思った。管理人は黒人で、私の訪問にいささか驚いたふうだった。彼は私が砂糖黍をひく所を見にきたのではなく、単に滝を見にきただけだと知ると、怪しい人間だと思ったようだった。サン・クリストバルへ日暮れ前に

F. Catherwood.

エスクイントラ

着けるだろうかときくと、今すぐに発てば着けるだろうと答えた。これは泊まってもいいという返事ではないので、立ち去ることにした。この滝は、エスクイントラ——グァテマラ市からの観光客で二ヵ月間は一杯になる町である——から馬で午後の気持ちよい道を辿って来られる場所にあるというのに、訪れる者は誰一人いないのだった。それは住民の好奇心の欠如と無関心の現れである。

人けのない小道を足早に戻って本道へ出、もう遅くなっていたので案内人に頼んでそのままサン・クリストバルまで一緒にいってもらうことにした。途中通りかかったサン・ペドロ村は見すぼらしい小屋がより集まった集落で、エスタンコ（専売店）つまり火酒を売る場所は、半分酔っぱらったインディオたちで一杯だった。道を進んで行くにしたがって、雲が山々の周囲に密集しはじめ、あきらかに大雨がくることが予想された。私は合羽つまりオーバーコートをもっていなかったし、熱やリューマチが出ると困るので、一キロ半も行ってからサン・ペドロ村に戻ることにした。この村の最も敬すべき住民たちはみな酒屋のまわりで酔っぱらっており、彼らは私に是非ここにとどまれと言ったが、案内人はここは危ないから戻ってトラピチェで夜を過ごした方がいいと言った。村人たちのことは私より彼の方がよく知っているはずなので、その勧めに従うことにした。トラピチェに着いたときはもう夜になっていた。数人の労働者が焚き火のまわりに坐って煙草を吸っており、他の者たちは軒下で横になって眠っていた。したがって私は次のようにするより仕方なかった。つまり、〝まわりを見渡して、自分の場所を選んで、そして休む〟ことである。

管理人はどこにいるのかと尋ねると、アドベ（日干しレンガ）の家へ連れて行ってくれた。闇の中からしゃがれた声が聞こえ、火付け木の灯りの向こうに老人のそれ相応に醜悪な顔が見えた。その傍らに、まさしくコントラストをなすために現れたかと思ったほど柔和で優しげな若い女性の顔がみえた。彼らは二人で一人なのだった。私はもう少しで彼女に同情するところだったが、管理人の老人は心優しい人間であり、彼女は老人にまったく気取られずに巧みに彼を操作していたのだった。彼はもう横になるところだったのだが、飼い葉をとりに使用人たちをやってくれて、二人とも、つまり彼もその妻も、私がたまたまその小屋へ行くことになったのを喜んでくれたのだった。労働者たちも二人の気持ちと同じ気持ちになり、みんなで軒下の、ロウソクを二本じかにたてた長いテーブルを囲んで二時間ほど過ごした。彼らは私がアグア火山の頂上に登り、そのあと太平洋を見るためだけに海岸まで行ってきたということが理解できなかった。一人の元気で素直そうな若者が、自分は旅に強い憧れをもっているのだが、家から遠く離れるのだけは好きになれないと言った。そこで、私について来たらよいし、給料も高く払おうと言うと、皆が声高に口論をはじめた。彼らにとっては、家を出、自分のことを気にかけてくれるもののいない土地で、見知らぬ人々にまじって暮らすということは大変なことなのだった。若者の住まいは管理人の小屋のかたわらにあったが、彼の居場所は仲間たちの心の中にこそあり、多分彼らの何人かは彼が戻る前に死んでいることになるだろう。管理人の妻はこれら野蛮な半裸の男たちの行動や心を穏やかにさせる良き精霊のようだった。もし家に帰りたくなったときにはいつでも帰れるようにその費用を払うと約束すると、若者は私に同行することを承知した。翌朝の三時、管理人の老人がもう私の耳もとで大声をあげていた。私は自分の名前にドンをつけて呼ばれるのに慣れていなかったので、誰か他の旅人と間違えて起こしにきたのだろうと思った。旅に憧れていた若者は、勇気がなくて姿をみせなかった。若者が同行することになっていたので、案内人は来ず、したがって私は一人で出発することになってしまった。夜が明ける前に、これで三度目のサン・ペドロ村を通過した。少し行った所で、包みを乗せた馬に追いついたが、それは包みではなく、毛布をかぶった母子だった。

その母子の馬と一緒に、右方にミチャトヤ川が泡だち砕けながら長い奔流となっているのを見ながらサン・クリストバルへ向かった。私は僧院を訪ねたが、ちょうど間の良いことに司祭の朝食の時間に行き合わせた。再びラバに乗り、アグア火山の山裾の耕作地を巡るようにして進んだ。山は頂上まで森林と緑に覆われていた。反対側にも火山があり山腹は広大な森林におおわれていた。双方の間に一つだけあるドミニコ会の僧院所有のトラピチェを通過し、広々とした美しい盆地に入った。温泉——硫黄の匂いが一キロも前からただよっていた——を通過すると、アマティトランのノパル畑つまりコチニール畑の真ん中に出た。両側に高い土塀がつづくこのノパル農園は、アンティグアのそれよりずっと広大であり、またもっと価値があった。というのはアンティグアから四〇キロしか離れていないのに気候がかなり異なっているので、各シーズンに二回の収穫ができるからだった。

町に近づいてゆきながら、私はハンディ氏のことを思い出していた。彼はアメリカ合衆国からテキサスやメキシコまで野生動物の一団を引き連れて旅をした人物であるが、ニューヨークで会ったときにあるアメリカ人従業員の話をしてくれたのだ。その従業員はグァテマラで彼と別れてコチニール農園の管理人の仕事をしていると言っていたのである。そのアメリカ人従業員がどうしているか知りたかったし、仕事がうまく行っているかどうか見てみたかった。名前を忘れてしまったので、アメリカ人ということで人にたずねると、そのノパル畑を教えてくれた。農園はこの土地でも最大のものの一つで、四千本のサボテンを有していた。農園の真ん中の、まるで夏用の別荘のように見える小さな建物を労働者たちが取り囲んでおり、そのうちの一人が私を見ると「スペイン人だ」と言った。これが普通インディオが外国人を呼ぶときの言葉なのである。ラバをおりてインディオにあずけ、中に入ってゆくと、そこにドン・エンリケがいた。彼はテーブルに向かって坐り、台帳を見ながら労働者たちに給金の支払いをしているところだった。コトンというこの国の人が着る上着を着て、長い髭をはやしていたが、どこで会ってもすぐにアメリカ人だと分かったであろう。英語で話しかけると、私をじっと見つめかえした。馴染みのある音をきいて驚いたようで、スペイン語で返事をした。だんだんと事情がのみこめてきたふうだった。彼はまだ三十歳前で、出身地は父親が店をやっているハドソン川のラインベック・ランディング、名をヘンリー・ポーリングと言った。ニューヨークの後はメキシコで仕事をしていた。高額の給料に誘われ、かつあてどなく放浪することへの強い憧れと、他国を見てみたい気持ちもあってハンディ氏の話にのったのだった。彼の仕事はキャラバンより先行し、場所を借りて、宣伝をし、動物ショーの準備をすることだった。このようにしてメキシコ中をまわり、そこからグァテマラまで旅をしてきたのだ。家を出てからもう七年になり、ハンディ氏と別れてからは一言の英語も話したことがなかった。私と話しているときも半分以上がスペイン語であった。彼が私に会って喜んだのは言うまでもない。農園を見せてくれてコチニールを作る珍しい工程を詳しく説明してくれた。いくぶん失意にくれているようなところがあり、故郷のことをいかにも懐かしげに話した。しかし私が手紙をもっていこうかと言うと、今の暮らしをたて直し、かつ金持ちになって帰国できる見通しがつかないうちは、両親に手紙を書くことも、自分の存在を知らせることもしないと決めているのだと言った。彼はアマティトランの町まで見送ってくれた。もう遅くなっていたし、この土地へはまた来るつもりでいたので湖を見ることはせずに、まっすぐグァテマラ市へと向かった。

道は平原の上をのびており、左側には高く険しい緑の壁がつづいていた。五・五キロのところでグァテマラ市の高台につづく急な坂を登った。中米を旅行中はいつも、素晴らしく美しい景色が目の前で移り変わってゆく様を見ては至上の喜びを味わったものだが、それを読者へ伝えることができないのが残念である。このときも私は、この国で一番気分のよい旅だと思ったのである。道中一人の男に追いついた。彼は、ギターを抱えた妻と一緒に馬にのって、腕には闘鶏をかかえていた。小さな子供は荷運び用のラバの背のシーツの間に隠れていた。これに四人の徒歩の若者が、それぞれ莚から頭と尾だけを出した闘鶏を抱えて従っていた。彼らはグァテマラ市へクリスマスの祭日を過ごしに出掛けるところで、私はこの敬すべき一行とともに首都の入口に到着したのだった。それは市を出てから八日目のことだった。帰ってみるとエスキプラスから出したキャサウッド氏の手紙が届いていた。手紙で彼は、従僕にものを盗まれたこと、病気になったので遺跡を出てドン・グレゴリオの家へ行ったこと、そして今はグァテマラ市へ向かっている途中であると知らせていた。私が手紙を託した人間がコパンを通って今はどこを歩いているのかは分からなかった。私はひどく心配になり、一日休んだらすぐに彼を迎えにいくことにした。

服を着がえて前駐英公使のセバドゥア氏のパーティへ行った。そこで私が今回の旅の話をすると、とりわけイスタパから一人で帰ってきたことで、同席のグァテマラ人たちは驚いた。この家で、英国総領事のチャットフィールド氏と私の留守中に到着したスキナー氏に出会った。クリスマスイブつまり〃エル・ナシミエント〃（キリスト生誕）の夜であったから、広間の一番奥に緑色の壇が設けられており、枝の上に小鳥を置いた松と杉、鏡や紙ヤスリ（鏡は湖沼を、紙ヤスリは岩や山肌を表現するために使われる）、そして人間や動物の人形を配して田舎の風景がつくられており、これらを背景にした小屋の中の揺りかごには蠟人形が入っていた。それはつまりベツレヘムの洞窟と幼子イエスを表現しているのだった。グァテマラでは、この時期になると必ずどの家でも、主人の好みと経済力に応じて〃ナシミエント〃（キリスト生誕の場面を再現した壇飾り）が用意されるのである。平和な時代には、幼子イエスの人形を家中の宝石や真珠や貴石で飾りたて、夜にはどの家も扉を開放したから、住民は知らない人でもまた招かれていなくても、階層や人品に関係なく、家から家へと訪ね歩くのだった。生誕の週は一年で一番楽しい週なのである。ところが今は残念ながら形だけのものになっており、グァテマラ市の状況はあまりに不穏なので夜の通りを歩くこともできないし、家の中に誰でも入れるというわけにはいかない。そんなことをしたらカレーラの兵隊たちが家に入ってきてしまうだろう。

パーティは少人数のものだったが、集まった人たちはグァテマラのエリートばかりだった。晩餐からはじまり、そのあとダンスがあり、そしてこれに加えなければならないのが、いつもの喫煙だった。部屋は照明が悪く、パーティはこの国の不安な状況のせいもあって少しも楽しくなかった。しかしダンスは夜の十二時までつづけられ、そのあと婦人たちがショールを身につけ、全員で大寺院へとむかった。そこで荘厳なクリスマスイブの儀式がおこなわれた。床は町の住民で一杯になっており、周辺の村々からも大勢の人々がつめかけていた。サベージ氏が家まで送ってくれて、眠りについたのは明け方の三時だった。

目が覚めた時には、もう教会の鐘は鳴り終わり、どこの教会でもクリスマスのミサがすでに行われた後だった。午後はシーズン最初の闘牛が行われることになっていた。闘牛場へ行くために友人のビダウレ氏が迎えにきてくれた。私の支度ができた時になって、馬車のガレージの扉が強く叩かれたかと思うと馬に乗ったキャサウッド氏が入ってきた。彼は頭のてっぺんから足の先まで武装しており、顔色は青く、痩せてはいたが、グァテマラ市に到着した喜びで実に嬉しそうだった。しかしその喜びでさえ、私が彼を見ることができた喜びに比べたら半分にも満たなかっただろう。彼の荷物は後から来ることになっていたので、私の服に着替えさせてすぐに全員で闘牛場へとむかった。

闘牛場は、カジェ・レアル（本通り）の突き当たりにあるカルバリオ寺院の近くにあった。形も様式もローマの円形劇場に似ており、長さが一〇五メートル、幅は七五メートルほどで、見たところ八千人近くの観衆つまりグァテマラの人口の少なくとも四分の一を収容できそうだった。そのときはすでに男女の観衆で一杯で、市の住民の最下層から上流階層まであらゆる層の人々が分け隔てなく一緒に坐っており、なかでも目立って見えたのが神父たちの黒い法衣と幅広のつばが巻き上がっているとんがり帽子だった。

観覧席は地面から三メートルほど上にあり、下は通路と、その前が観客を守るための隙間のある木柵になっていた。その柵の上に警備のカレーラ兵たちがだらしなくまたがり乗っていた。下の通路の一方の端に大きな扉がついており、そこから牛が入場するようになっていた。反対側の端は板壁で仕切られ、一般の観客席から区別した大きな桟敷席になっていた。まだ誰も入っていなかったが、そこはかつては総司令官や政府の要人たちの席であり、今はカレーラのためのものだった。下には大半がインディオからなる兵士の一隊がいた。膨大な数の観客がワクワクしながら待っているにもかかわらず、拍手もなければ足踏みの音もせず、闘牛の開始を今や遅しとせっつく声も聞こえなかった。やっとカレーラが総司令官用の桟敷席に入った。体にまったく合っていない青地に金の刺繡入りの軍人用フロックコートを着て、モンテ・ロサ他の麗々しく着飾った将校や市長や役人たちに付き添われていた。観衆の目が、あたかもヨーロッパの劇場で桟敷に入る王か皇帝を見るように彼に集まった。彼は一年前には山の中を追われる境遇にあり、その身体には〝生死にかかわらず〟という懸賞がかけられていたのである。その当時は、今彼を眺めている人々の十人のうち九人までが彼のことを泥棒だとか人殺しとか卑しい奴と呼んで、市のゲートから締め出していたのである。

やがて、槍と赤いポンチョを手にした八人のマタドールが騎馬で入場してきた。彼らは場内を一周して立ち止まると、牛が入ってくるはずのゲートの方へ槍を向けた。一人の神父――多くの牛を所有しており、今日の闘牛たちの持ち主でもある――が扉を引きあけるや一頭の牛が場内に駆け込んできた。牛は遊んでもいるかのようにひずめで地面を蹴っていたが、騎手の列と槍を見ると回れ右をして、入ってきたときよりももっと勢いよく駆け戻ってしまった。神父の持ち牛は去勢牛で賢い動物であるから、闘うより逃げる方がよかったに違いない。しかし、牛の目の前の扉は閉まっていた。下を見ては逃げ口を求め、上を見ては観衆にまるで慈悲を乞うような目を向け、場内を走り回った。マタドールたちは槍で突っ付きながら追いかけるし、場内に巡らされた柵の上にいる男や少年たちは矢じり――これには返しがついていて火のついたネズミ花火が結びつけてある――を投げつけ、それが牛の体の肉に食い込み、やたらと破裂するのだった。牛は怒り、自分を追ってくる者たちに立ち向かうようになった。マタドールたちは牛の目の前でポンチョをヒラヒラとさせては引き寄せた。マタドールが手腕を見せるのは、突進してくる牛の角の上へポンチョを投げかけ、視界をさえぎり、牛の首筋の丁度頸骨の真後ろに一種の花火の玉を置くときである。これが手際よく行われると、観衆の中から歓声と拍手が沸き起こる。闘牛は、政府が慈悲過剰というべきか牛を殺すことを禁じていたので、牛に傷をつけ苦しめるだけに止まっていた。したがって、スペインの闘牛とはまったく異なり、命がけの残忍な闘いもなければ、マタドールが瀕死の傷を負ったり観客席の方へ角で放り投げられるという危険をともなったエキサイティングな面白さもなかった。しかし数千という人々の熱気のこもった観戦ぶりを見ていると、古代ローマの剣闘士が、貴族や美女たちを前に競技場で技を競った、かのまず戦ありきの時代における人々の猛々しい興奮が容易に想像できるのだった。わが哀れな雄牛は疲労困憊のあげく、やっと場外へ出してもらった。そのあと数頭の牛が同じようにしてつづいた。神父の牛は全て去勢牛だった。ときどき馬に乗っていないマタドールが柵のところまで牛に追いつめられることがあり、観衆の大笑いをさそった。最後の闘牛が終わりマタドールたちが退場すると、大勢の男や少年たちがどっとばかりに場内に飛び下り、牛を圧倒せんばかりだった。場内は騒音と混乱、翻る色鮮やかなポンチョ、駆け回り転がっては攻撃したり後退する人の動き、そしてもうもうと立ちあがる土埃のせいで、かつて見たことがないほど活気ある光景をうみだしていた。しかしとどのつまり、これは子供っぽいショーであり、上流階級の人々――その中には私の美しき同国人の婦人もふくまれていた――はこれを単に社交を深めるための場にすぎないと考えていた。

夜ははじめて公演されるという演劇を見に行った。かつて劇場用の大きな建物が市内に建設されかかったことがあるのだが、革命の際に壊されて工事は放棄されていた。この日の劇はある屋敷の中庭で上演された。一隅に舞台が設えられており、一般の観客席は中庭で、桟敷席は回廊を即席に板壁で仕切って用意されていた。観客はそれぞれ前もって自分の坐る椅子を届けておくか、あるいは到着したときに従僕が持ちこむのだった。われわれはビダウレ氏の桟敷に招待された。壁のそばの少し高くなったベンチにカレーラがいて、国家元首であるリベラ・パスの右側に坐っていた。カレーラに同行している将校たちは派手な軍服を着ていたが、カレーラ自身は軍服ではなく、綾織りの黒い上着とズボンという姿がずい分慎ましげにみえた。私はカレーラをグァテマラで最も重要な人物だと考えていたので、通るときに握手することを忘れなかった。最初の劇はサイデ（Saide）の悲劇だった。役者は全員グァテマラ人で、非常に優れた公演だった。舞台装置が変わることはなかった。幕がおりると婦人たちもふくめた誰もがタバコに火をつけた。そこが煙のこもらない中庭だったのは幸いだった。劇が終わると、桟敷席にいた人たちは、一般席が空になるまで待った。特別警戒の歩哨が出ていたので、皆無事に家へ帰りついたのだった。

人々はその一週間、できるだけ楽しく過ごそうと努めているようだったが、すべてがどこか宗教的な厳粛さと混じり合っているのだった。その一つがノベナ、つまり聖母に九日間の祈りを捧げる行事だった。信心深くて有名なある婦人が、家の広間の一方の壁全面に三段の祭壇を設け、花々で飾り、一つの壇には鏡と絵と像を飾り、その真ん中に豪華に着飾った聖母の像を置いた。とにかく全てが私には描写できないような仕方で飾られているのだが、溢れんばかりの生花があり、造花もヨーロッパのそれよりもっと完璧で、しかも婦人方の花のアレンジが見事な様子を想像していただければよい。その家へ入って行くと、紳士たちが帽子と杖と礼装用の剣をもって控えの間におり、広間では清潔な服をきた女の召使を連れた婦人方がひざまずいて祈りをあげていた。この美しい祭壇の前に妖精のような婦人がいた。彼女の唇が動くと、そのよく動く目がキラキラと輝き、正面にある美しい聖母像よりも彼女に向かってひざまずいた方がよいように見えたが、彼女もまたそう思っているようだった。

公務に関しては、私はまったく何をしたらよいのか分からないでいた。グァテマラでは誰の意見も同じで、連邦政府は存在しないと言っていたし、私が一番意見を尊重していた英国総領事のチャットフィールド氏も同意見で、彼は連邦政府の存在を否定する回覧を出していた。しかし連邦政府は存在を主張しており、モラサン将軍のグァテマラ進軍が単に仄めかされただけで、もう人々の間に恐怖がまきおこるのだ。進軍の噂は何回も流され、一度などは今度は本当にやって来て、神父はただの一人も容赦されず、街に血が流れるだろうと言われた。その時にはさすがに図太い党人たちも、殺されると思って震え上がったものである。モラサンは一度も負けたことがなく、カレーラはいつもモラサンの前では敗退していたから、人々はカレーラが守ってくれるとは思えなかったし自分で身を守ることもできないのだった。とにかく私はそれまで一方の側の意見しか聞いていなかったので、政府がないと決めつけるのは正しくないと思った。私には〝入念なる調査〟を行う義務があったし、そうでなければ状況にしたがって法律用語で言うところの〝cepi corpus〟（犯人を逮捕できた）なのか、あるいは〝non est inventus〟（犯人は管轄内に存在せず）なのかを報告することができないのだった。

そこで私はエル・サルバドルへ行く決心をした。そこには、かつては、そして今でもそうだと言われているが、中米連邦の首府があり、連邦政府のベースがあるのだ。それはコフテペケという土地で、当時サン・サルバドルにおきた地震のせいで政府が移されていたのだ。この旅の計画には問題があった。ラスコンという人物が盗賊団まがいの反乱分子の一隊をひきいて国の中間地帯を占拠しており、どちらの党の存在も認めずに自分の旗を掲げて戦っていたからである。チャットフィールド氏もスキンナー氏もこれを避けるために迂回ルートをたどって船で来たというし、エル・サルバドルの港に船を停泊させたフランス人船主、ド・ノベーユ船長もグァテマラへはほうほうの態で到着したのだと言っていた。彼は旅の最後の日に山中を九六キロも馬に乗ってきたのだが、サン・ビセント近くでは、エスキプラスの祝祭に向かう途中の三人の旅人が顔を識別できないほど目茶苦茶に潰されて殺されるという恐ろしい残虐行為があったと語った。彼はグァテマラに着くとすぐに手紙を送って船をイスタパへまわすように命じたが、それはひとえに彼が陸路ではなく船で帰れるようにするためだったのである。私はグァテマラの政府にすでに旅行の意思を伝えてあった。もちろん政府は私がエル・サルバドルへ行くことに賛成ではなかったが、護衛隊をつけてくれると言った。ただし、もしモラサン軍とどこかで出会えば確実に戦闘になるだろうと言った。これはあまり嬉しいことではなかった。私はイスタパへの道を三回も旅するのは気が進まなかったのだが、この状況下では仕方がないのでド・ノベーユ船長の好意を受けて彼の船に乗って行くことにした。

この間、私は社交的な訪問に時間を費やしていた。わがアメリカの町の上流階級はワシントンに駐在する外交団からは〝ストリートの貴族〟と呼ばれているが、グァテマラでは〝邸宅の貴族〟とでもいうところだろう。というのは、家族によっては首都建設のときに両親が建てた屋敷に住んでいるので、彼らの家は本当の意味で貴族の古い邸宅であるからだ。こういう家族はスペイン支配のころに、ある種の独占的輸入により膨大な富を得て〝商業の王公〟と言われるようになった一族なのである。その上彼らは政府の全ての使役と義務を免除されていた。ある家族は子爵の称号をもつ貴族であったが、革命の時期、家長が貴族の紋章を粉砕して革命党に身を投じた。スペイン王家の役人たちにつぐ地位にいた彼らは、スペインの軛から解放されれば自分たちの手に政府の実権を握れると考え、実際にそのようになったのだが、それはごく短い期間のことであった。権利の平等思想が広まりはじめ、貴族たちはわきに退けられたのだ。こうして貴族は十年間というもの闇の中におかれていたのだが、突然権力の座に返り咲き、私が訪れた頃には社会と政治の両方の世界を支配していた。彼らのことを非難するのは私の望むところではない。というのもこの国の社会を構成しているのは彼らであったし、私が連絡を取り合うのはほとんど彼らだけ――わが美しき同国人の婦人もそのうちの一人であった――であり、彼らから多くの好意を受けただけでなく、個人的にも親切な人々であったからである。ここでは彼らを公的な人間としての観点から述べるわけだが、私は彼らの政策には同調できなかったのである。

私にはこの国が、かつてどのスペイン系諸国にもなかったある原因のせいできわめて危険な状況にあるように見えた。スペイン人は、はじめてこの土地にやってきた時、大きな勇気と機略と、より優れた武器とをもってわずか数百人で全原住民を征服してしまった。被征服民は本質的に平和を好む人々であり、武器も持たされていなかったからスペイン支配の三百年間はおとなしく従順であった。彼らは独立後におこったどの市民戦争でも二義的な役割しかもたず、カレーラの反乱がおこるまでは自分たちの本然の力にはまったく無知なままであった。しかし今はもう、その恐るべき発見をしてしまっているのである。インディオはグァテマラの人口の四分の三を形成し、土地を世襲的に所有しており、白人支配に屈して以来初めて同族の指導者のもとに組織化され武器をもったのである。カレーラは今のところ中央党を支持しているが、私はこの党に親しみをもてなかった。というのは中央党が自由党を憎むあまり、この第三勢力――それは両者を破壊しうる勢力である――におもねり、いつなんどき自分らにそむいて牙を剝きだし襲ってくるか分からない野蛮な獣と手を組んでいるように思えたからである。中央党はインディオの偏見と無知をもてあそび、神父を仲介にして教会の祭祀や儀式で彼らのファナティックな信仰心を満足させ、自由党が教会をつぶそうとしているとか、司祭を殺してこの国を暗闇に陥れようとしていると言って唆していたのである。そして国中がこのような混乱状態にあるというのに、彼らの中にはただの一人も、十分な気骨をもち家柄や社会的地位の影響力を駆使して、能力のある誠実な人々を召集し、ぼろぼろになった共和国を再建し、かつ無知で無教育な一人のインディオの若者の前に屈従するという危険と災難から国民を救いだそうとする人物がいないのだ。

これが私の気持ちだったが、もちろん表にあらわすようなことはしなかった。しかし中央党の敵を誹謗することもしなかったので、なかには私を冷たい目で見る者もいた。彼らの間では、政治上の相違はあらゆる繋がりを断ちきるものなのである。アメリカの党派間で最悪の侮辱とみなされるような言葉でさえ、この国で口にされる言葉に比べたらいたって穏健かつ柔和なものである。アメリカではせいぜい相手のことを、無知、無能、不誠実、無節操、嘘つき、汚職者、憲法を覆さんとする者、英国の黄金で買収されし者、と言う程度であるが、グァテマラでは政治上の敵は盗人であり殺人者である。もし相手を残酷な人殺しではないと認めたら、それは褒め言葉になるのである。アメリカの国民は、やかましい政治論争ばかり聞かされてイライラすると文句を言うが、グァテマラでは、もし誠実かつ熱意のこもった刺激的で優れた政治論争を聞くことができたら嬉しいと思わなければならない。私は全国土を旅行してまわったがただの一度もそんなものは聞いたことがなかった。つまり政治的に意見の異なる二人の人間が一緒にいるところに出くわしたことが一度もなかったのである。負けた党派の人間は、銃殺されるか追放されるか、自分から逃げていくか、あるいは自らを人でなしと受け入れることになる。誰もけっして与党の人間の前で自分の意見を述べるようなことはしない。最近激しい政治闘争を経験したばかりのアメリカでは、二千万の人々のほとんどが個別に意見をもち、友人同士、隣人同士、兄弟同士そして父子の間でも対立し、誠意のこもったな意見の対立だけでなく、ときには権力や公職への野心や強い欲求や欲望のせいで凶暴なくらいに興奮したものである。二百万人の激昂した男たちが胸を張って恐れげもなく自分の意見や考えを述べたのである。彼ら全員が投票し、その数で勝敗が決まったのである。負けた党派は、ひきつづき国内で生活することが許され、妻や子供たちは自由であるし、それればかりか彼らも街に出て話をすることができ、反対を断固表明して挑戦旗を掲げることができた。そして何よりも素晴らしいことは、共和国の柱が微塵もゆらぐことがなかったことである。人間の情熱がもつあらゆる脆さにもかかわらず、百万人の不満勢力の中に憲法や法律に抵抗せんとする風はソヨとも吹かなかったのである。世界で、こんな場面つまり国民がみずからを治めるという能力がこのような試練を受けたことは一度もなかった。願わくばずっとこのようであり続けてほしいものである。投票箱に抵抗する無謀なる口舌の徒を言論の力で打ち負かさんことを、そしてわがアメリカの例がこの狂気に陥っている同胞国に道義的な影響を及ぼし、勝者たちの手にある迫害の剣を押し止め、敗者の党の謀叛心を打ち砕かんことを願うばかりである。

一八四〇年一月一日。この日、わが懐かしのアメリカでは、雪が積もった戸外に赤い鼻や紫色になった唇がみられ、家の中では喜ばしい顔や燃え盛る火が見られるものだが、ここグァテマラでは春の朝のように日が昇った。太陽は美しい大地をほがらかに照らし、中庭には花が咲きこぼれ、家々の屋根の上に見える山稜は緑に微笑んでいた。三八からある寺院や僧院の鐘が新年の到来を告げていた。店舗は日曜日のようにどれも閉まっており広場には市もたっていなかった。正装した紳士や黒いショールをかぶった婦人方が、大寺院の新年のミサに出席するために広場を横切ってゆく。寺院の側廊にモーツアルトの調べが流れ、司祭が耳慣れない言葉で道義と信仰と祖国への愛を説いていた。床は白人や混血やインディオたちで一杯になっており、民衆と向かい合った高いベンチに国家元首と並んでカレーラが再び豪華な軍服を着て坐っていた。私は反対側の柱によりかかってカレーラの顔を観察した。私の間違いでなければ、彼は戦争のことも手についた血の汚れのことも忘れ、心はまさに司祭たちが望んでいる通りに狂信的な熱意で一杯になっているようだった。私は本心から思うのだが、彼はその衝動において誠実であり、正しいことをどのようになすべきかさえ知っていればきっとそのようにしたに違いない。彼を導く任にある者たちは恐るべき責任を負っているのだ。ミサが終わると側廊の群衆の間に道があけられ、カレーラが司祭や国家元首に付き添われて歩いてきた。彼の歩みはぎごちなく、床に落とした目をときどき上げては盗み見るようにしていたが、人々の注目の的になって落ち着かなげだった。千人ほどの獰猛な様子の兵隊たちが扉の前に配置されていた。カレーラが出てくると耳を聾さんばかりの音楽が始まり、彼を崇拝する兵隊たちの顔が輝いた。大きな旗が掲げられた。それは黒と赤の線入りで、中央には髑髏と骨の紋章があり、それをはさんで一方に〝信仰万歳！〟、もう一方に〝平和を！　しからずんば自由党派に死を！〟と記されていた。この恐ろしげな旗を風になびかせながらカレーラはリベラ・パスをともなって先頭にたち、楽隊の甲高く騒がしい調べの中を、周囲には死の静寂をただよわせながら進み、国家元首を彼の家まで送っていったのである。いやはやわが故郷の新年とは何という違いだろうか。

この国の民衆が、狂信的なほど信心深く、政治上の怨恨には暴力的になることは私も知ってはいたが、旗の上に信仰の鼓舞とならんで自由党の死または降伏の文字を記し、それを首都の広場に掲揚するような蛮行が容認されていようとは考えもしなかった。もっと後で、国家元首と話をしているときに、私はこの旗のことに触れてみた。すると彼は、旗に注意したことはないが、多分最後の言葉は〝平和を！　そしてそれを望まない者たちには死を！〟という意味だろうと言った。それでも旗の凶暴性は変わらないし、単に党精神から由来する狂信性をくわえるだけのことである。しかし私は間違ってはいなかったとおもう。というのは、兵隊たちが広場へ戻ってきたときにキャサウッド氏と私はその後についてゆき、旗手が旗の襞を、われわれが思うにはあきらかに隠すように寄せるのを見たからである。このとき数人の将校がいかにも疑わしげな目でわれわれを見たのでそこを立ち去った。

わがアメリカへの敬意を表するために美しい同国人女性を訪問し、ホール氏の家で食事をした。午後は闘鶏場へ行った。それは均整のとれた円形の大きな建物で、審判のための高い席があり、彼らが合図の鐘を鳴らすとやかましい声がわき起こった。「五ペソかけるぞ！」「おれは二〇ペソだ！」という具合である。幸いなことに、人で一杯のこの巣窟の中に知った顔は一人もいなかった。そこから私は闘牛場へ行き、そのあと劇場に行った。読者は私が一八四〇年を輝かしいやり方で開始したと認められることだろう。

第十五章

一月五日、日曜日、私は政府を探す旅に出るべく起床した。マヌエル・パボン氏がいつもの親切さで、エル・サルバドルの友人たちにあてた紹介状の束をもってきてくれた。キャサウッド氏は太平洋岸まで私に同行することになっていた。まだ荷物ができておらず、馬子は姿を見せず、私の通行許可証も送られてきていなかった。ド・ノベーユ船長は九時まで待っていてくれたが、先に出発していった。この慌しさの中で高位の僧会議員の訪問を受けた。高僧は、この日私が出発しようとしていることを知ってビックリした。私は安息日であるのに旅行に出ることとの弁解をするために事情を説明しようとしたのだが、そうする間もなく彼は、晩餐会と闘牛と劇が上演される予定であると言い、私がこのような誘惑に抵抗できるということに驚いていた。十一時に馬子が、ラバと細君とボロを着た小さな子供を連れて到着し、サベージ氏——彼はこまごました問題があるといつも私の支えとなってくれたが、グァテマラでは何をやるにも些細な問題が付随してくるものであり、それは重要な事柄においても同様なのだった——が、私の通行許可証はもう送付済みであるという政庁の返事をもって戻ってきた。政府が、エル・サルバドルの首府へ赴くという私の計画を喜んでいないことは分かっていた。前夜の噂では、私がエル・サルバドルで信任状を捧呈し、連邦政府の存在を認めるつもりらしいと言われていた。その同じ夜にメキシコから受け取った新聞にはメキシコがテキサス側の侵略を受けた記事が満載されていた。それより以前に私が初めて受け取っていた通達書には、テキサスが、それほど公然とではないのだが、アメリカ政府の支持と支援を受けているということを、私は立場上知らないことにしておくのが外交的であろうと書かれてあった。それというのも、一般にはアメリカが、メキシコ征服、そしてもちろんその次はグァテマラ征服を狙っていると考えられていたからである。与党に与しない私に現地の人々が抱くようになっていた冷ややかな疑惑のこもった感情が、このアメリカの野心に対する憎悪のせいで増大していたのである。私は一般的にデウィット氏の後任と考えられていた。グァテマラの政治家たちの間で理解されていたのは、条約更新の手続きがペンディングになっているということと、在住アメリカ人の財産が革命のせいで台無しにされたことを、わが国政府が抗議しているということであった。しかし中には、私の任務にはかなり重大な特別の目的があり、エル・サルバドルの党に与するのがその目的であろうと想像している人たちもいたのである。サベージ氏が通行許可証を持たずに帰ってきたので、これは私の邪魔をしてエル・サルバドルへの船旅の機会を故意に失わせようとしているのではないかと考え、すぐさま政庁へと出向いた。しかしサベージ氏に与えられたのと同じ返事しか得られなかった。そこであらたに通行許可証を申請すると、政府の書記官はその日はもう発行できないと言って拒否した。役所内には何人もの事務官がいた。私はド・ノベーユ船長がすぐにも出発してしまうので緊急を要すること、および申請の手続きはずっと以前からしてあったこと、許可証は私の家へ送付されることになっていたことを申し立てた。不愉快な口論のすえにやっと支給はされたのだが、そこには私の公的資格が何も記入されていなかった。それを指摘すると、書記官は私が信任状を捧呈していないからだと言った。私の信任状は中米全体の政府に対するものであり、貴君が属するグァテマラ政府のためだけのものではないと答えると、信任状が捧呈されなければ公的資格を認めないのが当政府の方針であると言ってゆずらなかった。彼の言う政府ができたのはほぼ六カ月前であるが、そのときから公的資格を得ようとしてこの国へやって来た人間など一人もいないのである。私は彼の手にアメリカ政府発行のパスポートを渡して、私がすでに一度逮捕され監禁された経験があるのを思いおこさせ、いずれにせよエル・サルバドルへは出発するつもりであると断言してから、私には許可証を請求する権利があるが、貴君にそれを発行する気があるのかどうかはっきり知りたいと言った。彼は長い躊躇のすえに、しぶしぶながら公的任務という言葉の後に〝の資格で〟という言葉を加えたのだった。私は、グァテマラのように政治派閥が生死にかかわる土地での党派精神のあり方にはかなり寛大なつもりである。ましてやこの書記官、ホアキン・ドゥラン氏は兄弟の神父がモラサン党によって銃殺されたばかりである。しかし公的資格に伴う便宜を制限することで私の行動を妨害しようとするやり方には抑えようのない嫌悪感をおぼえた。もし私がこの許可証の受理を拒むか、あるいは抗議のために一日待つことにすると船旅ができなくなり、危険な陸路を旅するか、あるいはエル・サルバドルの首府への旅を断念──思うにそれが彼らの望むところだったのだが──しなければならなくなる。私はいかなる間接的な方法によっても邪魔は絶対にさせないと心に決めていた。私が必要としていたのは単に港用の許可証──私は彼らが与えてくれるその最高のものをあまり高く評価していなかった──に過ぎず、それはエル・サルバドルではなんの値打ちもないものなのである。結局不承不承与えてもらった無礼な紙片をもって家へ戻り、午後二時に出発した。一日で一番暑い時刻だったのでグァテマラ市のゲートを通ったときは太陽が焼けるようだった。もう遅くなっていたのだが馬子はまだ別れを告げ終わっておらず、妻と幼い息子がついてきていた。ゲートの外側へ少し出たところで、焼けつくような日差しの下に立ち止まり、彼らがやってくるのを待たなければならなかった。馬子が家族と最後の抱擁をかわしたときには大いに安堵したものである。彼の妻と子供はミスコにある家へと戻って行った。

もう遅くなってはいたが、アマティトラン湖へ寄るために街道をそれて進んだ。しかしこの美しい湖を囲んでいる山々の高い頂に着いたときにはもう日が暮れており、下を見ると深い盆地の底に霧が固まっているように見えた。下りは山肌にジグザグについた険しい道で、かなりの急勾配だったので、暗闇の中を行くのは困難で危険だった。湖面まではまだ距離があったが岸辺の堤に着いたときはホッとした。周囲に城壁のように切り立った山々が湖上に夜の闇より深い影を投げかけていた。しばらくの間、湖を左に見、右手には垂直に切り立った山肌を見ながら進んだ。アマティトランの村に着いたときには、日中の猛暑の後の冷たい風のせいで体が冷え切っていた。船長はわれわれに言いおいていった家にいた。夜の九時であったが、朝の七時から何も口に入れていなかったわれわれは、彼が準備してくれた夕食のテーブルに大喜びでついたのだった。

馬子は湖まで下りずにまっすぐアマティトラン村へ向かう手筈になっていた。それは、荷運び用のラバが湖までの険しい道を下りるのをさけるためであり、馬子はそのためにわれわれ用の道案内人を途中で見つけてきたのだった。ところが驚いたことに、馬子はまだ到着していなかった。夕食をとっていると、外に騒ぎがおこり、男が一人駆け込んでくると馬子が村人たちに殺されそうになっていると言った。この国に何度も来ている船長は、それは多分しょっちゅうあるマチェーテの喧嘩だろうから外へは出ない方がいいですよと言った。そのうち軒廊のあたりでもめていた騒ぎがわれわれの方に向かってきたかと思うと、ドアが乱暴に開けられ、男たちが馬子をひきずるようにしてどやどやと入ってきた。かの良き夫であり父である馬子が抜き身のマチェーテをもち、立っていられないほど酔っぱらい、誰彼かまわず突っかかっているのだった。われわれは彼が転倒したすきに、鞍ヒモを使ってやっとのことで縛り上げた。馬子はしばらくの間立ち上がろうともがいていたが、そのうちに眠ってしまった。

翌朝目を覚ますと激しい頭痛がして体中が痛んだ。それでも空が明るむ頃に出発し、午後五時まで道を進んだ。太陽と暑さのせいで頭痛はますますひどくなり、エスクイントラへ着くまでの三時間はひどい痛みに悩まされた。村長の家は、寝部屋が誰にでも開放されているのを知っていたので、行くのを避けた。私は静けさを必要としていたからである。ところが船長の友人の家でラバをおりたのが大きな間違いであった。その友人はエスタンコ（専売所）つまり火酒を作る蒸留所の持ち主で、われわれに大きな部屋をあてがってくれたのだが、部屋は店に直接背中合わせになっており、仕切りの低い板壁は上の方があいていた。店はのべつ騒がしく、喧嘩っぱやい酒飲みや男や女たちで一杯だった。私のベッドは板壁に接しており、部屋には八人から一〇人の男たちがいた。夜通し高熱がつづき朝は動くこともできなくなっていた。ド・ノベーユ船長はしきりに申し訳ながったが、船が錨をおろさずに沖にいたので私を待つことはできなかった。キャサウッド氏が私を樽や桶が入っている倉庫へ移してくれた。倉庫は酒をあけるためにたまに人が出入りするだけで静かではあったが、匂いは吐き気を催すものだった。

午後になると熱がひいたので、マサヤ村まで緑陰の平坦な道を二二キロ進んだ。ここで驚きもし、かつ嬉しかったのは、私が以前イスタパからの帰途に立ち寄った家に船長がいたことだった。彼は一一キロ先まで進んだのだが、その少し先に盗賊団がいると分かったため、道連れができるのを待つためと、エスクイントラへ人をやって警護兵を頼むために引き返してきていたのだった。もっと後で知ったことだが、盗賊団というのはグァテマラから追放された人間たちの一団で、ケッツァルテナンゴからエル・サルバドルへ向かうところだったのである。彼らは自暴自棄《やけくそ》になっていたから、道で出会うには危険な人間たちであった。

われわれが泊まった小屋はそこの家族がやっと納まる広さしかなく、われわれの荷物とハンモック二つと折り畳みベッドでひどく窮屈になった。泣き虫の子供は丈夫な子になると言われるが、もしそうなら、この家の母親こそラッキーというものだ。かてて加えて私の頭の下には、ヒヨコの一隊を羽の下に入れたメンドリがいたのだ。夜中に、船長が依頼しておいた警護兵たちが村に到着し、われわれが行く道を先導してくれることになった。出発したのは夜明け前であるが、陽が昇るにつれて私の熱が戻ってきて十一時にオベロに着いた時にはもう先へ進める状態ではなくなっていた。

私は、以前ここを通ったときにオベロ農園がイスタパと塩田の間の大経由地であることに気づいていた。そして私にとって不運だったのは、何隊もの馬子たちが盗賊を避けるために夜中に出発してきており、このときはもうその日の行程を終えて寄り集まっていたことだった。午後、馬子が私の猟銃を使って猪を撃ち殺した。それを料理して食べるというのでお祭り騒ぎになり、その喧しさに私の頭はひっかきまわされた。夜も喧騒はつづき、私がひたすら求めていた静けさはどこにもなかった。その上、小屋の中には異常なほどの蚤がいた。夜通し高熱が続いた。キャサウッド氏——彼はコパンで誰も死なすことがなかったので、自分の医者としての腕前に一家言をもつようになっていた——が大量の薬を処方してくれて明け方近くになって眠りに落ちた。

空が明るむ頃に出発し、イスタパへは朝の九時に着いた。ド・ノベーユ船長はまだ乗船していなかった。港に停泊しているのは二隻のフランス船つまりボルドーのベルポール号とメラニー号で、後者が船長の船だった。彼はベルポール号の船長に用事があったので、われわれは先ずその船へ向かった。

私は以前来たときに、イスタパが海に開けた投錨地であり、外洋から港を守る入江や岬や岩や岩礁のようなものが何もないのを見ていた。海はその名の示す通りおおむね太平（パシフィック）であり、穏やかな波が岸に寄せていた。しかし波がもっとも静かなときに姿を現わす岩礁がひとつあるので、これを通過するために、港の装備の一つとして錨のついたブイがその外側に落としてあり、そこから長いケーブルが海岸まで引いてあった。メラニー号の大型ボートは岸辺ぎりぎりのところにいて、船尾を海岸にむけていた。例のケーブルが船首の切り込みの間から引き込まれ、船尾の櫂の穴に通してあった。荷を満載していたので、われわれはその間に坐り込んだ。船尾に坐っていた掌帆長が、船首を押し上げた波を利用して水夫たちに引けと号令した。濡れた縄が音をたてて走り、ボートが動き、返す波で砂の上にゴツンとぶつかった。別の波がきて、もう一度引っ張るとボートは浮かび、寄せてくる波に向かって進み、返す波で素早く引きながら数分後には岩礁箇所を通過した。ケーブルが船首の切り込みからはずされ、水夫たちが櫂を漕ぎはじめた。

それは、かの太平洋上の美しい日々のうちでも最高に麗しい日であった。大洋はまるで湖のように穏やかで、海上にはまだ朝の涼気がただよっており、私はたちまち元気がわいてくるのを感じた。数分後にベルポール号についた。この船は、これまで海洋に浮かんだ船のどれよりも美しい船であり、フランス商船のモデルと言われている。甲板はすべて天幕で覆われ、緋色の縁飾りが風にそよいでいた。後甲板は高くなっており、洒落た天幕の下に椅子と寝椅子と安楽椅子が置かれ、前面のブロンズの手すりの上にはペルー産の美しいオウムが二羽とまっていた。キャビンの扉は、背の高い人でもかがまずに通れるほど高かった。両サイドに四つずつ船室があり、船尾は二つに分けて船長と事務長用の船室になっていた。双方とも窓がついており、ベッド（段ベッドではない）とソファー、書物、タンス、机など船上で贅沢な暮らしをするのに必要なもの、つまり世界一周の航海に望まれるありとあらゆる快適さがそろっていた。船はボルドーからフランス商品を積んで交易のための航海をしている途中であり、すでにペルー、チリ、パナマ、中米の諸港に寄っていた。どの港でもフランスの商品を売り、その利益で各国の産品を買いつけているのだった。これからメキシコのマサトランに向かうところで、そこから戻って荷を積み、二年後にはボルドーへ帰るとのことだった。われわれはまるでパリにいるかのように昼餐風朝食、つまりパリの贅を尽くしたワインとコーヒーを味わった。しかし船の食糧庫にとって幸運だったのは、そのときの私の胃はいつもほど元気でなかったことだ。船には全てに格式があり、ボーイ長でさえ〝ホテル　マスター〟と呼ばれていた。

午後の二時、メラニー号に乗船した。この船も同じような大きさで、もし先にベルポール号を見ていなかったら大いに満足したことだろう。これら豪華で快適な〝海上の邸宅〟は、海岸の惨めで荒涼とした貧しさとは歴然とした対比をなしていた。ベルポール号の船長が船にやってきて食事をした。ボルドーからきたこの二人の船長とそれぞれの船の乗組員たちが、この遠隔の地の海辺で出会い、どのように喜び合ったか、その様子は見ているだけでも楽しくなるものがあった。彼らの話題はもっぱらホーン岬やペルーやチリのことであった。船に一束の新聞があったが、それにはサンドイッチ諸島にいる友人たちの最新の消息が伝えられていた。キャサウッド氏とベルポール号の船長たちはメラニー号が出航するまで船にいて、手すりごしに別れを告げた。午後の微風が帆をふくらませ、しばらくの間は彼らの姿が見えていたが、やがて海上の黒い点となり、波に沈み、視界から消えた。

私は甲板にあまり長くはいなかった。船客は私一人である。ボーイ長が窓のすぐ下に寝椅子を置いてくれたが、眠れなかった。船室は、窓やドアを開け放っていてもひどい暑さで、空気は熱しており蚊で一杯だった。船長と掌帆長たちは甲板の上で寝ていた。私は船室で寝た方がいいと言われていたのだが、夜中の十二時に甲板へ出てみた。星がキラキラと輝き、帆がマストにはためき、海はガラス板のように見え、暗く不規則な海岸線には陰鬱で恐ろしげな火山の姿があった。大熊座がほとんど真上に見え、北極星は見たことがないほど下にあり、そのときの私のように衰弱しているかに見えた。甲板の当直水夫は若くて、海が人を騙すことや、難破船のこと、彼が最初に太平洋を航海したときに乗っていたアメリカ船が難破したことや、彼の麗しくも愛しいフランスのことを語ってくれた。風の涼しさが気持ちよく、彼が話している間に私は寝椅子の上に身をのばして眠ってしまった。

翌日またもや熱がぶりかえし、一日中下がらなかった。船長は私に船の規律を課した。つまり、朝はボーイ長がコップと匙を手に私の前に立ち「ムッシュー、嘔吐剤をどうぞ」と言い、午後は「ムッシュー、下剤です」と言うのだ。アカフトラに着いたときは陸にあがる元気もなかった。船長は錨を下ろすとすぐに下船して、ソンソナーテへ向かう前に、私のためのラバと人足を手配してくれた。アカフトラ港はイスタパのように海に開けた港ではなく、南の方に岩の岬がわずかにつき出ていた。入江には、ペルーへ向かうブリグ型スクーナ船と、グアヤキルへむかうデンマークのスクーナ船およびロンドンから来たイギリスのブリグ型帆船が停泊していた。私は午後中、上甲板に坐っていた。水夫の何人かは眠っており他のものはトランプに興じていた。目の前に六つの火山が見え、そのうちのひとつは絶えず煙を吐き出し、別のひとつは炎をあげていた。夜になるとイサルコ火山が燃えさかる火の玉のように見えた。

翌朝、掌帆長がボートで陸地へ連れていってくれた。海辺での手順はイスタパと同じで、イギリス船のボートがケーブルを占領していたのでしばらくの間待たされた。ボートが砂地に乗り上げると、たちまち綿布を股間に通して腰に巻いただけの裸のインディオたちが駆け寄ってきてボートの横腹を押さえた。私はそのうちの一人の肩に乗った。彼は波が引くと数歩進み、そこで止まっては足を踏ん張って、やってくる波をこらえていた。私は彼の首にしがみついていたのだが、背中はすべりやすく、原住民の言葉でクスカトランつまり〝富の地〟と呼ばれているエル・サルバドルの海岸に降ろされたときは、ほとんどずり落ちそうになっていた。この海岸に足を下ろした最初のスペイン人はペルーへ向かう途中のアルバラードだった。私は足を濡らさないように細心の注意をはらっている自分にひき比べ、当時の征服者たちの頑健な体と鉄のような神経とに思いを致さざるをえなかった。

掌帆長と水夫たちは別れを告げると船へ戻って行った。私は海岸沿いに歩いてから急な丘を登った。まだやっと朝の八時だというのに焼けるような暑さだった。海に面した堤の上に大きな倉庫の廃墟があった。これはアメリカ大陸の港がすべてスペインの支配下にあって外国船には閉ざされていた時代に、積み荷の保管用に使用されていたものである。廃墟の端の方に監視所のようなものがあって数人の兵隊がトルティーヤを食べていた。そのうちの一人は火縄銃の手入れをしていた。もう一つ別の一室が港の司令官室になっており、彼に聞くと、私のために雇われていたラバがどこかに行ってしまったので、馬子が捜しに出ているということだった。ここで私は幸運にもドクター・ドリバンに会うことができた。彼はサンタ・ルシーア島出身の紳士で、港からすぐ十数キロ先に大きなサトウキビ農園を持っており、この時は、イギリスのブリグ型帆船で着いた粉挽き機の荷下ろしに立ち会うために港にきていたのだった。ラバを待つ間、彼は私を一軒の小屋へ案内してくれた。そこには彼のグアヤキル製のハンモックが二つ吊るされており、私はその一つにぐったりと横になった。

小屋にいた女性は、停泊船の賄いを取り仕切っていた。港には三隻の船が入っていたから小屋の中は、野菜、果物、卵、家禽および雑貨で一杯になっていた。小屋は閉まっており暑かったのに、私はできるかぎりの服をかき集めて着こんだ。そのひどい悪寒が去ると高熱がきた。これに比べれば以前のどんな苦しみも何でもないほどであった。私があまり何度も水を頼むので小屋の婆さんは出ていってしまい、私は一人取り残された。頭がボーッとし、痛みでじっとしていられず、頭が燃えるように熱いという意識しかないまま、貧相な小屋掛けの間へさまよい出た。今でもぼんやりと覚えているのは、数人のインディオの女たちに向かって、ソンソナーテに行きたいので馬を手配してほしいと英語で頼んだことである。それを彼女たちの何人かは笑い、他のものたちは哀れむように眺め、また別の者たちは陽にあたらないように私を木陰に横たわらせてくれたのだった。午後の三時に掌帆長が再び陸にあがってきた。彼は私を探しまわり、太陽にひからびそうになってうつ伏せに眠っている私を見つけてくれたのだった。船へ連れかえろうとする彼に、ラバを手配して医者の治療を受けられるソンソナーテへ連れていってほしいと頼んだ。こうしてラバの背に乗ったときは、最悪の状態であった。三時間、酷暑と熱に苦しみながらソンソナーテに到着したのは日が暮れる少し前だった。後でドクター・ドリバンが言ったように、日射病にやられなかったのが幸運だった。町に入る前、グランデ川にかかる橋を渡っていたとき、騎馬の立派な紳士に出会った。赤いペルーの皮製の敷物を鞍の上においた彼の様子は印象的だった。われわれは互いに敬意をこめて挨拶をかわした。この紳士こそが、あとで分かったところによるとまさしく私が探していた〝政府〟だったのである。

私はド・ノベーユ船長の兄弟の家へと向かった。この家はソンソナーテでもっとも大きな家のひとつであり、ここで中米ではめったにありつけない数々の快適さに出会った。つまり私専用の部屋と、そのうえ必要なものは何でもあったのである。何日間も家に閉じこもっていた後のある午後、最初に外出した先はコスタ・リカの前元首であるマヌエル・デ・アギラル氏の家だった。彼は一年ほど前に革命で権力の座を追われ終身追放になっていた。その家で私は共和国副大統領であるディエゴ・ビヒル氏に会った。彼こそ私が橋の上で出会った紳士であり、連邦政府でただ一人残っている要人だったのである。私は、アメリカにいたときの経験と観察から、公人の性格については政敵が言うことをけっして真に受けてはならないということを習得していた。だから、いくら誠実ではあっても政党の偏見で目がくらんでいる人々が、ビヒル氏の名声の上に投げつけているさもしい中傷をここに述べてこの本のページを汚すことはするまい。彼は四十五歳くらいの、背丈が一・八メートルほどの痩身の人で、マヒをわずらっているために両足がほとんど動かなかった。服装も、また会話や態度も立派な紳士だった。彼は同国人の誰よりも自国を広く旅した人で、大事なことは全て知っており、ありがたいことに私の地位や公的任務に関しては丁重な態度を保ってそれに触れてくるということはなかった。

彼のソンソナーテでの用件こそ、この国の不運な状況を示すものであった。というのは、まさにラスコン——この一党のせいで私はグァテマラから陸路で来ることができなかったのだ——と交渉をするためにやってきていたのである。チコ・ラスコン——彼のことをソンソナーテではこう呼びならわしている——は古い名家の出身で、パリで財産のほとんどを道楽に蕩尽した末に無一文になって帰国し、愛国者に宗旨替えしたのである。六カ月ほど前にソンソナーテに侵入し、守備兵の最後の一人まで殺戮し税関を略奪してから自分の農園へひきあげたところだった。ラスコンは当時ビヒル氏との会見のため、おおっぴらに町に滞在しており、徒党を解散する条件として、自身には司令官の地位を、また手下の者数人にも別の地位を用意すること、および現金で四千ドルを要求していた。ビヒルはこの要求をのんだが、四千ドルの現金だけは払えないので、その代わりにエル・サルバドルの公債を差し出すと言うと、ラスコンは承知したのだった。協定文がつくられ、その午後調印されることになっていたのである。ビヒルは彼らを待っていたのだが、ラスコンとその仲間たちは一言の断りもなしに馬に乗ると町を出ていってしまった。町中が、再び襲撃されるのではないかと緊張につつまれ、その日の午後大慌てで広場にバリケードを築く守備隊の姿が見られた。

翌日、私は正式にビヒル氏を訪問した。私の立場は微妙なものになっていた。政府を探すためにグァテマラを出たときは、まさか道中で見つかるとは思っていなかった。グァテマラでは一党の言うことしか聞けなかったが、今まさに別の党の言うことを聞こうとしているわけである。もしそこに政府があるとしたら、私はそれをやっと捕まえたことになるのだ。しかしそれは本当の政府だろうか、あるいは違うのだろうか。グァテマラでは本当の政府ではないと言われていたが、ここではそうだと言っている。問題は複雑だ。私はグァテマラでは好意的な目で見られていなかった。そして安全なゲームをしようとすればするほど、どちらの党からも押しつぶされる危険があった。グァテマラの政府は信任状を請求する権利がなかったのだが、私が捧呈しないので怒っていた。しかしここでも、もし捧呈しなければ当然侮辱ととるだろう。副大統領との会見はこのような切羽詰まった状況の中で始まったのだった。私は彼にまず、現在アメリカ合衆国政府の信任状をもって首都へ向かう途中であるが、国の現在のアナーキーな状況の中でどうしたらよいのか分からないでいると述べ、私としては間違いを犯したくないので、連邦政府が真実存在するのかどうか、あるいは共和国は解体してしまったのかどうかを知りたいと言った。この会見は時間も長く、また興味深いものであった。彼の答えの概要はこうである。つまり政府は現実にまた法的にも存在していること、彼自身正式に副大統領として選ばれたこと、連邦の四つの構成国が独立を宣言したのは憲法違反であり反乱とみなされること、連邦を解体できるのは全構成国の代議員からなる総会だけであること、政府は現在三つの構成国の上に権限を保っており、そのひとつは武器によって鎮圧したのだが、他の国でもじきに連邦党が勢力をもつようになるだろうということだった。彼は南カロライナの例を詳しく知っており、アメリカの国会は中央政府としての権限を保ち、各州に恭順を義務づけたが、自分たちの立場もそれと同じであると言った。私は、政府の壊滅的な状況と、他の構成国に対して全く無力であること、上院とそれに同格の機関がないことに触れ、信任状を受け取るべき国務長官がいないではないかと言うと、彼は自分の随行員の中に現役の国務長官がいると答えた。この答えは、前に私が聞いてきたこと――つまり〝政府〟は、私が必要とするならどんな役人でも、その場その場で告示して造るだろうと言われてきたのだ――を確認することになった。しかし、ビヒル氏のためにここで言っておくのだが、彼にしてみれば、不幸な抗争の背景をつぶさに話し合った後、しかもあのような危機をはらんだ状況の中ではあったが、もしアメリカ合衆国政府から連邦政府に対する認知を得られれば、それは彼の党にとって重要なことであったし、又こちらも認知しないのは失礼なばかりか、反乱地方つまり独立した各構成国の言い分に加担することになってしまうのだが、彼は私に信任状の捧呈を要求することはしなかったのである。近く総会がホンジュラスで開催され、そこで共和国の内紛が解決されるだろうと期待されていた。エル・サルバドルの代議員たちはもう出席のために出掛けていたから、私はその代議員団の決定を待つということになった。副大統領との会見の結果は思ったよりずっと気分のよいものであった。彼は私にいささかの反感ももたなかったと確信している。しかし自分が探す政府が見つかったのかどうかはまったく分からないままだった。

政治面での修復が図られている間、ソンソナーテにとどまって体の回復をはかることにした。町はグランデ川の川岸に位置しているのだが、この川には無数の水流が流れこんでおり、原住民の言葉で〝四百の泉の流れ〟と呼ばれていた。豊かなエル・サルバドルの中でも有数の肥沃な土地に位置するこの町には、広場や碁盤の目状の街路や白壁の平屋の家々があった。中にはかなり大きな家もあったが、やはり共和国と不幸な運命をともにしており、とりわけ立派な家では主人たちが亡命しているので無人になっていた。豪壮な教会が七つあるが、司祭は一人しかいなかった。

陸路の旅はまったくできない状態だったので、私は一日中、人を無気力にする暑さの中でハンモックにゆられていた。ところが運のよいことに、アカフトラで見たブリッグ型帆船の船主たちが船の航路をペルーではなく、中米連邦の一番南にあるコスタ・リカへ変更したのである。それと同時に、一人の男が私の従僕として働きたいといってきた。彼はかなり良い推薦状をもっていたし、見た目も私の気に入った。そこで海路の快適さを利用することにし、かつ陸路を戻るときにはニカラグア湖を通る大西洋—太平洋間の運河のルートを探索してみることにした。これはかなり以前からやってみたいと思いつつ、実現できるとは考えていなかったことだったのだ。

出発の前に遠出をしてみる気になった。というのも部屋の窓からいつもイサルコ火山が見えており、一日中しきりなしに噴火音が聞こえ、夜はクラーテルから吹き上がる炎の柱と、山肌を流れ落ちる火の川を目の当たりにしていたからである。幸い、ペルーにながく住んでいるスコットランド商人のブラックバーン氏が到着し、同行してくれることになり、翌朝五時前に馬で出発した。一・六キロのところで、急流になっているグランデ川を渡り、肥沃な野を進み、三〇分でインディオの村ナグイサルコに着いた。景色は美しく、文字通り果実と花の森であった。大木は真っ赤な花に覆われ、一歩ゆくごとに果実をもぐことができた。このような美しい木々の間にインディオの見すぼらしい小屋が散在し、これも貧相なインディオたちが地面に寝ていたり、だるそうに仕事をしていた。この肥沃な野をさらに五・五キロ進んでから台地に登り、後ろを振り返ると樹木に覆われた広大な原野が海岸までつづき、その向こうに果てしない太平洋の海原が見えた。目の前の長い道の突きあたりにはイサルコの教会が見え、火山の麓に鮮やかなシルエットをつくっていた。このとき火山から雷のような大音響とともに灰まじりの黒い噴煙が上がり、その中にピカッと火炎の筋が走った。

火山に登るためにやっと見つけた案内人はひどく酔っぱらっており、自分で真っ直ぐ歩くのさえあやしげだった。その上、今日はもう遅いから山で日が暮れてしまう、あそこにはジャガーが一杯いるから出掛けるのは明日だと言うのだった。このときわが宿主の娘が別の案内人を見つけてきてくれたので、彼の鞍袋に緑のココ椰子を四個つめて出掛けた。まもなく広々とした野原に出た。視野をさえぎるものは一本の灌木すらなく、左手の火山が麓から頂までの全容を見せていた。山裾からほとんどいきなり屹立しており、高さはおそらく九〇〇メートル、黒い山肌は不毛で、周囲をぐるりと何キロも溶岩に覆われていた。噴火の真っ最中であるから登ることはできないが、背後にもっと高い山があり、そこから燃えるクラーテルの光景を眺めることができるのである。今、目の前には膨大な量の石を吹き出しながら黒い噴煙をあげている火山の全容が見えており、足もとの地面は揺れていた。野原を横切ってから山の登りにかかった。午前十一時、美しい小川のふちに坐って朝食をとった。同行者は食糧を沢山もってきており、私はグァテマラを出て以来はじめて食欲が戻ってきたのを感じた。三〇分後に馬に乗り、十二時少し過ぎに森に入った。ところが急な斜面の、あるかなきかの細道を登っていくうちに道を見失ってしまった。案内人は何度も方向を変えたすえに、迷ったことが分かると馬を繋ぎ、われわれをそこに待たせて一人で道を探しに行った。もう火山のすぐ側に来ていることが分かった。というのは噴火の音が低い雷鳴のような恐ろしい音になって鳴り響いていたからである。森の中にとじこめられて耳にする噴火音は身の毛がよだつほど恐ろしかった。足の下の地面が揺れ動き、馬が恐怖でいななかいた。案内人が戻ってきて数分進むと、いきなり開けた場所に出た。火山の頂より高いその場所からクラーテルの内側が一望できた。すぐ目の前の空中に大きな石が放り出され山肌にバラバラと落ちていった。灰が小雨のような音をたてて降り、着ているものがたちまち真っ白になった。

クラーテルには三つの噴火口があった。一つは噴火していなかったが、もう一つはモクモクと青い煙を吐き出していた。爆発音がしたと思うと三番目の噴火口の大きな裂け目の底から青みがかった蒸気があがり、巨大な冠形の真っ黒な煙塊がうずまきひしめきあいながら立ち昇るや、たちまち見上げるばかりの黒い柱と化し、その中にときおりピカッと赤い炎が光った。噴煙がおさまると、あたりが石と灰の雨で暗くなった。そのあとに一瞬の静けさが戻り、すぐにまた別の轟音と噴火がおこった。これが間隔をおいて繰り返されるのである。間隔は案内人によれば五分きっかりということだったが、事実彼はそれほどまちがってはいなかった。光景は恐ろしいほど雄大であった。われわれは椰子の実の水を飲んで喉をうるおした。そして、夜の闇と静寂が轟音と炎に引き裂かれる時刻にはきっとこの壮大な光景がもっと素晴らしいものになるに違いないと考え、早速その夜を山の上で過ごすことに決めた。

ソンソナーテの神父はまだ壮年であるが、彼の語るところによれば、今火山のある場所が周囲の地面と何の変わりもなかった頃のことを覚えているという。地面の小さな穴からわずかに灰と小石が吹き出しているのが発見されたのは一七九八年のことである。当時子供だった神父はイサルコに住んでおり、その現場を見にいくのが習慣になってしまい、ずっと観察をつづけた。彼は毎年、山が現在の大きさになるまでその成長を記録したのである。ド・ノベーユ船長が言うには、この二年間は海上から見ても火山が大きくなっていくのが分かったという。二年前までは夜の噴火が、私が登った山の向こう側にあって見えなかったのだ。火山は夜も昼も、大地の腹の中から石を吹き上げ、天に投げ出しては斜面に受け止め続けてきた。今でも毎日成長しており、多分内部の火が消えるか、あるいは激烈な震動をおこして粉々になってしまうまで、成長し続けるであろう。

旅慣れた人間は、たまたま興奮のるつぼに巻き込まれることはあっても、それを長時間保つことはできない。われわれは一時間もすると噴火を覚めた目で見るようになり、のみならず〝アラ探し〟さえ始めた。他のより素晴らしい噴火もあれば、比較すると大したことがないのもあった。こうなると、夜を山中で過ごすのは快適でないということになり、帰ることにした。ブラックバーン氏と私は、山を迂回せずに火山の麓へまっすぐに下りて、そこを横切れば本道に出られると考えたのだが、案内人はそれは神意にさからうことであると言って一緒にくるのをこばんだ。そこで二人だけで斜面を下って行ったのだが、あまりに急なので場所によっては馬が尻餅をついてすべった。山肌は、流れ落ちて固まった厚い溶岩の層で麓までびっしりと覆われていた。その不気味な黒い溶岩の層の上を歩いて行ったのだが、馬を歩かせるのに難儀した。溶岩はまるで海面の波頭のように不規則に広がり、ゴツゴツと険しく、大きな亀裂が入って、人間が歩くのは困難であり、馬には危険であった。大変な苦労をしながら馬を引きずり麓をめざして斜面をおりていったのだが、空を飛んでくる大きな石がすぐ側に落ちて下へころがって行くので、それ以上危険をおかすことはできなくなった。馬はしょっちゅう穴に落ちていたから、足を折るのではないかという心配もあって引き返した。案内人は、われわれが火山のクラーテルを眺めた一番高い場所に坐っていて、思ったとおり笑いながらこちらを見ていた。溶岩の層の上をやっとのことで歩いて後戻りし、斜面を登り、頂きに帰り着くと私も馬もヘトヘトになってしまった。家への道が下りであったのは幸いであった。山裾を通って、野原に出たときはもうすっかり夜が更けていた。火山が噴火するたびに火柱があがり、四カ所で常に炎が見えていたが、そのひとつからは火の川が斜面を流れ落ちていた。夜の十一時に、ソンソナーテに帰り着いた。八〇キロ以上も馬に乗り、なおかつ火山の麓を難渋しながら歩いたのだが、その日は、病み上がりであったにもかかわらず、おおいに愉快で辛さをまったく感じなかったほどだった。

太平洋上を南へ下る船旅の支度はすぐに整った。前述した従僕はコスタ・リカの出身で久しぶりの故郷への旅であるから、自分用の商品の荷をたずさえていた。彼は背が高くハンサムで、コトンつまりグァテマラの上着をきて、両側にボタンがついたメキシコの革ズボンをはき、つばの広い茶色のウール地の山高帽子をかぶり、どこから見ても中米のいかなる従僕よりも立派なのだった。私は彼のせいでなければこの旅を思いつかなかったと思う。読者は彼の名前がイエス——スペイン語ではヘスースと発音する——であると言えばショックを受けられるだろう。そこで冒瀆の恐れがあるのでこれからは彼のことを現地発音で呼ぶことにする。

第十六章

一月二十二日、月曜日、夜明けの二時間前に港へ向かった。ヘスースが、私の荷物をこの国のやり方で牛の革にくるみ、自分の前に置いて先を進んで行った。日が明るむ頃、背後に馬のひずめの音が聞こえた。マヌエル・デ・アギラル氏が二人の息子とともに追いついてきたのだ。まだ朝の涼気がただよっている時刻に港に到着、もう二度と見たくないと思っていた古い小屋へと向かった。ハンモックが同じ場所で揺れていた。この悲惨な小屋はまるで病人を収容するように運命づけられているかのようだった。小屋の一隅に、私が乗るはずの船の船長デ・イリアルテ氏が横たわっていたのだ。彼は夜通し熱にうなされ、その日の出帆は無理であった。

港でまたドクター・ドリバンに会った。彼はまだ機械を降ろせないでいた。というのもイギリスのブリグ型帆船からの荷下ろし作業が船員たちの反乱騒ぎのせいで止まっていたからなのだが、その頭目というのは、ドクターがこぼすには、アメリカ人であった。私はその日は海辺で過ごした。海岸の最高水位標の少し上方に、粗末な木の十字架が数本立っており、波にさらわれそうになっていた。それは故郷から遠くはなれたこの地で死んでいった不幸な水夫たちの墓であった。小屋に戻ってみると、イギリス船の船長のジャイ氏がいて、彼も私にアメリカ人船員について苦情を言った。若いジャイ氏は今回が船長として初めての航海で、出帆の一週間前に結婚したばかりの妻を伴っていた。ロンドンから八カ月間の悲惨な航海のあと、ホーン岬を通過したときは乗組員が全員凍傷にやられ、マストが根こぎにされた。船は甲板にいる水夫がたった一人という状態でグアヤキルまで北上した。そこで船を修理し乗組員を全員入れ換えたので、時間的にも金銭的にも大きな損失にあった。アカフトラでドクターの機械を降ろすことになっていたのだが、船のボートでは無理であることが分かり、筏を造る間待たなければならなくなった。その間に乗組員が反乱をおこし、何人かが労働を拒否した。彼の細君はそのときはドクターの農園にいた。その彼女に船長がエンピツで手紙を書いていた。日に焼けた顔が青白くなり、額に大粒の汗が浮かんでいるのが見えた。彼はまもなくハンモックに身を投げ出した。眠ったのかと思ったが、数分もしないうちにハンモックが震えているのに気がついた。私もそのハンモックで震えたことがあるので、間欠熱につきものの悪寒かと思ったのだが、そうではなく気の毒にも船長は痙攣に襲われているのだった。小屋の中には、壁側に横たわってまったく動けなくなっているデ・イリアルテ船長の他には、男は私一人しかいなかった。そこで私はジャイ船長の体がハンモックから飛び出さないように懸命に押さえつけたのだが、激しい痙攣のせいで小屋の反対側に吹っ飛ばされてしまった。船長の身体はハンモックから乗り出し、片手にヒモがからみつき頭がほとんど床につきそうな恰好になっていた。小屋の婆さんが、「悪魔が取りついた！」とわめきながら外へ飛び出していった。それが幸いして、私が見たことのない男が中に入ってきた。彼はワーバートンという名で、機械の組立てのために来た技師だったが、彼自身が何馬力もありそうな機械のようだった。つまり、痙攣中の男を押さえつけるにはもってこいの肩をしていたのである。最初は呆気にとられて何をしたらよいのか分からないようだった。そこで私が船長を押さえつけなければいけないと言うと、頑丈そうな腕を開き水圧プレスのような力をこめて船長の腕を押さえつけ、私の方へ脚を寄越した。その脚はかつて人間の体を支えたどんな脚よりも頑健そうだったから、私は正直なところ、もしその脚で横腹を蹴られたら、それだけで小屋の壁を突きやぶって外に放り出されるだろうと思ったものである。隙をみてその脚にハンモックを巻きつけ、上から腕でしっかりと押さえつけた。その間にワーバートン氏の腕から船長がもがき出てしまったのだが、氏は私のやり方をまねてハンモックの襞の中に彼をくるみこみ、外側からしっかりと抱えこんだ。船長はしきりにもがき、大きな蛇のように身をくねらせたので、頭がハンモックから突き出てヒモが首の回りに巻きつき、自分で首を締めそうになってしまった。どうしようかとわれわれがハラハラしていた丁度そのとき船の水夫が二人、小屋に駆けこんできた。二人は縄を扱い慣れていたから、船長の頭のヒモをほどき、体をハンモックの中に押し戻してから、前のようにくるみなおした。私はヘトヘトになって身をひいた。

この二人の助っ人は、一人が本職の船員でトムといい、年は四十歳くらい、もう一人は黒人のコックで、親友のトムからはダーキーと呼ばれていた。ドクター・ドリバンや数人のインディオたちも入ってきたのだが、トムがもっぱら船長を押さえつける指揮をとり、聞こえるのはトムがダーキーに、「脚を押さえるんだ、ダーキー」、「しっかり押さえろ!」、「しっかりもて、ダーキー!」という声だけだった。しかし皆でどうやっても、船長を押さえつけることはできなかった。彼は俯いて身を丸め、背中を突っ張るとハンモック越しに突きだした両脚を床に激しく打ちつけたので、体がハンモックからすっぽりと抜け落ちてしまった。その力たるや凄まじいものだった。それからいきなりゴロゴロと床の上を転がり、デ・イリアルテ船長が寝ているベッドにぶちあたり、ベッドがバキッと音をたてて壊れてしまった。高熱を出していたデ・イリアルテ船長は這ってその場から出ていかざるをえなくなった。こうした激烈な発作の合間に、われわれの耳になにか調子外れな妙な音が聞こえた。それはまるで時を告げようとしているオンドリの声のようだった。小屋に大勢いたインディオたちが笑いだした。ドクター・ドリバンはなんという情け知らずなやつらだと怒って、こん棒を手にすると彼らを外へ追い出した。裸の年老いた黒人が一人――この黒人はベリーズの奴隷だったことがあり、自分の言葉を忘れてしまったのに、新しい言葉もたいして習得していなかった――が羽の束をもって戻ってくると、船長の鼻の穴にそれを入れて火をつけるとよい、それが自分の国でやる治療法だと言った。これもドクターがこん棒を振りあげて追い出した。

痙攣は三時間つづき、その間ドクターは船長の状態はきわめて危険であるとみていた。小屋の婆さんは相変わらず、この人は悪魔にとりつかれている、悪魔が出ていかないからには死ぬにちがいないと言っていた。私は、ほんの数キロのところで、自分の身に降りかかっているこの災難を知らずに眠っているはずの若い細君のことを考えざるをえなかった。ドクターによれば、発作が現れたのは、不運な航海と、かてて加えて乗組員の反乱があったせいで精神的な不安と焦燥が生じたからだろうということだった。十一時に船長は眠りにおち、それからやっとわれわれは例の何とも耳に不快な声のもとを知ったのである。トムはあの時ちょうど船に戻ろうとしていたのだが、黒人のコックが海岸に駆けつけてきて、船長が小屋の中で酔っぱらっていると告げたのだ。トムは自分も同じように酔っぱらっていたのだが船長の世話をするべきだと思った。しかし彼は一ドルでオウムを買ったばかりで、それを他人の手にあずけるのが嫌だったので、着ていたダブダブのシャツを三〇センチほどズボンから引っぱりあげ、その中に、ネッカチーフで包まれてほとんど窒息しそうになっていたオウムを入れたのである。閉じ込められたオウムは怒って、ずっとトムの胸を突っついていたのだ。トムは傷だらけになり血も出るようになっていたのだが、そのうちに我慢できなくなり胸に手を入れてオウムをつねり上げた。それであの異様な声が出たという訳なのだ。

まもなくトムとダーキーはインディオたちに後をまかせると、船長の回復を祈って一杯やりに外へ出ていった。戻ってきた二人はそれぞれ床の船長のかたわらに陣取った。私は破れたハンモックに横になった。ドクター・ドリバンは、船長の目が覚めても彼を刺激するようなことは何も言ってはいけないと言い置き、別の小屋へ去っていった。

それからほどなく、船長が頭をもたげ「お前たちは俺の脚に何をしたんだ」とわめきだした。トムがとっさに大声で答えたのは、「押さえろ、ダーキー！」だった。ダーキーとインディオが船長の脚を押さえつけ、別の二人のインディオが腕を押さえ、トムは船長の上に覆いかぶさった。船長は頭がハッキリしているらしく、自分が床に押さえこまれているのに驚いた。「ここはどこなんだ」と言ったが、トムとダーキーは船長には何が起こったか言わないことにしていた。船長はトムの途方もない作り話をききながら当惑しきった風でトムとわれわれの方を見つめるばかりだった。結局トムは自分の嘘にこんがらがってしまい、ドクターには止められるに違いないのだが本当はと言って話し始めた。船長がハンモックで足をバタバタやっているのを自分とダーキーが見つけたところから話を始めたわけである。そしてもし自分とダーキーがいなかったら、船長は自分の脳味噌も蹴りだしていたところだったのだと納得のゆくように話した。私はトムの話の曖昧なところをいくつかはっきりさせるようにつとめたし、その他にも普通の会話が騒々しく続けられた。しかし、ずっと眠れないでいた気の毒なデ・イリアルテ船長が、頼むから眠らせてくれと言ったので、この会話は止んだ。

朝、小屋でドクター・ドリバンとチョコレートを飲んでいると、掌帆長が私に苦情を言いにやってきた。彼は、反乱をおこしたアメリカ人水夫を四人の兵隊の拘束のもと連行してきたのだった。水夫は二十八歳の、背は低いが頑丈な体つきをした、非常に目鼻だちの整った青年で、名をジェミーといった。彼も私に不満を述べて、船を下りたい、あんな船に残るくらいなら海の真ん中の禿げた岩山の方がまだましだと言った。私は彼に、アメリカ人水夫が反乱の頭領となっているのに出合うとは遺憾なことであると述べ、そのために船長がどんなに多くの問題と危険をこうむったかと説いた。ドクター・ドリバンは、船の甲板で彼と何度か激しい口論を交わしていたのだが、このときも言葉をいくつか交わしたかと思うといきなり立ち上がり水夫に殴りかかった。ジェミーは殴打をまともに受けるのをさけてすばやく後じさり、そのままあたかもこのようなことには慣れていないかのように下がりつづけて殴打をよけた。しかし追い詰められると、兵隊たちの手からすり抜け、上着をとり、身構えた。私は反乱水夫の味方をするつもりはなかったが、アメリカ人が不当に虐待され、かつ兵隊に引き回されるのを見逃す気はさらになかった。ドクターはまもなく怒りをしずめ攻撃をやめた。ジェミーは兵隊たちにおとなしく従い、私が思うには監視所へと連れて行かれた。しばらく待ってから下へ下りてみると、ジェミーが司令所の前の地面に坐らされ、膝の上に枷をはめられていた。彼は自分の不運な状況をはっきりと認識していた。私は血が煮えたぎるおもいで、すぐに港の司令官の所へとんでいき、貴下のやり方は専横的で我慢のできないものであると強行に抗議し、枷を外すべきである、もしそうしなければ私自身がただちにサン・サルバドルへおもむき、貴下に対する苦情を申し立てるであろうと言った。ドクター・ドリバンが私に同調したので、ジェミーは枷をはずされ、兵隊の監視のもとにおかれた。多分この文章が彼の友人たちの目に触れることはまったくないだろうが、彼の名字は伏せておこう。ジェミーはハドソン川のエソプスという小さな町の出身で、一八三四年にニューヨークから太平洋岸警備のピーコック海防艦に乗った。それからノース・カロライナに移籍され、バルパライソで正規に除籍されてからはチリの海軍に入った。多くの戦闘を経験したが褒賞金を得たことはなく、やがてこのブリグ船で働くようになったのだった。私は、君が反乱者として扱われるのは君に責任があるからだと述べ、枷が外されたのは単にたまたま私が港にいたという偶然によるものであり、他に君にしてやれることはないし、船が帆をあげるまで君は陸におらねばならず船にも手錠をはめて乗ることになるだろうと言った。若い彼にとっては人生の危機であった。そもそもからチャンスに恵まれなかった彼が、どうしようもなく道をふみはずした一生をおくることになるのは目に見えていたし、何よりも私は同国人として彼が己の荒っぽい気性の犠牲になることから救い出してやりたかった。船長が言うには、ジェミーは船では一番優秀な水夫であり、水夫の数は不足していた。そこで私は船長から次のような約束をとりつけた。つまり、もしジェミーがまともに仕事をするなら、今回のことは帳消しにし、代わりの水夫が見つかり次第その港で彼を降ろしてやるということだった。

幸い、午後になるとデ・イリアルテ船長がかなり回復し、出帆できることになった。船に乗る前に私はジェミーを連れて彼の船へ行ってみた。船は見たことがないほど不潔で、乗組員といえば太平洋岸の港々で拾い集めたならず者の水夫たちのまさに見本のようなものだった。中でも、見たところ他の誰よりも悪そうなのがいたが、これがやはりアメリカ人でジェミーの仲間だった。ジェミーの不満は驚くにあたらなかった。私は彼を悪条件の船に置いてきたのだ。しかし後で知ったところによると彼は不幸にもさらに悪い状況におちいったということだった。

ボートはわずか数回櫂を漕いだだけで、私が乗る船に着いた。そして以前のように午後の微風を受けて航海が始まった。船はラ・コスモポリータという名のブリグ型スクーナー船で、太平洋上で唯一中米の旗を掲げる船であった。この船は、ある石炭商のために英国で建造されたのだが、そのときはラ・ブリタニアと呼ばれていた。何らかの事情で太平洋にやってきたところをエル・サルバドル政府が買い取り、そのときはグァテマラと戦争中であったから原住民の言葉でクスカトランと命名された。後に、あるイギリス人に買い取られてユージニアと呼ばれた。デ・イリアルテ船長がそのイギリス人から船を買い取り、ラ・コスモポリータと命名したのである。

この船での最初の夜は特に快適といえるものではなかった。私は唯一の船客であったが、ベッドには古い船につきもののダニの他に蚊と蜘蛛と蟻とゴキブリもいた。とはいえ私の旅の中で、太平洋上のこの時の航海ほど穏やかな満足感をもって思い返せる旅は他にないのである。船にはジル・ブラス（フランスの小説）と原語のドン・キホーテをもって行ったので、一日中天幕の下に坐って、自分の注意をそれらの本と海岸線にズラリと並んだ巨大な火山の連なりに注いでいた。船は、こうしたことに私が飽きる前にパパガヨ湾に到着した。湾は大西洋の風が太平洋へ抜ける唯一の出口である。泳いでいる魚の中でもっとも美しいイルカが、船の前後を戯れるようにゆっくりとついてきた。しかし水夫たちはその金色の背を愛でるどころか、残酷な若いフランス人の掌帆長などは何時間も銛を手にしてイルカの背に投げつけていた。とうとう一匹を仕留めて甲板に引き上げた。海の王は、自分が死ぬことに気づいているようだった。その体の美しい色が消え、染みが出て最後には他の死んだ魚と同様にぐったりとして輝きを失った。

船はサン・サルバドル、サン・ビセンテ、サン・ミゲル、テリカ、モモトンボ、マナグア、ニンディリ、マサヤ、ニカラグアと、途切れなくつづく火山の連なりを見ながら進んでいった。火山はひとつひとつがそれ自身で雄大な景観をなしており、全体が一体となって世界に類を見ない火山の鎖となっていた。実際この海岸はいみじくも〝円錐形の火山が刺のように立ちならぶ所〟と記録されているのである。船はニコヤ湾に高く突き出たブランコ岬を見やりながら、風に帆をあげたまま二日間を過ごし、三十一日の午後に湾内へ入った。岬の突端に続く岩島は、高く険しい山肌が禿げていたが頂上は緑に覆われていた。もうほとんど日没の時刻だったから、海と空が小一時間ほど消えゆく太陽の反射で燃えあがるように見え、岩島はあたかも塔を備えた要塞のようだった。まさしく栄光に彩られた決別の光景であった。それが太平洋上で私が過ごした最後の夜であり、船はニコヤ湾の山々にすっぽりと包まれていた。

翌早朝、潮の向きがよくなったので、船は湾の中央部を出て右に回りこみ、カルデラ港がある美しい小さな入江に入った。正面にアグアカテの山並みが見え、左手にはプンタ・アレーナ旧港、右手にサン・パブロ火山が見えた。海辺の杭の上に一軒の細長くて低い家が建っていた。屋根は瓦葺きで、近くには三、四軒の藁葺きの小屋と二艘のカヌーが見えた。われわれの船はその家々の前で錨をおろしたのだが、それに気づかぬかのように海岸は静まり返っていた。

中央アメリカの太平洋岸の港はいずこも健康には不適な土地であるが、この港は殺人的だといわれていた。ペストが猛威をふるっているような町々にも私は平気で入っていったものであるが、ここの海岸では身の毛のよだつような死の静寂を感じた。船長が、私の従僕を上陸させて、港に泊まらなくてすむようにラバをさがし、すぐに一一キロ先の農園へ行く手はずを整えるようボートを下ろしてくれた。

そのボートが出るとたちまち海岸に三人の男たちがおりてくるのが見えた。彼らは手早くカヌーを海に出し、従僕の乗ったボートに向かってくると、これを船に戻らせ、自分らも船に乗りこんできた。男たちはカヌーの漕ぎ手二人と兵隊で、兵隊が船長に言うには、最近の法律で旅行者は政府の特別許可なしには下船できないことになっているので、首府へ申請書を送り、その返事を船上で待たねばならないということだった。さらに付け加えて、一番最近港に入った船は旅客で一杯だったが、許可がくるまで十二日間待たなければならなかったと言った。私はもう旅中におきる問題には慣れっこになっていたが、これぱかりは平気でいるわけにはいかなかった。船長は私のために果敢に口をきいてくれて、自分が運んできた人物は旅人ではなく、中央アメリカを巡っているアメリカ合衆国公使であり、グァテマラでもエル・サルバドルでも丁重な応対を受けてきた人であるから、もしこの人の下船を許可しないということになるとコスタ・リカ政府の不名誉となるであろうと言った。船長は港の司令官に同様の書状を送った。兵隊が帰るとすぐに司令官自身がやってきた。私は嫌がらせにはほとほとうんざりしていた。港の司令官は、私がこの件について説明する気をおこす前にワインを二杯あけた。彼はごく丁重に口を開くと、法律がきわめて厳しいこと、および自分の裁量で思うようにできないことがまことに遺憾であると答えた。私は彼に、その法律の目的はコスタ・リカの平和を乱す謀叛人や移民や他国からの追放者が入ってくるのを防ぐことにあり、私のようなケースにはあてはまらないと述べ、自分の公的職務をおおいに強調した。私にとって幸いだったのは、彼が私の任務に並々ならぬ敬意を抱いたことと、下級職にありながらも自分の国が外国の使節に礼を欠いたといわれるようなことがあってはならないという矜持を持っていたことだった。彼は長いことどうしたらよいか分からずに考え込んでいたがとうとう、自分が翌朝政府に詳細を知らせる伝令を送るので、それまでお待ちいただきたい、そのときには自分の責任で貴方に下船を許可するからと言った。私はどんな事がおこるか分からないし、彼の決心が変るかもしれないと心配になり、かつできるだけ早く陸に上がりたいと思っていたので、当方としては、日中の暑さの中を旅するのをさけるために海岸に泊まり、朝早くに出発できるようにしたいと提案すると、彼は承知した。

午後船長が私を陸へ連れていってくれた。最初の家で二本のロウソクが死体を照らしているのを見た。出会う人間はいずれも病人だった。そして誰もが、この土地は人間が住むには最悪の土地であると言って嘆いていた。実際、人の気配というものがほとんどなかった。港としては良い条件を備えていたにもかかわらず、政府はその後数日してこれを廃し、プンタ・アレナ旧港に港を移すよう命じたのだった。船長はまだ間欠熱に苦しんでいたから、暗くなってから陸に止まるのはとんでもないことであった。私は陸にあがって大満足だったたから、もし仮に一歩毎にしゃれこうべに行きあたったとしても、後へ戻るようなことはしなかっただろう。

この港に一番最近来た外国人は、ある有名なアメリカ人で、名をハンディといった。私が初めてこの名を聞いたのは喜望峰で、彼はキリン狩りをしていた。その後ニューヨークで本人に出会ったが、ここで会えなかったのはまことに残念であった。彼はなんと合衆国から、テキサス、メキシコ、中央アメリカを一頭の象と二頭のラクダを先頭に旅をしていたのである。象は中央アメリカの人々にとっては初めて見るものだったから、いろいろな町で人々が〝エル・デモニオ〟(悪魔)と象を呼んでいるのを耳にしたものである。ハンディ氏はちょうど六日前に、その珍奇な一行とともにペルーへむかって発ったばかりだった。今頃は多分、ブラジルへむけてパンパスを横切っていることだろう。

私は、港のわが友人つまり司令官を見失うまいと心にきめていたので、荷物を後ろに従えて海辺を税関までおりていった。税関は最高水位標の少し上方にあり、長さがほぼ一二メートルの板張りの建物で、地面から一・八メートルほどの基礎杭の上に建っていた。ここは政府の役人や民間人や軍人などさまざまな人々の集まる場所になっており、彼らが雇っている女たちが数人いた。軍人といっても港の司令官と船に乗りこんできた例の兵隊だけであったから、銃剣を突きつけられて追い返されるという恐れはなかった。しかしこの夜に新たな問題が発生した。つまり私の従僕の入国をどうするかということだった。私の随行員である——私自身半信半疑だったが——と主張して、私と一緒に入国できるようにしてもらった。わが宿主は、ベッドの台と、マットがわりに一枚の牛の皮を与えてくれた。夜は暑かったので、外の湾にむけてドアを開け放し、その前にベッドを置いた。浜辺に波が静かに打ち寄せ、ラ・コスモポリータ号が〝ヘスース〟(イエス)もいないし荷物もなしで平和に漂っているのを見るのは美しい光景だった。

朝の二時に起きて、三時前に出発した。潮がひいていたので、しばらくの間は月光の浜辺を進んだ。日が明るむ頃に、私の到着を知らせにゆく飛脚に追いついた。一時間後にヘスース・マリア川をわたり、七時に同じ名前の農園に寄って朝食をとった。

農園は貧相な小屋掛けの家で、枝を組んだ棚ひさしが巡らしてあった。しかし外観は清潔で快適そうだった。ヘスースが言うにはこの家の主人は二千頭の牧牛を飼い、われわれが海岸から歩いて来た土地は全てその人物の所有であるという。ヘスースはまるで自分の家にいるかのように振る舞った。後で彼が言ったところによれば、以前その家の娘たちのひとりに求婚したのだが、彼女の両親が娘にそぐわないと言って反対したそうである。加えて言うには、両親はヘスースがこんなに裕福そうになって帰ってきたのを見て驚いていたし、娘は、彼のことを忘れられなかったから他の男とは結婚しないでいたと言ったそうである。

朝食をとっていると、母親が病気の娘の話をし、薬をもらえないかと言い、しまいには中へ入って娘を診てやってほしいと懇願するのだった。小屋の戸口を開けると、病人の部屋は隙間という隙間が丁寧に塞がれており、まるでどんなわずかな風もいれまいとするかのようだった。病んだ娘は隅のベッドの上に横たわっていた。低い蚊帳のような綿布がベッドを覆い、まわりをピンで留めてあった。母親が覆いをもちあげるとむっとする熱い空気が流れ出て、思わずたじろぎそうになった。哀れな娘は仰向けに寝ており、体は綿布でグルグル巻きにされ、もう埋葬の準備をしているかのようであった。歳はまだ十八歳にもなっておらず、その時は熱が下がったばかりで目にはまだ光があったが、顔色は青白く、こびりついた垢が皺や筋や斑点をつくっていた。彼女の病気は間欠熱である。中央アメリカでは数千という住民がこの厄病に斃れ、墓地へと運ばれているのだ。そして、この国の根強い迷信のせいで、娘の顔はなんともう二カ月も洗っていないのだった。私はいつも間欠熱を患う男たちを見てはその汚れた顔や髭、そして人々の医学への無知と迷信に吐き気をおぼえたものである。この迷信がどんなものであるか、ドクター・ドリバンが私にある事例を語ってくれたことがある。それはいんちき療法をする老婆がある裕福な牧場主の患者にこう命じたというのだ。つまり毎朝裸になって地面に横たわり、体の上で雄牛の首を切り、流れる熱い血を浴びるようにと。牧場主はこれを百回以上も行い、百頭以上の牛の血を浴びたという。彼はこの後、さらにもっと不快な方法にも耐え、そして不思議なことにまだ生きているという。

話を戻すと、私の治療というのはだいたいが男性向けであり、彼らにとっては私は有能な医者であったと自分でも思っている。しかし女性に処方するのは気がすすまなかった。そこでこの時は、国中にはびこっている迷信を打破するために、わが医学の手腕を格下げし、まず第一にこう命じた。つまり可哀相な娘の顔を洗ってやること、しかしここで少しばかり恰好をつけて温湯で洗うように勧めた。これで皆に感謝されたかどうかは分からないが私は十分に報われたのである。というのは娘の可愛らしい顔を見ることができたし、私が母親に助言を与えているときに彼女が私を見たそのいじらしい目の表情がずっと後まで心に残ったからである。

十時に旅を再開した。土地は平らで肥沃だが耕作はされていなかった。牧場をいくつか通ったが、所有者は町に住んでおり、ときたま使用人が、山中を自由に歩き回っている牛を集めては数を数えるだけのみすぼらしいものだった。十一時に、採鉱事業をしているウェールズ人所有のサン・フェリッペ農園を通過した。農園は広々と開けた良い土地にあり、清潔で整備がゆきとどき、柵囲いも整然としており、そのウェールズ人が祖国で習得したことを忘れていないことを示していた。

スルブリス川とリオ・グランデつまりマチュカ川を渡り、アグアカテ山の登り口にあるサンマテオ農園に到着、ここから登りにかかった。道は最近整備されたばかりの良い道ではあったが、急な登りで険しく起伏が多かった。崖を登って行くと前方から、雷が遠くに規則ただしく鳴っているような大きな連続音が聞こえてきた。それは近づくにつれて次第に耳を聾するばかりの音になった。やっとのことで小さな空き地に出ると、山腹に二階建ての木造家屋——正面に繊細で優雅なバルコニーがついた瀟洒な建物だった——が見えた。凄まじい音でわれわれを驚かせていた機械はその家のそばにあった。異国の人間たちが大西洋の向こう側からやってきて、山の横腹に穴をあけ、岩石を粉砕しては金を探しているのだった。このあたりの山、つまり今、馬どもがひづめで蹴っているまさにこの地面にはいたるところに、人間がそのためには家族も祖国も捨てる宝物つまり黄金があるのだ。

私は木造の家へと向かい、現場監督のファン・バーズ氏に会った。氏はフリスバーグ出身のドイツ人である。時刻は午後の二時で猛烈に暑かった。家の中には椅子やソファや書物があり、私の目には居心地が良さそうだった。しかし外の景色はさらに美しかった。この土地には川――巨大な粉砕機を動かしているのはその水流である――があるので、はるかな昔から馬子たちが一息入れる休憩地となっていた。ぐるりを山にかこまれ、すぐ目の前にも、頂上まで木々に覆われた高い山の斜面がみえていた。

ファン・バーズ氏は三年近くこの鉱山の監督をしていた。彼が働いている会社は〝アングロ・コスタリカン鉱業会社〟という名前で、この三年間まったく赤字を出さずに操業していた。そのため非常に有望視され資本が増えて、この時期は規模を拡大しながら事業の続行をはかっているところだった。設置されたばかりの機械はドイツの新特許で、名を〝ジレンタール特許自動冷式水銀化合処理による金抽出機〟(多分これで写し落としはないと思うのだが)といい、その真価は事前の処理を必要とせず、簡単な連続操作で鉱石から金を取り出せるところにあった。機械は鋳鉄製の巨大な輪で、山から届く石を砕いて粉にし、水を張った樋をくぐらせて甕つきのタンクへ送り、その中で金を他の鉱物から分離し、甕に入っている水銀と結合させるのである。

ファン・バーズ氏が監督している鉱脈はたくさんあり、彼は食事のあと一番大きなコラリーヨ鉱脈へ連れていってくれた。幸い鉱脈は私の道中の行く手にあり、暑さの中、木々が生い茂る道を三〇分ほど登った場所にあった。

この国を訪れた数少ない地質学者たちによれば、アグアカテ山には巨大な富が埋まっているという。それも隠れているどころか、土地の所有者たちが言うには、そういう場所は他とはっきり区別できるから誰にでもすぐに見つかるというのだ。鉱脈つまり金の鉱脈はおおむね、厚みが平均九〇センチの緑石斑岩と玄武斑岩の層になって北から南へ走っている。ところどころ側溝が東西に掘られており、数箇所で竪坑が鉱脈に届くまで掘られていた。私が訪ねた最初の穴は幅が一・二メートルの側溝で、鉱脈に至るまで七二メートル掘り下げられていた。しかしこの穴は水が溜まっていたので中へ入ることはできなかった。その上方に別の掘削溝があり、さらに上方に竪坑が一本掘られていた。木の幹に切り込みを入れた梯子で鉱脈まで下り、ロウソクの灯を頼りに掘削中の地点まで進んだ。鉱脈は幅が九〇センチほどあり、側面が光っていたがそれは金ではなく、硫化鉄に含まれた石英と長石であった。金は小さなかけらであるからただ見ただけでは分からないのだ。この宝の山の中で一番目についたのは、裸の背に石の重い袋を担いで押しつぶされそうになりながら、つるはしを手に、汗を流して働いている坑夫たちの姿だった。

竪坑を出たときはもう午後も遅くなっていた。ファン氏が山の斜面の急な細道を登って小さな台地まで送ってくれた。そこには坑夫たちが住む大きな家があった。景色は素晴らしく、下方に大きな谷が見え、上を見ると峰の先端に別の現場監督の家が建っているのがまるで鷲の巣のようにみえた。反対側には広大なカンデラリア山系が広がっていた。ラバが登ってくるのを待ってから、ファン氏の親切に心から感謝して別れを告げた。

登ってゆくにつれて、景色は刻々とその美しさと雄大さを増してゆき、一八〇〇メートルの高みに着くといきなり下方に太平洋とニコヤ湾、そしてわがブリグ船ラ・コスモポリータ号があたかも水に浮かぶ一羽の鳥のように見えた。これほどの高所——かつて誰も住まいを建てる場所として選んだことのない美しくも険しい場所——にも坑夫たちの小屋があった。海上を柔らかに照らす太陽に波がキラキラと光り、険阻な山々の表情が和らいで、それはかつて見たことのないほどに美しい光景だった。しかしこの魅力的な景色もそこまでだった。というのはふいに日が暮れて、あっという間に、経験したことがないほどの漆黒の夜になってしまったからである。その中を下っていったのだが、森は昼間でさえ光を通さないほど鬱蒼としていたし、道はところどころ立ちふさがる険しい隆起——それはわれわれの頭より高く急で上方は茂みに覆われていた——で断ち切られていた。ヘスースは白い帽子と上着を着、かたわらに一匹の白い犬を連れて私の前を進んでいたが、彼の姿の輪郭は見えなかった。道は急な下りだったが良い道だったので、私はラバに身をまかせていた。途中ひときわ濃い闇の道でヘスースが立ち止まり、森にひびきわたるような声で「ライオン（ピューマのこと）だ！」「ライオンだ！」と叫んだ。私はおぞけだつ思いがしたが、彼はラバから下りるとタバコに火をつけた。何でそんなに落ちついているのだろうと思っていると、彼は私を安心させるようにこう言った。ここのライオンはアフリカの砂漠で唸り声をあげているライオンとは異なり、小型で、人間の叫び声を怖がり、食べるのは子供だけであると。案に違わず長い道ではあったが、下りは全体で三時間もかからず、夜の十時にボカ・デ・ラ・モンターニャの家に到着した。家はしまっており住人は眠っていたが、われわれがドアをドンドンと叩くと一人の男が開けてくれた。彼はわれわれがものを言う前に姿を消してしまったのだが、中に入ったわれわれの物音で、全員が起きだし、おかげでラバにやるトウモロコシと灯火を手にいれることができた。家には、誰でも泊まれる広い部屋がひとつあり、三つの簡易ベッドが全部ふさがっているほか、床にも男が二人眠っていた。ベッドの男がしばらく私を見ていたが、明け渡してくれたのでベッドで眠ることができた。読者は私のことを、なんと心ない人間であろうかなどと思ってはいけない。彼は寝具を全部つまり毛布をもっていってしまったし、ベッドとマットというのはようするになめしていない牛皮一枚のことだからである。

第十七章

翌朝、広々とした草原に入った。穏やかな起伏が故郷の景色を思わせた。九時に大きな崖淵に着き、四五〇メートルあまりある急な斜面を蛇行を描きながらおりて行くと、周囲を山々にかこまれているので、まるで円形劇場の中にいるようだった。谷底には、高さが四五メートルもある垂直な岩の間を小さな川が流れており、その上に素朴な木造りの橋がかかっていた。その美しい風景を見てトレントンの滝を思い出した。

険しい道を崖の上まで登ると、一軒の細長い家が道をふさいでおり、そこを抜けなければ通れないようになっていた。港から首都へむかう道の〝ラ・ガリータ〟と呼ばれる検問所である。数人の役人が働いており、商品の記録をとったり、パスポートの検閲をしていた。所長は、地元への奉仕で、つまり彼の町と二四キロほど離れた別の町との間で起こった争いで腕を失っていた。今の彼の地位はその愛国的な行為に対する報償として与えられたものだった。

進んでゆくにつれて土地が開けてゆき、アラフエラに着く前の五・五キロほどは、道の両側に住居が二、三〇メートルごとに見られた。家々は日干しレンガ造りで、白く塗ってあり、なかには正面を彩色してある家もあった。何軒かは、戸口の両側に赤チョークで兵隊の姿——等身大で肩に火縄銃と剣付鉄砲をかけ、よく訓練された軍人のように不動の姿勢で立っている——が描かれていた。しかし道の両側に並ぶ木々がこういう醜悪なものを隠していた。木々はどれも美しい花をつけ、場所によっては屈み込むようにすっぽりと家々を覆っていた。平地にはサトウキビ畑があり、どの家にも小さなトラピッチェつまりサトウキビを挽く場所があった。道に牛車の轍の跡がみえ、すぐに牛車が近づいてくる音が聞こえてきた。車輪がきしむ音は喧しくて、例のアグアカテの山中にあったジレンタール特許の冷式水銀化合機のようだった。車輪は、厚みが二五センチから三〇センチのグアナカステの木の幹でできており、時折り軸棒が真ん中の穴に擦れては、考えられないほど陰鬱な音をたてるのだった。高さ一・二メートルほどの荷台はサトウキビでできており、それをひく縄は牛の首ではなく角にかけられていた。

アラフエラの町の入口で足をとめ、スペインの征服史上不滅の名前、つまり〝アルバラード〟という名字の人物のことを尋ねた。その人物がアルバラードの末裔であるかどうか私は知らないし、彼自身も知らなかった。この名字の人には何人も出会ったが不思議なことに誰もこの征服者の家系をたどろうとした者はいなかった。しかしラモン・アルバラード氏はかの同名の偉大なる征服者と性格的に繋がっているという特徴があると私は紹介されてきたのである。彼は中央アメリカで最も未開の土地のひとつであるサラピキとサン・ファン川におけるイギリス鉱業会社の案内人である。

私がソンソナーテを後にして旅に出た主な理由は、船旅の便宜があったせいもあるが、ニカラグア湖とサン・ホアン川を経由する大西洋―太平洋間の運河ルートに関する情報を集めたかったからである。そしてアルバラード氏に会ったのは、サン・ファン港までのガイドをしてもらいたかったからなのだ。この話は三〇分もしないうちに済み、私は日時を決めて契約の半金を支払った。その間へスースは、私の帽子に黒い油を塗り、そこに私が船上で外していたアメリカの鷲をつけるのに夢中になっていた。

コスタ・リカには町が四つあり、どれも八二キロの範囲内にあるのだが気候はそれぞれ違っており産物も異なっていた。アラフエラの人口は町外れもふくめてほぼ一万人であった。広場は整然としており、教会も役所も、また広場に面した家々も立派なものだった。家は長くて屋根が低く、幅の広い軒廊があり、大きな窓には木のバルコニーがついていた。日曜日だったので、清潔な衣装を着た住民が軒廊に坐ったり、あるいは戸口を開け放った部屋の中で、ハンモックや木製の高い背もたせがついた寝椅子に横になっていた。女たちは淑女のようにきちんとした衣装を着ており、なかには美しい女性もいたし、全員が白い肌をしていた。ひときわ立派な家の入口に立っていた人品いやしからぬ老人が「アミーゴ！」と声をはりあげて、われわれが何者であるのか、またどこから来てどこへ行くのかと訊き、別れるときには「神のご加護を！」と言ってくれた。通りを行く間、誰もが同じような親しみをこめて挨拶を送ってよこした。

一六・五キロのところにあるエレディアを馬に乗ったまま通過した。私はその日、一日中素晴らしく良い気分で旅をした。私でさえそうだったのだから、ヘスースの気分たるや言うまでもないだろう。彼は故郷へ帰ってきたのだ。そしてその故郷への親愛の情は、家から離れている寂しさと困苦のせいでいやましていたのだ。行く先々に古い知り合いや友人がいた。彼は見栄えのする若者で、派手な服を着込み、柄の丸いペルーの剣は長さが一・八メートル以上もあるのだ。背には、ペルー兵のもつ黒い縁飾り付きの赤い背嚢を革ヒモで結びつけていた。彼は私に、ペルーでの兵役と二度の戦闘、海軍の強制徴兵と脱営、メキシコへの旅そして陸路でグァテマラへ戻った話をしたものだが、その話を何度したことか思い出すと可笑しくなるほどだった。話の終りには必ず、家を出て以来消息が分からない細君のことを自問するのだが、〝ラ・ポブレ〟（かわいそうなヤツ）というのがおおむねその最後の言葉であった。故郷の家へ近づくにつれて彼の〝ラ・ポブレ〟への優しい感情が膨らんでいった。彼女についての情報は直接には何も得られなかったのだが、彼の心優しい友人の一人はこう言った。彼女は多分もう他の男と結婚しているだろうから、君が戻ればその家族の平和を乱すだけのことになるだろうと。

エレディアから五・五キロゆくと、また大きな崖があった。その崖を下りセグンド川にかかる橋をわたった。川は数ヵ月前、何故か分からないが突然氾濫し、橋の近くに住んでいた住民たちを家ごと押し流してしまい、町に死と悲嘆を残したのだった。この国の内陸部の地理はあまりよく分かっていないので、どこかの湖が溢れ出たのだろうと推測されていた。崖の反対側を登るとヘスースが、この場所が例のガリータの役人が腕をなくした戦闘があった所ですと指さした。この戦闘にはヘスースも参加していたのだ。彼はサン・ホセの住民であったから、他の町の住民のことを、まるでネルソン卿の時代のイギリス人がフランス人のことを口にするみたいに話した。

崖の上は広い台地になっており、サン・ホセのゆたかなコーヒー畑が広がっていた。コーヒー畑は六〇メートル四方に区画され、花をつけた生木の柵で囲われていた。幅一・八メートルの道は、細い馬道をのぞいては、どこもかしこも緑の芝になっていた。コーヒーの木の濃緑と道の芝、そして辻ごとに木々の合間を通してあらわれる景色が美しく、両側には遠く山並みを望み、正面にはカルタゴの大火山が超然とそびえ立っているのだった。昨日のほぼ同じ時刻にわれわれは、アグアカテ山の頂上から足元に広大な谷を見おろし、かなたに高い山々の頂と太平洋を眺めやったものである。昨日の景色はきわめて野性的であったが、今日見る景色はいたって穏やかだった。そしてそのこと自体が景色にとどまらない別の意味をもっていたのである。つまりこの土地は、他の中米地域のように荒廃しておらず廃墟にもなっておらず、むしろ人々の精励を喜び微笑んでいるのだ。というのもこの広大な平原は七年前にはまったくの荒れ地だったからである。

台地の縁から下方の平原にサン・ホセの町が望めた。丘の頂で、戸口に花のアーチをつけた一軒の家の前を通った。このアーチは、最後の清算をしにあの世へ行く前に終油の秘蹟を受けたがっている人がこの家の中にいることを示していた。丘を下りていくと、向こうから救世主の像がついた十字架を先頭に長い行列がやってくるのが見えた。それは臨終の男の家へ向かう司祭の行列で、バイオリンの調べと騒がしい合唱の声とともに近づいてきた。行列が近づいてくると、馬上の人たちは帽子をとり、歩いているものたちはひざまずいた。われわれが行列と行き合わせたのは丘の麓の細い橋の近くだった。傾きかけた太陽の最後の日差しが、帽子をとった頭に焼けつくようだった。司祭は輿に乗っていた。われわれは司祭が通りすぎるまで待ち、行列のとぎれを利用して橋を渡った。男たちの長い列と、それより長い女たちの列をやり過ごしてしばらく行ってから帽子をかぶった。すると一人の狂信的なしかめ面をした男が、私にむかって「帽子をとれ！」とわめいた。私は馬に拍車をかけてこれに答えたのだが、丁度このときに行列全体が崩れた。一人の女が行列から飛びだしてきたのだ。それを、馬から飛び下りたヘスースが腕に抱きとり、人前での慎みの許されるかぎり、きつく彼女を抱きしめては口づけした。私が驚いたのは、その女性が他でもないヘスースの従姉妹だったことだ。彼女が言うには、土地で有名な婦人帽の仕立屋であるヘスースの妻はさっきまで行列の中にいたという。ヘスースは我を忘れ、駆け戻ったかと思うとまた帰ってきて、馬の口なわをとりグイグイと引っ張り、それから飛び乗ると拍車をかけながら私に、「急いで下さい、妻の家へ行かせて下さい」と言った。町に入り一軒の立派な家の前を通ると、軒廊に坐っていた四、五人の身なりのよい女性たちが叫び声をあげた。ヘスースは馬に乗ったまま階段を上がり、鞍から飛び下りると女性たちを順番に抱きしめた。二、三の言葉を慌ただしく交わしてからもう一度全部の女性を抱きしめた。友人たちが数人いて彼をその場から引き離そうとするのだが、彼はすぐ女たちの方へ戻るのだった。実際、気の毒なこの若者は気が変になったようにみえた。が、それでもその熱狂ぶりはかなり計算したものであることが見てとれた。というのは敬すべき老女たちの間を二巡した後、彼はそこから離れ、一人の大変美しい娘の腰に腕を巻き付けると前の方へ連れてゆき、しきりなしに口づけをしながら、「妻の弟子なんです」と私に言ったのだ。口づけをするたびに彼は妻のことを尋ねたが、娘の返事をまたず、しかも質問よりもっと早く口づけを繰り返していた。この間私はずっと馬に乗ったまままそれを眺めていた。この場面は彼にとってはまちがいなく気分のよいものであったが、私は次第にジリジリしてきた。これに気がついたヘスースは彼女たちと別れ、馬に乗ると、五、六人の友人たちに囲まれるようにして再び先頭を進み始めた。友人たちの数はだんだんと増えていった。これにはいささかうんざりさせられたが、ヘスースにとっては長い不在の後に友人たちが歓迎してくれているという人生でもっとも甘美な喜びの瞬間であるから、その邪魔をする気にはなれなかった。広場を通っていくと、司令所の手すりによりかかっていた彼の昔の仲間である兵隊数人が「コンパニェロ！」（同輩！）と叫ぶや、軍曹を先頭にやってきて合流した。それで一五人から二〇人ほどがわれわれにというかヘスースに同行して広場を横切って行ったわけだが、中の数人が、とりわけ軍曹がヘスースへの歓待ついでに私にも親切にしてくれた。

歓迎してくれる友人がヘスースにはこれほど沢山いるというのに、私には一人もいない。げんに私はその晩どこに泊まるのかさえ分からなかったのだ。中央アメリカの大きな町では泊まる場所を見つけるのにいつも困惑したものである。旅人のための宿泊所は国中どこにも存在せず、あるのは役場と水差し一個のみである。その他のものは持参するか、その土地土地で買うしかないのだが、それももしあればの話である。しかしこの方法も大きな町では通用しない。というのは町で役場に泊まるのはあまりみっともよくないことだからである。私は紹介状をもっていたが、実際のところは、大荷物を後ろに従えてラバの背の上から紹介状をまるで部屋と食事を手に入れるための為替手形であるかのように相手に見せるというのは、かなり抵抗のあることなのである。

ヘスースが言うには年寄りのチャペトン（当時欧州から南米に来た新参者のことをこう呼んだ）のスペイン人が一人いる、彼なら部屋を賃貸ししてくれるだろうと言うことだった。しかし、残念なことに状況は変わっておりその老スペイン人はかなり前に立ち去っていて、今の住人たちは彼がどうなったのかさえ知らなかった。私は彼をすっかり頼りにしてきていたので、紹介状を出してもいなかったし、紹介状の宛て先人の名前さえ知らなかった。司祭は農園に行って家は閉まっていたし、アメリカ合衆国にいたことがあるという別の神父は病気で人を迎えられる状態ではなかった。ヘスースの友人たちはそれぞれちがった人を勧めてくれて、まるで町中の家が私のためにあるかのようだった。そして彼らは一緒に元首のもとに挨拶に行こうとしきりに勧めた。路上でこのような話し合いをしている間中私は、一日一〇〇ドルのホテルがあって、支払いは政府ということになればどんなによいだろうかとため息をついていた。ヘスースはずっと異常なほどソワソワとしていたが、友人たちと大声で言葉を交わしたかと思うといきなりラバに拍車をかけて私を大急ぎで後戻りさせた。広場の一角を横切って道を右に曲がり、小さな家の前で足をとめた。そこでラバを下り、私にもどうぞ下りてくださいと言った。すぐに鞍が外され、中へ運びこまれた。私は家へ入れられ、小さな部屋の中で低い椅子を勧められた。そこには一ダースもの女たち、つまりヘスース夫婦の女友達がいて、彼が家へ戻ってくるのを歓迎しようと待ちかまえていた。彼が言うには友人たちから教えてもらうまではどこに自分の家があるのか、また余分な部屋があるかどうかも分からなかったという。そして私の荷物を小さな暗い部屋に運びこみながら、この部屋に泊まればよいし、自分が妻や友人たち皆と一緒にお世話をする、サン・ホセにはここより快適に過ごせる家は他にありませんよと言った。私は三日分の旅を二日でこなし疲れきっていたし、休む場所を探して歩きまわる面倒にほとほと嫌気がさしていた。もし私がもっと若く、かつ気にすべき身分というものがなかったら、それ以上面倒なことをしようとしなかっただろう。しかし、残念ながら従僕の家に泊まるのは私の職務の尊厳を損なう恐れがあった。ましてや、家の中は女だらけで、しかもヘスースが彼女らを好きなようにつかまえては、しきりなしに口づけをするのだ。私が当惑しているとヘスースの〝ラ・ポブレ〟が、六人ほどの女性たちと行列から帰ってきた。この女性たちは、ホロッとする場面を見るのが大好きな女たちなのだ。私はこの再会の場面については詳述すまい。ヘスースは義務感につき動かされたかのように、他の女たちを捨てて、そしてそれまでしていたことなど何もかも忘れたかのように、腕の中に細君の小さな身体を、それもまるでもう一カ月も女性には会ったことがないかのようにしっかりと抱きしめた。そして〝ラ・ポブレ〟はその腕の中に、あたかも世界に美人の〝従姉妹〟や弟子の娘たちなど存在しないかのように幸せそうに抱かれていた。

こうしたことが何もかも私にはもう沢山だった。そこで道をかきわけて外へ出、軍曹と相談して馬に鞍をおいてもらい、これで三回目の広場を横切って、アントニオ・カストロ神父の僧院へ向かった。ドアを開けた女性が神父は留守ですと言った。私は中に入って待たしてもらいたいと言って、荷物を玄関に置かせた。彼女が中へお入り下さいと言ってくれたので、荷物も中に運びこませた。その部屋は僧院の正面のほぼ全体を占めており、数点の聖像画があるほかには家具といえば大きな木のテーブルと高い背もたせがついた長椅子があるだけだった。

ピストルと拍車をテーブルの上におき、長椅子の上で身を伸ばし、神父が帰ってきたら歓迎できるように待つことにした。

日が暮れてしばらくすると神父が帰ってきた。彼は驚いた様子で、所有権は法の九箇条であるという原則は知っているようであったが、あきらかに私をどうしたらよいか分からないようだった。しかし私は、彼の困惑が親切さの欠如からくるものではなく、私を快適にしてやれないという思い込みからきていることに気がついた。コスタ・リカでは神父たちは貧しく、またもっと後に知ったところによると、よそ者が彼らを頼ってやって来るということはめったになかったのだ。私は今でも、カストロ神父が私のことをとんでもなく図々しい人間だと考えたにちがいないと思っている。しかし何はともあれ、神父は甥が入ってくるとすぐに二人で私のためにチョコレートを用意してくれた。この広い部屋には両側に一つずつ小さな部屋がついており、それが神父と甥の部屋になっていた。甥が自分の部屋をあけてくれて、神父のわずかな家具を持ち込み私のために居心地よく整えてくれたので、横になったときは強引にここに入りこんで本当に良かったと我とわが身を喜んだほどだった。二人が驚きから覚めたときには私はもうまちがいなく眠りこけていたと思う。

私の到着のニュースはたちまち広まり、翌朝にはもう数人の住人から招待を受けた。そのひとつはマヌエル・デ・アギラール氏夫人のものだった。しかし私は僧院の居心地に満足していたからここを出る気はなかった。私のことは当然のことながらすぐに外国人居住者たちの知るところとなった。といってもその数はわずか四人で、ドイツ人のステイプルス氏と彼の商売仲間であるイギリス人のスクエア氏、ドイツ人のワレンスタイン氏、そして四人目が同国人でコネクティカットはミドルタウン出身のローレンス氏である。彼らは全員ステイプルス氏の屋敷に住んでおり、早速彼らの家に滞留するよう全員から招待を受けた。

サン・ホセは、私が思うに、中央アメリカの独立後、唯一成長どころか繁栄さえすることができた町であるといえる。スペインが支配していた時代の首都はカルタゴにあったのだが、革命が勃発すると愛国の気運がつとに高まり、植民地時代の隷従の記憶を払拭せんとサン・ホセに首都がつくられた。この二つの町の地理的な利点はほぼ同じであろう。カルタゴは大西洋の方に近く、サン・ホセは太平洋に近いのだが、両者を隔てる距離はわずか三三キロにすぎない。サン・ホセの建物はすべて共和制のそれであるから、建築的に見て壮大なものも美しいものもなく、教会もスペイン人が小さな村々に建てたものの方が立派なくらいである。にもかかわらず、町は資源を開発し商取引を始めており、それはこの無気力な中米の地においては希有なことだった。広場に、主人が外国に住んでいたらしい印象を受ける家が一軒あった。それは発想が他国の進歩を受け入れるほど自由になって帰国した主人が建てたもので、両親の習慣や隣人たちの好みとは異なった家だった。

私が最初に表敬訪問したのは国家元首のカリーヨ氏であった。コスタ・リカはこの時期、分裂状態になった連邦諸国のいずれにも見られないような繁栄を謳歌していた。距離的に離れているせいと、人を刺激するほどの豊富な財源もなく、広大なジャングルが侵略軍の侵攻から守ってくれているせいもあって、他の国々を荒廃させた戦争や騒乱を免れることができたのである。とはいえ、ここでも二年前にやはり革命がおこり、反乱軍が〝打倒アギラール！　カリーヨ万歳！〟と叫びながら広場へ侵入し、わが友人であるマヌエル氏は銃剣を突きつけられて国外追放となり、かわってカリーヨが座を占めたのである。カリーヨは舅——穏やかで敬すべき老人であった——を副元首に任命し、反乱軍と役人と市民と兵を広場に集めると、全員で厳かに憲法に忠誠を誓うという茶番劇を演じたのだった。その憲法が定めていた新たな選挙は、実施の時期になっても行なわれなかった。というのは、カリーヨは一度試みて失敗したことがあったので、またその危険をおかしたくはなかったのである。多分彼は、自分を権力の座につけたその同じ勢力によって追放されるまではこのままでいくのだろう。それまでは、慎重に警戒を怠らず、他国への移住を禁じ、革命家や怪しげな人物の入国を禁じ、新聞を廃止し、政府に抗議の声をあげる者は全て投獄あるいは追放し、帰ってきたら死刑ということにしているのである。

元首は五十歳くらいで、背の低い頑丈そうな体軀に地味ながら身支度怠りなく、顔つきは頑固そうだった。住居はいたって共和的であり、他の市民の家と異なるところはまったくなかった。一画が細君の小さな店になっており、もう一画が彼が政府の仕事をする事務所になっていたが、それも三流貿易商の会計課ほどの大きさしかなかった。入っていくと、三人の事務員が書きものをしており、元首は上着をぬいで書類を見ていた。彼は私の到着のことをすでに知らされており、コスタ・リカへようこそと言った。私の頭には、港であやうく逮捕されそうになったときの例の法律の件がしっかりと刻み込まれていたし、元首もそれを忘れているはずはないのだが、われわれはどちらもその法律には触れなかった。彼は主にグァテマラに関する質問をした。彼はグァテマラの政策に同調してはいたがカレーラには良い感情をもっておらず、モラサンと連邦政府に対しては容赦のない敵意を示した。事実、彼はいかなる連邦政府にも反対であり、コスタ・リカは独自にやっていけるというゆるぎない確信をもっているように見えた。国家、つまりそれと同等である彼個人が、どんな権威よりも多くの国家歳入をまかなえると信じているのは明らかだった。これがまさしく、中央アメリカのすべての政治家たちが乗り上げている暗礁なのである。つまり彼らには国家意識というものがないのだ。どの国もそれぞれが帝国になりたがり、かつ官僚たちは上司に我慢ができず、元首たちは大統領を戴くことに我慢ができないのである。彼は中米議会に代議員を送っていなかったし、これからも送るつもりはなく、コスタ・リカは他の諸国が問題を解決するまで中立を保つであろうと述べた。彼が熱心に語ったのは、街道、とりわけ大西洋岸と太平洋岸の港へ通じる道がよくなったということだった。私が英国政府のプロジェクトについて語ると大層嬉しげであった。それは西インド諸島とアメリカの海岸を結ぶ航路開設のプロジェクトで、サン・ファアン港に汽船がやってくるようになれば、この遠く離れた首都とニューヨークとが一八日から二〇日間で結ばれることになるのである。実際カリーヨは簒奪者であり独裁者ではあるが、年間一二〇〇ドルの手当てと給与外の臨時収入、そして自分が自分の支払い人になるという許可を手に、国家の発展のために熱心に働いていたのである。のみならず、彼は誰でも自分の邪魔さえしなければこれを保護していた。彼の独裁制に服従できないで国を捨てたいと言っているのはほんの一握りの人間であり、大半の国民は満足しており、国は繁栄していた。私個人としては彼に賛嘆の念を抱いている。この国での選択肢といえば、強力な政府をもつか、あるいはまったく何ももたないかのどちらかである。私はこの国では他のどの国でも感じなかった身の安全を感じた。旅人のために、彼が千年も生きてくれればよいと思う。

午後、ステイプルス氏の家で外国人居住者たちと一緒に食事をした。ハノーバー出身のステイプルス氏は、運命の浮沈というものを地でいっているような紳士だった。十五歳のときに学校を中退してプロシア軍に入隊し、ドレスデンとライプチヒで戦い、ワーテルローの戦闘で頭に銃弾を受けた。そのため気の毒なことにほんの一カ月前に片目を失明したばかりだった。負傷のため三年間は身動きができなかったのだが、体が回復すると三人の仲間たちと南米ゆきの船に乗り、ペルー軍に入った。そこで〝太陽の娘〟(原住民の娘)と結婚し、商人となってサン・ホセへやって来たのである。この地で彼はヨーロッパ風の親切なもてなしを信条にして暮らしていた。私は――こんなことを言うと情趣を重んずる旅人としての評判を失うかもしれないのだが――ご馳走に招待してくれた人のことはみな褒め上げたくなるのだ。そういう訳で読者を呆れさせるのは、あと一回だけにしようと思っている。

翌朝早く、ステイプルス氏が貸してくれた立派なラバに乗ってアメリカ人のロウレンス氏と共にカルタゴへと出発した。手入れの行き届いた長い道を通って市内をぬけると、町はずれを少し出たあたりにヨーロッパの農園を思わせる美しいコーヒー農園があった。持ち主はフランス人で、この農園ができあがるとすぐに死んでしまったのだが、未亡人にはもう子供たちの父親となる別の夫がいた。両側に山なみがつづき、正面には雄大なカルタゴ火山がそびえていた。土地は、トウモロコシや大バナナやじゃがいも畑になっていた。今やヨーロッパ中に広まっているじゃがいもは、原産作物でありながらもはや原住民の食べ物ではなく、スペイン系アメリカ諸国ではめったに見られなくなっている。カルタゴのじゃがいもは味はよいのだが、大きさがクルミほどしかなく、明らかに手入れ不足をおもわせた。それから白塗りの日干しレンガの壁に囲まれた墓地を通り過ぎ、コスタ・リカで初めて見るインディオの村に着いた。村は他国で見たどこよりも立派で、家々の屋根は瓦葺きのしっかりしたものであり、住民は服を着ていた。

サン・ホセからカルタゴへ向かう道の中ごろでトレス・リオスという集落に着いた。ここから道が険しくなり、柵囲いもなく畑もごくわずかしか見られなくなった。

カルタゴの保管文書の中に一五九八年の日付の記録がみつかり、この町がコスタ・リカで最も古いことを示していた。サン・ホセから来ると、町の古いたたずまいが目につく。教会は大きくかつ立派で、家々は屋根と同じ高さの壁を庭に巡らして静まりかえっていた。長い通りを進んで行ったのだが、人影はまるでなく、両側に遠くまで伸びている横道にも人けはなかった。たった一度かなり先方の道を、乗馬の人が横切ったのが見えただけだった。

前日にサン・ホセで会った、カルタゴ在住の唯一の外国人であるブライレー博士が、火山に登るわれわれのために準備を整え、ガイドもみつけてくれるということになっていた。ところが彼は万端の準備を整えただけでなく、彼自身も同行してくれることになった。食事の支度ができるまでの間、ロウレル氏と一緒にもう一人のアメリカ人であるラベル氏を訪ねてみた。彼にはニューヨークで会ったことがあるのだが、連れてきていた新婚の細君がニューヨーク出身の若い女性で、それがなんと私の知人であったので、驚きかつ嬉しく思った。といってもほんのちょっと知っているだけだったのだが、このように遠く離れた国でごく個人的な知り合いにめぐり合うのはそれだけで、親近感をおぼえるものである。彼女は多くの問題に直面し、げんに彼女の家庭は異郷の地にあるわけだが、愛する人のためにすべてを犠牲にしてきた女性特有の強靭さでそれを乗り越え、むしろ自分の境遇の変化を喜んでいるのだった。夫妻の家は広場の一方の側の、火山の麓から頂上までほぼ全容をのぞめる場所に位置しており、町でも最高に立派な家の一つであった。にもかかわらず、家賃は月にわずか六ドルだった。

食事がすむとすぐに山へと向かった。途中で夜をあかすことになるので、身を覆うためにラベル氏がメキシコのポンチョと、マット替わりにロッキー・マウンテンの熊の皮を貸してくれた。

本通りを下って、教会の前を横切るとすぐに登り道にさしかかった。やがて高台に着き、下の平地からは見えない川や村や広大な盆地を見下ろすことができた。火山の斜面は牧畜に最適の地である。下方の平地は適していないのだが、上の方は全て牧場つまり牧草地になっており、家畜の世話をする者たちが住む小屋がみえた。

われわれの唯一の気がかりは道に迷うことであった。ほんの数カ月前に博士たちがハンディ氏と登ろうとしたときは、ガイドの無知のせいで道に迷い、夜通し火山の山肌をさまよい歩いた。そのあげく、頂上までは行けずに引き返してきたのだった。登ってゆくにつれて気温が下がってきた。私はポンチョをかぶったが休憩地点に着くまえに歯がガチガチと鳴りはじめ、ラバを下りるころには悪寒がしていた。この休憩地点は広大な崖の側面に張り出した場所で実に荒々しくロマンチックだったのだが、その美しさも燃える炭の炎があれば喜んでそれと取り代えたいところだった。小屋は山の上の一番高いところにあり、泥造りで、入口と壁のひびをのぞいては隙間が一切なかった。戸口の奥に聖母像が置かれ、両側にベッド用の台があった。その一つに友人たちが熊の皮を敷いてくれて、私はその上に横になりポンチョにくるまった。本当は彼らとその晩はなごやかな夜を過ごそうと思っていたのだが、楽しい時間を過ごすことなど望むべくもなかった。私はぐったりとなっていた。しかし友人たちは私のためにホットティーを用意してくれたし、場所は申し分なく静かで、けっきょくなによりも私の寒けや熱はそれまで経験したことがないほど気分のよいものになったのだった。

翌日、日が明るむ前に登りを再開した。道は険しく急だった。ある所では、嵐になぎ倒された木々が道に重なりあうようにして横たわっており、通りぬけることができなかった。そこで、ラバを下りて倒木の上によじ登ったり、その下を這ったりして進んだ。もう少し先へゆくと開けた土地に出た。そのあたりに生えているのは杉とサンザシの木だけだったが、私は中米ではじめてブルーベリーを目にした。このような未開の地で故郷の懐かしいものを見て嬉しくなりまた感傷的な気分にもなったが、果実は堅くて味もなかった。登ってゆくにつれて雲がわいてきた。雲はどんどん厚くなり視界をさえぎった。一行の姿もおぼろげにしか見えなくなり、火山の頂上から下界の景色を眺めるという望みはまったく絶たれてしまった。まだ野草が繁っていたが、さらに登っていくと砂と溶岩ばかりの荒涼とした場所に着いた。この時、実に嬉しいことに雲が晴れ、火山の頂上が姿をあらわした。霧が晴れた頂上は青い空に溶けこむようにみえた。早朝であったから、太陽はまだ頂上を照らすほど高く昇っていなかった。

ここまでやっとの思いで足を運んできていたロウレンス氏は、地面に身を投げ出して動けなくなってしまった。そこで私は博士と一緒に先へ進んだ。クラーテルの周囲は約三キロほどで、年月のせいか、または何か大きな揺れがあったのか、まるで引き裂かれたかのように崩れていた。小山ほどある巨大な岩塊が剝き出しのまま高く屹立し、内側にはさらに小さな火口が三、四個あった。われわれは東西に走る尾根を伝って南側の斜面を登り、高く突き出た場所に立った。クラーテルの中に巨大な割れ目があり、そこを渡るのは不可能だった。われわれがいた高みは晴れわたり、大気が透明に澄み、はるか足元の多分六〇〇メートル下方まで荒涼とした地面が広がっているのが見えた。その向こうは全土が雲に覆われ、麓の町は姿をかくしていた。次第に遠くの雲がはれてきたと思うと、広大な雲海の果てに大西洋と太平洋の二つの海が同時に姿をあらわした。それはまさに、われわれが熱望してはいたものの見るのは難しいだろうと諦めていた壮大な光景だった。このとき私と一緒に登った人たちは、何度もこの火山に来ていたのだが、雲のせいで二つの大洋を見たことはかつて一度しかなかったのである。頂から見える場所はニコヤ湾とサン・フアン港である。両大洋は向かい合う位置ではなく、ほとんど直角の角度に見えていたので、体をめぐらさずに眺めることができた。大西洋も太平洋も山の頂上からは直線距離で三二キロもない。われわれがいたその大いなる高みからは、両大洋がほとんど足元にあるかのように見えた。二つの大洋を一望できる場所は世界でここだけであり（原注―地峡をチャグレスからパナマまで越えた人々から聞いたところによると、その道すじで二つの大洋を同時に眺めることができる場所はないとのことである。）、この光景を私は、シナイ山の頂から見たアラビアの砂漠や、ホル山から死海を眺めた時の非常に興味深かった光景と比べていた。

この火山の噴火については記録も伝説ものこっていない。噴火は多分この国をヨーロッパ人が見つけた時よりかなり以前に起こったと思われる。私はこのときもまた高度計をなくしたことを残念に思った。というのもこの山の高さは一度も計測されたことがないからなのだが、ほぼ三三〇〇メートルあると考えられている。

われわれがラバをおいてきた所へ戻ってみると、ロウレンス氏とガイドが眠っていた。二人を起こして火を焚き、チョコレートをつくってから下山した。一時間で昨夜泊まった小屋に着き、午後二時にカルタゴに帰り着いた。

夕方ラベル氏と町を散策した。どの道も同じように長く真っ直ぐで、人影がなかった。果てしなくつづくかに見える通りをしばらく歩いていくと目の前の横道から行列が出てきた。先頭でバイオリンを弾く少年たちの後ろに、花を散らして綺麗に飾り立てた小さな手押し車がつづいていた。墓地へ向かう死児の柩だった。われわれも行列の後につづき、門のところで追い越して礼拝堂の中に入った。入口に宝クジ売りの男たちが数人坐っており、その一人がわれわれを見ると、自分たちの国の人間の墓を見たくないかねと言った。見たいと言うと、アメリカ人のある若者の墓に連れていってくれた。私はその青年のことを見知っていたし、その家族の何人かとは個人的な知り合いでもあった。彼は私が行った一年ほど前に亡くなったのだが、埋葬のときに悲しむべき問題がおこったのだった。つまり司祭が、青年を神聖なる墓地に埋葬することを拒否したのである。カルタゴ在住の唯一のヨーロッパ人であるブライレー博士は――その青年は博士の家で死亡したのだ――、馬でサン・ホセまで赴き、合衆国と中央アメリカとの間に交わされた相互協定をたてに、墓地に埋葬できるよう政府から命令書を出してもらった。しかし狂信的な司祭は、自分は政府よりもっと高い権威をよりどころにしていると言って承知しなかった。そこであらためて使者がサン・ホセに送られ、二個隊の兵が博士の家に派遣され遺体を墓場まで警護し、夜も遺体が掘り出されて墓の外に捨てられないよう、兵士たちが見張りをしたのである。翌日、司祭が異教徒の埋葬で汚された墓地を正式に清めるために、大勢の住民たちとともに十字架や聖人像や教会のすべての聖画を捧げもち、厳かな行列をしたてて墓地へ向かったのだった。墓は通路から三番目にあった。

通路の一画にカルタゴの主要な人物たちの墓があるのだが、その特別な場所にもう一人別の外国人の墓があった。それはベイリーというイギリス人のもので、彼は亡くなる一日前に遺言のために町長を呼んだ。町長は慣例の型にのっとって彼がキリスト教徒であるかどうかと尋ねた。ベイリー氏はイエスと答えた。それで町長は彼をローマンカトリック教徒と記録した。それはベイリー氏の予期していたことではなかった。彼は六カ月前のアメリカ人青年のときに起こった問題を知っていたから、友人たちを不愉快かつ勝ち目の少ない論争に巻き込まないようにするため、前もって一本の木を指定して、その下に埋めてもらいたいと言ってあったのだ。遺言が読み上げられる前に彼は息をひきとった。彼がイエスと答えたことが、信者であることの証拠となり、また友人たちも干渉しなかったので、埋葬は神父たちの特別の指揮のもとに教会のもろもろの聖なる儀式をもって執り行われた。それはカルタゴでかつてなかったほどの荘厳な儀式で、葬儀には全住民が出席し、教会の入口からバイオリンと太鼓の音を先頭に出た葬列に、神父たちが町の創建のころからあるすべての十字架と聖人像と旗印をもってつづいたのだった。葬列は広場や主要な通りの角々で止まっては、ハレルヤを唱して、悔い改めたひとりの罪人が今や天に昇った欣びを表わしたということである。

通路に立っていると、柩に付き添っていた男が腕に子供の遺体を抱いて通っていくのが見えた。彼は子供の父親で、唇に笑みを浮かべて遺骸を墓へと運んでいくところだった。その後ろに二人の少年がバイオリンを弾きながら続き、他の者たちは周囲で笑っていた。死んだ子供は白い服を着せられ、頭にはバラの花冠をつけ、父親の腕のなかでまるで眠っているかのようにみえた。墓穴はまだ掘っている途中で、少年たちは掘り出した土の山の上に坐り、掘り終わるまでバイオリンを弾いていた。父親は子供の遺骸を最後の休息の場に、頭を太陽の昇る方角になるようにそっと置いた。幼い手を胸に上に組ませると、その指に木製の小さな十字架を持たせた。それは彼らが考えているとおり、無常な現世の苦悩から逃れえた幸せであるかのように見えた。涙を流すものは一人もなく、むしろ誰もが喜んでいた。冷酷なようにみえるが、父親が子供を愛していない訳ではない。彼もその友人たちもそう信じるように教え込まれ、かつその確信がゆるぎないものなのだ。確信とはつまりこのように幼くして死んだものは直ちにもっと幸せな世界に連れて行ってもらえるということである。父親が子供の顔の上に一握りの土をまくと、シャベルを握った墓掘り人がたちまちのうちに小さな墓を埋めてしまった。それから全員が、バイオリンを弾く少年に先導されるようにして墓地を後にしたのだった。

翌朝、私は名残りを惜しみながら親切な友人たちに別れを告げサン・ホセに戻った。

他人の細君たちから翻弄されるというのが私の不運である。つまり私はグァテマラで手にいれた最高の従僕を失ってしまったのだ。ヘスースの細君が夫を私の手に託すのに恐れを抱いたのである。僧院に戻ってみるとヘスースが待っていた。彼は私の荷物を整理しながら目を合わせずにこう言った。つまり細君の〝ラ・ポブレ〟が、自分の留守の間にどんなに辛い目にあったか、そして既婚の女が夫なしで生活するのがいかに困難なことであるかと。私は彼が何を言いたいのか察しがついた。しかし、間欠熱が再発している今は、前途の長旅に何をおいても優秀な従僕をもつことが重要であると身にしみていたから、旅人特有のエゴイズムでこう言った。つまり、数週間もしないうちに家庭に飽き飽きするにきまっているし、家をあけるのには今回ほどよいチャンスはもう他にないだろう、と言って彼の放浪癖を刺激してやったのである。これが効いたようで、彼はもうほのめかしをやめて嬉しそうに帰って行った。

午後の三時に、また寒けがきているような気分がしたが負けるものかと気を張りつめて服を着るとステイプルス氏の家へと食事にでかけた。しかし食卓につく前にもう、唇が青くなりろれつがうまく回らなくなっていることに気がついた。この旧敵のせいで、僧院への帰り道でも、そしてベッドに入ってからもずっと震えつづけることになった。高熱を発し、翌日は一日中横になっていた。訪問客は大勢来たが、家の中に入れたのはそのうちの数人だけである。その一人がヘスースだった。彼は前よりもっと心を堅くきめているようで、話がその点にいたるとこう言った。自分としてはあなたに同行したい思いで一杯なのだが、妻がどうしても承知しないのだと。私は、細君が私に歯向かってくるなら負けだなとは思ったが、ヘスースに私との契約や前払いはどうなるのかと言ってやった。そして細君の気持ちをなだめるために金のイヤリングをもたせてやった。

四日間というものずっと寒けと高熱が繰り返しやってきた。僧院では私につきっきりで世話をしてくれたし、友人たちも見舞ってくれ、ブライレー博士がカルタゴから診察しにやって来てくれた。しかし私は意気消沈していた。アルバラードと旅に出る日が来ているのに出発できる状態ではなかったからだ。ブライレー博士は、病気の徴候が少しでもあるうちは旅に出るなどとんでもないことであると言った。その旅というのは、サン・ファン港まで六日間、道中一軒の家もない未開の山や川をわたって行くというものだった。一行は私をのぞいては全員が徒歩でゆくのだが、いくつかある難所では私のラバを通すためにさらに四人の人夫が必要になると思われた。そしてその辺りは大体いつも雨が降っているのだ。サン・ファンは貧相な掘っ立て小屋しかない集落で、そこから先は丸木舟で病魔が巣くっていそうな川を十日から十五日間進まなければならない。かたや私には、コスモポリータ号でソンソナーテに戻るという選択肢があった。そうでなければ陸路でグァテマラへ帰るということになるのだが、それは旅人のための便宜がない一九二〇キロの道を、内戦の騒乱と危険をかいくぐりながら行く旅であった。夜、僧院の小さなロウソクの灯がゆれる下で一人横になり、天井を飛ぶコウモリを見ていると気が滅入ってくるのだった。自分の家にいるのだったらどんなに幸せだろうと思った。

にもかかわらず、自分が求めてきたことを諦めてしまうというのはどうしても我慢のできないことだった。陸路は太平洋岸に沿っており、三日間は港へ行く道と同じだった。私は陸路をとることに決めていたのだが、ブライレー博士の勧めで船に間に合うように出発し、再度の悪寒の発作がこないことを祈って、サン・ホセで一番上等のラバを二頭購入した。一頭はカルタゴ火山に登ったときのラバである。もう一頭はマッチョ（雄ラバ）で、まだ飼い馴らしが済んでいなかったが、私が生涯で乗ったラバのうちでもっとも優秀なラバだった。

一方ヘススの方は、イヤリングをもたせてやった翌朝は顔を見せず、そのかわりに、寒けと熱があるからと人をよこしてきた。その翌日はもっと具合が悪くなったので、自分は同行できそうにないと言ってきた。見込みがないと分かったので、私は彼がもし優秀な他の人間を見つけてくれるなら、それで承知しようと知らせてやった。この返事が彼をベッドから起き上がらせたらしく、その午後早速一人の代わりの者を連れてやってきた。いかにも、そのへんで誰かれかまわず連れてきたという感じの男だった。綿のズボンの上からシャツを出して着ており、ツバが狭い鐘型山高の黒い麦わら帽子をかぶっていた。持っているものといえば今身につけているものだけである。頭は短く刈り込んでいるが、前髪だけは長い房になって顔にかぶさっていた。ようするに中米の無頼の徒を絵に描いたようなものである。彼の様子は私の気にいらなかったのだが、高熱でボーッとしているので即答はできないと言ってやった。翌日彼は、私が人の手を必要としている丁度その時にまたやって来た。彼はだんだんと、もちろん私自身は従僕として雇ったわけではなかったのだが、なしくずしに私を主人とみなしていった。

出発前日の朝、アグスティン・グティエレス氏が訪ねてきた。彼は戸口でこの男の姿を見ると驚いたようで、あれはこの町のならず者で酔っぱらいでペテン師で泥棒で人殺しであると言い、旅に出ればその最初の晩にものを盗まれるだろうし、殺されるかもしれませんよと言った。その少し後にロウレンス氏が入ってきて、自分も同じようなことを聞いたことがあると言った。そこで即座に男を解雇したのだが、彼はたいして驚いた風もなく、そのまま僧院のあたりを私の用事でと言ってうろついていた。一番大事なことは船に乗る日に合わせて出発することだったから、別の従僕を探すのはその日しかなかった。ヘススは、幼友達であるその男とは長年会っていなかったのだが、あの日ばったりと出会ったので私のところに連れてきたのだと言い、彼の性格があまりに変わってしまったので驚いたと言った。彼はまだ少しばかり責任を感じているらしく、さんざん駆けずりまわったすえに、今度はニコラスという名の男を連れてきた。他の国でならどこでもこの男はムラートであると言えるのだが、中米ではあまりに混血の種類が多いので彼のことを何と言ったらよいのか分からない。職業は石工であった。ヘスースは彼が仕事をしているところへ行って、グァテマラやメキシコに行けるし、自分のように金持ちになって戻って来られるぞとたきつけたのだ。男は仕事中のままの姿で連れてこられたので、シャツの袖を肘上まで、そしてズボンも膝上までたくし上げていた。つまりそれがこれから優秀なる従僕に変身するダイアモンドの原石というわけである。しかし正直者で、ラバの世話ができ、チョコレートが作れるという。私はそれ以上は願わなかった。彼も結婚していたが細君からの反対がなかったので、最適任者に思えた。

午後、つまり出発の前の日の夕方であるが、私はロウレンス氏とともにマリアノ・モンテアレグレ氏のコーヒー農園を訪ねた。氏はこの気持ちのよい土地にある農園で一年の大半を優雅に暮らしているのだった。この時、氏は工場の方におり、子息が馬でわれわれに同行してくれた。それは気分のよい散歩であったが、この国では紳士は決して歩かないのである。

サン・ホセの平原におけるコーヒー栽培は、ここ数年、目ざましい勢いで増大している。七年前までは全収穫量が五〇〇キンタル（一キンタルは約四五キロ）を超えることはなかったのだが、今年は九万キンタル以上の収穫が予想されていた。ドン・マリアノは最大級のコーヒー農園主の一人であり、この近くに三つの農園を所有していた。われわれが訪れたのはそのうちの一つで、二万七千本のコーヒーの木があり、翌年にはさらに増やす準備が進められていた。彼は建物や機械に大きな投資をしており、同国人たちからは失敗を危ぶまれていたが、毎年本数を増やしているのだった。〝ラ・セニョーラ〟つまり彼の細君が、コーヒー豆の皮むきと乾燥工程の監督にかかりきりになっていた。話はそれるが、サン・ホセの婦人たちはいずれも優れた商売人であると言える。彼女らは店をもち商品の売買をし、掘り出しものを探し、とりわけコーヒーに関してはエキスパートである。

第十八章

二月十三日、ラバに乗ってグァテマラへの旅を開始した。荷物は最少必要限に減らした。つまり革の馬衣の上に敷いた綿の縞入りハンモックと、鞍袋一対と後ろに紐で縛りつけたポンチョがそれである。ニコラスは、鞍の後に二個の革製の桶を紐で縛りつけていた。革桶は底が平らで、ビスケットやチョコレートや腸詰めや菓子が入っていた。鞍の前橋部分には、私の衣服がこの国のやり方で牛の革に包まれてあった。僧院に滞在中ずっと神父が私の世話をしてくれた。実際神父は、私の世話をしただけでなく、私の命も救ったと思っているにちがいない。というのは、私が病んだ身で髭を剃ろうとしていると、神父が部屋に入ってきてそんな危ないことをしてはいけないと止めたのである。私はこっそりと顔を洗ったが、彼の親切は、私がそれまでに中米の神父たちから受けてきた恩義のリストにさらにつけ加えるべきものであった。

私は自分が再び旅にでられる状態になったことがひどく嬉しく、荷物が軽いことやラバどもが元気一杯なのにも満足していた。これからの一九二〇キロの道のりに意気さかんに立ち向かおうとしていた。このとき、後ろからいきなり音がしてニコラスが駆け寄って来た。私の雄ラバのマッチョは敏感なたちだったから驚いて走り出した。体が衰弱していた私はいとも簡単に馬銜（ハミ）を外されてしまった。もしこれが競争用のラバを買ったというのだったら、なにも文句を言う理由はないのだが、遺憾ながら鞍がひっくりかえり、私は地面に振り落とされてしまった。幸いなことに足を拍車から外せたからよかったのだが、ラバは走りながら道の上にピストルや拳銃サックや鞍下布や鞍を振り落とし、身ひとつで町の方角へ走り去って行った。数人の馬子たちがラバをせきとめて、私のサン・ホセでの乗馬能力の評判を救ってくれたのが不幸中の幸いであった。散乱した物を拾い集め、壊れた馬具を修理するのに一時間以上もかかった。

三日間は、コスタ・リカへ入って来たときと同じ道をたどった。四日目の朝、熱の再発もなく目を覚ました。ロウレンス氏が親切にもサン・ホセから同行してくれており、このときもまだ一緒にいた。私がこんなに楽で快適な旅ができたのは、彼が私に代わって面倒なことをすべてやってくれたからである。おかげで私は疲労するどころかむしろ元気になって、船で帰るという考えをまったく捨ててしまった。

朝の七時に出発して、三〇分後にはエスパルサに到着した。ここからニカラグアまでは四八〇キロの距離があり、道は荒地を横切ってのびていた。コスタ・リカの国境の町を除けば、数軒の農園が互いに三〇、四〇、五〇キロほどの間隔で点在しているだけである。私は食糧を十分に補充し、最後にアメリカの綿布を一ヤール半(一・三メートル)買った。布はマサチューセッツ製で〝マンタ・デル・ノルテ〟(合衆国の布)という立派な名前がついていた。

三〇分かけてラ・バランカ川をわたった。川幅が広く、流れの急な美しい川であったが、その美しさは私の目には入らなかった。というのはここでロウレンス氏と別れなければならなかったからである。氏は私がサン・ホセに着いたときからほとんどずっと私と一緒にいて、遠出するときもいつも同行してくれたし、病気のときには親切に世話をしてくれた。彼はコネクティカット、ミドルタウン出身の五十歳くらいの人で、銀を扱う仕事をしており、アメリカには十九年間のうちに一度帰っただけだった。一八二二年にペルーにゆき、そこで合法的な商売を手広く行っていただけでなく、貴金属に詳しかったせいで高官の地位に迎えられた。一八三〇年、貨幣鋳造機をコスタ・リカ政府に売ったところ、政府が局長の地位に迎えたいと言ってきた。彼がこの鋳造機のことでコスタ・リカに行っている間に、ペルーの商売をまかしておいた仲間がずさんな経営をしたあげくに死んでしまった。ロウレンス氏はペルーに戻ったが、積極的に商売をすることはなくなった。そのうちに例の鋳造機が消耗してヨーロッパから別のものが輸入されることになった。その機械はあまりに複雑なものだったからコスタ・リカでは誰も操作できるものがおらず、専門家のロウレンス氏に声がかかった。そこで彼はコスタ・リカに鉱山を持ちたいと考えていたので戻ることにした。当時はマヌエル・デ・アギラル氏が元首だったのだが、ロウレンス氏が港に着いたときは追放にあい逃走中だった。政府の方針がまるっきり変わってしまっていたのだが、ロウレンス氏はそのままサン・ホセに留まり、私と別れたときにはプンタ・アレナスに居を定め、真珠とりの漁師たちと取引することを考えていた。これが、世界のさまざまな場所に散らばっているわが多くの同胞の一人のかいつまんだ経歴である。彼らの一人ひとりがロウレンス氏ほど名誉ある評判を維持すれば、アメリカにとっては誇らしいこととなるだろう。われわれはラバの背の上で別れを告げた。そして感傷的な気分に陥らないように煙草に火をつけた。また会うことができるかどうか、それは誰にも分からなかった。

再び一人旅の身になった。それまでずっと同行者のいる旅か、または船旅をしてきていたから、いよいよ未開の地に足を踏み入れるときになって気がくじけそうになった。まさにこのときこそ自分に気合を入れる必要があった。というのもその道は、荒涼とした道中の中でも、とりわけ未開の土地をゆくものだったからである。鬱蒼と繁った樹木のせいで道はうす暗く、垂れ下がった枝に頭をぶつけないように、ずっと身をかがめるようにして進まなければならなかった。アグアカテの山に着いたときからしきりに蝉の声が聞こえていたが、ここでは耳を聾するばかりになっていた。じきに猿の群れが木々の梢をのろのろと動き出し、うるさい蝉たちが幹を離れてわれわれのまわりに群がり飛ぶようになり、帽子で払わなければならないほどだった。ラバが鼻息荒く乱暴に端綱を引っ張るので、私は頭を木々にゴツゴツとぶつけた。最初からこれでは最後は一体どうなるのだろうかと思いやられた。

ロウレンス氏と別れてからはニコラスの存在が大きくなった。人間は話す動物である。ニコラスはこの点で突出していたから、私は早速彼の生涯を知ることになった。彼は、父親が馬子だったので、生まれながらにして父親と同じ辛い職業につくかにみえたが、何度かニカラグアへ往復しただけで嫌気がさして馬子をやめ、結婚して二人の子供をなした。一番辛かったのは兵役にとられた時だった。読み書きができないのが大きな悩みなのだが、どんなに努力しても上達しないと不思議がっていた。私について二年間故郷を離れメキシコやアメリカへ行き、〝ヘスース〟がやったように相応の金を手にしたら戻ってきたいと言った。モラサン将軍が偉大な人物であるということは知っていた。というのは将軍がコスタ・リカに来たときに礼砲の轟音が鳴ったし舞踏会が催されたからである。彼は貧しい人間であり、何故戦争が行われているのか分からず、マヌエル・デ・アギラルが追放されたのはカリーヨが国首になりたかったからだと考えていた。

こうして森の中を午後の二時頃まで進み、右の小道へそれると木を切り開いた場所に出た。一方の側にアランフエス農園があった。住居へは外側の梯子を登って入るのだが、下は物置のようになっていた。混血の管理人と細君が住んでいた。家のすぐ傍らに台所があり、細君ともう一人の女が働いていた。管理人は二人の屈強の男たちに仕事をさせて自分は何もせずに床に坐っていた。

管理人によれば、ラバに格好の牧草地があるらしく、住居も居心地が良さそうにみえた。家は粗削りの木のベランダをぐるりと巡らせており、その一方の側から太平洋が望めた。そこにあった椅子に腰を下ろすとすぐにニコラスが食事、つまりトルティーヤと瓢箪の器に入れたラードで煮こんだ米、手には塩を持ってきた。食後のチョコレートを飲みながら私は、管理人がこの地に暮らせる幸せをいかに粗末にしているかと思わざるをえなかった。もしわが祖国の山間に住む人々の一人でもこのような環境に恵まれたならば、彼はきっと一本の斧と細君と二組の双子の子供と共に働いて、ほんの数年のうちに己が身辺を、大地が与えてくれるあらゆる贅で埋めつくしてしまうにちがいない。

食事のあとラバを小川につれてゆくと、岸辺に新鮮な草の茂みがあった。そこに坐っていると頭上を二羽の野生の七面鳥が飛んできて、すぐ近くの木の上にとまった。ニコラスに猟銃をもってこさせ、早速一家族分の食事をまかなえるほど大きな鳥を獲物にした。それをすぐに管理人の家へ送り、道中の食糧用に調理させた。日が落ちる頃に家へ戻ったのだが、このときになって旅行の支度に落ち度があったことに気がついた。そのせいで道中ずっと困ることになったのだが、われわれはロウソクを持って来ていなかったのである。そこで欠けた素焼きの壷に油を入れ、中に細く捩じった綿を巻き入れて、先端を二・五センチほど外に出し即席のランプを作った。農園の労働者たちがこの灯のもとによってきてトランプを出し、管理人の細君も彼らと一緒になってこれに興じていた。私はトランプがすぐに終わりそうにないので服を脱いでベッドに入った。トランプが終わると細君が私の真向かいにあるベッドにやってきて、横になる前にまた煙草に火をつけた。男たちも同様に床で煙草を吸いながらゲームの話をしていた。管理人はハンモックの中でもう眠っていた。細君は夜通し煙草を吸いつづけ、男どもはゴーゴーといびきをかいていた。私は明け方の二時に起き上がり戸外へ出た。月が煌々と輝き、明け方の冷気が気持ち良かった。ニコラスを起こし、まだハンモックの中にいる管理人に支払いを済まし、三時には旅を再開した。この土地は、着いたときには魅了されたが、去るときには幻滅を感じていた。人々は親切だし、報酬への期待からできるだけの世話をしてはくれたが、彼らの習慣は我慢のできないものだった。

その嫌な気分も朝の新鮮な空気がぬぐい去ってくれた。月が農園の上に神々しい光を投げかけ、森の暗闇を照らしていた。聞こえるものといえば、われわれの気配に驚いた猿どもがざわざわと梢の上を動く音だけだった。

八時にラガルトス川に着いた。水晶のように透き通った水が川床の白い砂と石の上を勢いよく流れ、その上に影を落とす木々の枝が浅瀬で絡み合い見事な日除けの天井を作っていた。ラバから下り、鞍を外して木に繋ぎ、岸辺で火をおこして朝食をとった。大分前から、こうした自然のままの風景には新鮮みを感じなくなっていたのだが、この景色に関しては、たとえパリの最高級レストランの昼餐とでさえ取り代える気にはなれなかっただろう。私と家族つまりニコラスだけで野生の七面鳥をたいらげてしまった。

再び前進し、二時間後に森を抜けるとコジート山が見える草原に出た。このポツンと一つだけそびえ立つ円錐形の山は見事な禿山で、頂上まで芝草で覆われていた。昼の十二時にインディオの小屋に着いた。傍らに実をたわわにつけたオレンジの林があり、正面には屋根をトウモロコシの葉で葺いた納屋があった。インディオの老婆が戸口に坐っており、軒屋根の下に病人が眠っていた。ひどい暑さだったので、ラバを軒下に乗り入れて下りた私は、ボロボロのハンモックに身を投げ出しオレンジで喉の渇きを癒しているうちに眠りこんでしまった。最後に覚えているのは、腹を空かしてよろよろしている貧弱な鶏のヒナをニコラスが小屋に追い込んでいる姿だった。午後の二時にニコラスが私を起こし、目の前に黒焦げになった不運なヒナを差し出した。その代価は、オレンジは無料ということで、六セントと四分の一セントだった。しかし老婆はお金ではなく火薬を一包み欲しいと言った。私の手持ちはかなり少なくなっていたので、できることならたとえ一ドルでも払う方がましだったのだが、料金に一包みの火薬を添えざるをえなかった。

午後の二時、再び出発した。すでに一日分の行程をこなしていたのだが、その夜の休息に適したお目当ての場所があったのである。暑さは耐えがたかったが、じきに森の中に入った。たいして進まないうちに前方を一頭の鹿が横切った。それはこの国で私がはじめて見るものだった。ここではいかなる種類であれ狩猟というものをほとんどしない。実際のところ旅の間に私が発砲したのは野生の七面鳥を除いてはたったの二回だけで、それも珍しい小鳥を手に入れるためだったのである。残念で仕方がなかったのは、荷物をできるだけ少なくして旅をしたいと思っていたせいで、手持ちの弾が鴨撃ち用の弾薬数包みとピストルの弾が六発だけだったことだ。じきに銃弾の届く距離に二頭の鹿がいるのが見えた。二連発銃に弾が入っていたので、ラバを下り、森の中を鹿の後を見失わないようにしながら追った。一時間のうちに鹿の姿を多分十二頭は見たと思うのだが、その頃にはもう弾がなくなってしまっていた。ピストルの弾は使わないことにしていたし、二連発銃に弾がなくなったのでやっと気がすんだのだった。鹿の数は夕暮れになるにしたがって増えてゆき五、六〇頭の数になったのは確かで、しかもその多くが私の銃弾の届く距離にいたのである。ときどき牧牛が木々の間からわれわれの方を覗き見ていたが、彼らはまるで鹿のように人慣れしていなかった。広々と開けた土地に出たのは陽がなかば傾きかけた頃だった。一方の側にサンタ・ロサ農園が見えてきた。住居は右手に位置しており、正面の山麓には頑丈な日干しレンガの壁を巡らした家畜用の大きな囲いがあった。囲いは三つに分けられ、雌牛や子牛で一杯になっていた。左手には果てし無い草原が広がり、その上に小さな森がポッンポッンと見えていた。農園に近づいてゆくと、中庭にいた立派な紳士が従僕に命じて門を開けてくれた。彼、ホアン・ホセ・ボニーヤ氏は私をポーチで迎えてくれ、私が紹介状を出すまでもなく「サンタ・ロサにようこそ!」と言ってくれたのだった。

ドン・フアンはカルタゴの人で、教養ある生まれながらの紳士であり、コスタ・リカでも屈指の由緒ある家系の出身であった。コスタ・リカ全土を旅行していたし、この土地の人間にしてはきわめて珍しいことにアメリカ合衆国にも行ったことがあった。彼はたどたどしい英語ながら、わが国の制度について熱心に語った。自由党の活発なメンバーだった彼は党の信念を政府の政治に生かし、国を独裁制にたち戻ることから救おうとして働いたのだった。しかし迫害にあい、財産に莫大な税金をかけられたので四年前にカルタゴを去り、この農園に隠居した。ところが、政治上の反目は執念深いものである。彼を逮捕せんと一部隊の兵士が船で密かに送り込まれ、彼の農園内にある太平洋岸の港に上陸したのだ。その知らせを受けたドン・フアンは従僕の一人をやってこれを確かめさせた。戻った従僕の口から、兵たちが半日の距離のところまで来ていることを知った彼は、馬に乗って逃げようとしたのだが、門の近くで振り落とされ片足を骨折してしまった。失神した彼は家へ戻され、兵隊がやってきたときにはベッドの中にいた。兵たちはそのベッドから彼をひきずり出し馬に乗せ、そのまま国境に連行し、追放の刑を言い渡した上、もし戻ってきたら死刑にすると言って彼を放逐したのだった。コスタリカの国境は荒地を流れる一本の川である。彼は馬で四日もかかってニカラグアにたどり着いたのだった。それ以来、片足が六、七センチ短くなってしまい使えなくなった。二年間の亡命生活の後、マヌエル・デ・アギラルが元首に選出されたときに国に戻った。そのドン・マヌエルが失墜したので、再び農園に引退し、私が訪れた当時は家族をここに迎え入れるために家の改修に精出していた。しかしいつまた追放令が出て家から退去させられるか分からないという状態だった。

夕食のテーブルについていた時のことだが、頭の上で屋根が抜け落ちたかと思うような音がした。ドン・ファンが天井に目をやるといきなり椅子から立ちあがり、召使の首に腕をまわしながら、震える声で「テンブロール！」、「テンブロール！」つまり「地震だ！」「地震だ！」と叫んだ。誰もが戸口に殺到した。私は席をとび立つと部屋を一っ飛びで横切り軒廊に走り出た。地面がゆらゆらと揺れ、まるで荒海に浮かぶ船のようだった。私は大股で出たのだが、足がやっと床に触れるという具合で、転ばないように無意識のうちに腕をあげていた。駆け出したのは私が最後だったが、一旦走り出してからは止まったのも私が最後だった。中庭を横切る時に、ひざまずいている男につまずいて転倒してしまい、これほど自分を無力に感じたことはなかった。このときドン・ファンが私を呼んでいるのに気がついた。彼は召使の肩につかまって顔を戸口の方へ向け、私に家から出るように叫んでいたのだった。もうかなり暗くなっていた。中にはわれわれが坐っていた食卓があり、一本だけ灯っているロウソクの光に照らされて、数人の人がひざまずいて顔を戸口に向けているのが見えた。われわれはいまにも家の頑丈な壁が崩れて屋根が落ちるのではないかとハラハラしながら家の中へ目をやっていた。いつもは人間を庇護してくれるその場所から逃げ出して戸口を見やっていたのだから、この状況はなんともそら恐ろしいものであった。揺れは二分ほど続いたと思うが、その間は立っていることさえ困難であった。地面の揺れは、始まった時と同じように唐突に終わった。最後の揺れのあと数分してドン・ファンがもう終わったと言いながら、召使の手をかりて家の中に入るまで、われわれは外にいたのである。最後に家から逃げ出した私は、戻ったのも最後だった。私が坐っていた椅子は床に仰向けに倒れており、いかに私があわてふためいて逃げだしたかを歴然と示していた。コスタ・リカの家は中米ではもっとも耐震に優れており、他の国と同様にアドベつまり生乾しのレンガを使用して細長く低く建てられている。アドベは長さ六〇センチ、幅三〇センチほどの大きさで、粘着性をもたせるために粘土に藁を混ぜ、これをまだ柔らかいうちに、垂直に立てた杭と杭の間に積みあげてゆくのである。そのため、レンガが陽に乾いたときには家が地面と一緒に動く単一の固まりとなるのである。

しかし夜が更ける前にはもう地震のことを忘れてしまった。というのは小さな問題があったからである。中米の未開の土地には害虫がうようよしている。一日中森の中を、木々の枝にぶつかりながら歩いた私の頭にはダニが降り注いでおり、その数たるや手でも落とせるほどだった。あまりの痒さに、日中は川のほとりで二回も裸になってダニを引きはがさなければならなかったのだが、それも一時しのぎでしかなく、痒いしこりが残った。そしてドン・フアンとの真剣な議論の最中に、これはあまり行儀のよいことではなかったが爪でひきりなしにボリボリと掻くという仕儀になってしまった。とうとう申し訳ないが部屋を出て私を一人にしてもらえないかと頼まざるをえなくなった。彼が部屋を出るやすぐに服を全部ドアの外へ出して、体についているダニを歯で摘まんで引きはがした。幸いなことにドン・フアンが一人の聾啞の少年を手助けによこしてくれた。少年はダニが巣喰っている箇所に黒いロウの塊を押し付けては痛みなしで取り出してくれたのだった。しかし私の体は傷だらけになってしまい、元通りになるのにそれからずいぶん長いことかかった。

翌朝早く、戸口にはもう外出のために二頭の馬を連れた二人の従僕が待っていた。ドン・フアンは国外追放にあったときに乗ったのと同じ馬に乗り、同じ従僕たちに伴われていた。私はそれまで召使に関してはいつでもどこでも苦情ばかり聞かされてきたものである。そして事実、召使というのは、まさしく私が生涯で会ったなかでも最悪の人間たちであった。しかし、ドン・フアンの召使たちは世界中で最高に良い人間たちであり、彼らはあきらかにドン・フアンを最良の主人であると考えていた。

ドン・フアンの農園の広さはドイツの一公国ほどもあり、二〇万エーカーの土地の一方の境界線はずっと太平洋岸に沿っていた。しかし耕作地はごくわずかで、労働者たちが食べる分のトウモロコシしか栽培されていなかった。残りの部分は牛の放牧地になっていた。そこに一万頭をこす牧牛が放たれているのだが、彼らはまるで鹿のように警戒心が強く、ほとんど姿を見せず、その姿が見えるのは森の小道を横切るときかあるいは、縄をかけて増加数を調べる季節の間だけだった。

われわれがまだそう遠くへ行かないうちに三頭の鹿のグループに出会った。しかもまぢかにである。狩猟の対象になるものがいる土地にはじめてやって来たというのに、支度がまったくできていないばかりか、この土地を出るまでは銃弾の補給の望みもないというのは、実に腹立たしいことだった。ドン・フアンは足が不自由だったから狩りはできなかった。実際のところ鹿を撃つのは狩猟とは考えられていなかったし、鹿の肉は食用に適さないのだった。一時間ほどの間に二〇頭をこす鹿の姿が見えた。

私はこの長旅には、荷運び用のラバを一頭も連れてきていなかった。というのは騎乗用のラバと同じ速さで歩けるラバを手に入れるのが困難だったからである。しかし荷物が邪魔になって困っていた。ドン・フアンは家で私をもてなしてくれただけでなく、彼がカルタゴと農園間の早旅用に馴らした一頭のラバを提供してくれたのだった。彼が保証して言うには、そのラバは荷物が軽ければ速足で私の速度に遅れずに走るだろうということだった。

午後も遅くなってから私は親切なドン・フアンの家をあとにした。ドン・フアンは聾唖の少年とともに五・五キロほど私を送ってくれた。そこでラバを下りて別れを惜しんだのだった。新しいラバは私と同様にドン・フアンと別れたくない様子を示し、もう二度と自分の年老いた主人に会うことはないと予感しているかのようだった。事実ラバは先へ進もうとしなかったので、ニコラスがこの国の一般的なやり方でラバを自分のラバの尾に端綱で縛りつけ引っぱっていった。私はラバのすぐ後ろについて進んだ。鹿の数は先ほど見たのよりさらに増えていたが、私は彼らを今やこの美しいパノラマに精彩を加える存在としてのみ眺めるようになっていた。夜に入ると次第に道中が心配になってきた。われわれの前にある道は山中の険しい道である。ニコラスは止まって月が出るのを待とうと言った。しかしそうすると、翌日の行程に影響するので、そのまま一時間あまり森の中を進んでいった。ラバが暗闇の中をあちこちぶつかりながら進むうちにとうとう道を見失ってしまった。道を探していると、木の枝が落ちてはねる大きな音が暗闇を震わせ、森の中を進んでゆくのがためらわれた。そこで月が出るのを待つことにしてラバを下りた。暗闇の奥を透かし見ると、左の方にチカチカと灯が揺れるのが見えた。大声を上げて呼ぶと、犬たちの吠える声が答えたので、そちらの方へと向かった。小屋が一軒あり、床に三、四人の労働者たちが寝ていた。近くの農園に行くために案内人がほしいのだがと言うと、彼らは最初のうちわれわれに取り合おうとせず、馬鹿にしたような返事をした。しかしそのうちの一人が私の荷運び用のラバに目をとめると、自分は子供のときからこのラバを知っていると言い（それは私の新しい買い物に対するやや疑わしい称賛ではあったのだが）、とうとう案内することを承知してくれた。一頭の大きくて荒っぽい、まるで一度も馬銜をつけられたことがないかのように猛々しい馬が連れてこられた。馬は鼻息を荒らげ棒立ちになり、地面をゆるがすような勢いで蹄を打ちつけ、まだ乗り手が背の上に腰を落としていないのに、もう野原の暗闇の中へ猛然と駆け込み、大回りをしたあげく引き返してきた。案内人は荷運び用のラバをニコラスのラバの尾から外して馬の尻尾に縛りつけ、すぐに先頭にたった。馬はラバをひきずっているというのに、それでも歩みを緩めることができなかった。そのためにわれわれはほとほと不愉快な道中を強いられることになったのである。道はこれから始まる悪路のとっつきの部分で、急なカーブや上り下りが多く、かつ険しくて石がゴロゴロとしていた。幸いなことにわれわれが森の中にいるうちに月が出、銀色の光が木々の梢を照らし、一行が川のほとりに着いたときにはまるで日中のような明るさになっていた。ここで私は案内人と別れたのだが、月というものがすっかり信用できなくなってしまった。というのは月の明るい光にだまされて案内人の手の中に銀貨のかわりに金貨を渡してしまい、しかもそれを双方とも気づかなかったからである。

川を渡って堤を登ると目の前に農園があらわれた。住人はベッドに入っていたが、ドン・ファンが紹介してくれてあったドン・マヌエルが起きて私を迎えてくれた。家の近くの川岸に大きな製材機があった。それは私がこの国で初めて見るもので、ドン・マヌエルによれば、これを据えつけたアメリカ人はその後グァテマラまで転々として行ったが、どこかの反乱に巻き込まれて殺されてしまったという。

翌朝、日が明るみ農園の人夫たちが仕事にでかける仕度をするころ、再び旅を開始した。一時間ほど行くと畜牛の群れがやって来るのを知らせる角笛の音が聞こえてきた。これをやり過ごすために森の中に入った。群れは土埃の雲の中から姿を現し、牧童たちは顔を覆っていた。群れのゆく手を立ちふさぐものは何であれ踏み殺されてしまうだろう。

午前十一時にバガセス村に入った。その日の旅程はかなりきつかったし、それまでの四日間で農園以外にまともに人の住む場所を目にしたのはこれが最初ではあったのだが、村では水を一杯乞うただけで、立ち止まらずに先へ進んだ。

午後もずいぶん遅くなってから道幅の広い街道に出た。轍の跡が目に入った。黄昏どきに、コスタ・リカの国境の町グアナカステの町外れを流れる川に着いた。強情な雄牛四頭がひく荷車が道をふさいで進むことも戻ることもできないでいたせいで、われわれは半時間もそこにとどめられて、町に入った時はもう暗くなっていた。広場を横切り、晩課のミサの灯がともる教会の扉の前を通って、今夜泊まることになっている家へと向かった。ニコラスがその家に入り事前に話をつけて出てくると、下りて下さいと言ってラバの荷を下ろした。私は中へ入り、拍車を外し長椅子に身をのばした。しかしわが宿主はあまり私に逢いたくないらしかった。子供たちが何人も入ってきたが私を見ると驚いたふうに他の部屋へ戻っていった。それから数分して、その家の主婦が挨拶に現れたが、あなたをお泊めすることはできませんと言った。私はニコラスに腹をたてた。彼は、ここにドン・なんとかが住んでいるかと尋ねただけで、あとは全部はしょって私を中に入れてしまったのだ。私はすぐにその家を出ると片手にわがマッチョの端綱をもち、もう一方の手に拍車をもって、後ろにラバやニコラスを従え、司令官の家を探した。司令官は手に鍵をもって軒廊に立っていた。外には彼の家財道具一切が梱包されて、他の土地へ移動するために月の出を待っているところだった。思うに、彼は私に宿を提供することができず、また他の家を紹介することもできないのでひどく恐縮したようで、宿を探しに従僕をやってくれたのだった。私は泊めてくれる家が見つかるまで小一時間ほど待った。

待っている間、道中のことを彼に聞いてみた。私は直接ニカラグアに行くつもりはなく、その前にまず太平洋岸のサン・フアン(・デル・スル)港へ行こうと思っていた。サン・フアンは二つの大洋を結ぶはずの運河の最終地点にあたるのだ。司令官がしきりに残念がったのは、私がもう一日早く来ていれば良かったということだった。そして、私がもう知っている話をした。つまりイギリス紳士のベイリー氏が運河のルートを調査するために政府に雇われ、しばらくの間かの地に住んでいたということと、彼が去ってからはまったく放棄されてしまい、訪れるものもなく、そこへゆく道を知っている者はここにはいないと付け加えたのである。その上、運の悪いことにベイリー氏の使用人だった男が、今朝ニカラグアへ向けて発ったばかりのところだという。しかし大変幸運なことに、聞いてみるとその男はまだこの地にいるということが分かり、彼もまた月が出たらすぐに出発しようとしているところだった。私はこの土地に止まる必要は何もなかったし、私を泊める栄誉を熱心に求める人間も一人もいないのだから、ラバたちの状態さえ良好であるならすぐにも道を先に進んでゆくところだった。とりあえずその男と息子とに話をし、朝の三時まで待ってもらうことに決めて、港だけでなくさらにニカラグアまで案内してもらうということにした。司令官の従僕がやっと戻ってきてわれわれを一軒の家へ連れていってくれた。その家は前面が小さな店になっていた。年老いた婦人が「ブエナス　ノーチェス」(今晩は)と言って迎え入れてくれた時は、自分が歓迎されているらしいことに驚きをおぼえたほどだった。店を抜けて家の中に入り、ハンモックと組み立てベッドと小さな寝台――四隅にバラ色のヒモを下げ、レースの蚊帳を吊るしたいかにも清潔そうな寝台だった――がある部屋へ通った。私がこの宿に心地よい驚きをおぼえながら、チョコレートのカップの上でコックリをしている老女と話をかわしていると、ドアのところで元気のよい声がして数人の若者を従えた一人の娘が入ってきた。娘は私の前のテーブルに近づくと黒いショールを後ろにはずし、ブエナス　ノーチェスと言いながら手をさしだして、あなたが家にいらっしゃると教会で聞いて来ましたのと言った。そしてそれはとても嬉しいことですのよと言った。というのもこの町に外国の方がいらしたことは一度もありませんし、この町は辺鄙なところにありますから、とても寂しいのです、などと話した。私は感嘆のあまりボーッとしていたから馬鹿のように見えたにちがいない。彼女は言ってみればそれほど美人というのではなかったが、口もとと目が美しく、振る舞いがこの国の女性たちの内気で無愛想で冷やかな態度とはあまりにもかけ離れており、まさにアメリカ娘が長い不在の後に帰ってきた友人を迎えるときに示す率直で情のこもった態度にそっくりだったから、もし彼女との間にテーブルがなかったら私は彼女を腕に抱きしめ接吻しただろうと思ったほどだった。私は自分のチェックのカーラーを引っ張りあげた。それまでの苦難と困惑は綺麗サッパリ消えてしまった。彼女は、こんなに小さな僻地の町に住みながら都会に暮らす娘たちと同様に、外国人に魅力を感じたのだ。それを当時の私は女性の性格の麗しい特徴であると評価していた。彼女について来た町の若者たちは分が悪くなった。最初のうち彼らの態度はとても親切だったのだが、気分を害してからは固く険しくなり、やがて嬉しいことに帰っていってしまった。私はもうかなり前から一人の女性に対して少しでも興味を抱くということがなくなっており、それは私自身の身のためになっていた。娘は、よその国々や人々のどんな些細な話にでも活き活きとした興味を示し、目をキラキラと輝やかせながら聞きいった。いまやありふれた事物が感動的なものに変わり、それからさらにこの世における最高の喜びへと変っていった。それは、高い思考力をもつ娘の昂揚した気分のおかげで、自分が日常的な思考を超越するのを感じる喜びであった。

娘と私は真夜中まで起きていた。母親は、最初のうちは退屈な婦人だったのだが、過剰なほどの親切をみせた。実際のところこれほど興味深い老女に会うのは珍しかった。というのは彼女は、あと二、三日休息のためにここにとどまったらいかがですかとしきりに勧め、この町は寂しいところですが、娘が快適にお過ごしになれるようにいたすでしょうと言ったのだ。娘は何も言わなかったが、その言外の意味を分かっているような感じだった。

喜びはすべからず儚いものである。夜の十二時になった。それはかの地ではとんでもない時間である。私は自分の眠る場所を探すというつもの慎重さを失ってはいなかった。革のベッドは二人の小さな少年たちが占領していた。老女はひきさがっており、小さな寝台があいていた。娘は、そこにお休みになって下さいと言って出ていった。何故だか分からないが落ちつかない気分になった。蚊帳を開けた。かの国ではマットは使用せず、そのかわりにあまり清潔とはいえないことが多い雄牛の革か、あるいはゴザを使うのである。このときはゴザだったが、上等なもので新品のように清潔だった。頭部においてある綺麗な枕はバラ色のモスリンで覆われ、その上に魅惑的なヒラヒラがついた白い薄布のカバーがかけられていた。一体誰がこの枕に頬を埋めたのだろうか。私は上着をぬぎ部屋の端から端まで歩いたすえ、少年たちの一人を起こしてしまった。思ったとおり彼女のものだった。ベッドに横になったが、眠れないので翌日の旅は延期することに決めた。

朝の三時に案内人がドアを叩いた。ラバにはすでに鞍がおかれ、ニコラスが荷物を乗せていた。枕から離れがたい思いをしたことはしばしばあるが、このヒラヒラの縁がついたピンクの枕ほど離れがたい思いをしたことはかつてなかった。そこでニコラスに、案内人を帰して明日まで家で待つように言うよう伝えた。ところが案内人は承知しなかった。迎えに来ていたのは少年の方で、父親は後に続くように言いのこしてすでに出発していたのだった。このとき軽やかな足音がして、少年を説得しようとする柔らかな声が聞こえた。私は少年の強情さに腹がたって、もう出て行けと言ったのだが、他の案内人を見つけるのは不可能であるし、今回の長旅を始めたときの大事な目的を見失うことになるので、すぐに思い直した。そこで少年を呼んで金で話をつけようとしたのだが、彼は相変わらず、父親が月が出るとすぐに出て行ったこと、そして自分は後に続くように命じられていると言うばかりだった。最終的に、少年が父親に追いついて連れ戻してくるというところまで話をつけたのだが、多分父親は来ないだろうと思った。私はこの時点までがんばり通したが、じきにどうでもよくなった。結局のところ何故待たなければならないのだろうか。ニコラスはニカラグアに行けば衣類を洗えますよと言った。私は家の外を歩いてみてこう判断を下した。つまりグアナカステの一人の美人のために運河の予定地を調べるチャンスを失うというのは馬鹿げたことであると。私は支度を急ぎ、娘とはもちろんおおいに親愛の情のこもったアディオスの言葉をもって別れた。彼女にまた会えるとはこれっぽちも期待していない。今頃彼女は、アンデス山系と太平洋の間にある、それ自体が無名の国のはるか国境の名もない辺鄙な町に暮らしながら、もう誰か立派な住民の幸せなる妻となっていることだろう。そして彼女のおかげで中米でもっとも幸いなる時間を過ごすことができた一人の外国人のことなど忘れていることだろう。

陽はすでに高くなっていた。一つの土地をこんなに沈んだ気持ちで去るというのは私には珍しいことだった。私はその悲しみを怒りにかえて、ニコラスと案内人の上に向けた。広い台地の上に吹きつける強風が土埃の雲を巻き上げ、前に進んで行くのは不快で困難だった。これが私に多少なりとも平静さをもたらすべきであったのだが、そういう効果はなかった。一日中、右手に大きな山なみが続き、雄大なるリンコン火山とオロシ火山とが抜きん出て見えていた。そこから広々とした平原が、怒りくるったように吹きつける風の中を海までひろがっているのだった。午後の一時にサンタ・テレサ農園が見える地点に着いた。農園はかなりの高みにあり、われわれの目の前にはまだ長い道が続いていた。この農園はサン・ホセのアグスティン・グティエレス氏の所有で、息子のドン・マヌエルが別のもう二つの農園とともに管理していた。彼はアグスティン氏の手紙で私の到着を知っていたので、昔馴染のように迎えてくれた。家がある場所は、私がそれまで見てきた中でももっとも美しいものだった。高所にあるので、広大な平原の上に点々と散在する木々の茂みや森が見渡せた。海は見えなかったがニコヤ湾の対岸と太平洋でもっとも美しいクレブラ港の岬とがわずか一九キロの距離に眺められた。農園には約千頭の雌馬と四〇〇頭の雄馬がおり、そのうちの一〇〇頭あまりの姿が戸口のところから見えた。農園は、主人に帝国の観念を持たせるに十分なほど広大だった。日が暮れる頃には、家の戸口から一七頭の鹿の姿を数えることができた。ドン・マヌエルが言うには、二千枚の皮を供給する契約をしているという。腕のよい狩人は季節になると一日で二五頭の鹿を仕留める。鹿の肉は農夫でさえ食べず、鹿を殺すのはもっぱらその皮と角をとるためである。農園には四〇人の下僕がおり、毎日一頭の雄牛を殺していた。家のすぐそばに周囲が一キロ半以上もある人工池が作られて、家畜の水飼い場になっていた。しかしこうしたもの全てをもってしても農園の持ち主たちは裕福ではないのだった。土地にはまったく値打ちがなく、値打ちをもつのはもっぱら家畜である。したがって、この見るからに素晴らしい農園は総額にして多分、雄馬や雌馬を一頭あたり一〇ドルと見積もった額となるのだろう。

私はこの地でも一週間は大いに満足して過ごすことができたであろうが、翌朝には旅を再開した。まだ乾期は始まったばかりであるのに、地面がからからに乾いて、小川は干上がっていた。われわれは大きな瓢箪に水をいれていた。木陰にとまってラバを草原に放ち、朝食をとった。風にポンチョをひるがえしながら先頭を進んでゆくと、一群れの若牛が立ち止まって私をにらみつけるや猛然と突進してきた。走り出そうとしたのだが、グァテマラの闘牛のことを思い出し、ポンチョをぬいであやうく大きな岩の後ろに身をよけた。牛の群れは私の前を固まりになって走り抜けて行った。さらに太平洋が見え隠れする道を進んで行くと開けた場所に着いた。それはニカラグアのボカ・デ・ラ・モンターニャという名の、風からすっかり守られた場所だった。すでに大きな隊商が設営しており、ニコラスは馬子たちの中にサン・ホセの知り合いを見つけた。隊商がニカラグアへ運んでいるのはジャガイモや甘パンや菓子であった。

午後、近くの丘の頂きに登り、素晴らしい日没の景色を眺めた。頂上では風が強かったので物陰に身を寄せていなければならなかった。背後にはわれわれがその日ラバに乗って辿ってきた大きな山並みが火山に連なってみえていた。左手にはトルトゥガス湾とサリナス湾の岬が見え、正面は太平洋の大海原だった。旅人として何とも気分のよい光景だったのは、わがラバたちが膝まで草に埋まっていたことである。設営地に戻ると、案内人が私が眠るための〝カシータ〟つまり小さな小屋を作ってくれてあった。二本の木の棒――太さが人の腕ほどある一・二メートルほどの長さの棒で、上が二股になっていた――を地面に打ち込み、二股の部分に別の棒をわたし、それに何本もの棒を斜めに縛りつけ、隙間に木の枝や葉をつめて、露をしのぎ風も少しは防げるようになっていた。

私は中米で、ラバに辛くあたらない従僕というものに会ったことがない。だから自分でラバの牧草に気を配り、ラバの背中が鞍で傷つくことのないように注意していなければならなかった。私のマッチョにはいつも自分で鞍をおいたものである。ニコラスはその前の日に、荷運び用のラバにしっかりと鞍を置かなかったので、鞍（それはラバの半身を覆うほど大きな鞍だった）を外すと肩の皮がむけており、その朝、ラバは鞍を見ただけでまるで焼けた鉄にでもさわったように身をすくめた。私は、その背中に鞍を置く気になれなかったので、馬子たちの一人からラバを借りようと思ったのだが無理だった。そこでそのラバには荷を乗せず、別のラバの背に乗せ、ニコラスは歩かせることにした。鞍はボカ・デ・ラ・モンターニャに捨ててきたのだが、それはニコラスや案内人が考えたようにかなりもったいないことであった。

周囲をとりまく丘陵をしばらく迂回し、小さな峰を登ってからまっすぐ海岸へと下りた。私は太平洋の海岸に達するときまって感激したものだが、この索漠とした海岸ではかつてないほどの感動をおぼえた。波がゆったりと押し寄せては荘厳な響きをあげて砕けていた。ラバたちはこわがり、わがマッチョも波のうねりにしり込みした。私は拍車をかけて海へ入ったのだが、ニコラスの集めた貝殻をポケットへ入れているすきに、マッチョが逃げ出した。以前にも森の中で走りだそうしたことが何度もあったので、私はこのチャンスを利用して海岸線を思い切り走らせてやった。こうして一時間ほど海岸を進んでから、高く険しい岬をこえて再び海岸に下り立った。四回ほど岬をこえては海岸へ下りることを繰り返したが、暑さは耐えがたいほどであった。五回目の急な斜面を登りきると濃い木立に覆われた場所に出た。それを横切って進むと小さな空き地に二軒の小屋がたっていた。われわれが足をとめた最初の家には一人の黒人が妻とともに住んでいた。トウモロコシがたくさんあり、近くにはよい牧草地もあり、周囲を木立に囲まれているのでラバが逃げる心配もなかった。私は彼と細君に金を払って外に寝てもらい、小屋をあけてもらった。

第十九章

夜明けの一時間ほど前に起きて、陽が昇ったときにはもうラバの背の上だった。コスタ・リカとニカラグアの境界をなすフローレス川でラバに水をやった。一時間ほどでスカマイヤに着いたが、この名前はたった一軒の小屋につけられたものであり、そこには病気もちの黒人が一人住んでいるだけだった。彼は高熱と悪寒にさいなまれて骸骨のようになった身体を、木の枝を組んだベッドの上に横たえていたが、その姿はまさに悲惨と荒廃のイメージそのものだった。それからすぐに別の小屋に着いた。そこでも二人の女たちが熱病におかされていた。これら太平洋岸沿いにある小屋ほど悲惨なものはない。女たちが薬を欲しがったのでキニーネを少しやったが、たいして役にたつとは思えなかった。

黒人も女たちも多分今頃はもう皆、墓の中だろう。

昼の十二時にサン・フアン川に着いた。大運河の終点となるのはこの川の河口である。ニカラグアへつづく道が流れを横切っていた。われわれが進む道は川に沿って海まで続いており、河口部は港になっているのだ。今までの道も十分に侘しいものであったが、この道はそのどれよりももっと索漠としており、後にニカラグアへ向かう小道に出た時にはあたかも大街道へ出たかのように感じたほどであった。川の沢は幅が九〇メートルほどあり、雨期には水で覆われるが、今はわずかな水流が見られるだけで川床はほとんど干上がっていた。川石が陽にさらされて白くなっており、道らしきものを示すものはわずかな痕跡さえなかった。その石の川床もじきに狭まって姿を消し、川は別の地面の上を流れ、川岸には丈の高い草や薮や潅木が繁茂していた。両岸に足跡がないかと探したが、最後の雨期以来、誰もここを通っていないのは明らかだった。川からそれると薮が頭をこえるほどに茂り、数歩ゆくごとにからみつくので立ち往生するようになった。とうとうラバを下りた。案内人がマチェーテで小道を切り開き歩けるようにしてくれた。じきにまた川に出、これを渡り、対岸の同じく鬱蒼とした茂みの中へ入った。こうしてほぼ二時間ほど川に沿って進んだ。二〇回以上も川を渡り、水の浅いところでは流れの中を歩いた。下方は谷が開けており、草木はなくごろごろところがる石の上に太陽がカッと照りつけていた。一群のソピローテつまり禿鷲がいたが、われわれが近づいても大して驚きもせずゆっくりと歩き去ったり、あるいはおっくそうに羽ばたいて飛び上がり、手近の木の低い枝にとまるのだった。ある所では、醜い鳥どもがワニの死体の上に群がり宴会をくり広げていた。野生の七面鳥は以前見たときよりさらに数を増し、あまりにおとなしいので、ピストルで一羽を殺したほどだった。鹿は逃げもせずにわれわれを見ていたし、谷の両側に茂る木々の梢にも大きな猿どもがうごめき、なかには枝の上に坐ってじっとこちらを眺めているものもいた。川は、われわれが最後に渡った箇所で幅が広く深くなり、太平洋へと流れこんでいた。そこから右方の森の中へ入り、ベイリー氏の最初の基地に着いたが、そこはすでに若木と雑草に覆われており、森はこれまでよりさらに鬱蒼と茂り、道の判別はつかなかった。私は以前、大運河に関する報告書や文書やパンフレットを読んでいたので少なくとも港まではそれなりの道があるものと期待して来たのだが、実際はアラビアの砂漠よりももっと荒涼としていたから、イスラエルの民が辿った紅海への道跡など、この道に比べたら有料道路みたいなものだった。

私が乗っていた逞しい葦毛のラバは今や荷運び用のラバに格下げされていたのだが、重い荷物に苛立っていた上に、ここでは足もとが悪くあちこちへ引っ張られ、鞍の紐がゆるんで荷がずれ落ちそうになっていた。このラバがいきなり脚を蹴り上げたかと思うと、前方へ盲滅法に飛び出し茂みの中へ頭をつっこんでしまった。背中をかなり傷つけ、すっかり怯えてしまった。しかしそれでもなおかつ荷をその背に乗せざるをえなかった。幸いだったのは、その日の行程が終りに近づいていたことだった。

森のはずれに小川があった。それが飲み水を手に入れることができる最後の場所だった。瓢箪に水をくんでから高い草に覆われた草原へと入っていった。前方にまた、小さな木立があらわれ、左手には今や大きな流れとなったサン・フアン川が海へ流れこんでいた。数分後に小さな空き地に出た。海岸のすぐ近くだったので、波が足元に打ち寄せるかのようだった。ラバをその空き地の端にある大木の陰に繋いだ。ベイリー氏の小屋はすぐそばの小高い丘の上にあったが、わずかに残骸が残っているだけだった。そこからの海と港の眺望は素晴らしかった。しかし午後の太陽があまりに暑かったので、例の大きな木の下に野営することにした。木の枝に鞍や鞍布や銃をかけてニコラスとホセが薪を集めて火をおこしている間に、私はラバのための素晴らしい草地——それは日々の道中で常に最も大事なものであり、かつ満足をもたらしてくれるものである——を見つけた。

それから自分たちの食事の心配をする番なのだが、われわれの間では何を食べるか迷うことなく決められた。旅に出たときには三日分の食糧を準備したつもりであった。しかし、沢山あった食糧はいつものように今回も一日しか保たなかった。つまりわれわれ自身か、でなければ虫どもが全部食べてしまったのだ。だから食べるものといえば、もし野生の七面鳥がいなかったらチョコレートしかないという状態になっていたのだ。七面鳥をいかに料理するかはきわめて興味深く、かつ重要な問題である。茹でるのが一番よい方法なのだが、そのための容器は小さなコーヒーポットしかなかった。拍車を焼き網がわりにして焼こうと思ったが、ニコラスのが木製だったので私の拍車だけでは足りなかった。焼くのは時間も手間もかかるものである。わが案内人はこのような窮地を何度も経験していたから、地面に二股の棒を二本打ち込み、それに別の一本をわたし、腹を開いた七面鳥を棒切れで十字形に張ると、まるで羽を広げた鷲のようになり、それを燃える火の上にかけた。そして片面が焦げそうになると引っ繰り返した。一時間もすると焼きあがり、それをわれわれは十分もしないうちに平らげてしまった。その後に、一杯のチョコレートを飲んで昼飯は終わった。チョコレートは十分にヘビーだったから、もし七面鳥の羽まで食べたとしても飛び立つことはなかっただろう。

一息つき、元気を回復してから海岸へ下りてみた。われわれの野営地は港のほぼ中央に位置していた。港は私がそれまで太平洋岸で見たどれよりも素晴らしいものだった。広くはないが、ほぼU字型をなしており外海から完璧に護られているのだ。高く隆起した自然の突堤が北から南へほぼ平行に伸び、垂直の崖となって海に突き出ていた。後でベイリー氏から聞いたところによると、この崖は両側とも水深が深いので大型船が風に合わせて安全に停泊できるということだった。それが本当であれば、この港の問題は、デ・イリアルテ船長から聞いたのであるが、一つしかないことになる。船長――私と彼とは一緒にソンソナーテからカルデラまで航海したのだが――は、九年間も太平洋岸をペルーからカリフォルニア湾まで航海しており、その貴重な記録をフランスで出版することを考えていた。彼が語ったところによれば、十一月から五月までの乾期は、ニカラグア湖の上を強い北風が吹き、これがパパガヨ湾に抜けるので、船がサン・フアン港へ入港するのはほぼ不可能であると言うのだ。もしそれが本当で船長が言うほど強い風が吹くのであれば、蒸気のタグボートがそのような強風にどこまで抗して安全に船を引っ張ってゆけるか、それは他の人たちが判断しなければならない点だろう。しかしとりあえずのところ、それよりもっと目に見える問題があるようだった。

海岸を歩いて河口まで下りてみると、川は広く深くなっていた。ここが太平洋と大西洋を結ぶ大運河の終着予定地である。私はこの計画に関してイギリスやアメリカで出版されたものはもれなく読んで調べもし、関係者たちの話も聞き、大きな期待を抱いていたから、この巨大プロジェクトには惚れ込んでいたといってもよいほどだった。しかし現地に立ってみると目からウロコが落ちた思いがした。港はまったく人けのない土地で、何年もの間ただの一隻の船さえ入ったことはなく、周囲には古木が生い茂り、宿泊できる場所は何キロも先まで一つもない。海岸を歩いているのは私一人きりである。ベイリー氏が去って以来、この地を訪れたものはなく、唯一この土地の記憶が生き続けているのは、おそらく文明人たちの頭の中だけ、あるいは、ときたまやって来るニカラグア人の漁師たちの間だけである。彼らは労働するにはあまりにも怠け者であるからこの海に食料を捜しに来るのである。この地が大商業センターとなり、ジャングルに大都市が建設され、荒涼たる港は船舶で満ち諸国へ通じる大きな表玄関になるだろう、などと考えたり想像するのは馬鹿げてみえた。しかし眺望は素晴らしかった。太陽が沈もうとしている西の海面に、高い岬が濃い影を落としていた。太平洋を目にするのは多分これが最後になるだろう。私は悪寒と熱を発するのもかまわずもう一度海に入って水を浴びた。

野営地に戻った時は夜になっていた。私の助手たちはその間ボンヤリしていたわけではなく、一メートルほどに積み上げた薪で焚き火をしており、それが森の闇を照らしていた。狼の吠える声や山猫や森の獣たちの叫ぶ声がしていた。私はポンチョにくるまって横になった。ニコラスが焚き火にあらたな薪をくべ地面に体を伸ばしたときには、もうこの寂しい土地で夜を明かすことのないように願っていたのだった。

翌朝、またしても問題が起こった。手綱をつけていなかった葦毛のラバが、小川に着くたびに窮屈な腹帯をつけたまま水を飲んでいたせいで、腹が二、三〇センチも膨れ上がってしまったのだ。そこでマッチョの背に荷を乗せて私は歩くことにしたのだが、いうことをきかないので、背の皮がむけた運搬用のラバの上に荷を移さざるをえなくなってしまった。

朝の七時に出発し、来るときに水を汲んだ小川をもう一度渡り、ベイリー氏の最初の基地に戻った。基地はサン・ファン川のほとりの、海から二キロ半のところにある。川はこの地点で大型船の航行に十分な水深がある。ベイリー氏がニカラグア湖までのルートの調査を開始したのはここからだった。ニコラスとラバにはそのまま道を進ませ、私は案内人とともに可能なところまでベイリー氏の調べたルートを辿ってみることにした。私がはじめて、彼のような案内人を手に入れた自分の幸運に気づいたのは、この未開の地に足を踏み入れた時だった。まさに彼がベイリー氏の全探査行の案内をした人間だったからである。黒人との混血である彼は、それまでは蜜蜂の巣のある木をみつけては切り倒し野生の蜜をとって暮らしていたから、人間がほとんど入ったことのないようなジャングルの奥深い場所や水の流れのすべてに精通していたのである。ベイリー氏がニカラグア全土から選びだしたこの人物に興味をもたれる旅行者があるかもしれないので、彼の名をここに記すことにする。ホセ・ディオニシオ・デ・レルダというのがその名で、彼はニカラグアに住んでいる。

ベイリー氏が調査をしてから二年が過ぎており、当時切り開かれた土地も地味が肥沃であるから今では高さ三、四メートルの木々に覆われてしまっている。マチェーテで道を切り開いてゆく案内人の後につづき平地を横切って、セバデア山とエル・プラティナ山系のケブラダ・グランデと呼ばれている広大な峡谷の中へと入って行った。力強く振り下ろされるマチェーテのおかげでベイリー氏のルートを辿ることができたわけだが、そのルートは谷間の上の〝パナマ〟基地まで続いていた。パナマというのはベイリー氏が建てた小屋のすぐ近くにパナマの大木があったせいでこう呼ばれるのだ。この地点まで運河を通すのは明らかに容易である。ここから先は五・五キロほどエル・カカオの小さな流れに沿って山を越えるのだが、小さな潅木が一面にはびこっているので、人夫に道を切り開かせながらでないと前進できない。そこでわれわれは運河の予定ラインを逸れ、谷間を右へ曲がり、山の麓へと出た。この山の上を、ニカラグアへの道が通っているのである。この基地まではベイリー氏の食糧を運ぶために一本の小道がつけられていたはずなのだが、見つからなかった。エル・オホ・デ・アグアと呼ばれる美しい小川で思う存分水を飲んだ。案内人がシャツを脱ぎ、再びマチェーテをふるい始めた。彼が道しるべをみつけだす巧みさには驚嘆すべきものがあった。樹木をまるで人間の顔と同じように判別できるのだ。山の斜面はかなり険しく、大木だけでなく茨や刺々した潅木が繁茂し、ダニだらけだった。ラバを下りて引っ張って行かざるをえなかった。案内人の黒い肌が汗に光り、われわれは頂上まで這うようにして進んで行った。

登りきって道に出たときの光景には感動した。幅三メートルの街道がまっすぐに伸びていたのだ。その上にニカラグアの森の立派な木々が翳を落としていた。一時間ほどで山の登り口に着いた。ニコラスが一本の大木の下でラバを連れて待っていた。その大木は枝を一五メートルも張り出しており、あたかも恵み深き手が旅人の疲れを癒すために日陰を作っているかのように見えた。ベイリー氏の二番目の基地はそこからすぐだった。後ろを振りかえると、二つの大きな山塊が巨大な城門のように聳えているのが見えた。それで思わず、艤装正しく帆をかかげた船が平原を横切りこの大きな門を通過して太平洋にまで進んでゆく様を想像し、それはどれほど見事な眺めだろうかと思った。かなたで草原が燃えあがっていた。高く繁った草は真夏の太陽にあぶられるとパチパチと光りながら火薬のように燃えだすのだ。道は炎の海となり、火が消えた後の大地は黒く熱い。われわれはしばらくの間、煙がくすぶる野を炎の線に沿って進み、適当な場所を見つけてはラバを通した。しかし荷物の一部が燃えてしまい、私は顔と手が火にあぶられ、体中が熱くなった。

道からそれた森のはずれを流れるラス・ラハス川の近くにベイリー氏の別の基地があった。ここから、運河のラインは平原の上をまっすぐに走って、ニカラグア湖の近くで同じラス・ラハス川にぶつかるまで続くのである。私はそのラインをあらためて辿ろうとしたのだが、下草の茂みに阻まれた。

もう午後も遅くなっていたので本街道へ出るべく道を急いだ。この国はどこも美しかったが私はニカラグア《ママ》の町へ入る前のこの二時間の景色ほど美しい眺めは見たことがなかった。高い草に覆われた平原には亭亭たる大樹が点在し、かなたを濃い森影が縁どり、前方には美しい円錐形をした島の火山が高くそびえ立っていた。牛の群れがこの光景を穏やかなものにしていた。

暗くなるころ再び森の中に入り、一時間ほどは何も見えなかったが、やっと宵のミサを告げる鐘の音が聞こえてきた。じきに犬たちの歓迎の吠声がしてニカラグアの町外れに着いた。貧しい住民たちが道の上で火をおこし、煮たきをして食事を作っていた。われわれは貧相な広場の周囲を巡って、ピネーダ法学士の家の前で止まった。大きな扉は開け放たれており、ピネーダ氏はハンモックにゆられていた。別のハンモックには細君ともう一人ムラートの女性が揺られていた。私はラバから下りて家の中へ入り彼に向かって、マヌエル・デ・アギラール氏の紹介状をもって来たと告げた。すると彼は、何をお望みかと答えた。一夜の宿をお願いしたいのだがと言うと、貴方をお泊めすることはできるが、ラバのための場所はないと答えた。それでは司祭のところへ行くと言うと、司祭も自分以上のことは何もできないだろうと答えた。一言で言えば、彼の応対はあまりにも冷淡であった。私は気分を害して戸口へ踵をかえしかけたのだが、外はエルボス（ギリシア神話で、黄泉のくにへゆく死者が通る暗黒界）なみの暗闇になっていた。その日は荒野の上を長時間の辛い旅をし、身体をとことん酷使していた。まず細君の方が優しい言葉をかけてくれた。私はもう少しで倒れそうなほど疲労困憊していたのだ。サン・ホセを出たときには悪寒と熱があったのに、そのまま十二日間ラバに乗り、最後の二晩は野宿というありさまだった。しかし、ここに記しておかねばならないのは、結局夫妻は一旦心を開くと二人して私を楽にさせようとできるだけのことをしてくれたのである。実際彼らは親身な世話をしてくれた。旅人は異郷の地で受けた温情を決して忘れないものである。そして私はそれをどこの国よりも強く中米で感じたのである。というのは他の国では金銭でものを頼むことができるが、中米を旅する者はどんなに金をもっていても、人の親切に頼るほかないからである。

翌日の午前中はずっと、人々に運河のルートに関する質問をして歩いた。運河についてはニカラグアよりむしろ合衆国の方でよく知られているのだった。したがって、サン・ファンに行ったことがあるという人間は一人もいなかったし、ベイリー氏がニカラグア湖に予定した運河の最終地点のことさえ知っているという人間はとうとう一人もいなかった。それで再び以前の案内人を呼びにやらなければならなくなった。昼食の後、湖へ向かった。町には実にさまざまな家が散在していたが、興味をひかれるような家はまったくなかった。ニカラグアは連邦の中では最も自然資源の豊かな国であるにもかかわらず、住民は一番貧しかった。

町外れを抜けるとすぐに森に入り、美しい木陰の下を進んだ。人に出会うことはまったくなかった。湖に着く前から、岸辺に打ちつける潮騒のような波音が聞こえていた。森を出ると、目の前に雄大な景色が広がった。湖水が一方の側に果てしなく続き、吹きつける強い北風に水面が激しく波立っていた。波は岸にうねり寄せては重々しくくだけた。正面の、湖中央部にイスラとマデイラの島々がみえ、巨大な火山があたかも天に昇るかのように屹立していた。このオメテペケ大火山はエトナ山――シシリアの誇りを示すかのように水辺からほぼ一八〇

○メートルの高さまで完璧な円錐形でそびえ立つ山である——を思わせた。

岸辺を一時間ほどラバで歩いてみた。水辺近くを歩いたので波の泡で身体が濡れた。岸辺はどこも樹木で覆われているが、小川の縁の開けた場所にムラートが住む一軒の小屋があった。そこからの眺望は実に王侯といえども羨むにちがいないものだった。その少し先で数人の女たちが洗濯をしている前を通り、八キロ半ほど行くとラス・ラハス川があった。ここがベイリー氏のルートによれば湖の最終地点である。湖面にひと群れの水鳥が浮かび、岸辺を脚の長い鳥たちが羽を広げて歩いていた。

これで私は太平洋からニカラグア湖までの運河の全ルートを、状況の許すかぎり辿ったことになる。ベイリー氏のルートを辿ることで、この調査が実現できたわけであるが、もし後にグラナダでベイリー氏本人に会うことがなかったら報告できるようなことは何もなかったと思う。氏はイギリス海軍の退役将校である。二年前に中米政府に雇われて運河のルートを測量し、それを完了していた。ただ革命が起きたせいで、サン・ファン川の一部の測量は終わっていないが、それはあまり重要でない箇所である。ところが中米諸国は連邦政府から独立宣言をするや、彼への支払いを拒否したのである。ベイリー氏はすでに時間と労力を費やしていた。私が彼に会った時には、実体の薄い連邦政府に対し最後の訴訟をおこすべく子息を送りだしたところだった。ところがその子息が到着する前に、連邦政府は完全に消滅してしまい、ベイリー氏に残された報奨といえば、その辛苦に満ちた奉仕によって一つの大事業の先駆者になったという満足感だけだった。

私がグラナダに氏を訪れた時、彼は私の目の前に、あらん限りの地図と図面を出してきて、いかようにもご自由に利用なさって下さいと言った。私はまる一日、氏の説明を受けながらメモや記録をとった。下記はその結果である。

計測は、太平洋側から始められニカラグア湖まで実施された。測鎖の長さは二五バラ（一バラは約八〇センチ）であり、高度はベイリー氏の測量からとった。

距離（測鎖）		高度（英フィート）（一フィートは約三〇センチ）
17.50		8.93
34.37		12.04
52.38		7.99
67.50		16.82
80.95		26.90
103.06		38.12
120.07		52.62
134.94	（ラ・パルマ渓谷のラ・デスペランセデラ。ゆるい砂を３フィート半と、あまり固くない粘土を66フィート掘った。）	66.12
149.61		76.12
164.71		94.66
185.34		132.95
201.50	（パナマ。表面は水。砂利を11フィートと、スレート石を24フィート５インチ掘った）	201.50
221.87		223.00
226.14		214.235
235.48		241.35
253.63	（最初の石灰岩）	284.20
264.28		356.770
273.18		389.700
280.26		425.95
287.01		461.525
288.97		519.391
292.99	（パルマの峰、最高高度点。黄粘土を５フィートとバラバラの軟石を59フィート掘った。水はない）	615.673
299.05		570.157
300.53	（二度目の石灰岩）	506.300
314.11		460.891

317.05	442.853
319.27	443.899
332.25	410.524
336.92（ここまでは国の土地）	393.216
340.28（三度目の石灰岩。水が31フィート半。ゆるく軟かい石灰岩を49フィート掘った）	350.776
358.50	311.152
361.40	318.235
370.55	291.419
373.85	295.160
382.86	283.352
401.04	269.236
409.30	258.378
413.51	261.486
423.75（表面は水。砂を３フィートと土を12フィート掘った）	247.780
437.55	237.570
448.90	250.370
464.78	228.237
477.76	214.695
489.29	200.530
（これと次との間は土を５フィート、白粘土10フィート、水11フィート、軟石38フィート掘った）	
506.22	184.511
510.53	186.869
519.47	180.244
533.04	170.161
543.25	159.311

545.98　　160.411

553.85　　158.736

（次の6つのステーションでは高度差が1フィートない）

604.82　　153.461

612.62　　160.077

622.54（表面は水。砂と硬い石を12フィート掘った。このステーションはかなり深い崖の窪みにある）

149.553

627.27　　150.052

630.32　　149.336

634.20　　157.102

638.86　　147.044

643.31　　154.785

685.55　　143.343

661.35　　155.076

664.47　　140.243

671.22　　151.185

675.86　　139.352

685.93　　150.927

692.55　　146.977

696.91　　148.569

712.85　　144.436

716.17　　149.152

723.29　　142.994

728.29　　148.552

739.95　　139.702

749.10　　164.360

756.40　　142.560

760.80　　144.830

766.80　　141.177

770.61（8フィート水。黒土12フィートと白粘土22フィートと石を4フィー

ト掘った。）	142.718
774.73	140.560
779.49	142.743
805.50	138.485
808.31（表面は水。砂５フィートと石15フィートを掘った）	
	124.310
812.01	139.152
828.77	133.802
832.24	134.377
837.43	130.994
841.76	129.486
846.45（６つのステーション間で１～２フィートの違いしかない）	
	129.994
880.12（表面は水。ゆるい砂を９フィートと軟石を18フィート掘った。）	
	126.569
887.23	107.553
891.96	123.903
901.22	118.112
910.80（４つのステーションで１フィートの違いしかない）	
	120.628
933.74（黒土８フィートと白い泥土10フィートと軟石を18フィート掘った。）	
957.62	117.178
971.48	108.802
976.30	135.168
986.06	107.643
992.93	119.176
1001.03	108.576
1006.65	118.592
1014.28	108.692
1033.51	124.808

1036.44	126.663
1043.06	141.416
1047.39	157.583
1062.87	118.042
1068.43	131.942
1077.69	120.584
1083.96	125.784
1100.19	135.709
1113.35	152.176
1128.97	127.201
1133.79	163.276
1140.94	129.776
1145.18	151.401
1156.44	129.335
1176.61	140.835
1190.87	129.396
1193.77	132.801
1203.21	128.093
1210.14	140.985
1223.50	128.243

結果をまとめると次のようになる。太平洋岸からニカラグア湖までの総距離は28,365ヤードと3分の2、つまり約二五キロである。

登りの計 ………	1047フィート5インチ45（約314.22メートル）
下りの計 ………	919フィート2インチ4（約276.20メートル）
干潮時の太平洋と湖の高度差 ……	128フィート3インチ05（約38.7メートル）

次に、ニカラグア湖とサン・フアン川を経て大西洋へ通じるルートをみてみよう。湖は全長一五二キロ、一番幅の広い箇所が約四八キロあり、ベイリー氏の測量によると水深の平均は一五尋である。川の長さは湖から出て海に着くまで湾曲も全ていれて計算すると一二六キロである。滝はまったくないので、障害となるのはもっぱら早瀬の部分であるが、これは一年中、上流へも下流へも、喫水一メートル前後の二本マストの平底船が航行可能である。

湖からロス・サバロス川までは約二八キロ、深さは二尋から四尋である。ここからトロスの早瀬が始まり、深さ一尋半から二尋の流れが一キロ半ほどつづいている。そこから六・四キロほどは水深が平均二尋から四尋で流れは穏やかである。つぎにカスティーヨ・ビエッホの急流になるが、これはわずか八〇〇メートル強で水深は二尋から四尋である。川は再び穏やかになり、ほぼ三・二キロほど水深二尋半から五尋で流れている。次に、ミコとラス・バラスの急流が始まり、連結して流れ込みあいながら一・五キロ弱、水深は一尋から三尋で続く。それから二キロ半ほど穏やかに流れてからマチュカの早瀬となるのだが、この一・五キロほどの急流が全行程の中で一番の難所である。というのは岩がゴロゴロしている川床の上を走る激流となるからである。それから穏やかな流れになり、サン・カルロス川までの一六キロはまったく障害物がなく、水深は二尋から七尋である。そこから一七キロ半は水深が一尋から六尋で、ところどころに小島が点在しサラピキ川にいたるが、湾曲部分のあたりに砂と泥土の堆積があって水深は一尋となる。その後は一一キロほど穏やかで、コロラド川まで二尋から五尋で流れている。この川はサン・フアン川から分岐した後、別方向から大西洋へと流れ出ている。そのせいで一分あたりの減水量は、一八三九年五月の計測によると二八、一七八立方ヤード、同年七月の水嵩が増大する時期の計測では、八五、八四〇立方ヤードであった。この膨大な水量を溜めておくにはコロラド川の河口にダムを造ればよいだろう。この地点から二〇キロは水深が三尋から八尋で、川底は砂と泥土であり、草木のない砂州や小島が数多くみられるが、どれも取り除くのは簡単である。最後の二〇キロは川を昔のコース――今は数カ所が漂流物で埋没している——に戻せば一六キロに短縮することができる。平底船を所有しているある老船長がベイリー氏に語ったところによれば、昔は八〇〇メートル後方に樹木が生えていたのを覚えているという。測深はすべて、川の水位が低い時に製図器を用いて行われたものであり、ベイリー氏の考えによればサン・フアン（デル・ノルテ）港は小さいながら申し分がないという。

上記のメモをそっくり友人のオラシオ・アレン氏——彼は現在わがクロトン水道社で技師として働いている——に渡したところ、彼はそれを基にして親切にも次の図面をおこしてくれた。（ニカラグアの運河断面図）

この種の図面になじみのない人のために、ここで注記しておくべきと思われるのは、縮小した形で土地の断面図を示すために、高度と深度を表す縦の線が、水平距離を表す横の線より何倍も大きなスケールで表現されているということである。前者のスケールは二・五センチが三〇〇メートルで、後者のスケールは三二キロを表している。こうすると当然この地域の様相は違ったものになってしまうのだが、図面の上に同じスケールで記入すると、横の線がこれより千倍も長くなってしまうのである。

ニカラグア湖から太平洋までの運河の全長は二五キロである。図面によれば湖から発して最初の一二キロに必要な水門は一つだけである。次の一キロ半は一九メートルの水門の建設が必要であり、次の四・八キロには深い切り込みが二つほどとトンネルが一つあり、その後は太平洋までの四・八キロの間、水門による六〇メートルの下りとなる。

ここまでが地峡地帯を横断する運河である。ニカラグア湖は最大級の船の航行が可能であり、サン・フアン川の河口まで下ることができる。この川は大西洋まで一・六キロにつき約五五センチずつ下降している。川床をさらうことができない場合には水門と堰か、または川沿いに水路を造れば航行が可能である。水路の建設にもっとも資金を要するが、雨期の大水のことを考えると、これが望ましいだろう。

私は、この土地に存在する程度の地理的障害なら、運河建設事業の遂行に問題はないと言い切ってよいと思う。

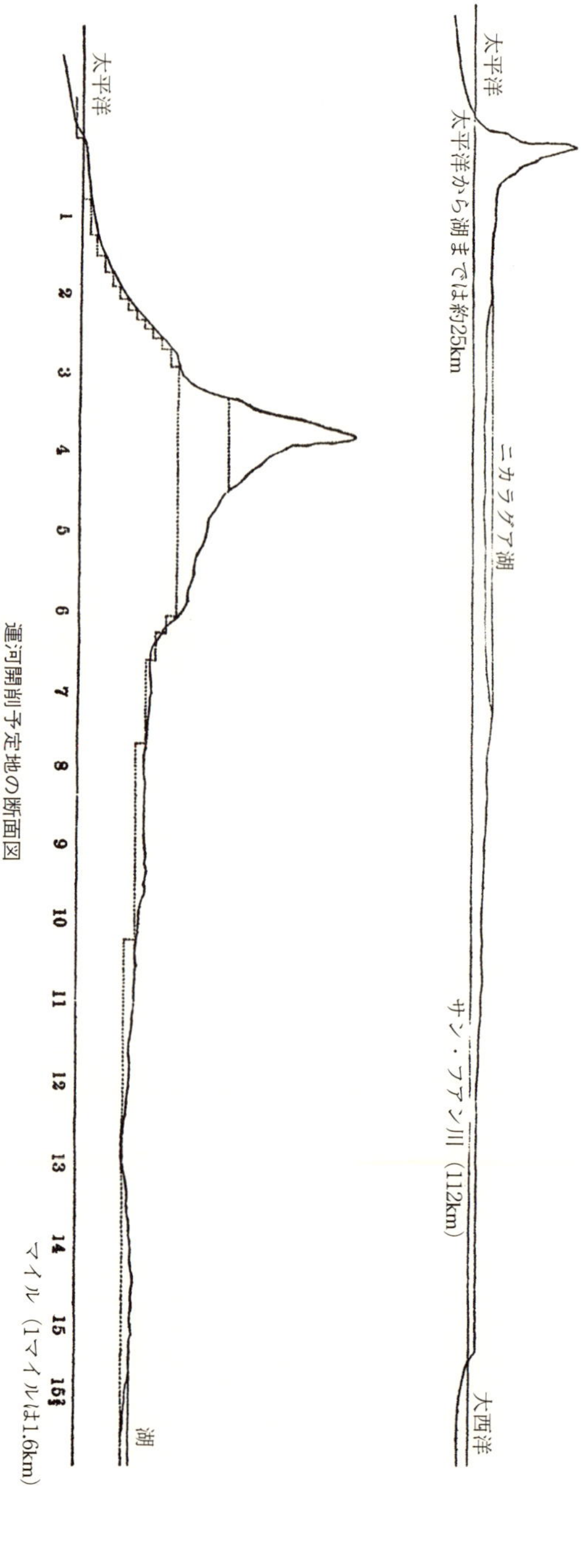

運河開削予定地の断面図

予算は：

湖からトンネルの東端まで	$ 8,000.000 ～10,000.000
太平洋までの下り斜面	$ 2,000.000 ～ 3,000.000
湖から大西洋への川沿いの水路	$10,000.000 ～12,000.000
	$20,000.000 ～25,000.000

通常の大きさの船が楽々と通過できる運河が、取るに足りない経費で建設できるのである。運河のために必要とされる長さのトンネルを掘ることは、アメリカ合衆国ではべつに大事業とはされない。チェサピークとオハイオ運河の図面をみると、長さ六・四キロを超すトンネルの建設がみこまれている。唯一の問題は、いずこの地域のどんなルートにも見られる問題と変わらない。つまり船の航行用運河のために大きな面積の土地を掘るということにつきるのである。

上記のデータは当然のことながら正確さを期すには不十分であるが、図面と一緒にもらった建設経費のおおよその金額である。これはアメリカ合衆国の通常の契約値段に基づいたものである。私が確信をもって言えるのは、ニカラグアでは人件費の安さが、合衆国に存在するいかなる有利性や便宜性にも負けない強みであるということである。

これはまさしくわが国のエリー運河の拡張費用予算として計上されたものと同額である。

太平洋と大西洋を結ぶ構想は新しいものではない。コロンブスはその波瀾にとんだ生涯の最後の日々を天然の水路を探すことに費やしたし、この事業の広大さと崇高さとは初期のスペイン人たちの向こう見ずな空想をかき立てたものだった。

以来ずっと思慮に富んだ人間たちの関心をひきつづけてきたのは、大陸の構造であり、またアンデス山脈の高度が減じる場所であった。スペイン支配の死んで眠ったような時代にさえ、総督の指揮のもとに測量がつづけられていたのである。しかしその報告書はグァテマラの文書保管所の中に埋もれてしまった。それが、イギリス政府から委託されてグァテマラを訪れたトムソン氏によって陽の目をみて出版されたのは植民地の解放後のことである。（原注―この測量の方がベイリー氏の測量によるものよりもずっと仕事が安易にみえるのだが、水位によって測量されたと言われている。ベイリー氏はその存在を知っていたし、トムソン氏がそれを入手できたのもベイリー氏を通じてであった。）

一八二五年、中米の新共和国からわがアメリカ合衆国へ特命使節が派遣され、アメリカ政府の注意を運河にむけさせ他の国々より優先した協力を求めて、〝両国の利益を有効に確保する〟協定の締結を提案した。

わがアメリカ政府は代理大使を任命し、中米政府に対してこの〝人類の営為に広範なる影響を及ぼすにすこぶる適した〟事業の遂行に政府が深い興味を抱いていることを、確かに伝えるよう特別命令を下した。大使はまた、運河がもたらす便宜についても細心の注意をはらって調査を行い、その結果を本国へ報告するように指示を受けていたのである。残念ながら、現地は首都からあまりに遠かったので、わが国の外交官が訪れたことは一度もなかった。しかし、一八二六年に米国下院議院の委員会に提出された報告書に添付された書類をみると、中米政府が〝北米と南米の間にある地峡を横切って船舶用の水路、すなわち航行可能な運河を建造するために、アメリカ合衆国政府の援助を仰いだ上で〟、ニューヨークのある会社のエージェントと契約を結んだ、とある。その会社は「中米および合衆国の、太平洋・大西洋運河会社」という名称と商号とタイトルをもっていた。提携者の名としては、デウィット・クリントンやその他当時の著名人の名が見られるが、計画は頓挫した。

一八三〇年、中米政府はあらたにオランダ王の特別の後援のもとに、オランダの会社と契約を結んだ。オランダ王はこの会社に自己資産から莫大な額の投資をしたのだが、オランダとベルギー間に紛争が生じて分裂したために、この計画も挫折した。

一八三五年三月三日、合衆国上院議院が次の決議を行った。〝大統領に他国政府との交渉開始の有利性を考慮するよう要請すること。とくに中米政府とグラナダ政府とは適切なる条約協定を結び、北米と南米の間の地峡を横断して大西洋と太平洋を結ぶ航行用運河の建造事業に関わる個人あるいは法人を有効に保護すること。また、それらの条約内で、この運河の通航の自由と平等の権利を全ての国々に対して永久に保証し、適切なる通航料の

支払いを定めて、この事業の遂行と完遂のために投資する資本家たちへの報酬とすること。〃
この決議を実行に移すためジャクソン将軍が特命の責任者を任命し、最も直接的な方法ですみやかにサン・フアン（・デル・ノルテ）港までおもむき、サン・ファン川をニカラグア湖までさかのぼり、そこから水路あるいは鉄道で連結する予定のルートを太平洋までたどるように命じたのだった。この責任者は同時に、運河のルートの調査が終わった後に共和国の首都グァテマラへ戻り、合衆国の代理大使デウィット氏の協力のもとに、この件に関して存在しうるあらゆる公文書、とくに本件に関していずれかの外国勢力と結ばれたかもしれない協定と、この事業を遂行する会社を法人化すべく可決されたかもしれないあらゆる法律文書の写し、およびそれに関連する図面や設計図や見積り書の写しを入手するように命じられていた。さらに彼はグァテマラからパナマへ行き、そこで両大洋を結ぶ計画に関する調査や視察をするよう命じられていた。しかし彼は残念ながらサン・ファン川への交通手段が手に入りにくかったために、まずパナマへ行った後、状況が困難だったのでニカラグアへ行くことはしなかった。そしてアメリカへの帰国の途上、ワシントンへ帰り着く前に亡くなってしまったのである。しかしこの不完全な報告書から彼の調査の結果が次のようなものであったことが推測される。つまりパナマ地峡を横断する船舶用運河は実現不能であるということである。要するに彼の報告書は、二つのルートの間で分かれていた人々の注意をニカラグア湖のルートの方に集中させるために貢献したのである。このルートに関しては多くのことが書かれ、多くの憶測がなされただけでなく、建造費まで算出されたのであるが、最近のこの件に関する情報は非常に少ない。実際、現在まで公表されたデータの中でもっとも信頼できるのはベイリー氏の前記の測量なのである。私は、わがアメリカ政府が、かつて一人の責任者を素早く派遣したときのその同じ自由なる精神をもって、ベイリー氏から全ての地図と図面を入手し世界に公開することを心から期待するものである。
この運河の件は、いまだ世論には何ら強力な影響を及ぼしていない。検討されても、眉をしかめられ、嘲笑のまとになり、実行不可能な夢想として片づけられるだろう。現在安定した商売をしている人々の多くは、自分の貿易のコースが狂わされるとして反対するだろう。資本家たちは、革命の起こる不穏な国に危険をおかしてまで投資はしないだろう。パイオニアたちは非難され、嘲笑の対象にされるだろう。それは丁度クリントンが自分の政治生命をハドソンとエリー湖を結ぶ〝大きな溝〟にかけた時と同じである。しかし私は、もしヨーロッパの平和が持続すれば、遠からず全文明世界と貿易界の目が運河に注がれるようになるし、その最初の推進力となるのが汽船であると確信している。一年もしないうちにイギリスの郵便船がキューバやジャマイカやスペイン系アメリカ諸国の主要港まで航海し、毎月一度はサン・フアンとパナマにやって来るようになるだろう。そして旧世界の遺跡を歩き回るのに飽きた暇な金持ちたちに新しい国々が開かれるだろう。イギリス人やアメリカ人の観光客は、ナイルの旅とペトラでの一日とユーフラテスでの水浴のあと、ニカラグア湖で蚊にくわれ、太平洋岸のサン・フアンの人けのない岸辺でバートンのビールやシャンペンを飲むようになるだろう。余暇を楽しむ観光客たちの気ままな感想と、慎重で科学的な人々の観察とがともにもたらされ、それら大量の知識が蓄積され公開されるようになり、そして私の考えでは、両大洋が結ばれることになるのである。

この事業の利点に関しては詳細に触れようとは思わないが、次のことは記しておきたい。つまり、一つ非常に一般的で大きな誤りがあることだ。前述の国会へ提出された報告書の中では、〝合衆国とヨーロッパの、対中国・日本・東インド諸島との貿易は、六千四百キロを超す距離が短縮されるので、便利になり増大するだろう〟と述べられている。さらにおおむね正確な本である『ザ・モダン・トラベラー』の中には、ヨーロッパからの〝インドと中国への距離は一万六千キロ以上短縮されるだろう！〟と記されている。しかし、地球の大きさからして、ヨーロッパからインドや中国までの距離はどんなことをしても縮小されることはないのである。それはあまりにも一般的な印象になってしまっているから、こう断定するのがはばかれるほどなのだが、読者は自分で地球儀にあたってみればすぐに分かることである。だからヨーロッパが、インドや中国と貿易する距離を短縮するために、この運河を通る必要はないのである。しかし私は、船主や他の実利的な人々との会話から、次のことを信じるようになった。つまり喜望峰を通過するより運河を通った方が、緯度の点で風向きや潮流に有利なので好まれるだろうということである。いずれにしてもヨーロッパの対太平洋西岸やポリネシア諸島との通商、およびすべての捕鯨船ならびに合衆国の対太平洋岸への通商船はすべて、一隻の例外もなくこの運河を通過することになるだろう。天候が荒いホーン峰をまわらずに済むことによって節約されるであろう時間と金利と航行費用と保険費用の額については計算するためのデータが手元にない。

広い意味でこの事業は正しくもこう特徴づけられてきた。つまり〝地球の地理的条件が人類の前進のために与えてくれた、諸国間の平和な交流に利する最高に強力なるイベント〟であると。混乱した中米国は立ち直り、今は血に濡れている剣が剪定バサミに変わり、住民はどの国の人々とも緊密な関係をもつことによって偏見を捨て、産業への意欲と報酬が与えられ、利潤を生みだす喜びをもつようになるだろう。利潤は恥ずべきものと考えられることが多いが、結局のところ他のいかなる種類の影響力よりもずっと世界を文明化し平和にするものである。国の真ん中に大きな町が生まれ、内陸をうるおす河川は地味を肥沃にし、素晴らしい山々と盆地は——現在は侘しい荒廃の中で泣いているが——微笑みと喜びに溢れるだろう。世界の貿易は変わり、フエゴ島の不毛な地方は忘れ去られ、パタゴニアは伝説の地となり、ホーン峰は水夫と保険会社の記憶にしか残らない土地となるだろう。蒸気船がチリ、ペルー、エクアドル、グラナダ、グァテマラ、カリフォルニア、そしてわが国の領土であるオレゴンのそれぞれの豊かな海岸と、ベーリング海峡にあるロシア領土の海岸にそって煙を吐き出しながら航海することになるだろう。農産品と工業製品のために新しい市場が開け、あまたの人種が巨大なる塊となって交流・親交し、国々の特徴を吸収し改良してゆくだろう。世界中がこの事業に興味をもっている。私はこの事業についてはセクト的な感情はもちろん国家意識さえもちたくないが、もしヨーロッパが無関心であるなら、この、かつて一度も人間の力がこころみたことがない偉大なる事業を全てわれわれの手で行なうのは、王国の征服を上回る栄光であろうと思う。いや、それどころか、かつてこころみられたことがあるように、われらが町（ニューヨーク市）だけで行なう事業にするのだ。というのもこの運河は、かの驚異的なパワー——つまり蒸気船であるが、これはわれわれの目の前で誕生し、今や政治・社会・精神世界を全面的に変えつつあるパワーとなった——に新しい活動の場を与えることになるからである。フルトン（アメリカの造船技師。一八〇七年に初めて実用蒸気船を建造した）は報われることが少なかったが、彼の業績は決して忘れられることはないであろう。その輝かしい名を讃えて冠した一隻の蒸気船が、彼自身が最初の実験を行なったニューヨークの港から出航し、太平洋に向かって大いなる〃諸国家のハイウェイ〃を開通させるのを夢見るのは、もしかして高望みに過ぎるであろうか。

二月二十七日木曜日。われわれは午前三時に法学士の家の中庭から出発した。町の住民はまだ眠っていた。夜があける頃、ある村を通過した。そこの一軒の家の戸口の前で旅人が一人、出発の準備をしていた。近づいていって挨拶すると、彼は途中で追いつきますよと言った。八時に、ある家に立ち寄って朝食をとった。中米人の優しさは田舎や村にあり、そこで裏切られたことは一度もない。旅人はどこでも好きなところに立ち止まることができる。そこには無料の家と火と水があり、支払うのは消費した物の価だけである。われわれはたっぷりのミルクにありついたがその値は六セントだった。再び出発しようとしていると、先刻村で会った旅人がやってきた。彼がチョコレートを飲むのを待って、一緒に出発した。彼はレオンへ向かう商人で、この国のスタイル、つまりピストルと剣と泥よけのゲートルと拍車で身をかためており、その時は寒けと熱があったので毛織の重いポンチョを着て、頭には縞入りの綿のハンカチを巻き、その上から麦わら帽子を二個重ねてかぶっていた。猟銃をもって馬に乗った若者が荷運び用のラバを引き、これにマチェーテをもった三人の従僕が徒歩で続いていた。

太平洋岸にそったこの地域は一様にティエラ・カリエンテ（暑熱の地）と呼ばれている。われわれは、まったく水けのない埃っぽくて焼けつくような道を進み、午後の二時半に農園——名前は忘れてしまった——に着いた。家は丸太を組んで泥をつめた造りだった。管理人は白人で健康を害していたが、とても親切だった。彼は時たま通る旅人に、ラバ用の水やトウモロコシ、そして旅人には鶏や卵を売って暮らしをたてていた。そこでは、コスタ・リカの旅の間中ずっと私の目を楽しませてくれた美しい小川はもう見られなかった。大地は干からび、水は金で買わなければならない貴重品であった。農園には井戸があり、ラバが飲む水は一頭につき二セントずつ支払った。小屋の中にベッドの台が一つあり、午後の四時に私はちょっとだけ休むつもりで横になったのだが、目が覚めたのは翌朝の五時だった。ベッドの頭に、四角く切った長い丸太が据えてあった。中がくり抜いてあり、上に大きな蓋板をかぶせて錠前がかけてあった。トウモロコシや家族の大切なものがしまってあるのだ。その箱の上で黄ばんだ顔をした女性が女の子と一緒に眠っていた。私はチョコレートを飲んでから数分後にはラバに乗った。じきにモンバチョの山並みが見えるところに出た。三〇分後にその高く濃い山並みの背後にあるグラナダに到着した。この町はアメリカ大陸を征服したかの豪胆なる冒険家たちによって建設されたもので、現在でもその名声に値するモニュメントとなっている。石造りの家々は大きく広々としており、窓はろくろで削った木製のバルコニー付きで、突き出た庇には珍しい形を浮き彫りにした木製の飾りがぶら下がっていた。

私はニューヨークの友人たちが書いてくれた紹介状をもってフェデリコ・デルビシャイヤ氏の家へ向かった。氏は合衆国へ行って留守だったが、家僕のイギリス青年が迎え入れて部屋を提供してくれたので、私はほんの数分後にはもう旅装をとき町中へ出ていた。私が最初に訪れたのはベイリー氏で、彼は、二年前に未亡人となったあるイギリス人女性と一緒に、向かい側のすぐ近所に住んでいた。その婦人は、亡夫の商売を引き継いだだけでなく、土地に流れついたわずかな数のイギリス人や外国人を自分の家に受け入れていた。私がグラナダに現れたことで、皆は少なからず驚き、私が自由になったというか監獄から逃亡したことを喜んでくれた。私が逮捕され（どのようなものか私は知らないのだが）、サン・サルバドルで捕まっているというニュースがここまで届いており、御多分にもれずそれは党派がらみで伝えられ、モラサン将軍の横暴行為の一つとされていた。この婦人の家は疲れ果てた旅人には快適であった。私は一カ月でもそこに滞在することができたであろう。しかし残念ながら長く休んでいることが許されないようなニュースが届いていた。政治の地平線上にかかっていた暗雲が張り出してきて、またしても内戦が勃発したのだ。一四〇〇人の兵からなるニカラグア軍がホンジュラスへ向かい、ホンジュラス軍と合流し、テグシガルパに駐屯していたモラサン軍を潰走せしめ残忍な殺戮を行ったのである。カバーニャス将軍の指揮下にあったモラサン軍の兵はわずか四五〇人だった。それはどこのキリスト教国における内戦の記録にも見られないほどの、すさまじく血塗られた戦いであった。投降者に対する慈悲などは与えられないか、あるいは求められなかった。戦闘のあと、一四人の将校が情け容赦なく銃殺され、捕虜は慈悲の証として一人のこらず殺された。カバーニャスは必死に戦いながら逃走した。ガリンド大佐は殺された。彼は、私が以前コパン遺跡を訪ねた時に触れた人であるが、かの国の古いものの調査でアメリカでもヨーロッパでも名を知られた人物であり、私はフォーシス氏が彼にあてて書いてくれた紹介状をもっていたのだ。彼は戦闘のあと、二人の騎兵と従者の少年とともに逃走中、原住民のある村を通ったときに見とがめられ、彼も同行していた人々も全員がマチェーテで殺されたのだった。わずかな戦利品をめぐって、ニカラグア軍とホンジュラス軍のリーダーであるキハノとフェレラの間に不名誉な反目がおき、前者がフェレラを手中に取り押さえ、彼を二十四時間死刑の宣告下においた。この件は話し合いがつき、ニカラグア兵たちはレオンに凱旋した。三五〇丁の火縄銃と何本もの軍旗を持ちかえったが、戦闘がいかなる種類のものであったかを示すかのように、捕虜は一人もつれていなかった。

エル・サルバドルで不気味な動きがおきていた。モラサン将軍はすでに元首としての地位から身をひいていたが、軍の指揮権は保留しており、妻子をチリに送ってあった。危機は暴発寸前にあり、トランペットの戦いの調べが恐ろしげに鳴り響いていた。道がまだ封鎖されない内にグァテマラに着くことが、私の最後の目的を果たすためにも、また、私個人の安全のためにも最も重要なことだった。

すぐにも旅たちたいところだったが、あまり無理をすると危険な道中で病いに倒れる可能性があった。午後ベイリー氏とウッド氏にともなわれて湖まで下りてみた。われわれが入っていった道は湖につきでているのだが、その足元に、今は崩壊して藪や木々に覆われた古い要塞があった。これはインディオを湖から最初に追い払った乱暴なるスペイン人たちが遺したものである。多分コルドバが造った要塞そのものと思われるが、今は廃墟と化して美しい絵のようだった。壁の下では、要塞の影や周囲に繁る木々の間でグラナダのインディオの女たちが洗濯をしていた。潅木にかけて干してある色とりどりの衣装が風に翻り、水瓶をもった女たちが砂の混じらない澄んだ水をもとめて波がくだける先の方まで入っていた。男たちの泳ぐ姿があり、従僕たちは馬やラバをひいて水を飲ませていた。これら全ての光景が一体となって美しく活気のある絵画のように見えた。湖面に船の姿はなかったが、岸辺に丸木舟——一番大きいのは長さが十二メートル、喫水は九〇センチあった——が六艘ほど引きあげられていた。

(上巻終り)

訳者略歴

児嶋桂子（こじま・けいこ）

1944年東京生れ。1967年上智大学外国語学部スペイン語科卒。

1967年から70年まで在グァテマラ日本国大使館勤務。

グァテマラに在住して、マヤなどラテン・アメリカの歴史・考古・民族・民俗関係の文章の翻訳に従事している。

訳書に『ケツァル鳥の館』（ビルヒリオ・ロドリゲス・マカル著、文藝春秋、2001年）、『誇り高く優雅な国、日本――垣間見た明治日本の精神』（エンリケ・ゴメス・カリージョ著、人文書院、2001年）がある。


ISBN978-4-409-51064-3 C0026

中米《ちゅうべい》・チアパス・ユカタンの旅《たび》
――マヤ遺跡探索行1839～40（上）

二〇一〇年二月一〇日　初版第一刷印刷
二〇一〇年二月一五日　初版第一刷発行

著者　ジョン・L・スティーブンズ
訳者　児嶋桂子
発行者　渡辺博史
発行所　人文書院
〒六一二-八四四七 京都市伏見区竹田西内畑町九
電話〇七五(六〇三)一三四四
振替〇一〇〇〇-八-一一〇三
装幀　間村俊一
印刷　創栄図書印刷株式会社
製本　坂井製本所

http://www.jimbunshoin.co.jp/